日蓮大聖人正伝

改訂版

日蓮正宗宗務院

題　字（総本山第六十七世 日顕上人御染筆）

日蓮大聖人御尊影（鏡の御影・総本山大石寺蔵）

本門戒壇の大御本尊まします総本山大石寺奉安堂

序

今般宗祖日蓮大聖人第七百御遠忌を吾が宗門において奉修するに当たり、御報恩と記念の為『日蓮大聖人正伝』を出版するに至ったことは、誠に欣快に堪えない。

大聖人の伝記書は門の内外を通じ、古来の一切を集むれば汗牛充棟も啻ならぬ有様であり、その内容も雑多にして玉石混淆ともいうべく、また当然石多く玉尠なしの感を否めないのである。

即ち上代のものは記述内容にはかなりの信頼性を持てるが、その半面簡略に過ぎて大聖人御化導の全貌はおろか細分においても明確でない憾みがある。そして時代が下るに従って一、二のほぼ正確な資料の裏付けによるものを除き、その記述は転た潤色を加え、特に幕末の頃に至っては著者の類推想像の趣くに委せ筆を回転した感が強い。また明治以降のものは多くその模倣か、部分的或いは小説的伝記が多く、たまたま学的に真面目な研鑽を積んだものがあっても、宗祖の御施化の中心肝要の部分を見失っているため、画龍はともかく点睛を失しているのがその実情である。

まことに正確な伝記は正統による正純な教義信条と表裏一体をなすものであり、互いに離れては存し得ないのである。

その点今回出版される正伝は、正確な史実と正統正義の教義信条が互いに輔け合い、証明し合って大聖人御一代の御施化の次第を誤りなく顕していると信ずる。

しかもその背後には現在入手可能な数多い玉石混淆の伝記資料を、一応は検討の俎上に載せて真偽の判断をなし取捨選択に意を用いる等の細密な考慮が払われている。従って従来伝説として真偽決定に問題を残す事項等について、その蓋然的妥当性を慎重に考察していることもその特徴であろう。

ともあれ宗内篤学の教師の委員各位の手によって、教学史実の両面より綜合的に緻密な考証を加えた大聖人御伝記がこの七百遠忌を期して完成したことは、仏祖三宝の必ずや御嘉納あそばされる処と信ずるのである。

宗内江湖の方々にも何卒此の書によって大聖人御一代の正しい伝記を学び、その御化導の足跡を味識して頂きたい事を願い、一言序に代える次第である。

昭和五十六年十月

日蓮正宗総本山第六十七世

日顕　識

再刊に当たって

このたび、『日蓮大聖人正伝』を再刊するに当たり、内容の改訂を行った。それは発刊から三十余年が経過し、宗史面における研究が一段と進んだことや、本書が上梓された昭和五十六年以降に、『平成新編日蓮大聖人御書』『新編妙法蓮華経并開結』等の重要書籍が刊行されたことにより、本書における記述内容や出典名・頁数などを変更する必要が生じたからである。

今回の主な改訂箇所を挙げると、一には御誕生地の名称である。これまで安房国小湊としていたがこれを片海と改めた。二には宗旨建立に関する内容である。宗旨建立は、建長五（一二五三）年三月二十八日と同年四月二十八日の二度にわたって行われたが、その意義内容をより明確に示した。三には佐渡における最初の配所地塚原についてである。塚原三昧堂のあった場所には古来諸説があり、これまではその地を推定する内容に止めていたが、平成十九年に本宗として塚原の地を確定したためこれを改めた。このほかにも数箇所に改訂を施した。

本宗僧俗各位には、本書を精読し、宗祖日蓮大聖人の御化導を通して、末法弘通の仏法をさらに深く信解されることを切望する次第である。

平成二十四年八月吉日

日蓮正宗宗務院

日蓮大聖人正伝　目次

第九章　十一通の諫状

第十章　第二の国諫

第十一章　竜口法難 …… 175

第十七章　出世の本懐

第十八章　法嗣の選定と御入滅

引用書名略号

御　書――平成新編日蓮大聖人御書（大石寺版）
聖　典――日蓮正宗聖典（大石寺版）
法華経――新編妙法蓮華経并開結（大石寺版）
歴　全――日蓮正宗歴代法主全書（大石寺版）
御書文段――日寛上人御書文段（大石寺版）
富　要――富士宗学要集
文　会――訓読法華文句記会本（富士学林版）
止　会――訓読摩訶止観弘決会本（富士学林版）
大正蔵――大正新脩大蔵経
続　蔵――新纂大日本続蔵経
伝　全――伝教大師全集

第一章　御誕生

㈠　旃陀羅が子

陽光うららかに照り、潮風さわやかに吹き渡る貞応元《じょうおう》（一二二二）年二月十六日午《うま》（正午）の刻、日《ひの》本安房国《もとあわのくに》（千葉）東条郷片海《とうじょうのごうかたうみ》の海辺にひとりの聖児が誕生した。

父の名を三国大夫《みくにのたいふ》（貫名次郎《ぬきなじろう》）重忠《しげただ》、母の名を梅菊という。この聖児が誕生した時には、地から清《せい》水《すい》が湧《わ》き出て、青蓮華《しょうれんげ》が開くという奇瑞《きずい》が現じた。幼名を善日麿《ぜんにちまろ》と名づけられたこの聖児の誕生こそ、法華経の行者日蓮大聖人が閻浮提《えんぶだい》の民衆を救済すべく、日本に出現された意義深き一瞬であった。

当時の二月十六日は、現行の太陽暦に換算すると四月六日であり、温暖の地安房《あわ》片海は草木萌《も》え出ずる春たけなわの季節であった。

大聖人出生の家柄《いえがら》は、父の重忠も、母の梅菊も、もとは名のある家の出であったようであるが、大聖人御誕生の時には、当時の封建《ほうけん》社会ではもっとも地位の低い階層とされる漁夫《ぎょふ》であった。

大聖人は、この漁夫の子として誕生されたが、御自身の出生を、仏法上の意義を踏まえて、後年次のように仰せられている。

『佐渡御書』に、

第一章　御　誕　生

「日蓮今生《こんじょう》には貧窮下賤《びんぐげせん》の者と生まれ旃陀羅《せんだら》が家より出《い》でたり」（御書五八〇ジペー）

『善無畏《ぜんむい》三蔵抄』には、

「日蓮は安房国東条片海《あわのくにとうじょうかたうみ》の石中《いそなか》の賤民《せんみん》が子なり」（御書四三八ジペー）

『中興入道《なかおき》御消息』には、

「日蓮は中国・都の者にもあらず、辺国の将軍等の子息にもあらず、遠国《おんごく》の者、民が子にて候」

（御書一四三一ジペー）

『妙法比丘尼《びくに》御返事』には、

「民の家より出《い》でて頭《こうべ》をそり袈裟《けさ》をきたり」（御書一二五八ジペー）

と、大聖人は自《みずか》ら「旃陀羅が家」「賤民《せんみん》が子」「民が子」と仰せられている。

「旃陀羅」とは、梵語でチャンダーラと言い、屠者《としゃ》・殺者《さつしゃ》等と訳し、猟師とか漁夫など、生き物を殺すことを職業とする屠殺者の名称である。古代インドにおいては、仏教の不殺生の戒律に背く職業として、もっとも低い身分・階層とされていた。

大聖人は、このようなもっとも身分の低い階層より出生されたのである。

かの釈尊は、中インド迦毘羅衛国《かびらえこく》の城主浄飯王《じょうぼんのう》の太子として出生されたが、これは脱益《だっちゃく》の化導、すなわちすでに機根が熟している衆生を導く仏として、国王の子となって誕生されたのである。それは種姓《しゅしょう》の尊貴を示して、民衆に信じ易《やす》からしめるためであった。それと同じく、脱益《だっちゃく》仏法の偉大な伝灯者である竜樹《りゅうじゅ》・天親《てんじん》等の大論師も、その種姓はインドの四姓（カースト）のうちで最高位である婆羅門《ばらもん》階級であった。また、中国の天台大師や、日本の伝教大師も社会的に高貴な家柄より出生している。

さらに、当時の日本仏教の派祖をみても、法然は地方豪族《ごうぞく》の子であり、栄西《えいさい》は神官の家より出《い》で、親《しん》鸞《らん》・道元《どうげん》等もそれぞれ貴族の出身であった。

大聖人が、こうした在世や正像二千年の仏・菩薩・論師・人師《にんし》と異なる民衆階層より出生されたことについて、二つの理由が挙げられる。

第一の理由として、「末法の仏とは凡夫《ぼんぷ》なり、凡夫僧なり」（御義口伝　御書一七七九㌻）と示されるように、大聖人は末法の本未有善《ほんみうぜん》・三毒強盛《さんどくごうじょう》の衆生を下種の妙法をもって救済するために、示同凡夫《じどうぼんぶ》の御本仏として出現されたということである。

第二の理由は、釈尊の予言である。法華経神力品《じんりきほん》の中に、

「日月の光明《こうみょう》の　能《よ》く諸《もろもろ》の幽冥《ゆうみょう》を除くが如《ごと》く　斯《こ》の人世間に行じて　能く衆生の闇を滅す」

（法華経五一六㌻）

と説かれており、末法出現の仏は、宇宙法界の尊極《そんごく》の法を一身に所持し、あたかも、太陽の光が闇を滅し、一切を養育するように、末法悪世の衆生を済度することを示されているのである。そして、この経

文に説かれる「斯《こ》の人」こそ「世間に行ずる」仏であり、凡夫の姿をした仏であるとの意味がうかがえる。まさしく、これは大聖人を予証されたものであり、法華経勧持品《かんじほん》にも「悪口罵詈《あっくめり》等　及加刀杖《ぎゅうかとうじょう》」「軽賤誹謗《きょうせんひぼう》」「数数見擯出《さくさっけんひんずい》」等と、末法における法華経弘通《ぐづう》の難を示されている。もしも、法華経の行者として、これらの難を受ける人が出なければ、釈尊出世の本懐たる法華経は、すべて虚妄《こもう》の言葉となる。

仏教の歴史の中で釈尊滅後二千余年の間、日蓮大聖人こそ、この経文を身読なされた空前絶後ただ一人のおかたであり、大聖人によって、法華経が真実であり、宇宙法界を貫く大真理であることが証明されたのである。

大聖人の御一生が、法華経弘通による法難の連続であったことからも、大聖人こそ真実の法華経の行者であるとの証明がなされたといえよう。

『開目抄』に、

「其《そ》の上下賤《うえげせん》、其の上貧道《ひんどう》の身なり」（御書五三八ジペー）

と仰せられている。もしも、大聖人が帝王・貴族などの種姓《しゅしょう》に誕生されたならば、その家柄の尊貴により、身命に及ぶほどの四カ度の大難は起こらなかったであろう。下賤の家に生まれればこそ、重畳《ちょうじょう》する大難をも忍ばれ、法華経の予言を真に実証することができたのである。

大聖人が旃陀羅《せんだら》が子として出生されたことは、これらの深い意義をもっているのであって、決して単なる偶然《ぐうぜん》でもなく、また賤民《せんみん》だからといって恥ずべきことでものなかったのである。

㈡ 瑞　相

大聖人の御誕生には、種々の不思議な瑞相《ずいそう》があった。後年、大聖人の口伝《くでん》法門を第二祖日興上人が筆録された『産湯相承事《うぶゆそうじょうのこと》』は、大聖人の御誕生を知るうえに、欠くことのできない重要な相伝書である。その中に、両親が不思議な夢をみたことが記されている。

まず、大聖人を懐妊《かいにん》された時、母君の夢は、

「有る夜の霊夢《れいむ》に曰《い》はく、叡山《えいざん》の頂《いただき》に腰をかけて近江《おうみ》の湖水を以《もっ》て手を洗ひ、富士の山より日輪の出《い》でたまふを懐《いだ》き奉る」（御書一七〇八㌻）

というものであり、父君の夢は、

「虚空蔵《こくうぞう》菩薩《ぼさつ》貌吉児《みめよきちご》を御肩に立て給ふ。此《こ》の少人我が為には上行《じょうぎょう》菩提薩埵《ぼだいさった》なり。日の下《もと》の人の為には生財《しょうざい》摩訶薩埵《まかさった》なり。亦《また》一切有情《うじょう》の為には行く末《すえ》三世常恒《じょうごう》の大導師なり。是《これ》を汝《なんじ》に与へんとの給ふ」（同右）

という夢であった。

第一章　御　誕　生

両親のこの霊夢《れいむ》は、その荘厳さといい、広大さといい、まさに法界自受用《じじゅゆう》の仏の御出現を暗示する吉《きち》瑞《ずい》であった。

釈尊の託胎《たくたい》の時、母摩耶夫人《まやぶにん》の霊夢について、大聖人がのちに、

「摩耶夫人は日をはらむとゆめにみて悉達《しった》太子をうませ給ふ。かるがゆへに仏のわらわな《童名》をば日種《にっしゅ》という」（撰時抄　御書八六二㌻）

と仰せられていることからも、大聖人と釈尊との霊夢がよく似ていることがわかる。

また、大聖人御誕生の時の母君の霊夢について、

「又産生《うまれ》たまふべき夜の夢に、富士山の頂《いただき》に登りて十方を見るに、明らかなる事　掌《たなごころ》の内を見るが如く三世明白なり。梵天《ぼんてん》・帝釈《たいしゃく》・四大天王等の諸天悉《ことごと》く来下《らいげ》して、本地自受用報身如来《ほんちじじゅゆうほうしんにょらい》の垂迹《すいじゃく》上行菩薩の御身《おんみ》を凡夫地《ぼんぶじ》に謙下《けんげ》したまふ。御誕生は唯今《ただいま》なり」（御書一七〇八㌻）

と述べられている。そして、この時、竜神王《りゅうじんおう》が一本の青蓮華《しょうれんげ》を持ち来《き》たると、この青蓮華の花が開き、そこから清水《せいすい》が湧き出したのである。そこで、この清水をもって産湯《うぶゆ》をつかわれ、余った清水を四方へ灑《そそ》ぐと、あたり一面は金色《こんじき》に輝き、まわりの草や木も一斉《いっせい》に花が咲き菓《このみ》がなったのである。また多くの人たちが共々に白い蓮華を手に捧げ、日に向かって、「今此三界《こんしさんがい》　皆是我有《かいぜがう》　其中衆生《ごちゅうしゅじょう》　悉是吾子《しつぜごし》　唯《ゆい》我一人《がいちにん》　能為救護《のういくご》（今此《こ》の三界は皆是《こ》れ我が有《う》なり　其《そ》の中の衆生は悉《ことごと》く是《こ》れ吾《わ》が子なり　唯我《ただわれ》一人の

み　能《よ》く救護を為《な》す）」と唱え奉る夢を御覧になったという。

まことにもって末法の御本仏の誕生にふさわしい、清浄にして荘厳な霊夢《れいむ》であった。

また伝説によれば、宗祖御誕生のとき砂浜から清水が渾々《こんこん》と湧き出《い》で、御誕生の数日前より、海上には忽然《こつぜん》として青蓮華が生じ、あざやかな花を咲かせたといわれる。いまも周辺の磯には「蓮華ヶ淵《ふち》」の名称を留《とど》めている。

また、御誕生の日、庭の池に蓮華が開き、海中より巨鯛《おおだい》が飛び跳ねて御誕生を祝ったと伝えられている。現在でも「鯛の浦」には、巨大な鯛が生息しているが、本来海の底層に棲《す》む鯛が、岸辺の表層にいることは不思議な現象である。

さらに不思議なことは、生死の因縁ともいうべく、インドの釈尊が二月十五日に入滅し、日本の大聖人が二月十六日に御誕生されたことである。こうした数々の不思議な因縁と現証は、御本仏出現を賛嘆《さんたん》渇仰《かつごう》する大法界のあらわれと見ることができる。

末法の仏としての大聖人の御誕生に、山川草木十方法界の仏性が、ことごとく房州片海《かたうみ》の地に向かって、歓喜の瑞相を示したのである。

㈢　片　海

御誕生の地について『本尊問答抄』に、

「日蓮は東海道十五箇国の内、第十二に相当《あい》たる安房国長狭郡東条郷片海《あわのくにながさのこおりとうじょうのごうかたうみ》の海人《あま》が子なり」（御書一二七九㌻）

と示されるように、大聖人は安房国長狭郡東条郷片海で誕生された。

従来、「片海」は、海辺の一般的名称、また小湊《こみなと》区内の一地名と考えられ、一般的に大聖人生誕の地は「小湊」であるとされてきた。

しかし、大聖人は『新尼御前《にいあまごぜん》御返事』に、故郷周辺の風景を回想され、

「かたうみ《片海》・いちかは《市河》・こみなと《小湊》の礒《いそ》」（御書七六三㌻）

と、片海を市川や小湊と並べて示されており、また地元に伝わる地方文書《じかたもんじょ》にも小湊や市川のほかに片海

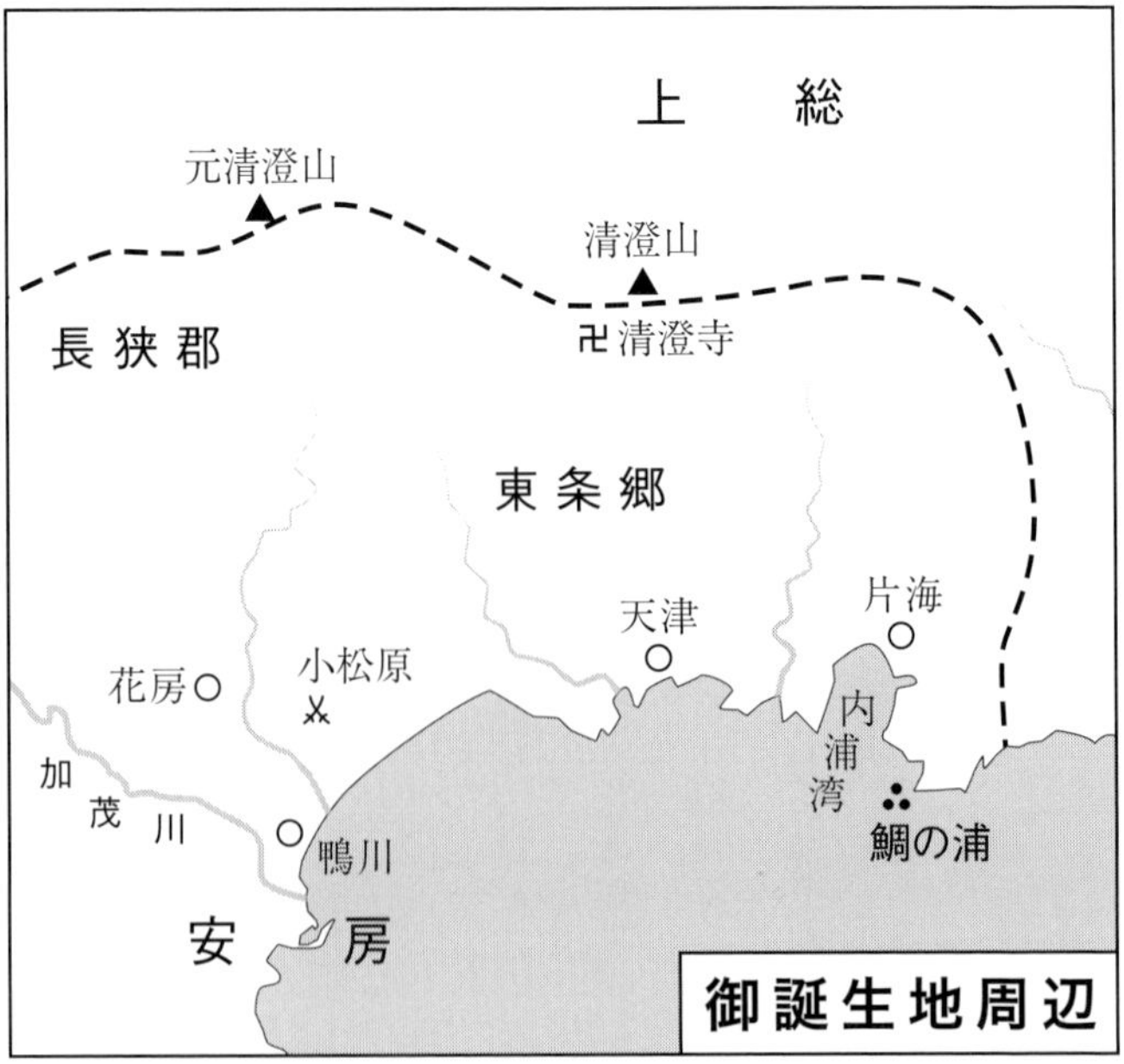

㈢ 片　　海

の存在が確認されていることから、片海は小湊と併存する別の地名・集落名であったと考えられる。

この片海の地は近世までは存在していたが、時代の移り変わりの中で地名は失われてしまい、残念ながら現在では正確な場所を特定することはできない。しかしながら、かつて片海が房総半島の南部に位置する内浦湾（千葉県鴨川市）に存在した漁村の地名であることは事実であり、そこに大聖人が誕生されたと見るべきであろう。

内浦湾周辺の地は、眼前に太平洋の大海原《おおうなばら》を眺望《ちょうぼう》し、背には幽邃《ゆうすい》な清澄山系をひかえ、温暖にして風光明媚《めいび》な所であり、まさに一切衆生を救う聖者の誕生するにふさわしい景観をそなえた勝地である。

㈣　家　系

大聖人の出生・族姓については、御書にみることができるが、御両親の姓名や兄弟の有無といった家系にかかわる史料は、極めて乏しい。ただ大聖人口伝《くでん》の『産湯相承事《うぶゆそうじょうのこと》』に、御父三国大夫《みくにのたいふ》の呼び名について、

「東条の片海に三国大夫と云《い》ふ者あり、是《これ》を夫と定めよ」（御書一七〇八ジペー）

とあり、この三国氏のいわれを『日本書紀』『上宮記』などを見ると、第二十六代継体《けいたい》天皇は即位される以前、越前（福井県）三国に住まわれ、御子の椀子皇子《まろこのみこ》が三国氏の祖先とされている。

上古の伝記として、大聖人滅後二百年ごろに書かれた『元祖化導記《がんそけどうき》』（行学院日朝著）には、

「遠州《えんしゅう》の人貫名《ぬきな》五郎重実《しげざね》なり、平家の乱に安房《あわ》の国に流されたり、然《しか》るに重実に二人の子有り（中略）次男貫名次郎重忠《しげただ》に五人の子之れ有り、一は藤太、二は幼少にして死し玉へり、三は仲三郎、四は元祖聖人なり、五は藤平」

とあり、またのちに当地の地頭東条景信《かげのぶ》と領家《りょうけ》の尼との土地争いに、大聖人が「重恩の人」として領家側に味方したことや、当時の古刹《こさつ》たる清澄寺に登山されたことなどから考えると、父の三国大夫重忠は

本来の漁民ではなく、荘官階級の出身であったか、あるいは漁師のまとめ役か、行政官の地位にあったと推察できる。したがって父重忠は何らかの理由によって漁師の身とはなっていても、相当の見識と教養を身につけていたことであろう。

しかし、『元祖化導記』は大聖人滅後二百年ごろに著《あらわ》されたものであり、信憑性《しんぴょうせい》はうすく、ここに記されている藤太、仲三郎、藤平についても定かではない。

御母梅菊女《うめぎくにょ》の家系については、同じく『産湯相承事』に、

「悲母梅菊女は童女の御名なり平の畠山《はたけやま》殿の一類にて御坐《おわ》すと云云」（御書一七〇八㌻）

と記されている。

平の畠山氏とは、平安末期から鎌倉初期の豪族で桓武《かんむ》平氏の末孫《ばっそん》である。秩父氏の一族で秩父重弘《しげひろ》の子重能《しげよし》が、武蔵《むさし》国男衾《おぶすま》郡畠山庄（埼玉県大里《おおさと》郡）の荘司となり、この時に畠山氏を名乗ったのが始まりとされている。重能の子重忠《しげただ》は、源頼朝《みなもとのよりとも》の家来となって軍功を重ね武州《ぶしゅう》の有力御家人となったが、元久《げんきゅう》二（一二〇五）年、重忠の子重保《しげやす》らの一族と共に北条時政《ときまさ》に滅ぼされた。そして、このころ一族が落ちのびて、安房に居住したらしい。

また、聖滅四百五十年ごろに著《あらわ》された『本化別頭仏祖統紀《ほんげべつずぶっそとうき》』には、御母は清原氏の出身であるとしている。おそらく畠山氏の縁戚に清原氏なる人がいたためと考えられるが、定かではない。

㈤　五濁の世

日蓮大聖人御誕生の貞応元《じょうおう》（一二二二）年は、釈尊滅後二千百七十一年、すなわち末法に入って百七十一年目にあたっていた。

釈尊は仏法の将来を大集経《だいしっきょう》等に、

「我が滅後に於《お》いて初めの五百年は解脱堅固《げだつけんご》、次の五百年は禅定堅固已上《ぜんじょういじょう》一千年、次の五百年は読誦《どくじゅ》多聞《たもん》堅固、次の五百年は多造塔寺《たぞうとうじ》堅固已上二千年、次の五百年は我が法の中に於て闘諍言訟《とうじょうごんしょう》して白法隠没《びゃくほうおんもつ》せん」

と予言されている。

すなわち仏の滅後、はじめの千年間は釈尊の仏法によって人々が解脱し、禅定を得るゆえに正法時代といい、次の千年は仏経を読誦したり、法を聞いたり、教典が翻訳されたり、また多くの塔寺を造るという形式を重んずるゆえに像法時代という。そして最後の第五の五百歳、すなわち二千年以後は人々の機根も下劣となり闘諍の世となって、仏法が隠没するゆえに末法というのである。

この予言はまさに的中し、大聖人御誕生の時代は、日本のみならず世界の全土が五濁《ごじょく》の闇《やみ》に覆《おお》われ、闘諍による悲劇が展開されつつあった。

ヨーロッパの戦乱

当時ヨーロッパにおいては、キリスト教徒が聖地エルサレムをイスラム教徒より奪回《だっかい》し、あわせて勢力拡張を目的として、十字軍の遠征《えんせい》が行われた。その攻防は十一世紀末より十三世紀末まで二百年にわたって続いたのであるが、とくに地中海沿岸地域における戦禍《せんか》の中での略奪暴行《りゃくだつぼうこう》は目に余るものがあった。二世紀にわたる戦乱の間には少年少女による「少年十字軍」が企てられたが、その多くは奴隷として売られるという悲惨な結果に終わった。

長期にわたる宗教戦争にまき込まれたヨーロッパは、人心も社会もすっかり荒廃《こうはい》し、疲弊《ひへい》していた。

アジアの侵略

一方アジアにおいては、世界史上最大の征服者であるチンギスが、一二〇六年には全蒙古《もうこ》を統一して帝国の可汗《かがん》（皇帝）となり、ただちに四方に大規模な侵略《しんりゃく》を開始した。精強な蒙古の騎馬《きば》軍団は、またたくまに中央アジアを席巻《せっけん》し、半世紀の間に東方は中国の金《きん》を征して黄河以北の地を手中に収め、西は黒海沿岸のクリミアからウクライナ地方に至る空前の大帝国が出現したのである。この蒙古軍の戦闘は熾烈《しれつ》を極め、死者数百万人に及んだ。

一二二七年、チンギスの死後も侵略の嵐は止《や》まず、ポーランド、ハンガリー等の東ヨーロッパ諸国を鉄蹄《てってい》下に踏みにじり、イランより地中海東岸トルコに至る広大な地域を手中に収めた。これに震撼《しんかん》した西ヨーロッパ諸国を代表し、一二四五年、ローマ法王は膝を屈して蒙古へ修好使節を送ったほどであった。さらに極東においては、五祖フビライがチベットを属国とし、高麗《こうらい》をも降伏せしめた。一二七一年には国号を「元《げん》」と名づけ、一二七九年ついに南宋《なんそう》朝を滅亡せしめ、元による中国統一が完成した。

このように十三世紀の世界は侵略と殺戮《さつりく》の時代であった。ここにまさしく闘諍堅固《とうじょうけんご》の仏説が、世界的な現実として証明されたのである。

源平の乱

こうした世界の情勢に比して、日本はいかなる時代・世相であっただろうか。

平安末期、保元《ほうげん》・平治《へいじ》の乱を通して、平氏は源氏を下し、さらにその武力をもって政治権力を握り、「平氏にあらずんば人にあらず」とまでいわれた平家全盛の時代であった。

しかし、平家独裁の強化にともない、院・公家・寺院等の反平氏運動が起こり、この機運に乗じて、源氏は治承《じしょう》四（一一八〇）年以仁王《もちひとおう》を奉じて挙兵した。

「奢《おご》る平家は久しからず」の言葉どおり、平家は源頼朝《みなもとのよりとも》の挙兵より、わずか五年後の文治《ぶんじ》元（一一八五）年、壇の浦にあえなく滅亡したのである。

ここに源氏は武家としての全国的実権を握り、長年の宿願を果たしたのである。

鎌倉幕府

源頼朝は、治承《じしょう》四（一一八〇）年には、武士化した地方官人による行政の府である侍所《さむらいどころ》を関東鎌倉に設置し、さらに元暦《げんりゃく》元（一一八四）年には、公文所《くもんじょ》（のちの政所《まんどころ》）・問注所《もんちゅうじょ》を設置して、いち早く武家による行政機構の整備をはかった。

また、翌文治《ぶんじ》元（一一八五）年には、義経《よしつね》と組んで頼朝追討《ついとう》の宣旨《せんじ》を出した朝廷に対し、義経等の追及を名目として、守護・地頭の設置を要求し、日本国総追捕使《そうついぶし》（総守護）の承認を得た。これによって源氏の政権の基礎は固められたが、さらに建久《けんきゅう》三（一一九二）年、頼朝は後白河法皇の崩御《ほうぎょ》によって、待望久しかった征夷《せいい》大将軍に任ぜられ、ここに名実ともに武家政権による鎌倉幕府が誕生した。

しかし、保元《ほうげん》・平治《へいじ》の乱より幕府開創までの三十余年は、血で血を洗う戦乱の歴史であり、悲惨な弱肉強食の様相を露呈《ろてい》したが、幕府開創以後もこれにおとらず、骨肉相食《あいは》む、冷酷《れいこく》無残な歴史がつづられた。そして争いのつど、塗炭《とたん》の苦しみをうけたのは常に民衆であり、民衆はただ耐え忍ぶ以外になす術《すべ》

大蔵幕府跡

がなかったのである。

さて、政治の実権を握った源氏も、わずか三代で跡絶《とだ》え、政権は執権職《しっけんしょく》の北条氏に移った。この時、事実上の最高権力者となったのは、時の執権北条義時《よしとき》であるが、この義時が目指したものは、頼朝によって設置された地頭《じとう》の強化であった。そして次第に御家人による荘園の支配を強め、幕府の実勢力を拡大していった。このため、朝廷方が支配していた土地は、次第に幕府に奪われ、政治権力や経済的基盤を大きく削減されていったのである。

これは、皇室を中心とする貴族階級の人々にとって死活問題であった。なぜなら、生活を支えた最大の財源は、すべて皇室領の荘園群であったからである。

三代将軍実朝《さねとも》亡き後、後鳥羽《ごとば》上皇は幕府内の政争を契機として、今こそ朝廷の勢力を挽回《ばんかい》せんと種々の方策をめぐらした。なかでも幕府の持つ地頭の任免権に対し、これを左右する院の権力を承認させようとしたが、上皇の期待に反し、義時はこれを手ひどくはねつけ、逆に弟の時房《ときふさ》を兵一千と共に上洛《じょうらく》させ、武威《ぶい》をもって拒否するとともに、再度にわたって上皇の皇子の鎌倉将軍着任を強要したのである。

しかし上皇もこれには応ぜず、結局両者は、武力によって決着をつける以外に解決の道はなかった。

承久の乱

ついに承久《じょうきゅう》三（一二二一）年五月十五日、朝廷側は北条義時追討《よしときついとう》の院宣《いんぜん》を下した。ここに古代貴族政権より中世武士政権への変動の象徴的《しょうちょうてき》事件とも言うべき「承久の乱」が起こった。

しかしながら、総勢十九万という圧倒的に優位な鎌倉方の軍勢の前には、上皇軍はもはや敵ではなく、戦いはわずか一カ月をもって、あっけなく幕府軍の勝利に帰した。

この戦いを伝える『承久記』には、京に乱入し、戦勝の勢《いきお》いに乗じた関東武士たちの掠奪《りゃくだつ》・放火・殺《さつ》戮《りく》・暴行は、さながら地獄の様相を呈したと記されている。

乱後、義時は、後鳥羽《ごとば》上皇を隠岐《おき》に、順徳《じゅんとく》上皇を佐渡に、土御門《つちみかど》上皇を土佐に配流《はいる》し、倒幕派の主な公家・武家は斬首《ざんしゅ》の刑に処した。また、三千余カ所と言われる皇室領の荘園を没収し、御家人を新たに地頭に補任《ぶにん》し、ここに幕府による全国支配が確立した。

この承久の乱は、民間の武士が天皇を破り、しかも三上皇を流刑に処すという史上未曾《みぞう》有の大事件であり、その下克上《げこくじょう》の混乱はそのまま、五濁乱漫《ごじょくらんまん》の末法の様相を示すものであった。

そしてまた、この闘諍《とうじょう》戦乱の時に呼応して、大聖人の御誕生の大事があったことは、まさしく修羅《しゅら》闘争の極まるところに御出現の時を感ぜられた、法界の一大事因縁というべきであろう。

㈥　善日麿

善日麿《ぜんにちまろ》と称されたこの聖児は、温暖平穏な安房《あわ》片海のほとりにあって、父母の深い慈愛を受けて健《すこ》やかに成長されていった。三歳・四歳と長ずるに従い、父君からはいろいろのことを教えられた。母君もまた昔話や物語をもって、多くの教訓を幼い心に植えつけられた。

伝説では、幼少の時より仏法に心を入れられ、村童と遊ぶにも無益の殺生《せっしょう》を好まれず、思慮深く、覚えはよく、意志堅固《けんご》にして、情緒きわめて細《こま》やかであったという。

また七・八歳のころには父君から習字、読書の手ほどきを受け、同時に天性の慧眼《けいがん》は転変する世相への関心となっていった。

しかも海辺の漁師の子供であるから、波や潮風の自然を友とし、あふれんばかりの陽光の中で、元気な身体と大海のような壮大な気宇も養われた。

このころのことは詳《つまび》らかではないが、後年のお振る舞いと御書に表されていた品位と気性、すなわち高潔英邁《こうけつえいまい》にして、いかなる艱難《かんなん》をも乗り越えられる強い意志と身体、そして広い心と細やかな情愛は、長年の研学修行とともに、幼少の成長期がいかに充実し円満なものであったかを物語っている。

善日麿《ぜんにちまろ》が父母のもとにあって成長された十二年間、すなわち承久《じょうきゅう》の乱以後の十二年間には、世相にさまざまな事件が起こった。

御年三歳の貞応《じょうおう》三（一二二四）年六月には、三上皇を配流《はいる》せしめた北条義時《よしとき》が急死し、その子泰時《やすとき》が執権を継いだ。義時の死因については病死説と他殺説がある。

翌嘉禄《かろく》元（一二二五）年六月には、承久の乱の幕府方の重臣であった大江広元《おおえひろもと》が死去、また七月には同じく幕府方をまとめ尼将軍と呼ばれた北条政子が、十二月には北条時村《ときむら》（行念）が相次《あいつ》いで死去した。また同年の九月には京都上皇方の祈禱《きとう》の上席を勤めた慈円僧正《じえんそうじょう》も没したのである。御年四歳の時であった。

そして、このころ、季節はずれの大雪、洪水、彗星《すいせい》などの天変地夭《ちよう》が続き、五月に幕府は鶴岡八幡宮《つるがおかはちまんぐう》に千二百僧供養を命じて疾疫災旱《しつえきさいかん》等の除厄《じょやく》を祈らせたのであった。

御年が七・八歳と長ずるに及んでも世情の不安は止《や》まず、高野、奈良の僧徒の帯仗《たいじょう》が禁じられたり、安貞《あんてい》二（一二二八）年七月には、大風雨により京都の鴨川が氾濫《はんらん》するなどの天災が続き、寛喜《かんぎ》三（一二三一）年、御年十歳の春には、大飢饉《ききん》が起こった。一方、このころ武家と領家（荘園の領主）との間に土地の所領問題などの係争が全国的に続出した。そのため幕府はついに貞永《じょうえい》元（一二三二）年五月、北条泰時を中心に『貞永式目』を制定するに至ったのである。

㈥ 善 日 麿

これは幕府の法治《ほうち》主義のもと、敬神崇仏《けいしんすうぶつ》、所領、罪科、決罰など、訴訟裁判《そしょうさいばん》に関する五十一カ条を制定し、武家法の確立を図るものであった。

このような世相の混乱と悲劇は、幼い善日麿《ぜんにちまろ》の眼《まなこ》にどのように映じたであろう。感性豊かにして聡敏《そうびん》な善日麿の心は、これらの凶相《きょうそう》の原因が何であるのかを幼な心におぼろげながら考えはじめていた。

のちに、

「予はかつしろしめ《知食》されて候がごとく、幼少の時より学文に心をかけし上、大虚空蔵菩薩《だいこくうぞうぼさつ》の御宝前に願《がん》を立て、日本第一の智者となし給へ。十二のとしより此《こ》の願を立つ」

（破良観等御書　御書一〇七七ジペー）

との仰せからも、幼少の時から近隣に知らない者がないほど「学文」に秀でられたことと、十二歳で清《せい》澄寺《ちょうじ》に登るときには、すでに「日本第一の智者となし給へ」との大志を懐《いだ》かれていたことがわかる。この大きな願望は幼少のころから目にし、耳にしてきた人間の悲哀《ひあい》、社会の混乱を解決するためには、「日本第一の智者」とならねばならないことを強く感じていたからであった。そのためにも学問を究《きわ》めなければならない。そしてそれが、家を離れて直接学問の師匠に従うという出家の道を選ばれるに至ったことは、当然の成りゆきであった。

幼名について

なお大聖人の幼名について、一説には「薬王麿《やくおうまろ》」と称する伝記もある。すなわち、大聖人滅後二百年ごろの『元祖化導記《がんそけどうき》』に「或《あ》る記に云《いわ》く、童体をば薬王丸と号す」と記している。次いで聖滅二百三十年ごろに著《あらわ》された円明院日澄の『日蓮聖人註画讃《ちゅうがさん》』には「清澄山の寺に登り道善房に師事し薬王麿と号す」とあるが、それ以前の幼名にはふれていない。しかし、大石寺に秘蔵相伝されてきた大聖人御自身の口述による『産湯相承事《うぶゆそうじょうのこと》』には明確に、

「予が童名をば善日」（御書一七〇九ページ）

と仰せられており、大石寺第十七世日精《にっせい》上人の『日蓮聖人年譜《ねんぷ》』にも、

「薬王と申す御名は妙蓮（御母）の説に非《あら》ず、亦未《またいま》だ出処《しゅっしょ》を見ざる故に依用せざるなり」

（歴全二―九ページ）

とあって、大石寺にあっては古来、当然のこととして大聖人の幼名を善日麿《ぜんにちまろ》と称し奉っていたのである。

第二章　修　学

㈠　出　家

清　澄　寺

十二歳の善日麿《ぜんにちまろ》が学問を修めるにふさわしい所は、片海にほど近い古刹清澄寺《こさつせいちょうじ》であった。

清澄寺の起源は、光仁《こうにん》天皇の宝亀《ほうき》二（七七一）年、不思議法師《ふしぎほっし》なる僧が清澄山に登った時、一本の老柏樹《はくじゅ》を伐《き》って虚空蔵菩薩《こくうぞうぼさつ》の像を彫刻し、小堂を建立して安置したことに始まると伝えられている。

その後、承和《しょうわ》三（八三六）年には、慈覚《じかく》大師円仁《えんにん》が東国巡教《じゅんきょう》の折にこの地を訪れ、不動の像と十二僧坊を造って中興したという。そのため、この清澄寺は慈覚大師の流れを汲《く》む天台密教（台密《たいみつ》）の寺院であった。そして鎌倉時代には北条政子より宝塔や経蔵の寄進を受けるなど、善日麿が登山するころは寺運がもっとも隆盛《りゅうせい》を極めていた。

登　山

「生年十二、同じき郷の内清澄寺と申す山にまかりのぼり」（本尊問答抄　御書一二七九ジペー）

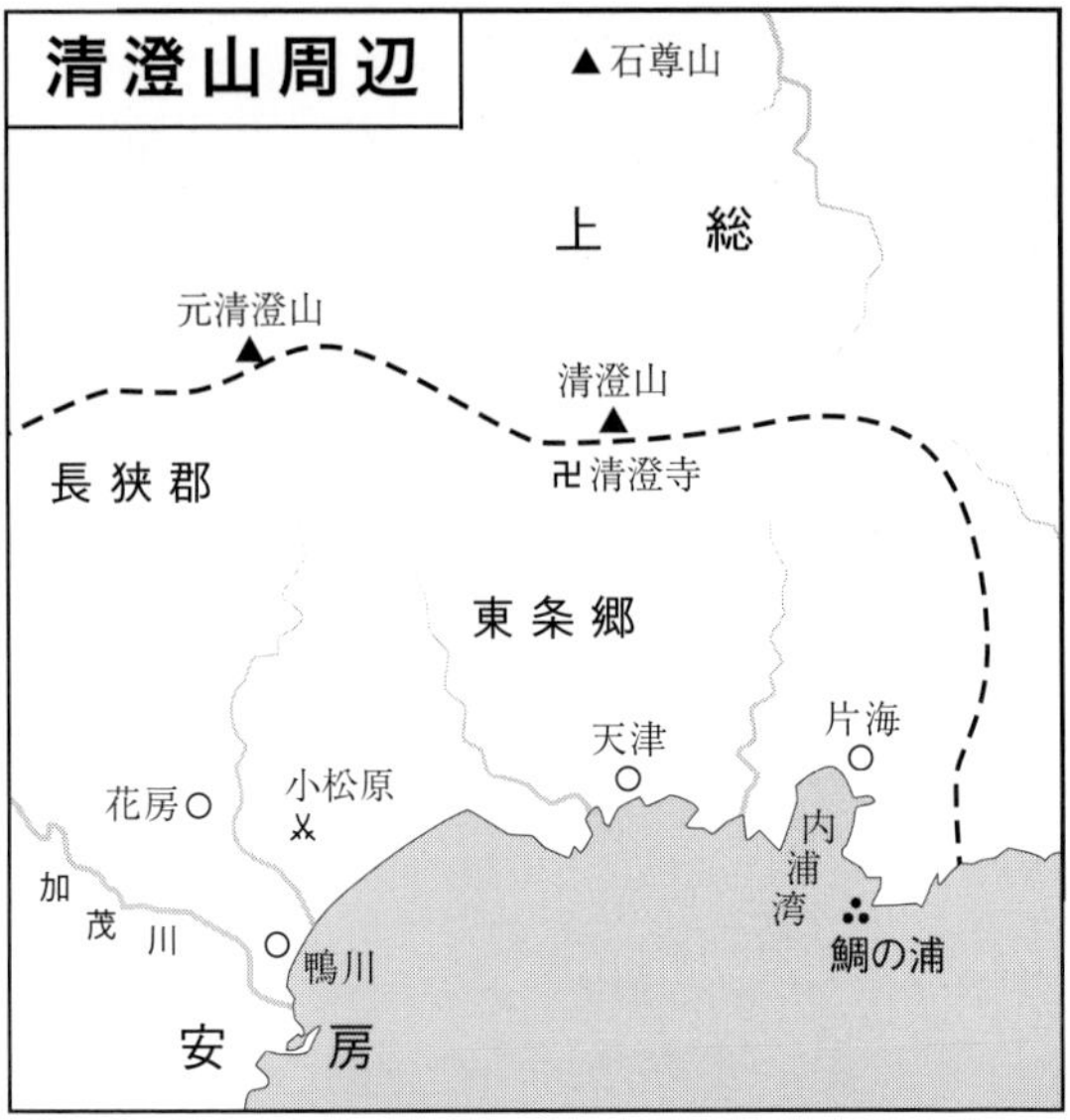

とあるように、善日麿《ぜんにちまろ》は「日本第一の智者」となるために学問を志して、天福《てんぷく》元（一二三三）年、十二歳の時、清澄寺《せいちょうじ》の道善房《どうぜんぼう》のもとに入門した。

入門当初、主として先輩の浄顕房《じょうけんぼう》・義浄房《ぎじょうぼう》の二人から、仏典を中心とした読み書きと一般的な初等教育を受けた。これはのちに浄顕房・義浄房に与えた『報恩抄』に、

「各々《おのおの》二人は日蓮が幼少の師匠にてをはします」（御書一〇三二㌻）

とあることからもわかる。

師の道善房は、まれにみる賢明快活《けんめいかいかつ》な少年善日麿の大器ぶりを喜ぶと同時に、その将来を楽しみにしながら、成長を温かく見守っていた。

善日麿の智解《ちげ》は、生来の才能と求道心、そして師匠や先輩の熱意によって、ぐんぐん成長していった。それはあたかも旱天《かんてん》の慈雨のごとく、善日麿の心と身体にすべてがしみ込んでいった。また学問のみならず、人格向上の修養も怠《おこた》りなく努めた。

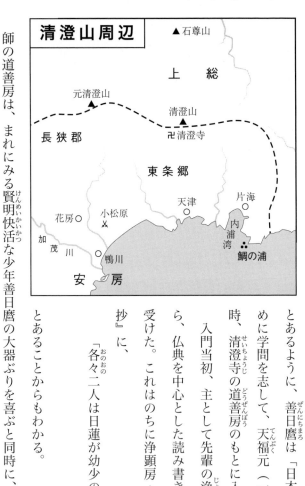

当時、善日麿の心の奥に一貫して流れていたものは、『破良観等《はりょうかんとう》御書』によると「日本第一の智者」となるための学問であり、修行であった。そして、そのためにも「十二のとし」より清澄寺《せいちょうじ》の本尊「大《だい》虚空蔵《こくうぞう》菩薩《ぼさつ》の御宝前に願《がん》を立て」る日々であった。

『破良観等御書』には、これらの大願について、

「其《そ》の所願に子細《しさい》あり。今くはしく《詳》のせがたし」（御書一〇七七ページ）

とあり、立願の理由がいくつか存在していたことを示されている。では「日本第一の智者となし給へ」と大願を立てた理由は何なのであろう。

今、幼少のころを述懐《じゅっかい》されたいくつかの御書を手がかりに、当時、智者となって晴らさねばならなかった疑問、すなわち「立願の子細」を挙げてみたい。

立願の子細

善日麿《ぜんにちまろ》の胸中を去らなかった疑問の一つは、日本の未曾有《みぞう》の大事件であった承久《じょうきゅう》の乱において、天皇方は天台・真言等の座主《ざす》・高僧《こうそう》によって調伏祈禱《じょうぶくきとう》の秘法秘術をあらん限り尽くしたにもかかわらず惨敗《ざんぱい》し、三上皇がそれぞれ島流しに処せられたという事実であった。

『神国王《しんこくおう》御書』に、

「日蓮此《こ》の事を疑ひしゆへに、幼少の比《ころ》より随分に顕密《けんみつ》二道并《なら》びに諸宗の一切の経を、或は人にならい、或は我と開き見し勘《かんが》へ見て候」（御書一三〇一ジペー）

とあり、承久《じょうきゅう》の乱という社会的事件に対する疑いのために、幼少より顕密《けんみつ》二教や諸宗の経典を披見《ひけん》されていたことがわかる。

さらに同書に、

「我が面《おもて》を見る事は明鏡によるべし。国土の盛衰《せいすい》を計ることは仏鏡にはすぐべからず」（同右）

とあり、国家の盛衰も社会の平安も、その根源に仏法が大きく影響することを指摘されている。この一文を見ても、少年善日麿《ぜんにちまろ》が「日本第一の智者」となるためには、仏法の真髄を究《きわ》めなければならないと気づいていたことが知られる。

第二の理由は、この仏法を究めんとする善日麿にとって、釈尊一仏の説いた教えがなにゆえ各宗各派に分かれ、それぞれが自宗の優越性《ゆうえつせい》を主張しているのか、という基本的な疑いを晴らすことであった。

『報恩抄』に、

「何《いず》れの経にてもをはせ一経こそ一切経の大王にてはをはすらめ。而《しか》るに十宗七宗まで各々諍論《じょうろん》して随《したが》はず。国に七人十人の大王ありて、万民をだやか《穏》ならじ、いかんがせんと疑ふところに一つの願《がん》を立つ」（御書一〇〇〇ジペー）

と述懐《じゅっかい》されているとおりである。

第三は、安房《あわ》の念仏を唱える行者の臨終《りんじゅう》が、あまりにも狂乱の姿、悪相を現ずるという疑問であった。

『妙法比丘尼《びくに》御返事』に、

「此《こ》の度《たび》いかにもして仏種をもうへ植、生死《しょうじ》を離るゝ身とならんと思ひて候ひし程に、皆人の願はせ給ふ事なれば、阿弥陀仏《あみだぶつ》をたのみ奉り幼少より名号《みょうごう》を唱へ候ひし程に、いさゝかの事ありて此の事を疑ひし故に一つの願《がん》をおこす」（御書一二五八ジペー）

と述べられている。

文中「いさゝかの事ありて此の事を疑ひし」とは、念仏を唱える人々の臨終の狂乱悶死《もんし》の現実を目《ま》の当《あ》たりにされたこと、そしてそのことによって念仏に対する深い疑問を抱《いだ》かれ、一切の経教の肝要《かんよう》、諸宗の子細《しさい》を究《きわ》めんと誓願されたことを意味している。

得度

十二歳にして清澄寺《せいちょうじ》に登った善日麿《ぜんにちまろ》は、大志をいだいて修学の年月を送り、いつしか英知に輝くたくましい青年に成長していた。

幼少から抱いていた疑問の解決のためにも、また自分の得脱《とくだつ》のみならず父母を救わんがためにも、ひいては民衆の救済と一国の平和をもたらすために、自ら僧侶となり、身命《しんみょう》を尽くして仏法の真髄を究めようと、善日麿《ぜんにちまろ》は得度を決意した。

嘉禎《かてい》三（一二三七）年、十六歳の時、道善房《どうぜんぼう》を師として得度し、道号を是聖《ぜしょう》（生）房蓮長《ぼうれんちょう》と称した。

　このころを述懐《じゅっかい》して、

「日蓮は日本国安房国《あわのくに》と申す国に生まれて候ひしが、民の家より出でて頭《こうべ》をそり袈裟《けさ》をきたり。此《こ》の度《たび》いかにもして仏種をもう《植》へ、生死《しょうじ》を離るゝ身とならんと思ひて候（中略）宗々枝葉《しよう》をばこまかに習はずとも、所詮肝要を知る身とならばやと思ひし故」（妙法比丘尼御返事　御書一二五七㌻）

と述べられている。

　出家してからは「生死を離るゝ身」となるため、日々の修行に精励《せいれい》し、「肝要を知る」ための研鑽《けんさん》は、いよいよ夜を日につぐ激しさとなった。

　このころには、すでに師の道善房や義浄房《ぎじょうぼう》、浄顕房《じょうけんぼう》も蓮長に教えるものはなく、蓮長はひたすら清澄《せいちょう》寺《じ》所蔵の経巻典籍《てんせき》を漏《も》れなく読破し、胸中に深く刻《きざ》み込んでいった。

虚空蔵菩薩へ祈る

　十七歳のころ、すでに清澄寺においては学問の上で読むべき書物もなく、いまは「日本第一の智者と

なし給へ」と、ひたすら虚空蔵菩薩《こくうぞうぼさつ》に祈願するばかりであった。それは『清澄寺大衆中《せいちょうじだいしゅちゅう》』に、

「生身《しょうじん》の虚空蔵菩薩より大智慧を給はりし事ありき。日本第一の智者となし給へと申せし事を不便《ふびん》とや思《おぼ》し食《め》しけん、明星《みょうじょう》の如《ごと》くなる大宝珠を給ひて右の袖《そで》にうけとり候」（御書九四六㌻）

とあり、祈願の成就は虚空蔵菩薩より、明星のごとき大宝珠、すなわち大智慧を授かるという不思議な現象として現れた。この事実はまさに一切衆生を救わんとする蓮長《れんちょう》の誓願と、本然に具《そな》わるところの智徳が内薫《ないくん》してもたらされた法界の妙用《みょうゆう》というべきであろう。

「一切経を見候ひしかば、八宗並びに一切経の勝劣粗是《ほぼこれ》を知りぬ」（同右）

と仰せられ、この智慧によってその後、一切経を披見《ひけん》して、曇《くも》りなく解了《げりょう》することができたと述懐《じゅっかい》されている。

また当時、「是聖房《ぜしょうぼう》」の名で書写された『授決円多羅義集唐決上《じゅけつえんたらぎしゅうとうけつ》』という天台の口伝《くでん》書が現存している。この書の奥書によれば、暦仁元《りゃくにん》（一二三八）年十一月十四日となっており、蓮長十七歳の時、清澄寺において書写されたことが記されている。

これは現今に伝わる大聖人の真蹟《しんせき》の中で、もっとも若い時の筆跡《ひっせき》として貴重なものとされている。

しかし、清澄寺は、

「遠国《おんごく》なるうへ《上》、寺とはなづけ《名》て候へども修学の人なし。而《しか》るに随分諸国を修行して学問し候ひし

ほどに我が身は不肖《ふしょう》なり。人はおしへず」（本尊問答抄　御書一二七九㌻）

と述べられているように、いかに安房《あわ》随一の名刹《めいさつ》とはいっても、蓮長《れんちょう》の根本的な疑問に対して明確な教導のできる師はなく、仏法を談じ行ずる友もいなかった。その上、所蔵の経巻典籍《てんせき》もすべて読破し尽くしていた。

㈡　遊　学

『妙法比丘尼《びくに》御返事』に、

「鎌倉・京・叡山《えいざん》・園城寺《おんじょうじ》・高野《こうや》・天王寺等の国々寺々あらあら習ひ回《めぐ》り候ひし程に」

（御書一二五八㌻）

『報恩抄』に、

「仏法を習ひ極めんとをも《思》わば、いとまあらずば叶《かな》ふべからず。いとまあらんとをもわば、父母・師匠・国主等に随《したが》ひては叶ふべからず。是非《ぜひ》につけて出離《しゅつり》の道をわきまへざらんほどは、父母・師匠等の心に随ふべからず（中略）内典の仏経に云はく『恩を棄《す》て無為《むい》に入るは真実報恩の者なり』等云云（中略）かくのごとく存じて父母・師匠等に随はずして仏法をうかゞいし程に」

（御書九九九㌻）

と明かされるように、蓮長《れんちょう》は出家以来の宿願を果たすべく、いちだんと深い研鑽《けんさん》の志をいだき、多くの仏典・典籍《てんせき》を求め、鎌倉をはじめ諸国遊学の旅へ発《た》たれたのであった。時に延応《えんおう》元（一二三九）年の春、聖寿十八歳、まさに万物萌《も》えたつ季節であった。

そのころの鎌倉は、すでに仏教隆昌《りゅうしょう》の都会として諸宗諸派が競い合い、大寺巨刹《きょさつ》の堂塔伽藍《がらん》が着々と建立整備されつつあった。その中で蓮長が初めに着目したのは、浄土宗と禅宗の法義であった。なぜならば、当時の世相を反映して、禅宗は武士階級に、浄土宗は庶民の間にもっとも盛んに信仰されていたからである。

「其《そ》の後、先《ま》づ浄土宗・禅宗をきく」（破良観等御書　御書一〇七七㌻）

と記述されているように、まず念仏・禅の法義に検討を加え、その宗の本源を尋ねる必要があった。そして仁治《にんじ》二（一二四一）年には鶴岡《つるがおか》八幡宮に蔵する大蔵経をも閲読《えつどく》された。

戒体即身成仏義

鎌倉で遊学すること四年、仁治三（一二四二）年、二十一歳の時、蓮長は最初の著作と思われる『戒《かい》体即身成仏義《たいそくしんじょうぶつぎ》』を著《あらわ》した。

同書の内容は、小乗・権《ごん》大乗・法華・真言の四種の戒体を挙げ、権大乗においては成仏は叶《かな》わず、法華の開会《かいえ》の戒体こそ「仏因仏果の戒体なり」と説示されており、とくに念仏を強く破折《はしゃく》されている。

蓮長《れんちょう》が清澄山に帰山されて同書を書かれたか、あるいは身は鎌倉にありながら、「安房国《あわのくに》清澄山住人蓮長撰」（御書一㌻）と名乗って書かれたかは明確ではないが、蓮長はしばらくも一所に安閑《あんかん》としていることはできなかった。

すなわち更に多くの典籍《てんせき》を閲読《えつどく》し、仏法の奥義、法華経の真髄を討究《とうきゅう》するため、同じ年、蓮長は日本仏教の中心ともいうべき比叡山延暦寺《ひえいざんえんりゃくじ》に向かった。

比叡山

比叡山延暦寺は、延暦《えんりゃく》四（七八五）年、伝教大師（最澄）が十九歳の時、はじめて比叡山に登り、一宇の草庵を結んで修行をはじめた時から起こったと伝えられる。のちに一乗止観院《しかんいん》（根本中堂）が建立されて、その中心伽藍《がらん》となり、伝教大師が四十歳の時、桓武《かんむ》天皇の勅願《ちょくがん》により、一乗止観院はさらに大きく改築されて、平安京の鬼門を護る鎮護《ちんご》国家の道場としての規模が整えられた。

その後、伝教大師入寂《にゅうじゃく》後七日目の弘仁《こうにん》十三（八二二）年六月十一日に、伝教大師出世の本懐たる法華迹門戒壇《しゃくもんかいだん》建立の勅許《ちょっきょ》が下《お》り、翌十四（八二三）年二月、初授戒を行い、勅号を得て「比叡山延暦寺」と名を改めた。そして、義真《ぎしん》が第一代の座主《ざす》となり、第二代には円澄《えんちょう》が登った。

しかし、教法の伝持については『報恩抄』に、

「第二の円澄は半ばは伝教の御弟子、半ばは弘法《こうぼう》の弟子なり」（御書一〇一七㌻）

と仰せのごとく、伝教の遺誡にもかかわらず、早くも法華経の正法が歪《ゆが》められていった。

第三代は円仁《えんにん》（慈覚《じかく》）である。『慈覚大師事』に、

「第三の座主慈覚大師は真言を正とし、法華経を傍《ぼう》とせり」（御書一四五五㌻）

とあるように、慈覚は法華経を傍、真言を正と立てた。

第五代の円珍《えんちん》（智証《ちしょう》）もまた真言の理同事勝《りどうじしょう》の邪義を用いた。

その後、第十八代座主良源《りょうげん》の死後、山内に抗争対立が起こり、智証門徒は山を下りて「長等山園城寺《ながらさんおんじょうじ》」（三井寺《みいでら》）を開き、これよりのち、延暦寺《えんりゃくじ》は山門《さんもん》派、園城寺は寺門《じもん》派と称し、双方互いに対立し、数多くの分裂を生ずるに至ったのである。

比叡山

このような流れの中に、当時の比叡山延暦寺は、いまだその威容を誇り、開山伝教大師以来四百五十

年の長き歴史をしのばせ、堂塔伽藍《がらん》にそのおもかげを留《とど》めていた。
浄土宗の法然《ほうねん》や、禅宗の栄西《えいさい》・道元《どうげん》もかつてこの山に登り修行研鑽《けんさん》に励んだのであった。
今、蓮長《れんちょう》はこの伝統ある比叡山延暦寺《ひえいざんえんりゃくじ》に登った。蓮長ははじめ東塔《とうどう》の円頓《えんどん》坊に住し、のちには横川《よかわ》の定光院《じょうこういん》にも住んだと伝えられている。

蓮長は当時の叡山三塔（東塔・西塔《さいとう》・横川）の総学頭《がくとう》職であった大和庄俊範法印《やまとのしょうしゅんぱんほういん》に師事し、法華の奥《おう》義《ぎ》、台家《たいけ》の教義、慧檀《えだん》二流の法義などを尋究《じんきゅう》した。

『南条兵衛《ひょうえ》七郎殿御書』に、

「法然・善導《ぜんどう》等がかき《書》をき《置》て候ほどの法門は日蓮らは十七八の時よりしり《知》て候ひき」

（御書三二六㌻）

と述懐《じゅっかい》されていることからも、当時すでに念仏をはじめ諸宗の教義に精通していたことがわかる。

蓮長にとって、叡山での研鑽の目的は単に台家を習学することではなく、法華一乗の奥旨と経証を確認し、あわせて当時の叡山の実態を目《ま》の当《あ》たりに知見《ちけん》することであった。

しかし、強い求道心と大目的をいだく蓮長は、機会あるごとに高僧《こうそう》や学僧たちと論議を交え、伝教大師の遺風を忘れて権実雑乱《ごんじつぞうらん》の邪義に堕《だ》した叡山の仏教を厳しく論駁《ろんばく》された。そのため蓮長の学徳と名声は、次第に叡山の内外に響き渡っていった。

このような研鑽のかたわら、蓮長《れんちょう》は二十二歳の寛元《かんげん》元（一二四三）年には『戒法門』、翌年には『色《しき》心《しん》二法抄』を著《あらわ》された。これらの御書は依正不二《えしょうふに》、生死一如《しょうじいちにょ》の深義を五大五行に約して教理的に論述し、法華最勝の旨を明示されている。

こうして蓮長は三年間にわたり叡山にあって研鑽し、法華一乗の奥旨を究《きわ》められたのである。

諸国へ

寛元《かんげん》四（一二四六）年、二十五歳の時、叡山での研鑽に加えて諸宗の肝要を修学すべく、ひとたび比叡山を下り、近国の諸寺の遊学歴訪に向かった。

『妙法比丘尼《びくに》御返事』に、

「日本国に渡れる処の仏経並びに菩薩の論と人師の釈を習ひ見候はゞや（中略）国々寺々あらあら習ひ回《めぐ》り候ひし程に」（御書一二五八㌻）

と仰せられているように、はじめは三井《みい》の園城寺《おんじょうじ》であった。智証《ちしょう》によって開かれた寺門《じもん》派園城寺も、その本源は天台宗としているが、現実は真言を正とし、法華経を傍《ぼう》とする宗派であった。そして山門《さんもん》・寺門とも互いに僧兵をかかえて、長年権力争いを続け、破戒無慚《はかいむざん》の山僧等が横暴を振るっている時であったが、ともかく蓮長は三井で智証の著述を閲覧《えつらん》された。

また同年、京都泉涌寺《せんにゅうじ》を訪れ、同寺の宋《そう》版大蔵経をも閲《えつ》された。またその足で臨済《りんざい》の弁円《べんねん》、曹洞の道《どう》元《げん》にも会って、禅宗の要義について論談されたと伝えられている。

蓮長《れんちょう》は、次いで奈良に入り、南都六宗の学派仏教を研鑽《けんさん》され、碩徳《せきとく》をたずねた。南都六宗とは、奈良時代に繁栄をきわめた倶舎《くしゃ》・成実《じょうじつ》・律・法相《ほっそう》・三論・華厳の宗々である。これらはすでに過去の宗教として衰微《すいび》の一途をたどっていたが、平安初期に北嶺延暦寺《ほくれいえんりゃくじ》の開宗が許されるまでの日本仏教の絶対的首長であり、いまだ堂塔・仏閣《ぶっかく》のみは甍《いらか》を連ね、経蔵軒《のき》を並べて偉容《いよう》を誇っていた。七大寺には仏典・書籍が多く蔵されており、蓮長は宝治《ほうじ》元（一二四七）年に薬師寺《やくしじ》の大蔵経を閲読《えつどく》されている。

宝治二（一二四八）年、二十七歳の時、全山鬱蒼《うっそう》たる森林に包まれ、昼なお暗き高野山金剛峰寺《こうやさんこんごうぶじ》に遊学した。同寺は、歴代天皇の庇護《ひご》によって、真言宗の総本山として、その隆盛を誇っていた。蓮長はここに滞在して真言の教義を徹底して検討した。さらに、平安京の真言宗東寺《とうじ》を訪ね、また寛平《かんぴょう》法皇（宇多天皇）の建立による仁和寺《にんなじ》をも訪れ、真言各派の教義を通覧した。

一方、歌人藤原為家《ためいえ》のもとにあって、儒学・国学・和歌・書道等をも習学されたといわれる。後年の消息文の中に、

「おのづからよこしまに降《ふ》る雨はあらじ　風こそ夜の窓《まど》をうつらめ」

（三沢御房御返事　御書七六二ジペー）

「ちりしはな《花》をちしこのみはさき《咲》むすぶ　いかにこ《故》人のかへらざるらむ
こぞ《去年》もうく《憂》ことしもつらき月日かな　おもひはいつもはれ《晴》ぬものゆへ」
（持妙尼御前御返事　御書一〇四五㌻）

などと、いくつかの和歌を詠《よ》まれている。

また書道においても、その書風は王右軍《おうゆうぐん》流とも行成《こうぜい》流ともいわれているが、和漢両文を雄渾闊達《ゆうこんかったつ》な筆勢をもって綴《つづ》られた御真筆は、史上の名筆として挙げる者も少なくない。

建長二《けんちょう》（一二五〇）年には、元興寺《がんごうじ》とともに日本最古の寺であり、聖徳太子の建立になる四天王寺に入り、聖徳太子の偉業をしのび、当寺の仏籍《ぶっせき》を閲覧された。

建長三（一二五一）年には、京都五条坊門富小路《ごじょうぼうもんとみのこうじ》において真言宗の秘奥書《ひおうしょ》『五輪九字明秘密釈《ごりんくじみょうひみつしゃく》』を書写されている。

建長四（一二五二）年八月には、研学の旅もいよいよ機熟し、最後の総仕上げのため、更に叡山《えいざん》から三井園城寺《みいおんじょうじ》に遊学し、一切経の閲覧に専念されたのであった。

第三章 宗旨建立

㈠　自覚

確信

十二歳より三十二歳に至るまでの二十年間、ひたすら修学研鑽《けんさん》に精励した蓮長《れんちょう》の目的は、仏法の根本真理に通達するとともに、当時の仏教界の実情を如実に見聞し、自らの誓願に対する確信を深めることにあった。そのことはのちに、

「此等《これら》の宗々枝葉《しよう》をばこまかに習はずとも、所詮《しょせん》肝要を知る身とならばやと思ひし故に、随分にはし《走》りまは《回》り、十二・十六の年より三十二に至るまで」（妙法比丘尼御返事　御書一二五八㌻）

と述懐《じゅっかい》されている。

そして蓮長が、この二十年間の真剣な修学研鑽によって自得されたことは、

一つには、「後五百歳白法隠没《ごごひゃくさいびゃくほうおんもつ》」の経文の的中と「法華最為《さいい》第一」の確信であった。叡山《えいざん》は爾前権教《にぜんごんぎょう》の真言に誑惑《おうわく》されて、本意たる法華一乗の正義は違《たが》えられ、真言は加持祈禱《かじきとう》にのみ執《しゅう》して、しかも験《しるし》なく、禅・念仏は新興勢力として、社会に主師親《しゅししん》三徳を具備《ぐび》した釈尊の仏法を否定する悪法を定着させつつあっ

た。そのほか、律宗等の諸宗はことごとく時機を忘失《ぼうしつ》し、いずれも釈尊の本義に背いている。これら邪宗邪義こそ一切の災《わざわ》いの根源であり、この災禍《さいか》を鎮《しず》め国を安らかにする教えは釈尊出世の本懐《ほんがい》、唯一《ゆいいつ》無上の法華経をおいてほかにはない、ということであった。

二つには、末法に弘むべき法は法華経の肝心《かんじん》たる妙法五字であることは、すでに法華経に予証されており、この妙法蓮華経の要法を弘通《ぐづう》することこそ本化《ほんげ》の菩薩《ぼさつ》地涌上行《じゆじょうぎょう》の使命であるということ。そして法華折伏破権門理《ほっけしゃくぶくはごんもんり》の弘通を志し、肝要《かんよう》の妙法蓮華経をもって濁悪《じょくあく》の世を救済しなければならないと自覚した自らの立場こそ、まさに地涌上行にほかならない、ということであった。

上行菩薩

釈尊は法華経の宝塔品《ほうとうほん》に、滅後末法において法華経を弘めるよう、三度にわたって大衆《だいしゅ》に勧《すす》めた。これに対して菩薩大衆は、勧持品《かんじほん》に、

「仏の滅後の後《のち》の　恐怖《くふ》悪世の中に於て　我等当《まさ》に広く説くべし」（法華経三七五ジペー）

と述べ、たとえいかなる障魔《しょうま》や強敵《ごうてき》が出現しても、

「是《こ》の経を説かんが為の故に　此《こ》の諸《もろもろ》の難事を忍ばん　我《われ》身命を愛せず　但《ただ》無上道を惜《おし》む」

（法華経三七七ジペー）

と、弘経《ぐきょう》することを誓った。しかし、この菩薩大衆《ぼさつだいしゅ》は迹化《しゃっけ》の菩薩といって、仏滅後二千年の正像時代に爾前迹門《にぜんしゃくもん》の教えを弘める菩薩たちであり、悪世末法に法華経を弘める資格がなかった。ゆえに釈尊は涌出品《ゆじゅっぽん》に「止《や》みね、善男子《ぜんなんし》」（法華経四〇八ページ）と、これらの迹化・他方の菩薩の弘経を止《とど》めたうえ、末法に法華経を弘める菩薩として、大地より地涌の菩薩を召し出《い》だしたのである。この菩薩こそ釈尊の久遠からの本弟子であり、「本化の菩薩」であった。

　これらの地涌の菩薩は、六万恒河沙《ごうがしゃ》という数え切れない多数の眷属《けんぞく》から成《な》り、無量百千万億の国土世界の虚空《こくう》に遍満《へんまん》したと涌出品に説かれている。このゆえに地涌の菩薩を「地涌千界《せんがい》」とも「四大六万」とも称する。その上首が上行《じょうぎょう》菩薩をはじめとする四大菩薩であった。この地涌の菩薩たちはいずれも師の釈尊よりも威厳をそなえ、長年釈尊に仕えてきた弥勒《みろく》菩薩たちは、初めて見るこの立派な菩薩について釈尊に質問をした。その答えが寿量品《じゅりょうほん》の説法となるのである。寿量品において釈尊は、実は久遠五百《くおんごひゃく》塵点劫《じんでんごう》からの仏であったことを説き、甚深の法義を開示《かいじ》される。そして神力品《じんりきほん》において「寿量品の肝心」たる本法を四句の要法に結んで、本化の菩薩に付嘱され（これを結要《けっちょう》付嘱という）、末法の弘通を託したのである。

　上首の四大菩薩とは上行、無辺行《むへんぎょう》、浄行《じょうぎょう》、安立行《あんりゅうぎょう》の各菩薩たちで、この四導師について道暹《どうせん》の『輔正《ふしょう》記《き》』には、

「経に四導師有りとは亦《また》四徳を表す。上行《じょうぎょう》は我を表し、無辺は常を表し、浄行は浄を表し、安立は楽を表す」（続蔵二八―七八〇ジペー）

とあり、四導師とは仏の境界たる常楽我浄《じょうらくがじょう》の四徳を表していると釈している。そして同記に「有る時は一人に此の四義を具す」（同右）とあるように、「四導師」あるいは「四大六万」といっても、上首の上行菩薩ひとりに具足したはたらきと知るべきである。

同様に天台大師は『法華文句《ほっけもんぐ》』に地涌上行菩薩の住処《じゅうしょ》を解釈して、

「（地涌の）住処とは常寂光土《じょうじゃっこうど》なり。常は即《すなわ》ち常徳、寂は即ち楽徳、光は即ち浄我なり。是《こ》れを四徳秘密の蔵と為《な》す」（文会下一八七ジペー）

と述べ、地涌の菩薩とは仏国土である常寂光土から出現し、そのはたらきも四徳を具《そな》えていると説いている。この一文を中国天台の第六祖妙楽《みょうらく》大師（荊渓湛然《けいけいたんねん》）はさらに解釈して『法華文句記』に、

「本有《ほんぬ》の四徳を所依《しょえ》と為《な》し、修得《しゅとく》の四徳を能依《のうえ》と為す。能所並びに能依の身有って、能所は所依の土《ど》に依る。二義斉等《さいとう》なる方《まさ》に是《こ》れ毘盧遮那身土《びるしゃなしんど》の相なり」（同右）

と述べている。

この文の意は、本来そなわっている四徳たる仏性も、菩薩として修行して得た仏の悟《さと》りも、ともに一体となったところの上行菩薩の身であるということである。また上行菩薩という能依の身は、所依の国

土に依存し、依正《えしょう》一体の関係にあるゆえに、身と国土との二義は境智冥合《きょうちみょうごう》した一体（斉等）のものであって、まさにその深奥《しんおう》を尋ねれば毘盧遮那《びるしゃな》（智法身《ちほっしん》すなわち本来清浄《しょうじょう》なる仏の真理と智慧《ちえ》）という仏身と国土たる常寂光土《じょうじゃっこうど》の姿を説き示したものが、上行涌出《ゆじゅつ》の儀式の意義であったということである。

次に、無量の地涌の菩薩が宇宙法界（虚空）に遍満《へんまん》したことについて、天台大師は『法華文句』に、

「雨の猛《たけ》きを見て竜の大なることを知り、華《はな》の盛んなるを見て池の深きことを知る。応《おう》の虚空《こくう》に満《み》つるを見るときは則《すなわ》ち真の法界に弥《み》てることを知る」（文会下一九四㌻）

と説いている。すなわち雨が激しいことによって天竜《てんりゅう》の力が大きいことを知り、華が盛んに咲くのを見てその池が深いことを知ると同様に、いま地涌の菩薩の応身《おうじん》（人々を導くために現れた表面の姿）が、宇宙法界の虚空に充満し尽《つ》くされている現象を見れば、地涌上行菩薩の真身（身にそなわっている内面のさとり）が大法界に行きわたっていることを知るべきであるというのである。言いかえれば上行菩薩は単なる釈尊の弟子としての菩薩ではなく、その内証は宇宙法界を悟り、常寂光土と一体不二《いったいふに》の仏そのものであることを、天台・妙楽は密釈しているのである。

決意

㈠ 自覚

蓮長《れんちょう》は、これより法華経の行者として、経文に予言された上行《じょうぎょう》菩薩の再誕としての使命を尽くすた

め、迫害艱難《かんなん》の中、身命《しんみょう》を惜しまず法華経を流布《るふ》しなければならないと決意した。それは国土の災難と民衆の苦悩を救わんとする大慈悲からほとばしる烈々たる確信と使命感であった。

勧持品《かんじほん》には、

「濁劫《じょっこう》悪世の中には　多く諸《もろもろ》の恐怖《くふ》有らん　悪鬼其《そ》の身に入《い》って　我を罵詈《めり》毀辱《きにく》せん　我等仏を敬《きょう》信《しん》して　当《まさ》に忍辱《にんにく》の鎧《よろい》を著《き》るべし　是《こ》の経を説かんが為の故に　此《こ》の諸の難事《なんじ》を忍ばん　我身命《われしんみょう》を愛せず　但《ただ》無上道を惜《おし》む」（法華経三七七ジペー）

とある。いかなる迫害があろうとも、最為《さいい》第一の法たる法華経を弘めなければならない。蓮長の心はますます堅固《けんご》なものとなっていった。

では、末法に弘通《ぐづう》すべき法華経とは何かというに、二千年以前に釈尊によって説かれた二十八品の法華経を重ねて説くことではなかった。それは「寿量品の肝心」たる法華経であり、神力品《じんりきほん》において結要《けっちょう》付嘱されたところの要法、南無妙法蓮華経という古今未曾有《ここんみぞう》の「七文字」であった。そして、

「今末法に入《い》りて上行所伝の本法の南無妙法蓮華経を弘め奉る。日蓮世間に出世すと云《い》へども、三十二歳までは此《こ》の題目を唱へ出《い》ださゞるは仏法不現前《ふげんぜん》なり。此の妙法蓮華経を弘めて終《つい》には本法の内証に引き入るゝなり」（御講聞書　御書一八四四ジペー）

と、自解《じげ》されたのである。

すなわち、南無妙法蓮華経という本法こそ、仏法の内証《ないしょう》に導く唯一最高の教えであり、この本法は上行菩薩が本来所持され、また上行菩薩でなければ顕《あらわ》すことのできない教えなのである。まさに南無妙法蓮華経を唱え出《い》ださんとする蓮長《れんちょう》は、末法の教主としての使命を自覚されていた。

蓮長はかくして鎌倉、比叡《ひえい》、三井《みい》、高野《こうや》、南都六宗の遊学、一切の宗旨の研鑽《けんさん》、一切の経教の根源を究《きわ》め、諸宗の誑惑《おうわく》と災難の本源を検索して、師や父母、法兄《ほうけい》の待つ、なつかしい安房《あわ》に帰られた。

清澄の山を下りて、すでに十数年の歳月が流れ、時は建長《けんちょう》五（一二五三）年の春であった。

蓮長は三月二十二日より二十八日の早暁《そうぎょう》にかけて、清澄寺《せいちょうじ》の一室にこもり、これからいよいよ地涌上行の再誕として、命にかけて題目を弘通《ぐづう》する自《みずか》らの大任のもとに、如説修行の折伏を行ずるための深い思索《しさく》を重ねられた。

そうして、法華経の経文に照らし、いかなる無量の大難が競い起ころうとも、その無数の大難を凌《しの》ぎ、南無妙法蓮華経の大法を弘通しなければならないとの不退転の決意を固め、三月二十八日、御内証のうえに宗旨《しゅうし》の建立をなされたのである。しかして、これより一カ月後の四月二十八日を期して、広く世に宣布《せんぷ》することを定められたのである。

㈠ 自　覚

『開目抄』における、

「これを一言も申し出《い》だすならば父母・兄弟・師匠に国主の王難必ず来たるべし。いわずば慈悲なきにたりと思惟《しゆい》するに、法華経・涅槃《ねはん》経等に此《こ》の二辺を合はせ見るに、いわずば今生《こんじょう》は事なくとも、後生《ごしょう》は必ず無間《むけん》地獄に堕つべし。いうならば三障四魔《さんしょうしま》必ず競《きそ》ひ起こるべしとしり《知》ぬ。二辺の中にはいうべし（中略）今度《このたび》、強盛《ごうじょう》の菩提心《ぼだいしん》ををこして退転せじと願じぬ」（御書五三八ページ）

との御文意は、明らかにこの宗旨建立の直前の一大決意を披瀝《ひれき》されたものである。

(二) 立　宗

建長《けんちょう》五（一二五三）年四月二十八日の早暁《そうぎょう》、朝露《あさつゆ》にねむる清澄山、嵩《かさ》が森の頂《いただき》に歩を運んだ蓮長《れんちょう》は、静かに遥《はる》か太平洋の彼方《かなた》、水平線上にまさに昇らんとする太陽を望んでいた。

そして今、洋上に旭日《きょくじつ》が輝き、紺碧《こんぺき》の海上を走りぬけた光が全身を金色《こんじき》に染めたその瞬間、蓮長は、

「南無妙法蓮華経　南無妙法蓮華経　南無妙法蓮華経」

と、昇り来たる太陽をはじめとする宇宙法界に向かって、荘厳にして雄渾《ゆうこん》の題目を唱え出《い》だされた。

ここに蓮長は、御年三十二歳にして、南無妙法蓮華経の大法を宗旨とする立宗の大宣言をするとともに、名を「日蓮」と改められたのである。

この日蓮大聖人の唱えられた南無妙法蓮華経の本法は『顕仏未来記《けんぶつみらいき》』に、

「仏記に順じて之《これ》を勘《かんが》ふるに既に後五百歳の始めに相《あい》当たれり。仏法必ず東土《とうど》の日本より出づべきなり」（御書六七八ページ）

と、また『報恩抄』に、

「日蓮が慈悲曠大《こうだい》ならば南無妙法蓮華経は万年の外《ほか》未来までもなが《流》る《布》べし」（御書一〇三六ページ）

と仰せられるように、末法万年の闇夜《やみよ》を照らす民衆救済の大白法《だいびゃくほう》であり、東土の日本より出現し、一閻浮提《いちえんぶだい》に流布していく深い意義を有する古今未曾有《ここんみぞう》の独一本門の題目であった。

『御講聞書《おんこうききがき》』に、

「題目を唱へ奉る音《こえ》は十方《じっぽう》世界にとづ《届》かずと云《い》ふ処なし」

（御書一八一九ページ）

清澄山嵩が森付近

と説かれているように、まさに大聖人の唱え出《い》だされたこの朗々《ろうろう》たる唱題の声こそ、三千大千世界のあらゆる仏性を歓喜勇躍《かんぎゆうやく》せしめる妙法の大音声《だいおんじょう》であった。

それはいまだかつてインドの釈尊も、中国の天台、日本の伝教も唱えることのなかった題目であり、今昇る太陽のごとき末法万年の闇《やみ》を打ち破る元初《がんじょ》の大光明でもあった。

宗旨建立について、御書には三月二十八日と四月二十八日の二通りの記述がある。このことの意義を述べれば、三月は虚空蔵菩薩《こくうぞうぼさつ》と得度の師道善房《どうぜんぼう》への報恩の意義を含む内証の開宣《かいせん》である。すなわち御自身の内面的な悟り、内証に具《そな》わる題目を初めて唱え出《い》だされたのである。これは破邪《はじゃ》を面《おもて》として念仏と禅の破折《はしゃく》を浄円房など順縁の少々の人々に説いたということである。

これに対して四月は、衆生を広く化導《けどう》し妙法を弘通《ぐづう》するという外面的な化導であり、破邪に即する顕正《けんしょう》のうえから一期《いちご》弘通の意義をもって題目を唱え出だされたのである。

㈢　初転法輪

四月二十八日、午《うま》の刻《こく》（正午）に日蓮大聖人は、清澄寺諸仏坊の持仏堂において初めて妙法弘教の法輪を転じ、広宣流布への第一歩をしるされた。

『聖人御難事《しょうにんごなんじ》』には、

「去ぬる建長《けんちょう》五年太歳癸丑四月二十八日に、安房国長狭郡《あわのくにながさのこおり》の内、東条《とうじょう》の郷（中略）清澄寺と申す寺の諸仏坊の持仏堂の南面にして、午《うま》の時に此《こ》の法門申しはじめて」（御書一三九六ページ）

と仰せられ、また『諫暁八幡抄《かんぎょうはちまんしょう》』には、

「今日蓮は去ぬる建長五年太歳癸丑四月廿八日より、今年弘安《こうあん》三年太歳庚辰十二月にいたるまで二十八年が間又他事なし。只《ただ》妙法蓮華経の七字五字を日本国の一切衆生の口に入れんとはげむ計《ばか》りなり」

（御書一五三九ジペー）

と仰せられている。

この初転法輪《しょてんぽうりん》では当時流行していた念仏宗を破折され、また禅宗の誤りをも指摘し、法華経こそが唯一最高の教えであり、末法の一切衆生を成仏せしめる仏法であることを説かれたのである。

大聖人の説法を聞いた僧侶並びに近在の人々は、己《おのれ》の信仰を責破されて大いに驚き唖然《あぜん》とする者、怒《いか》り狂う者など、法華経の「一切世間怨《あだ》多くして信じ難《がた》し」（安楽行品　法華経三九九ジペー）の予言が早くも現実となったのである。

㈣　日蓮の二字

大聖人は、立宗宣言に当たって自《みずか》らを「日蓮」と名乗られた意義について、後年、次のように教示されている。

『産湯相承事《うぶゆそうじょうのこと》』に、

「日蓮は富士山自然《じねん》の名号《みょうごう》なり。富士は郡名《ぐんみょう》なり、実名をば大日蓮華山《だいにちれんげさん》と云《い》ふなり、我《われ》中道を修行する故に此《か》くの如《ごと》し。国をば日本と云ひ、神をば日の神と申し、仏の童名をば日種《にっしゅ》太子と申し、予が童名をば善日、仮名は是生《ぜしょう》、実名は即《すなわ》ち日蓮なり」（御書一七〇九ジペー）

と甚深の意義があることを明かされている。

さらに『右衛門大夫殿《えもんのたいふ》御返事』に、

「神力品《じんりきほん》に云はく『日月《にちがつ》の光明《こうみょう》の能《よ》く諸《もろもろ》の幽冥《ゆうみょう》を除くが如く、斯《こ》の人世間に行じて能く衆生の闇《やみ》を滅《めっ》す』等云云。此《こ》の経文に斯人行《しにんぎょう》世間《せけん》の五《いつつ》の文字の中の人の文字をば誰《たれ》とか思《おぼ》し食《め》す、上行《じょうぎょう》菩薩《ぼさつ》の再誕の人なるべしと覚えたり」（御書一四三五ジペー）

と説かれ、『当体義抄送状』には、

「経に云《い》はく『世間の法に染まらざること、蓮華の水に在るが如《ごと》し、地より涌出《ゆじゅつ》す』云云。地涌《じゆ》の菩薩の当体蓮華なり」（御書七〇三ジペー）

と。また『四条金吾女房御書』に、

「明らかなる事日月《にちがつ》にすぎんや。浄《きよ》き事蓮華にまさるべきや。法華経は日月と蓮華となり。故に妙法蓮華経と名づく。日蓮又《また》日月と蓮華との如くなり」（御書四六四ジペー）

と説かれているように、神力品《じんりきほん》の「日月」の「日」と、涌出品《ゆじゅっぽん》の「蓮華」の「蓮」とをとられ、「日蓮」と名乗られた。

あたかも太陽が一切を照らし、蓮華が汚泥《おでい》より生じて清浄《しょうじょう》な花を開くように、日蓮大聖人こそ末法万年の一切衆生の闇《やみ》を照らし、濁悪《じょくあく》の世を清浄にするために出現された上行《じょうぎょう》菩薩の再誕なることを明示《めいじ》されたのである。

日蓮大聖人花押

さらに『寂日房《じゃくにちぼう》御書』には、

「一切の物にわたりて名の大切なるなり。さてこそ天台大師、五重玄義《げんぎ》の初めに名《みょう》玄義と釈し給へり。日蓮となのる事自解仏乗《じげぶつじょう》とも云ひつべし」（御書一三九三ページ）

と記されて、「日蓮」の名号は仏の境界《きょうがい》なることを示されている。

㈣　日蓮の二字

総本山第二十六世日寛《にちかん》上人は「日蓮」の御名について、「日」とは、

一に世界の中でも、別して日本国が大聖人の出世される国であること
二に弘められる本門の法は日に譬《たと》える故に
三に縦二横三《じゅうにおうさん》の日文字の五点は妙法蓮華経の五字を表していること

「蓮」については、

一に汚泥《おでい》の中にあって、その汚れに染まらない徳性《とくせい》

二に因果を同時に具《そな》える徳性

三に種子は亡失《ぼうしつ》なく永遠性を持つ

等と、甚深の義を含むことを明かされている。

㈤　地頭の憤激

安房東条郷《あわとうじょうのごう》の地頭《じとう》東条左衛門尉景信《さえもんのじょうかげのぶ》は熱心な念仏《ねんぶつ》の信者であった。景信はこの説法を聞くや烈火《れっか》のごとくに怒《いか》り狂い、大聖人の身に危害《きがい》を加えんとした。勧持品《かんじほん》の、

「諸《もろもろ》の無智の人の　悪口罵詈《あっくめり》等し　及び刀杖《とうじょう》を加うる者有らん」（法華経三七五㌻）

の経文は、東条景信の憤激《ふんげき》という姿となって現れたのである。

この時、師の道善房も念仏無間《むけん》の説法に驚《おど》き、一山の騒乱《そうらん》を恐れ、かつ地頭の権力の前になんらなす術《すべ》もなかった。

大聖人は『本尊問答抄』に、

「故道善御房は師匠にておはしまし《御座》しかども、法華経の故に地頭におそれ給ひて、心中には不便《ふびん》とおぼしつらめども、外にはかたき《敵》のやう《様》ににく《悪》み給ひぬ」（御書一二八二㌻）

と、その時の師匠《ししょう》道善房のありさまを述懐《じゅっかい》されている。

そして結句《けっく》は、勧持品《かんじほん》の、

「数数《しばしば》擯出《ひんずい》せられ　塔寺を遠離《おんり》せん」（法華経三七八㌻）

の経文のごとく、ふりかかる身の危険と、山内《さんない》の混乱を避《さ》けるため、大聖人は清澄寺《せいちょうじ》を急遽《きゅうきょ》退出することになった。

この時に、法兄《ほうけい》たる浄顕房《じょうけんぼう》と義浄房《ぎじょうぼう》は大聖人の身を案じて、難を避けて東条の領外、西条花房《はなぶさ》の蓮華寺に案内した。このことについてのちに大聖人は、

「貴辺は地頭のいかり《怒》し時、義城房とともに清澄寺をいでておはせし人なれば、何となくともこれを法華経の御奉公とおぼしめして、生死《しょうじ》をはなれ《離》させ給ふべし」（本尊問答抄　御書一二八三㌻）

「日蓮が景信《かげのぶ》にあだまれて清澄山を出《い》でしに、をひて《追》しのび出でられたりしは天下第一の法華経の奉公なり」（報恩抄　御書一〇三一㌻）

と、二人の働《はたら》きを賞賛されている。

㈥　父母の入信

東条景信《とうじょうかげのぶ》らの難をのがれた大聖人は、今こそ誠《まこと》の報恩・孝養を尽くすべく、両親を訪ねられた。

はじめ両親は、初転法輪《しょてんぽうりん》での清澄寺《せいちょうじ》一山の騒動のありさまを憂《うれ》いて、

「父母手《て》をすり（擦）てせいせし（制）かども」（王舎城事　御書九七六ジペー）

とあるように、大聖人の身を案じ、できることなら決心を翻《ひるがえ》して、道善房の許《もと》に還《かえ》り、清澄寺の住僧としての生活を送るようにと懇願《こんがん》した。

しかし、大聖人は一切経の中に法華経こそ三世諸仏の本懐《ほんがい》であり、成仏の直道《じきどう》たることを諄々《じゅんじゅん》と説かれた。その理路整然《りろせいぜん》たる教えと、我が子の尊容《そんよう》に、いつしか手を合わせた両親は、ついに念仏を捨てて法華経に帰依《きえ》し、題目を唱えることを決心した。大聖人は父母の帰依に当たり、「日蓮」の名前の一字ずつをとって父に「妙日」、母に「妙蓮」と法名を授けられた。ここに最高の孝養であり、真実の報恩である父母への教化《きょうけ》が果たされたのである。

かくして大聖人は、故郷の安房《あわ》の地をあとに、邪法乱国の世に妙法の光明《こうみょう》を点じ、末法未来際《みらいさい》の一切衆生を救済すべく、当時の政治の中心地である鎌倉へと向かわれたのである。

第四章　鎌倉への弘教

㈠　松葉ヶ谷の草庵

大聖人は正法流布《るふ》の大志をいだいて故郷の片海《かたうみ》から安房《あわ》の西海岸に出て、泉谷《いずみや》（現在の南無谷《なむや》）から船に乗って三浦半島の米ヶ浜《よねがはま》（現在の横須賀）に渡り、三浦街道を経て鎌倉に入られたと伝えられる。

大聖人にとって弘教《ぐきょう》の地は、武家政治の首府であり商業の中心でもあり、同時に新興仏教の大寺がひしめく鎌倉をおいてほかになかった。またその地において一度《ひとたび》この法門を言い出すならば、数々の迫害が起こることも必至であった。

鎌倉に入られてから間もない建長《けんちょう》五（一二五三）年八月のころ、大聖人は名越《なごえ》の松葉ヶ谷《まつばがやつ》という所へ小さな草庵《そうあん》を結ばれた。この草庵こそ、こののち、文永《ぶんえい》八（一二七一）年の竜口法難《たつのくちほうなん》に至るまでの約十八年間にわたる大聖人御化導《ごけどう》の拠点となった所である。

辻説法

『破良観等御書《はりょうかんとうごしょ》』に、

「かく申す程に、年《とし》三十二建長《けんちょう》五年の春の比《ころ》より念仏宗と禅宗等とをせめはじめて」（御書一〇七八ジペー）

とあるように、鎌倉に入られてから間もなく、大聖人は辻々《つじつじ》に立って、「念仏無間《ねんぶつむけん》」「禅天魔《ぜんてんま》」と破邪顕正《はじゃけんしょう》の獅子吼《ししく》を始められた。これが辻《つじ》説法である。

現在、鎌倉には、大聖人の辻説法の旧跡と伝えられるものが何カ所かあるが、なかでも小町《こまち》の辻説法跡がよく知られている。ここは幕府のあった若宮大路《わかみやおおじ》より一筋東側の通りに面し、北に将軍家や執権家の屋敷をひかえ、当時定期市の立った大町《おおまち》、米町《こめまち》、大倉《おおくら》などとともに繁華《はんか》な場所であり、松葉ヶ谷《まつばがやつ》の草庵にも、ほど近い所であった。

また、松葉ヶ谷と小町の辻の間には、のちに妻ともども大聖人に帰依した比企能本《ひきよしもと》（大学三郎）の住む、比企ヶ谷《ひきがやつ》もあった。

大聖人の御書の中には、辻説法の具体的な記述がないため、大聖人の化導に辻説法はなかったという説もある。その理由として『破良観等御書《はりょうかんとう》』の、

「或は日蓮が住処に向かひ、或はかしこへよぶ」（御書一〇七九ジペー）

の一文や、当時の鎌倉市中の取り締まり法令を例証にしているようである。

しかし、大聖人がまったく街頭に出られなかったとは考えられない。その理由として、草庵は手狭《てぜま》であり、当初の大聖人は、弟子一人としていないありさまである。安房《あわ》より鎌倉に上ったひとりの僧が新教を布教するためには、まず街頭の辻々《つじつじ》に立って、道行く人々に法を説かれたのは極めて当然のことで

ある。

大聖人は、文永《ぶんえい》七（一二七〇）年の『法門申さるべき様の事』に、

「此の法門のゆへに二十余所をわ《追》れ、結句《けっく》流罪《るざい》に及び、身に多くのきずをか《蒙》をほり」（御書四三五ページ）

と述べられている。この書は佐渡流罪より以前の御書であるから、文中の「流罪に及び」とは弘長《こうちょう》元（一二六一）年の伊豆流罪であり、「身に多くのきずをかをほり」とは、文永元（一二六四）年十一月の小松原《こまつばら》の法難を指していることは明白である。しかし、「此の法門のゆへに二十余所をわれ」とはいかなることか。清澄寺の追放、松葉ヶ谷の夜討《よう》ちなどを考えても、二十余所といわれる数ほど草庵を変えたとは考えられない。

したがって、鎌倉の街辻《まちつじ》での説法で、その所を追われた数と考えるべきであろう。また鎌倉街辻の規制についても、建長《けんちょう》三（一二五一）年十二月三日発布《はっぷ》の法令によれば、大町、小町、米町など七カ所に

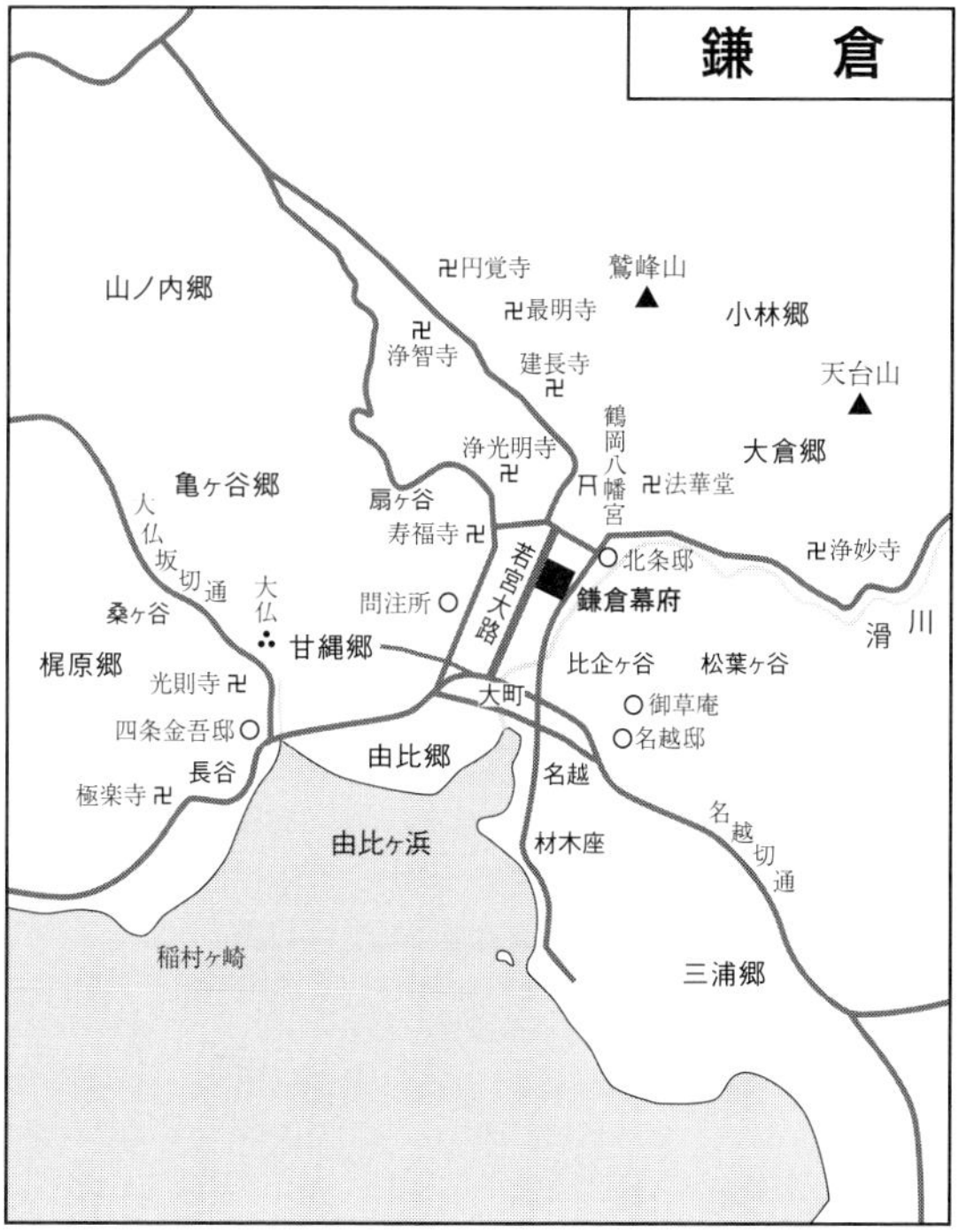

おいては辻《つじ》説法は違法行為ではなかった。

　また『中興《なかおき》入道御消息』には、

　「はじめは日蓮只《ただ》一人唱へ候ひしほどに、見る人、値《あ》ふ人、聞く人耳をふさぎ、眼をいから《怒》かし、口をひそめ、手をにぎり、は《歯》をかみ《噛》、父母・兄弟・師匠・ぜんう《善友》もかたき《敵》となる」（御書一四三一㌻）

との御文があり、「見る人、値ふ人、聞く人」という表現も、当時の布教が広く鎌倉の人々に対して積極的に行われていたことを示している。

　このように、大聖人は妙法流布《るふ》と、災《わざわい》の根源である諸宗派に対する折伏《しゃくぶく》の第一歩を辻説法で踏み出されたと考えるべきである。そして、日昭《にっしょう》・日朗《にちろう》などの弟子や、富木常忍《ときじょうにん》・四条頼基《よりもと》などの信徒が帰伏《きぶく》入信するにつれて、次第に実効ある対話折伏や、座談形式の布教方法を用いられたものと思われる。

　その説法の内容は、末法適時《ちゃくじ》の南無妙法蓮華経を宣布《せんぷ》するとともに、『秋元御書』に、

　「日本国に国多く人多しと云《い》へども、其《そ》の心一同に南無阿弥陀仏を口ずさみとす。阿弥陀仏を本尊とし、九方を嫌《きら》ひて西方《さいほう》を願ふ。設《たと》ひ法華経を行ずる人も、真言《しんごん》を行なふ人も、戒を持《たも》つ者も、智者も愚人《ぐにん》も、余行を傍《ぼう》として念仏を正《しょう》とし、罪を消さん謀《はかりごと》は名号なり」（御書一四四八㌻）

とあるように、当時の仏教界全般にわたって広く浸透していた念仏に対する破折《はしゃく》であった。

(二)　鎌倉仏教界とその情勢

大聖人立宗前後の鎌倉仏教界には、二つの大きな動きがあった。建長寺《けんちょうじ》（禅宗）と極楽寺《ごくらくじ》（律宗）の創建である。

建長寺道隆

禅宗は、道元《どうげん》の帰朝以来次第に天下を風靡《ふうび》し、とくに執権《しっけん》北条時頼《ときより》は、しばしば禅僧を鎌倉に招いて、戒を受け、寺院を建立した。その最たるものが建長寺である。

建長寺《けんちょうじ》は、建長五（一二五三）年十一月八日に落成し、開山として中国（宋）の禅僧蘭渓道隆《らんけいどうりゅう》を迎え入れた。この建長寺の建立は、参集した僧侶二百余人、「禅宗の諸国に流布《るふ》することは、関東に建長寺を建てられしゆえなり」と言われるほど、その意義は大きかった。また時頼と道隆との交渉は深く、道隆は時頼《ときより》を「在家の菩薩」と称揚《しょうよう》し、時頼も康元《こうげん》元（一二五六）年、山ノ内に最明寺《さいみょうじ》を造って剃髪《ていはつ》した折、道隆《どうりゅう》を戒師としている。道隆はのち文永《ぶんえい》二（一二六五）年、京都の建仁寺《けんにんじ》に移ったが、同五（一二六八）年再び鎌倉にもどり、禅興寺《ぜんこうじ》開山となっている。

この建長寺と道隆について、大聖人は『弥源太《やげんた》入道殿御消息』に、

「但し道隆の振る舞ひは日本国の道俗知りて候へども、上を畏《おそ》れてこそ尊み申せ、又内心は皆うと《疎》みて候らん」（御書一二五五㌻）

と仰せられるように、北条時頼という幕府権力者の庇護《ひご》を受けている道隆の行動に対して、一般大衆は表面は尊みつつも内心は軽蔑《けいべつ》し、疎《うと》んじていた。

同抄の、次の御文は乱脈《らんみゃく》な当時の建長寺を如実に物語っている。

「建長寺は所領を取られてまどひ《惑》たる男どもの、入道に成りて四十・五十・六十なんどの時《とき》走り入《い》りて候が、用は之《これ》無く、道隆がかげ《陰》にしてすぎ《過》ぬるなり」（御書一二五六㌻）

すなわち所領を取り上げられたり、世をすねた無頼《ぶらい》の者のたまり場であった。これらの似非《えせ》入道者たちは「用は之無く」とあるように、ただ、蘭溪道隆の庇護の下で怠惰《たいだ》な生活をしていたのである。

このように、時頼の権力をたのみ、民衆救済の仏法とは遠く懸け離れた道隆と建長寺に対して、当時の民衆が軽蔑し、嫌ったことは当然であった。

極楽寺良観

極楽寺《ごくらくじ》は、正元《しょうげん》元（一二五九）年に第二代執権《しっけん》北条義時《よしとき》の三男重時《しげとき》が阿弥陀堂を藤沢の里より鎌倉に移して極楽寺と称したことにはじまる。翌文応《ぶんおう》元（一二六〇）年にその子長時《ながとき》・業時《なりとき》の協力を得て伽藍《がらん》の完成をみ、重時も入道して「極楽寺殿」「極楽寺入道」と呼ばれていた。重時は弘長《こうちょう》元（一二六一）年十一月に没したが、生涯、大聖人を憎悪し陰に陽に迫害し続けたのである。

忍性良観《にんしょうりょうかん》は、大和の出身で律宗西大寺叡尊《さいだいじえいぞん》の弟子であった。叡尊は律宗再興の祖と言われ、その教義として、二百五十戒、五百戒を持《たも》ち、それに真言の祈禱《きとう》と念仏の称名《しょうみょう》との三者を混合して一派をなし、真言律宗と称したのである。その弟子の良観は、僧侶として大衆に仏法を説くことよりも、専《もっぱ》ら政治的画策と社会事業に熱心であった。

忍性良観

良観は建長《けんちょう》四（一二五二）年、三十四歳にして関東常陸《ひたち》の清涼院を律宗に改宗させ、在住すること約十年、この間に鎌倉の諸寺や、北条一門とも交渉をもつようになった。弘長二（一二六二）年二月に師叡尊《えいぞん》が鎌倉に来た折に、良観も鎌倉にあって師の教化をたすけた。この時の働きによって、良観の名声は高まり、同年春、北条業《なり》時《とき》が創建した多宝寺《たほうじ》の住持として請《しょう》じられた。さらに文永《ぶんえい》四（一二六七）年、長時《ながとき》の招きによって極楽寺の開山となったが、文永八年の祈《き》雨《う》の際、

「多宝寺の弟子等数百人呼び集めて」（頼基陳状　御書一一三二ジペー）

と応援をもとめているところを見ると、良観《りょうかん》は極楽寺《ごくらくじ》に入ってからも、多宝寺の長老として采配《さいはい》を振るっていたことがわかる。良観はこのほかにも、源頼朝《よりとも》が建立した永福寺《えいふくじ》、将軍藤原頼経《よりつね》の発願《ほつがん》にかかる五大堂《ごだいどう》、鎌倉大仏の三寺の別当《べっとう》も兼ね、北条長時《ながとき》が創建した浄光明寺《じょうこうみょうじ》の寺務も預かるなど、鎌倉宗教界の最高権威者として、栄達《えいたつ》をほしいままにしていたのである。

しかし一方、良観の振る舞いは『聖愚問答抄《しょうぐもんどうしょう》』に、

「今の律僧の振る舞ひを見るに、布絹《ふけん》・財宝をたくはえ利銭《りせん》・借請《しゃくしょう》を業とす。教行既に相違せり。誰《たれ》か是《これ》を信受せん。次に道を作り橋を渡す事、還《かえ》って人の歎《なげ》きなり。飯島の津にて六浦《むつら》の関米《せきまい》を取る、諸人の歎き是多し。諸国七道の木戸《きど》、是も旅人のわづらひ只此《ただこ》の事に在り、眼前の事なり、汝《なんじ》見ざるや否《いな》や」（御書三八四ジペー）

とあるように、慈善事業とは名ばかりで、実は営利を目的として私腹《しふく》をこやし、幕府の権力と結託《けったく》して民衆を苦しめていたのである。

教義的にも律宗などの小乗戒律宗は、すでに像法《ぞうぼう》時代に伝教大師の『顕戒論《けんかいろん》』三巻によって論破され

た低級な戒律偏重《へんちょう》の教えであり、末法にあっては有害無益の邪教である。

『祈禱抄《きとうしょう》』に、

「正像既《すで》に過ぎぬれば持戒《じかい》は市《いち》の中の虎《とら》の如し」（御書六三〇ジペー）

と、また『秋元御書』に、

「律宗持斎《じさい》等は国賊《こくぞく》なり（中略）律宗は小乗なり。正法の時すら仏免《ゆる》し給ふ事なし、況《いわ》んや末法に是《これ》を行じて国主を誑惑《おうわく》し奉るをや」（御書一四四八ジペー）

と、大聖人は喝破《かっぱ》されている。

㈢　帰伏の弟子檀那

日昭の入門

鎌倉弘教において、まず最初の弟子となったのは、のちの本弟子六人のひとり、日昭《にっしょう》である。この日昭が松葉《まつば》ヶ谷《がやつ》の草庵に大聖人を訪ねたのは、建長《けんちょう》五（一二五三）年十一月であった。日昭は下総《しもうさ》の印東《いんどう》祐昭《すけあき》の子で、出家して成弁《じょうべん》と称し、比叡山《ひえいざん》に登って天台宗の教義を研鑽《けんさん》している。一説には、大聖人の叡山遊学中の知己《ちき》とも伝えられているが定《さだ》かではない。また法華経と大日経とは根本の「理」は同じでも、「事相」の面では大日経が勝《すぐ》れていると説く理同事勝《りどうじしょう》の説に疑いをいだき、正邪を決しかねていたところ、たまたま大聖人が法華経を根本に立て、鎌倉で弘教《ぐきょう》していることを聞いて、京都より松葉ケ谷《まつばがやつ》を訪れたと伝えられている。日昭《にっしょう》は大聖人に会い、積年の疑問を質《ただ》して弟子となり、日昭の法号を賜った。しかし大聖人は後々《のちのち》までも「弁殿」とか「弁阿闍梨《あじゃり》」と呼ばれていたようである。日昭は大聖人より一歳年上であり、入門の時は三十三歳であった。

日昭は、大聖人の安房《あわ》・駿河《するが》等への弘教《ぐきょう》期間中や、二度にわたる流罪《るざい》の間、鎌倉の留守を守り、その後も鎌倉にあって弘教した。このような経緯《いきさつ》と因縁によって、日昭は大聖人の入滅後、鎌倉を弘教の根《こん》拠地《きょち》としたものであろう。

この日昭の存在は、当時、大聖人にとって何かと助けになったことであろうが、惜《お》しむらくは、大聖人滅後その遺志《いし》に反し、日興上人に敵対してしまったことである。しかも五老僧の中でもっとも台家付《たいけふ》順《じゅん》の立場をとったのがこの日昭の門流であった。その理由として、一つには日昭自身に成弁《じょうべん》時代の比叡山への執着があり、二つには大聖人に対して常随給仕《じょうずいきゅうじ》が少なかったために、大聖人の御本意を深く拝し得なかったことであり、三つには時の権力者からの迫害を逃《のが》れようとしたためであった。

日昭自身の申状をみると、

「天台の沙門日昭謹《つつし》んで言上《ごんじょう》す。先師日蓮は忝《かたじけな》くも法華の行者として専《もっぱ》ら仏果の直道《じきどう》を顕《あら》はし、天台の余流を酌《く》み地慮の研精《けんせい》を尽くす」（五人所破抄　御書一八七六ジペー）

とあり、日昭自身はもちろんのこと、大聖人に対しても天台僧の域を出ないとの認識しか持ち合わせていなかった。日昭は大聖人滅後、弘安七（一二八四）年に鎌倉浜土《はまど》に一宇《いちう》を創立した。それが現在の玉沢妙法華寺《みょうほっけじ》の前身である。

日朗の入門

建長六《けんちょう》（一二五四）年十月には、日朗《にちろう》が入門した。幼名を吉祥麿《きちじょうまろ》と称し、当時十歳であった。母は日昭の姉で、下総《しもうさ》の平賀有国《ひらがありくに》に嫁いでいた。この俗縁によって日朗の入門となったと思われる。

文永八（一二七一）年九月の竜口法難《たつのくちほうなん》には土籠《つちろう》に捕《と》らえられ、弟子の身を案ずる大聖人より、『五人土籠御書』『土籠御書』の二通を与えられた。

のちに六老僧のひとりに加えられ、大国《だいこく》阿闍梨の号を授かった。

しかしこの日朗も、やはり日昭と同様に、大聖人の跡を継《つ》いだ日興《にっこう》上人に対して随順《ずいじゅん》することができなかった。弘安《こうあん》六（一二八三）年正月、日興上人は大聖人の百箇日忌を期し、遺言を奉じて大聖人の墓《む》所《しょ》を守る輪番制《りんばんせい》を定めたが、日朗は同意の署名《しょめい》をしながらも、その輪番役を放棄《ほうき》し、その上、大聖人が墓所の傍《かたわ》らに立て置けと遺言された釈迦立像《しゃかりゅうぞう》（一体仏）を無断で奪《うば》い取って下山したのである。

この時、日昭《にっしょう》も『注法華経』を持ち去っている。

しかし、この日朗《にちろう》は後年になり、慙愧《ざんき》の念に堪《た》えず、延慶《えんきょう》三（一三一〇）年と文保《ぶんぽう》元（一三一七）年の二回にわたり、当時大石寺《たいせきじ》を第三祖日目《にちもく》上人に譲《ゆず》り、重須談所《おもすだんしょ》（のちの北山本門寺）に移られていた日興《にっこう》上人を訪れ、懺悔《さんげ》している。

大石寺第五十九世日亨《にちこう》上人はこれについて、

「日朗、心伏《ふく》して身は伏せず」（富士日興上人詳伝三〇五ﾍﾟｰ）

と評されている。

このほかにも、この当時入門したと思われる門弟としては、建長《けんちょう》七年に『諸宗問答抄』を賜った三位《さんみ》房日行《ぼうにちぎょう》や、大進阿闍梨《だいしんあじゃり》、武蔵《むさし》公などが挙げられる。

また大聖人の修行中の法兄《ほうけい》であり、東条景信《かげのぶ》の迫害から大聖人をお護りした清澄寺の浄顕房《じょうけんぼう》と義浄房《ぎじょうぼう》の二人も帰伏《きぶく》の弟子に加えられる。

富木常忍の入信

次に信徒を見ると、建長五（一二五三）年に富木《とき》五郎胤継《たねつぐ》が入信している。のちに入道して常忍《じょうにん》と称した。常忍は、下総国《しもうさ》葛飾郡《かつしか》八幡荘《やわた》若宮《わかみや》の領主であったと伝えられる。

また鎌倉幕府に仕える武士であったともいわれているが、その生い立ちや事跡については種々の説があり、判然としない。

建長五《けんちょう》（一二五三）年十二月九日に、『富木殿御返事』（御書二五㌻）を大聖人よりいただいていることから、このころ、すでに入信し鎌倉に居住していたことがうかがわれる。のちに『観心本尊抄《かんじんのほんぞん》』『法華取要抄』をはじめ多くの重要御書を賜っている。

これは当時の不安定な時代にあって比較的安泰な社会的地位にあった富木氏が、最も聖教《しょうぎょう》の厳護に適していたことによるものと思われる。

富木氏は、のちに入信した曾谷教信《そやきょうしん》、太田乗明《おおたじょうみょう》、秋元太郎らをはじめとする檀越《だんのつ》全体の中心的存在として、外護《げご》の勤めに励んだ。

四条頼基の入信

四条金吾頼基《よりもと》は、名越《なごえ》北条家の一門、江馬《えま》入道光時《みつとき》の家臣であった。頼基は初め建長寺《けんちょうじ》の蘭溪道隆《らんけいどうりゅう》のもとに参禅していたが、大聖人が辻《つじ》説法で禅宗は天魔波旬《てんまはじゅん》の法なりと説いていることを聞いて憤慨《ふんがい》し、これを屈服《くっぷく》せんと松葉《まつば》ヶ《が》谷《やつ》の草庵《そうあん》を訪ねた。しかし、大聖人の道理・文証を尽くした説法によって、如来の経教を軽んずる禅宗の邪見を翻《ひるがえ》し、妙法に帰依したのである。

また建長八（康元《こうげん》元・一二五六）年のころには、進士《しんじ》太郎善春《よしはる》、工藤吉隆《よしたか》、池上宗仲《むねなか》、荏原義宗《えばらよしむね》等の人々が入信している。

また文応《ぶんおう》元（一二六〇）年ごろには鎌倉比企《ひき》ヶ《が》谷《やつ》に住む比企能本《よしもと》（大学三郎）も入信した。

このように、大聖人の妙法流布《るふ》への努力は着実に進み、有力な信徒が次第に増加していった。

当時の著述

建長《けんちょう》六（一二五四）年より正嘉《しょうか》年中にかけての数年間の、大聖人の御書をみると、建長七年の『蓮盛抄《れんじょうしょう》』において、厳しく禅宗の教外別伝《きょうげべつでん》、不立文字《ふりゅうもんじ》の僻見《びゃっけん》を破折されている。

なかでも、

「禅宗は理性の仏を尊びて己《おのれ》仏に均《ひと》しと思ひ増上慢《ぞうじょうまん》に堕《お》つ、定めて是阿鼻《これあび》の罪人なり」（御書二七ジペー）

「剰《あまつさ》へ教外《きょうげ》を学び、文筆を嗜《たしな》みながら文字を立てずと、言《ことば》と心と相応せず。豈《あに》天魔の部類・外道《げどう》の弟子に非《あら》ずや。仏は文字に依《よ》って衆生を度し給ふなり」（御書二八ジペー）

と、禅宗を天魔、法滅の妖怪《ようかい》と言われる所以《ゆえん》を明かされている。

また『諸宗問答抄』においては、権実《ごんじつ》相対の上から、禅宗の説く即身即仏の義が、道理の立たない有名無実な教えであることを説かれ、念仏に対しても、

「此《これ》又権教の中の権教なり。譬《たと》へば夢の中の夢の如《ごと》し。有名無実にして其《そ》の実無きなり。一切衆生願ひて所詮《しょせん》なし」（御書三七ジペー）

と論破されている。

また、『主師親《しゅししん》御書』『念仏無間地獄《むけんじごく》抄』はともに念仏の邪義を責められた御書であり、

「阿弥陀仏は我等が為には主ならず、親ならず、師ならず」（御書四七ジペー）

「浄土宗は主師親たる教主釈尊の付嘱に背き、他人たる西方《さいほう》極楽世界の阿弥陀如来を憑《たの》む。故に主に背けり、八逆罪の凶徒《きょうと》なり。違勅《いちょく》の咎遁《とがのが》れ難《がた》し、即《すなわ》ち朝敵なり、争《いか》でか咎無からんや」

（御書三九ジペー）

と論断されている。

このころの大聖人の御書は、とくにこうした念仏破折が中心となっている。大聖人の鋭《するど》い舌鋒《ぜっぽう》の矛先《ほこさき》は、ある時は浄土の三部経の経証を破し、ある時は善導《ぜんどう》、道綽《どうしゃく》、法然《ほうねん》等の人師の主張する教理と念仏者の現証を破し、念仏宗は無間の業《ごう》なりと喝破《かっぱ》されたのである。

そしてこれらの念仏宗をはじめ、禅、律、真言等の邪宗邪義をすてて、法華経に帰依する以外に、真実の成仏も、一国の安寧《あんねい》も断じてあり得ないと叫ばれたのである。

第五章　立正安国論

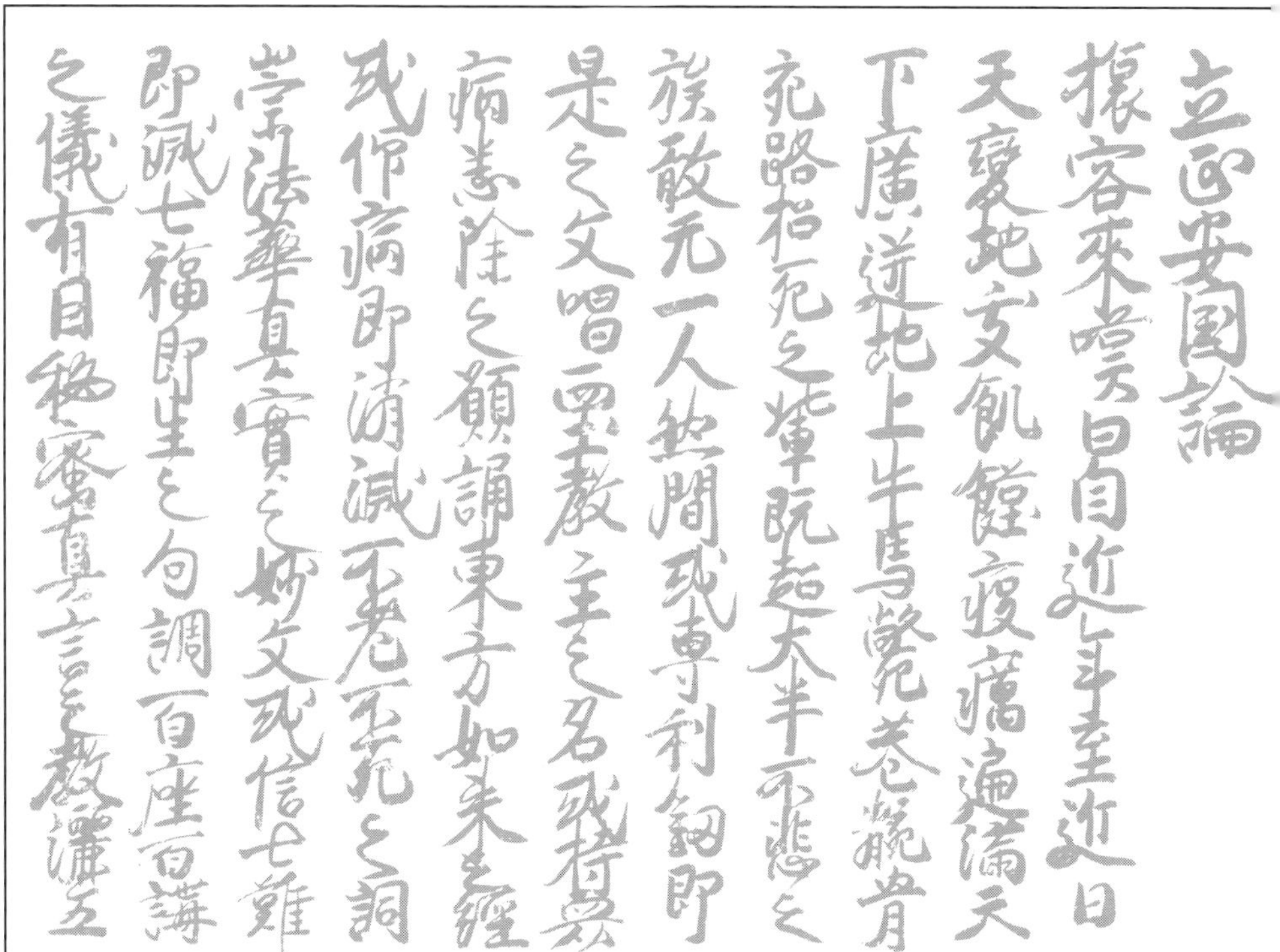
立正安國論
旅客來嘆曰自近年至近日
天変地夭飢饉疫癘遍満天
下広迸地上牛馬斃巷骸骨
充路招死之輩既超大半不悲之
族敢无一人然間或専利剣即
是之文唱西方教主之名或持衆
病悉除之願誦東方如来之経
或仰病即消滅不老不死之詞
崇法華真実之妙文或信七難
即滅七福即生之句調百座百講
之儀有因秘密真言之教灑五

㈠ 天変地異

鎌倉の松葉ヶ谷《まつばがやつ》を中心とする大聖人の法戦弘教《ぐきょう》が始まった建長《けんちょう》、康元《こうげん》、正嘉《しょうか》年間には、天変地夭《てんぺんちよう》、大火、洪水《こうずい》、疫病《えきびょう》、飢饉《ききん》など、全く前代にない異常な出来事や、悲惨《ひさん》な災害《さいがい》がうち続いた。

しかも天上に、大地に、世上に現れるこうした災難は、即《そく》、人心の上に、人々の生活の上に反映して、民衆は怯《おび》えきった暗い不安の日々を送らざるを得なかった。

飢疫《ききえき》に倒れた屍《しかばね》は道にあふれ、世情は荒廃《こうはい》し、鎌倉の大道においてさえも、夜討《よう》ちや強盗、騒動がしばしば勃発《ぼっぱつ》横行したと『吾妻鏡《あずまかがみ》』に記録されている。

さりとて幕政《ばくせい》を預かる要人や僧侶、神官、陰陽師《おんみょうじ》にも、そうした災難や人々の不安を解決する術《すべ》はなく、幕府は唯々《ただただ》ありとあらゆる神社仏閣《ぶっかく》に、日夜種々の祈禱《きとう》を命じて平安を祈るばかりであった。しかし、何の効験《こうけん》もないのみか、かえって災厄《さいやく》不幸を増長させるばかりであった。

当時の惨状

いま『吾妻鏡』によって、当時の惨状のいくつかを挙げるならば、

一、建長《けんちょう》六（一二五四）年正月十日、西風烈《はげ》しく、海浜より名越山王堂《なごえさんのうどう》に至る大火によって人家数百宇を焼失。

七月には暴風雨《ぼうふうう》。人屋顛倒《じんおくてんとう》、稼穀《かこく》損亡。二十年来かくのごとき大風無し。

二、建長八（一二五六）年六月、大雨洪水《こうずい》。殆《ほとん》ど例年を越え、寒気また以《もっ》て時ならず、白昼《はくちゅう》光物あり。

八月六日再び大雨洪水。山は崩《くず》れ、男女多く横死《おうし》す。また疫病《えきびょう》流行。

三、正嘉《しょうか》元（一二五七）年五月一日、日蝕《にっしょく》。

五月十八日、大地震。

八月一日、大地震。

八月二十三日、大地震。神社仏閣一宇《ぶっかくいちう》として全きなし。山岳は崩れ、人屋倒壊、築地《ついじ》、悉《ことごと》く破損、所々に地裂、地下より水涌出。また火災処々に燃え出す。

十一月八日、また八月の如《ごと》き大地震。二十二日には若宮大路《わかみやおおじ》を焼失。

四、正嘉二（一二五八）年四月二十二日、地震。

八月一日、暴風烈吹《れっすい》、諸国の田園悉く損亡。

十二月十六日、地震、雷鳴《らいめい》。

さらには正元《しょうげん》元（一二五九）年の大飢饉《ききん》、大疫病《えきびょう》など、何ともすさまじい天変地夭《てんぺんちよう》、暴風雨、大火、大旱魃《かんばつ》、飢饉、疫病の連続であった。

大聖人はこの時の様相を『安国論御勘由来《あんこくろんごかんゆらい》』に、

「正嘉《しょうか》元年太歳丁巳八月廿三日戌亥《いぬい》の時、前代に超えたる大地振。同二年戊午八月一日大風。同三年己未大飢饉。正元《しょうげん》元年己未大疫病。同二年庚申四季に亘《わた》りて大疫已《や》まず。万民既に大半に超えて死を招き了《おわ》んぬ。而《しか》る間国主之《これ》に驚き、内外典に仰せ付けて種々の御祈禱《ごきとう》有り。爾《しか》りと雖《いえど》も一分の験《しるし》も無く、還《かえ》りて飢疫《きえき》等を増長す」（御書三六七ページ）

と記されている。

一体こうした前代未聞《ぜんだいみもん》の激しい大禍《たいか》がなにゆえに起こるのであろうか。どうしてこの時期を選んで、こんなにも連続してうち続くのであろうか。

大難興起の由来

こうした世の終末《しゅうまつ》を思わせる災禍《さいか》が起こる原因と、その救済の方法を知る人師は不幸にしていなかった。しかし、ここ松葉ケ谷《まつばがやつ》の草庵に、大聖人唯《ただ》ひとり仏眼《ぶつげん》をもって悪世末法の時機を鑑《かんが》み、この国土の相を照覧《しょうらん》され、その道理を心中に深く洞察《どうさつ》されていたのである。大聖人は文永《ぶんえい》十（一二七三）年閏《うるう》五月の『顕仏未来記《けんぶつみらいき》』に、

「妙楽云《い》はく『智人は起を知り蛇は自ら蛇を識《し》る』等云云。日蓮此《こ》の道理を存じて既に二十一年なり」（御書六七八ジペー）

と仰せられている。

仏法の明鏡をもって判ずれば、これは正に時機を失した釈尊の熟脱《じゅくだつ》仏法に執して、末法相応の正法に背くゆえの凶患災禍《きょうかんさいか》であり、正報《しょうほう》（人間社会）の汚《けが》れが依報《えほう》（環境国土）の大凶と現れ、またこの大虚《おおぞら》に大彗星《だいすいせい》が現出し、大地が傾動《けいどう》し振裂《しんれつ》するという現象は、末法に仏のごとき聖人の出現と、大法の興起《こうき》を象徴《しょうちょう》する大瑞《だいずい》であると、大聖人は深く自解《じげ》明察されていたのである。

二　一切経の閲覧

ここに大聖人は大法の興亡《こうぼう》、仏法の正邪と大難続出の道理を明らかにして、正法を世に立てなければ、この国を救い、この不幸な人々を救うことはできないと確信された。

いまこの国中の大難の時こそ、まさしく、

「日本国に此《これ》をしれる者、但《ただ》日蓮一人なり」（開目抄　御書五三八ジペー）

との自覚のもとに、今こそ国主を諫《いさ》め、国中に大折伏を敢行《かんこう》する時期が到来したことを知られたのであった。

そのため、ふたたび一切経《いっさいきょう》をひもとき、道理と文証を更に具体的に明示しようとして、駿河《するが》国岩本実相寺《いわもとじっそうじ》の経蔵に入られた。

現在、大聖人の岩本実相寺における一切経閲覧《えつらん》に関する確実な正文書、古記録は残されていないが、この当時一切経を披覧《ひらん》された事実は御書の諸文に明らかである。

実相寺経蔵跡

いまその一、二を引用すると、

『中興《なかおき》入道御消息』

「去《い》ぬる正嘉《しょうか》年中の大地震、文永《ぶんえい》元年の大長星の時、内外の智人其の故をうらな《占》ひしかども、なに《何》のゆへ《故》、いかなる事の出来《しゅったい》すべしと申す事をしらざりしに、日蓮一切経蔵に入りて勘《かんが》へたるに」

（御書一四三三ページ）

『安国論御勘由来《あんこくろんごかんゆらい》』

「日蓮世間の体《てい》を見て粗《ほぼ》一切経を勘ふるに、御祈請験《ごきしょうしるし》無く還《かえ》りて凶悪を増長するの由《よし》、道理文証之《これ》を得了《えおわ》んぬ」（御書三六七ページ）

等の御教示はその間の事情を如実に示されている。

岩本実相寺

岩本実相寺《じっそうじ》は駿河《するが》富士下方《しもかた》（現在の静岡県富士市）にある天台宗山門派の寺院であった。同寺は久安《きゅうあん》年間（一一四五〜一一五〇）、鳥羽《とば》上皇《じょうこう》の勅願《ちょくがん》によって比叡山横川《よかわ》の智印《ちいん》が建立したといわれる。実相寺の経蔵について、文永五年八月の日興《にっこう》上人記述の『実相寺衆徒愁状《しゅうじょう》』の中に、

「一切経論を書写し奉り、経蔵を立て灌頂堂《かんじょうどう》を作り、正《まさ》しく南天の風を移す。如法堂を建て横河《よかわ》の流《ながれ》を酌《く》ましむ」（歴全一―五七ジペー）

とあり、同書に初代の院主《いんじゅ》智印と弟子末代《まつだい》の両師の尽力によって、実相寺の一切経蔵が整備された旨《むね》が記されている。

日亨《にちこう》上人は、『富士日興上人詳伝』に実相寺の経蔵に関して、次のように考証《こうしょう》されている。

「智印上人の弟子たる末代上人は師に勝《まさ》る有名の高僧であって、大いに師を助けて一切経の書写の勧化《かんげ》を全国に成しとげた等が、関東方面に乏しき一切経蔵なるがゆえに、日蓮大聖人の態《わざ》との閲蔵《えつぞう》となったのである」（該書二二ジペー）

岩本実相寺

さらに日亭上人は実相寺の由来について、

「この文(実相寺衆徒愁状《しゅうじょう》)によって明らかにされしは『横河の流れを酌《く》む』とあるので、山門末であって三井《みい》寺門でなきこと、また智印上人時代の写経であること、このふたつの史実が自他に誤れる三井寺系だの智証《ちしょう》大師将来の唐本《とうほん》の一切経だのという誤りを打破しつくすことになる」(同右)

と述べられており、実相寺が三井寺門系に属し、唐よりの智証大師将来の一切経を蔵していたという説を否定されている。

日興上人の入門

鰍沢付近

大聖人がこの岩本の実相寺において、一切経を閲読《えつどく》されていた折、当時実相寺に近い天台宗四十九院で修学中の、十三歳になる伯耆公《ほうきこう》は大聖人に給仕し、その尊容に接して弟子となった。この少年こそのちに大聖人の法《ほう》嗣《し》となった日興《にっこう》上人である。日興上人は寛元《かんげん》四(一二四六)年三月八日甲《か》斐《い》国巨摩《こま》郡大井《おおい》荘鰍沢《かじかざわ》(山梨県南巨摩郡富士川町)に生まれ、父は遠州《えんしゅう》(静岡県)の紀氏の出身で大井橘六《きつろく》といい、母は駿州《すんしゅう》富士河合《かわい》の由比《ゆい》氏の出であった。幼少にして父を失い、母も武蔵《むさし》の綱島《つなしま》家に再嫁《さいか》したため、外祖父の河合の由比入道に養われて富士に移り、蒲原《かんばら》荘内の四十九院に登って修学した。さらに幼少にして良覚美作阿闍梨《りょうかくみまさかあじゃり》のもとで外典《げてん》を、冷泉中将隆茂《れいぜいちゅうじょうたかしげ》について歌道国書を習い、書道をも究《きわ》めた。大聖人の弟子となってからは、修行と給仕に精励《せいれい》し、のちに大聖人より白蓮《びゃくれん》阿闍梨日興と法諱《ほうい》を賜った。

慈父の逝去

正嘉《しょうか》二（一二五八）年二月十四日、安房《あわ》の故郷において大聖人の父君重忠《しげただ》（妙日）が死去した。行年八十七歳であったという。大聖人はこの悲報《ひほう》を、岩本の実相寺において受けられた。しかし大聖人は遥《はる》かに題目をもって無上菩提《むじょうぼだい》の回向《えこう》をささげ、今はただ、国のため、法のため、一切衆生のため、ひたすら一切経の閲覧《えつらん》に没頭《ぼっとう》されたのであった。

㈢　第一の国諫

守護国家論

大聖人は一切経蔵五千余巻の検索《けんさく》のかたわら、『一代聖教《しょうぎょう》大意』『一念三千法門』『十如是事《じゅうにょぜのこと》』等の筆を執られ、正元《しょうげん》元（一二五九）年には『守護国家論』を著《あらわ》し、日本における謗法《ほうぼう》の悪法流布《るふ》の根源と、国に穀貴《こっき》、兵革《ひょうかく》、疫病《えきびょう》、火災、水災、風災等の大小の三災の起こる原因を明かされている。それは、法然《ほうねん》の『選択本願念仏集《せんちゃくほんがんねんぶつしゅう》』（選択集）という悪書により日本国中に念仏の悪法が流布し、このゆえに諸天善神は正法の法味に飢《う》えて国を捨て、威光を失い、天変《てんぺん》地夭《ちよう》、大旱魃《かんばつ》、飢渇《けかち》、疫癘《えきれい》に苦しめられるのであり、日本国の道俗《どうぞく》は法の邪正を正《ただ》し、この念仏の邪法を捨てて法華の実経に依《よ》るべきことを説き示された。そして同書に大聖人は、

「一巻の書を造りて選択集の謗法の縁起《えんぎ》を顕《あら》はし、名づけて守護国家論と号す。願はくは一切の道《どう》俗《ぞく》、一時の世事を止《とど》めて永劫《ようごう》の善苗《ぜんみょう》を種《う》ゑよ。今経論を以《もっ》て邪正を直《ただ》す、信謗《しんぼう》は仏説に任《まか》せ敢《あ》へて自義《じぎ》を存すること無し」（御書一一八㌻）

と叫ばれ、

「予《よ》仏弟子の一分に入らんが為に此の書を造り謗法の失を顕はし世間に流布す。願はくは十方の仏陀此の書に於て力を副《そ》へ大悪法の流布を止《とど》め一切衆生の謗法を救はしめ給へ」（御書一四六ページ）

と、三世十方の諸仏への諫暁《かんぎょう》の言葉を記されている。

北条時頼との会見

そして、いよいよ深い洞察《どうさつ》と三世了達《りょうたつ》の知見《ちけん》をもって著《あらわ》された『立正安国論』を北条時頼《ときより》（最明寺《さいみょうじ》入道）に奏呈《そうてい》されるのであるが、大聖人自らこの『安国論』奏呈以前に、北条時頼に会見し、時頼の信じていた禅宗を「天魔の所為《しょい》」と厳しく指弾《しだん》されている。

それは『法門申さるべき様の事』に、

「但《ただ》し日本国には日蓮一人計《ばか》りこそ世間・出世正直の者にては候へ。其《そ》の故は故《こ》最明寺入道に向かひて、禅宗は天魔のそい《所為》なるべし。のちに勘文《かんもん》もてこれをつげしらしむ。日本国の皆人無間《むけん》地獄に堕《お》つべし」（御書四三五ページ）

とあり、また『安国論御勘由来《ごかんゆらい》』の、

北条時頼

「復禅門《またぜんもん》に対面《たいめん》を遂《と》ぐ故に之《これ》を告《つ》ぐ。之を用ひざれば定めて後悔有るべし」（御書三六九ジペー）
との御文からも拝察される。
また『故最明寺《こさいみょうじ》入道見参御書』の、
「日本国中旧寺《きゅうじ》の御帰依を捨てしめんが為に、天魔の所為《しょい》たるの由《よし》、故最明寺入道殿に見参の時之《これ》を申す。又立正安国論之を挙《あ》ぐ」（御書四二一ジペー）
という記述は、その間の経緯《けいい》を示されたものである。

立正安国論奏呈

かくして文応《ぶんおう》元（一二六〇）年の七月十六日、大聖人は辰《たつ》の時（午前八時）ごろに宿屋《やどや》入道を介して『立正安国論』を、最明寺入道時頼に奏呈《そうてい》された。

これこそ大聖人の一期《いちご》の化導における、第一回の国主諫暁《かんぎょう》である。

『立正安国論』は、まず近年の天変地夭《てんぺんちよう》、飢饉《ききん》、疫癘《えきれい》の惨状をあげ、それに対する諸宗、諸神のありとあらゆる神術・祈禱《きとう》も験《しるし》なく、なにゆえに災難は後を絶たないのか。

その大難興起《こうき》の理由について、

「倩《つらつら》微管《びかん》を傾け聊《いささか》経文を披《ひら》きたるに、世皆《みな》正に背《そむ》き人悉《ことごと》く悪に帰《き》す。故に善神《ぜんじん》国を捨てゝ相《あい》去

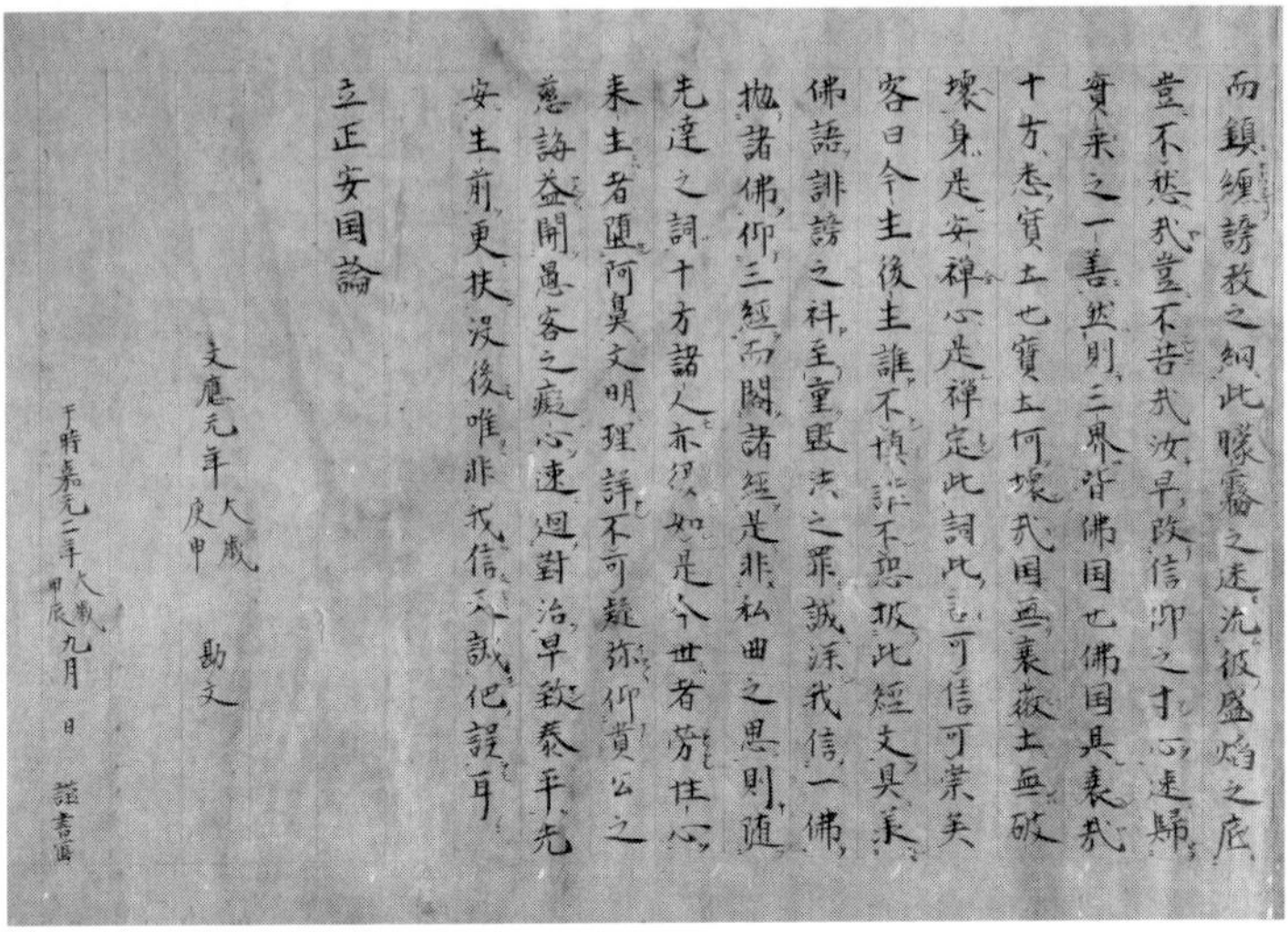
而鎮纒謗教之網此朦霧之迷沈彼盛焰之底
豈不愁哉豈不苦哉汝早改信仰之寸心速歸
實乘之一善然則三界皆佛國也佛國其衰哉
十方悉寶土也寶土何壞哉國無衰微土無破
壞身是安禅心是禅定此詞此言可信可崇矣
客曰今生後生誰不慎誰不恐披此經文具承
佛語誹謗之科至重毀法之罪誠深我信一佛
抛諸佛仰三經而閣諸經是非私曲之思則隨
先達之詞十方諸人亦復如是今世者勞性心
來生者墮阿鼻文明理詳不可疑弥仰貴公之
慈誨益開愚客之癡心速廻對治早致泰平先
安生前更扶没後唯非我信又誡他誤耳
立正安国論
文應元年太歳庚申　勘文
于時嘉元二年太歳甲辰九月　日　謹書写

『立正安国論』（日興上人写本・大石寺蔵）

り、聖人所を辞して還《かえ》らず。是《ここ》を以《もっ》て魔来たり鬼来《きき》たり、災《さい》起こり難《なん》起こる。言はずんばあるべからず。恐れずんばあるべからず」（御書二三四㌻）

と断言されている。すなわち、

㈠に正法に背き悪法に帰するがゆえに、

㈡に善神は正法の法味に飢《う》えて、この国を捨てて本土に帰り、

㈢にそのゆえに謗法の寺社は悪鬼魔神のすみかとなり、そのゆえにこそ前代未聞《ぜんだいみもん》の災難がうち続くのであると仰せられている。

上一人より下万民に至るまで、皆いずれも浄土の三部経のほかに経はなく、弥陀《みだ》三尊のほかに仏はないと、みだりに念仏の邪説を信じて正教を弁《わきま》えず、また僧侶は保身のために人倫《じんりん》を迷惑し、主臣は無知なるがゆえに邪正を弁別《べんべつ》できず、天下世上は徒《いたず》らに邪信を催《もよお》すのみであった。

ここにおいて大聖人は、国家の実質上の主権者たる時頼《ときより》に対して、

「如《し》かず彼《か》の万祈《ばんき》を修せんよりは此《こ》の一凶《いっきょう》を禁ぜんには」（御書二四一ジペー）

と説いて、「一凶」すなわち災難の元凶たる法然《ほうねん》の邪義を断ち切ることが先決であり、また、

「汝《なんじ》早く信仰の寸心を改めて速やかに実乗の一善に帰《き》せよ。然《しか》れば則《すなわ》ち三界は皆仏国なり」（御書二五〇ジペー）

とも仰せられ、法華真実の正法の一善に帰して、国土を安んずべきことを説き示し、国主への諫暁《かんぎょう》をされたのである。

また、すでに執権《しっけん》を辞していた北条時頼は禅門の人であったが、時の執権北条長時《ながとき》をはじめ、父の極《ごく》楽寺重時《らくじしげとき》などの北条一門には強盛《ごうじょう》な念仏者が多かったことから、大聖人は宿屋《やどや》入道を介して、

「禅宗と念仏宗とを失ひ給ふべし」（撰時抄　御書八六七ジペー）

とも付言されている。

そして更に、国の主権者として、なおこの如来の金言《きんげん》に耳を傾けることなく、謗法《ほうぼう》を対治しなかったならば、薬師経《やくしきょう》、仁王経《にんのうきょう》等の七難のうち、いまだ顕現《けんげん》していない「自界叛逆《じかいほんぎゃく》の難」という一門の同士討《う》ち、そして「他国侵逼《たこくしんぴつ》の難」という外敵の来襲《らいしゅう》があるであろうと予言し、諫暁《かんぎょう》されたのである。

実に兼知未萌《けんちみぼう》の大聖人が依正不二《ふに》という仏法の明鏡に照らして、国土の災難の先兆《せんちょう》と、その元凶を糾《きゅう》

明《めい》され、続出する三災七難の対治と国土の安全、娑婆即寂光《しゃばそくじゃっこう》の正道を説かれた『立正安国論』は、まさに末法万年の恒久《こうきゅう》平和への道を開く警世《けいせい》の大献策《だいけんさく》であった。

㈣　松葉ヶ谷の法難

俗に「良薬口に苦《にが》くして病者は屈せず、忠言《ちゅうげん》耳に逆《さから》いて佞人《ねいじん》は諫《いさ》めを用いず」という。

大聖人が末法の大導師として国を思い、民衆を救わんと示された経証に基《もと》づく確信と情熱の諫言《かんげん》も、謗法無明《ほうぼうむみょう》の酒に酔う時頼《ときより》や幕府為政者《いせいしゃ》たちの受け容《い》れるところとはならなかった。

『下山御消息』に、

「御尋《おたず》ねもなく御用《もち》ひもなかりしかば」（御書一一五〇ジペー）

と述べられているように、表向きには何の音沙汰《おとさた》もなかった。

草庵の襲撃

しかし大聖人の幕府への国諫《こっかん》と、鎌倉での宣布《せんぷ》は次第に衆人の注目を集めはじめていった。これによって、禅・念仏・律宗等の高僧たちは、己《おのれ》の利益と保身のために大聖人を亡《な》き者にせんとして陰湿《いんしつ》な策謀《さくぼう》を秘《ひそ》かに進めていた。そしてその陰謀《いんぼう》は文応《ぶんおう》元（一二六〇）年八月二十七日の夜半、ついに松葉ヶ谷《まつばがやつ》の突然の夜襲《やしゅう》となってあらわれた。

『立正安国論』を奏呈《そうてい》して四十二日後のことである。

この松葉ヶ谷の法難は、極楽寺重時《ごくらくじしげとき》の暗黙《あんもく》の同意を得た念仏者を主とする謗徒たちが、松葉ヶ谷の草庵に大聖人を襲《おそ》い、殺害せんと企《くわだ》てたものであった。

大聖人は『下山御消息』に、

「国主の御用《もち》ひなき法師《ほっし》なればあやまちたりとも科《とが》あらじとやおもひけん。念仏者並びに檀那《だんな》等、又さるべき人々も同意したるとぞ聞こへし。夜中に日蓮が小菴《しょうあん》に数千人押し寄せて殺害せんとせしかども、如何《いかん》がしたりけん、其《そ》の夜の害も脱《のが》れぬ」（御書一一五〇ジペー）

と記されている。

ここに言われる「さるべき人々」とは極楽寺重時であり、この重時と結託した道隆《どうりゅう》、良観《りょうかん》、念阿《ねんあ》、朗誉《ろうよ》等の扇動《せんどう》による夜襲《やしゅう》であった。しかも幕府が黙殺《もくさつ》して用いない僧ならば、逆に抹殺《まっさつ》しても罪科にはなるまいとの、身勝手な理由による策動《さくどう》である。

しかし「聖人は横死《おうし》せず」との言葉のごとく、法華経の行者としての大聖人の身が、こうした謗徒の襲撃《しゅうげき》によって殺害されるはずはなかった。

㈣　松葉ヶ谷の法難

大聖人は『破良観等《はりょうかんとう》御書』に、『安国論』奏呈《そうてい》以後の経過を、

「上に奏すれども、人の主となる人はさすが戒力といゐ、福田《ふくでん》と申し、子細《しさい》あるべきかとをもひて、左右《さう》なく失《とが》にもなされざりしかば、きりもの《権臣》どもよりあひて、まちうど《町人》等をかたらひて、数万人の者をもって、夜中にをしよせ失《うしな》はんとせしほどに、十羅刹《じゅうらせつ》の御計《おんはか》らひにてやありけん、日蓮其《そ》の難を脱《のが》れしかば」（御書一〇七九ページ）

と述べているように、諸天善神の御計《おんはか》らいによって、数多い夜襲《やしゅう》の暴徒の中を、不思議にもその虎口《ここう》を脱出されたのである。おそらく名越《なごえ》の山道を退避《たいひ》されたものであろう。

鎌倉名越の切通し

この松葉ケ谷《まつばがやつ》の夜襲について、従来《じゅうらい》の諸伝には、多く「焼打《やきうち》」との説があるが、『下山御消息』『破良観等御書』『妙法比丘尼《びくに》御返事』に依《よ》れば、「殺害せん」「失わんとせしほどに」「打殺さんとせし」とあり、夜陰にまぎれて大聖人を殺害しようと計画していたことがわかる。

火を放って草庵を焼き尽くすことは、名越《なごえ》家をはじめとする北条一門や、鎌倉の辻《つじ》に類焼《るいしょう》を招く危険もあり、幕府重臣の同意し

かねるところでもあった。
この夜襲は『下山御消息』に、
「而《しか》れども心を合はせたる事なれば、寄せたる者科《とが》なくて、大事の政道を破る」(御書一一五〇ジペー)
とあるように、念仏者等と幕府の要人たちとが一味結託《いちみけったく》しての行動であったから、彼らは何の罪科《ざいか》に問われることもなかった。これは当時の定法たる『御成敗式目《ごせいばいしきもく》』を幕府自らが理不尽にも破ることであった。

下総弘教

松葉ヶ谷《まつばがやつ》の襲撃をのがれた大聖人は一時鎌倉を離れ、富木胤継《たねつぐ》の請《こ》いのままに下総《しもうさ》若宮の富木邸に身を移された。

諸伝にはこの時、いわゆる「百日百座の説法」が行われたといわれているが、それを裏づける文証もなく、真相は明らかではない。

しかし、大聖人がこの下総《しもうさ》周辺においても、大いに折伏逆化《ぎゃっけ》の法鼓《ほっく》を打ち、妙法流布《るふ》に力を注がれたことは当然のことと思われる。この時、太田乗明《じょうみょう》、曾谷教信《そやきょうしん》、秋元太郎兵衛などの人々が入信したと伝えられている。

下総若宮付近

第六章　伊豆法難

㈠　流　　罪

弘長《こうちょう》元（一二六一）年の春、大聖人が再び鎌倉に戻ったことを知った幕府は、今度は極楽寺重時《ごくらくじしげとき》の子、執権長時《ながとき》自らがその権力によって、ただ一度の取り調べもなく、理不尽《りふじん》にも大聖人を伊豆の伊東に流罪《るざい》にしたのである。

流罪の理由

極楽寺重時は、かつて東条景信《かげのぶ》と結託して領家《りょうけ》の所領を奪い取らんと謀《はか》ったが、大聖人が領家の方人《かとうど》となり、そのため問注《もんちゅう》に破れたことに対する個人的な恨《うら》みもあった。

いま、流罪の理由について御書を拝するに、

『下山御消息』

「日蓮が生きたる不思議なりとて伊豆国へ流されぬ」（御書一一五〇㌻）

『妙法比丘尼《びくに》御返事』

「念仏者等此《こ》の由《よし》を聞きて、上下の諸人をかたらひ打ち殺さんとせし程にかな《叶》はざりしかば、長時

武蔵守《むさしのかみ》殿は極楽寺《ごくらくじ》殿の御子なりし故に、親の御心を知りて理不尽《りふじん》に伊豆国《いずのくに》へ流し給ひぬ」

（御書一二六三㌻）

『破良観等《はりょうかんとう》御書』

「両国の吏心《りこころ》をあは《合》せたる事なれば、殺されぬをとが《咎》にして伊豆国へながされぬ」（御書一〇七九㌻）

等とあり、要するに松葉《まつば》ケ谷《がやつ》の夜襲《やしゅう》で、大聖人を打ちはたせなかったこと、つまり大聖人が、その難を凌《しの》ぎ生きていること自体が許せないという理由なのであった。

時に弘長《こうちょう》元（一二六一）年五月十二日、大聖人四十歳の時であった。

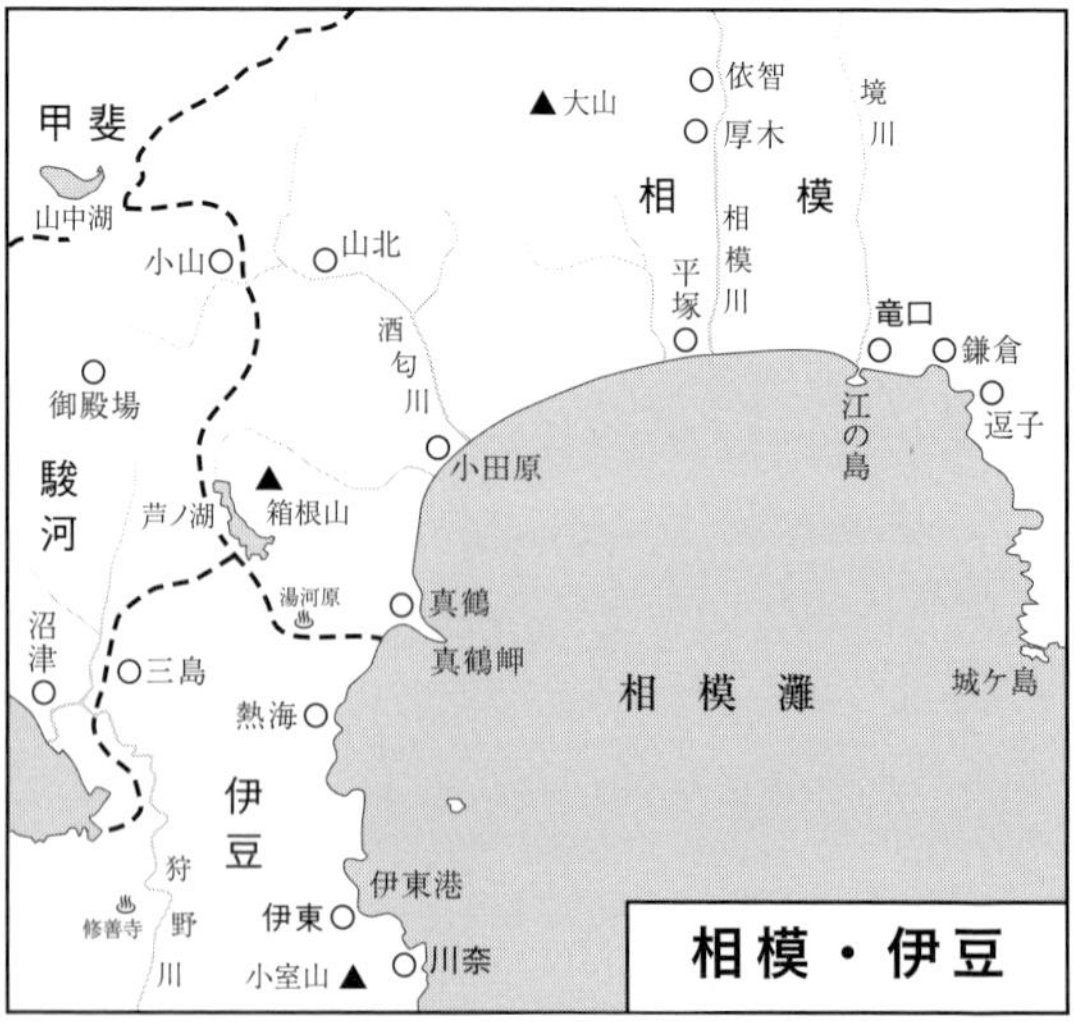

川奈の津

大聖人は謀反《むほん》の大罪人のごとく、小舟で相模灘《さがみなだ》を護送され、伊豆の川奈《かわな》の津に引き降ろされたのであった。

この時のようすについて『船守弥三郎殿許御書《ふなもりやさぶろうどのもと》』に、

「日蓮去《い》ぬる五月十二日流罪《るざい》の時、その津につき《着》て候ひしに、いまだ名をもきゝをよびまいらせず候ところに、船よりあがりくるしみ候ひき」（御書二六一㌻）

と仰せられている。

川　奈　の　津

大聖人は、罪人としての長時間の御身の拘束《こうそく》に、疲労はその極《きょく》に達し、飲むに水なく、口に運ぶ食べ物もなく、しかもこの所がいずことも知れず、一人難渋《なんじゅう》しておられた。

なお他門流の伝説では、この時大聖人は海中の岩の上（まないた岩）に置き去りにされたといわれるが、御書によるかぎり、そのような叙述《じょじゅつ》はなく、「その津」に着かれたことが記されている。

船守弥三郎夫妻

暗やみ迫《せま》る川奈《かわな》の津で、所も知れず、ひとり苦しんでおられた大聖人を、

「諸天昼夜《しょてんちゅうや》に、常に法の為の故に、而《しか》も之《これ》を衛護《えいご》す」（安楽行品　法華経三九六㌻）

との法華経の文のごとく、通りがかりの一人の漁師が発見してお救いした。この漁師は名を船守弥三郎《ふなもりやさぶろう》といい、すでに幕府から触《ふ》れのまわっていた大聖人を、我が身の危険を顧みず、妻と共に三十日にもわたって匿《かくま》い外護し続けたのであった。

大聖人は『船守弥三郎殿許御書《ふなもりやさぶろうどのもと》』に、

「船よりあがりくるしみ候ひきところに、ねんごろにあたらせ給ひ候ひし事はいかなる宿習《しゅくじゅう》なるらん。過去に法華経の行者にてわたらせ給へるが、今末法にふなもりの弥三郎と生まれかはりて日蓮をあわれみ《愍》給ふか。たとひ《仮令》男はさもあるべきに、女房の身として食をあたへ、洗足《せんぞく》てうづ《手水》其の外さも事ねんごろなる事、日蓮はしらず不思議とも申すばかりなし（中略）ことに五月《さつき》のころなれば米もとぼしかる《乏》らんに、日蓮を内々にてはぐくみ《育》給ひしことは、日蓮が父母の伊豆の伊東かわな《川奈》と云《い》ふところに生まれかはり給ふか」（御書二六一ページ）

と、弥三郎夫妻のその有り難き宿縁《しゅくえん》の外護に賛嘆《さんたん》の言葉を書き記されている。

大聖人の流罪《るざい》を知った地頭伊東八郎左衛門《いとうはちろうざえもん》及び伊東、川奈《かわな》の民の大聖人に対する眼は冷たく、怨敵《おんてき》に対するような不穏《ふおん》な空気に包まれていたのであったが、またそれだけに受難を覚悟の上で大聖人を匿い、やがて住民の冷淡《れいたん》な眼や中傷《ちゅうしょう》をはねかえした船守弥三郎の清信《しょうしん》の外護にはひとしおのものがあった。

地頭の帰依

そうした時に、地頭伊東八郎左衛門《いとうはちろうざえもん》は重病に陥《おちい》った。四方八方手を尽くしたが、はかばかしくなく、最後には大聖人に、その平癒《へいゆ》の祈願《きがん》を頼んできたのである。

地頭はもとより念仏の信者であって、大聖人に信伏してはいなかった。しかしこの病気平癒の祈請《きしょう》によって、法華経の信仰に帰伏《きぶく》する機縁にもなるならばと、大聖人はその願いを容《い》れて伊東へ赴《おもむ》かれた。

一たびは現身に死の相をあらわしていた八郎左衛門は、大聖人の祈念により蘇生《そせい》する大利益を得、ついに地頭自らが大聖人に帰伏することとなった。

八郎左衛門は病気平癒のお礼にと、そのころ、漁師が海中より引き上げたという立像《りゅうぞう》の釈迦仏（一体仏）を大聖人に捧《ささ》げた。大聖人はこの海中出現の一体仏を随身仏《ずいしんぶつ》として終生《しゅうせい》所持された。

ただし、大聖人が釈迦立像仏を所持されたからといって、我々末法の衆生も釈尊像を本尊として崇《あが》めてよいということではない。能化《のうけ》の本仏大聖人と、所化《しょけ》の本未有善《ほんみうぜん》の荒凡夫《あらぼんぶ》を同列に論ずるわけにはいかない。大聖人が海中感得《かんとく》の立像仏を随身されたことには甚深の意味が存するのである。このことについて日寛《にちかん》上人は三つの意義を示されている。

すなわち一つには、立宗弘通《ぐづう》の初めであり、まず釈迦仏を借りて肝心の妙法を顕《あらわ》そうとされた。

二つには、当時は阿弥陀仏《あみだぶつ》・大日如来《だいにちにょらい》などの爾前経《にぜんぎょう》による諸仏が本尊として尊崇《そんすう》されていたので、まず釈尊に帰り、その本意を尋《たず》ねよ、との権実相対《ごんじつそうたい》の立場を宣示《せんじ》するためであった。

三つには、上行菩薩《じょうぎょうぼさつ》の再誕として、仏の境界《きょうがい》にあった大聖人の眼には立像の釈迦仏がそのまま久遠元初《くおんがんじょ》の本仏と映《うつ》られたのである。これに対し、末法万年にわたる一切衆生成仏得脱《とくだつ》のための正境《しょうきょう》本尊としては、佐渡期以後において教示されるように、大聖人所顕の南無妙法蓮華経の大漫荼羅《だいまんだら》以外に真実の本尊はないのである。

そのゆえに大聖人は遺言として、滅後はこの一体仏を墓所の傍《かたわ》らへ立て置くように命ぜられ、事実その通りにされたのである。にもかかわらず教義的に理解の浅かった日朗《にちろう》はこれを無断で持ち出し、その後、他門流の間でこの一体仏をめぐって紛争が起き、最後は日本海の越後沖《えちごおき》で舟もろとも再び海中に没し去ったといわれる。

日興上人の行化

まもなく日興《にっこう》上人は伊東の大聖人のもとに参じて給仕《きゅうじ》されるかたわら、宇佐美《うさみ》、吉田《よしだ》など、近くの村々に行っては折伏教化に専念し、伊東にも大聖人の帰依者が次第に増えていった。

日精上人の『富士門家中見聞《ふじもんけちゅうけんもん》』（家中抄《けちゅうしょう》）には、

「弘長《こうちょう》元年の五月、師伊豆の伊東に配流《はいる》せられ給う、伯耆公《ほうきこう》即《すなわ》ち伊東にゆいて給仕し給えり。行《こう》程百《てい》五十里文笈《ぶんきゅう》を荷担《かたん》して遠しとし給わず、道条《みちすじ》処処にて説法教化し給えり。給仕の隙《いとま》には伊東の近所を教化し給うに、宇佐美《うさみ》・吉田《よしだ》に信者少少出来《しゅったい》す」(聖典六〇六ページ)

と。

また日亨《にちこう》上人の『富士日興上人詳伝』には、

「弘長元年・大聖人伊東配流の時は、みずから往《ゆ》いて薪水《しんすい》の労をとり、艱苦《かんく》を共にし、間《いとま》をえて附《ふ》近《きん》に行化《ぎょうけ》せらる。熱海《あたみ》においては、密徒《みっと》の金剛院行満《こんごういんぎょうまん》を導きて大聖人に謁《えつ》せしむ。行満改衣《かいえ》して日《にち》行《ぎょう》と称せられ、その寺を大乗寺《だいじょうじ》と号し、青年の日興《にっこう》を拝して開山《かいざん》と仰ぐ」(該書一四ページ)

と、日興上人の随身《ずいしん》給仕と折伏教化の活躍を伝えている。

また日興上人が金剛院行満を折伏改衣させ、大乗寺の開山となったのは、いまだ十七歳の時であった。

これをみても、いかに日興上人が天賦《てんぶ》の資質に加えて刻苦精励《こっくせいれい》し、行学ともに進んでいたかが知れよう。

(二) 四恩抄の述作

大聖人は弘長《こうちょう》二(一二六二)年一月十六日、房州天津《ぼうしゅうあまつ》の領主工藤吉隆《くどうよしたか》に『四恩抄』を授けられた。そこには流罪配流の身となったことについて、「二つの大事あり」と仰せられている。

法華身読の悦び

その一つは、大いなる悦びである。それは法華経の、
「如来の現在すら、猶怨嫉《なおおんしつ》多し。況《いわ》んや滅度《めつど》の後《のち》をや」（法師品　法華経三二六㌻）
という仏の未来記が、今こそ我が身に当たって符合《ふごう》する不思議、釈尊にも勝る大難を忍ぶ法華経の行者としての悦びである。
大聖人は、
「去年《こぞ》の五月十二日より今年正月十六日に至るまで、二百四十余日の程《ほど》は、昼夜十二時《じゅうにとき》に法華経を修行し奉ると存じ候。其《そ》の故は法華経の故にかゝる身となりて候へば、行住坐臥《ぎょうじゅうざが》に法華経を読み行ずるにてこそ候へ。人間に生を受けて是程《これほど》の悦びは何事《なにごと》か候べき」（御書二六六㌻）
と記されている。
しかも虚構《きょこう》の讒言《ざんげん》を加える三類の強敵《ごうてき》、流罪に処する国主こそ、我が罪業《ざいごう》の消滅と法華経の身読《しんどく》には恩深き人なりと、真実の報恩の道を示され、今生《こんじょう》において一切衆生の恩、父母の恩、国主の恩、三宝《さんぼう》の恩という四恩を報ずることが、仏法を習う者の第一の悦びであると説かれるのである。

逆徒への涙

いま一つは、
「我一人此《こ》の国に生まれて多くの人をして一生の業《ごう》を造らしむる事を歎《なげ》く」（御書二六九㌻）
つまり、法華経の行者たる大聖人を憎み、悪口罵詈《あっくめり》、刀杖《とうじょう》を加え、流罪に処することによって、在家出家の人々が、無間《むけん》の重業《じゅうごう》、千劫阿鼻地獄《せんごうあびじごく》への重罪を造ることに対する慈悲の嘆きである。すなわち誹謗の逆徒に対する大慈悲の涙である。
大聖人のこの心境は、まさに自分こそ末法の一切衆生の真の主師親《しゅししん》であるとの、大慈大悲の境界を示されたものであった。それはのちの、
「かう申せば謙《へ》らぬ口と人はおぼすべけれども、心ばかりは悦び入って候ひき。無始より已来《このかた》、法華経の御ゆへに実《まこと》にても虚事《そらごと》にても科《とが》に当たるならば、争《いか》でかゝるつたなき凡夫《ぼんぶ》とは生まれ候べき。一端はわびしき様なれども、法華経の御為なればうれしと思ひ候」（御書七一一㌻）
という『呵責謗法滅罪抄《かしゃくほうぼうめつざいしょう》』の文や、また、
「かゝる身となるも妙法蓮華経の五字七字を弘むる故なり。釈迦仏・多宝仏《たほうぶつ》、未来日本国の一切衆生のためにとゞめをき給ふ処の妙法蓮華経なりと、かくの如く我も聞きし故ぞかし。現在の大難を

思ひつゞくるにもなみだ《涙》、未来の成仏を思ひて喜ぶにもなみだ《涙》せきあへず、鳥と虫とはなけ《鳴》どもなみだ《涙》をちず、日蓮はなか《泣》ねどもなみだ《涙》ひまなし。此《こ》のなみだ世間の事には非《あら》ず、但偏《ただひとえ》に法華経の故なり」（御書六六七㌻）

と記された『諸法実相《しょほうじっそう》抄』の文とともに、「唯我一人《ただわれいちにん》」法華経の行者としての喜悦《きえつ》と、一切衆生を思いやる大慈悲の言葉であった。

㈢　五綱の開示

次いで二月十日には『教機時国《きょうきじこく》抄』を著《あらわ》され、教・機・時・国・教法流布《きょうぼうるふ》の前後という五義の上に、末法の教法は法華経の実説に依《よ》るべきこと、そして末法の機根は大聖人によって妙法を下種される直機《じっき》であり、しかも日本国の当世は妙法蓮華経が広宣流布する時刻と国土であることを宣せられ、しかも正像二千年にわたる化導の次第、すなわち教法流布の前後に鑑《かんが》み、いま流布すべき教法が何であるかを明かされた。

この五綱《ごこう》という判釈《はんじゃく》の方規《ほうき》は大聖人が初めて説き出《い》だされた法門であり、今までのような単なる教義の浅深《せんじん》、優劣のみならず、総合的に衆生の機根《きこん》や時、国そして化導の次第までを判定の基準にされている点、さらに全《すべ》ての衆生の成仏を期することを目的としている点など、まさに画期的な、活《い》きた宗教批判の原理であった。

　大聖人は同じく弘長《こうちょう》二年の『顕謗法《けんほうぼう》抄』にも、

「夫《それ》仏法をひろ《弘》めんとをも《思》はんものは必ず五義を存じて正法をひろむべし。五義とは、一には教、二には機、三には時、四には国、五には仏法流布の前後なり」（御書二八五㌻）

と説かれて、末法万年の人々を救済し得《う》る正法の弁別《べんべつ》にあたって、五綱の教判の必要な所以《ゆえん》を明かされている。

　この五綱《ごこう》の法門は宗旨《しゅうし》の正邪、宗教の浅深正否《せいひ》を選択《せんたく》決定する一大原理であり、この教判の大綱を知らずして大聖人の教義を論ずることはできないのである。

教を知る

　第一に「教を知る」とはいかなることかといえば、それは釈尊の一大諸経に浅深勝劣《せんじんしょうれつ》のあることを知り、その一切経の中の第一の経王は法華経であり、末法においては、この最勝の法華経本門の文底に秘し沈められた久遠元初《くおんがんじょ》の本因《ほんにん》の妙法蓮華経による以外にないと知ることが、直ちに「教を知る」ということなのである。

機を知る

第二の「機を知る」とは末法の衆生はみな、久遠《くおん》の下種を受けた本已有善《ほんいうぜん》の人々ではなく、いまだ下種を受けたことのない本未有善《ほんみうぜん》の荒凡夫《あらぼんぶ》である。したがって釈尊の熟脱《じゅくだつ》の教えには無縁の衆生であって、最初の聞法下種《もんぽうげしゅ》を必要とする機根《きこん》の人々である。ゆえに下種の本法である妙法蓮華経の本種子を種《う》えなくてはならないのである。

そして当世になお爾前権経《にぜんごんぎょう》に執着《しゅうじゃく》する人々は謗法《ほうぼう》の者であると知り、末法の機根は妙法によらなければ、絶対に成仏得道はあり得ないと知ることが「機を知る」ことなのである。

時を知る

第三の「時を知る」とは、当世は釈尊滅後正法像法二千年を過ぎて、末法に入って二百余年、一切の仏法はことごとく行証滅尽《ぎょうしょうめつじん》して救済の功力《くりき》を失い、五濁《ごじょく》の世である。この時に正《まさ》しく末法の仏が出現し、妙法蓮華経の大法が建立され、まさに広宣流布すべき時であると知ることが「時を知る」ということである。

国を知る

第四の「国を知る」とは、日本は小乗や権《ごん》大乗、また大小兼学の国でもなく、法華経有縁《うえん》の国であり、大聖人の仏法が広宣流布する根本の妙国と知ることである。

教法流布の前後を知る

最後の「教法流布《きょうぼうるふ》の前後を知る」とは、必ず先に弘まっている法が、外道の教えか、小乗か、大乗かを知って、外道は小乗をもってこれを破して仏法を弘め、小乗の国へは大乗を弘め、爾前権経が弘まっている国へは実大乗である法華経をもって人々を救わなくてはならない。そして末法の今は、ただ釈尊の法華経において付嘱された肝要《かんよう》の妙法蓮華経を弘通《ぐづう》すべきであると知るのが「教法流布の前後を知る」ことである。

この五綱《ごこう》教判の輪郭《りんかく》は、釈尊がすでに法華経の神力品《じんりきほん》において、上行菩薩《じょうぎょうぼさつ》に末法流布を託《たく》する時の経文に存在するのである。

「如来の滅後《めつご》に於《お》いて……………(時)

仏の所説の経の…………………(教)

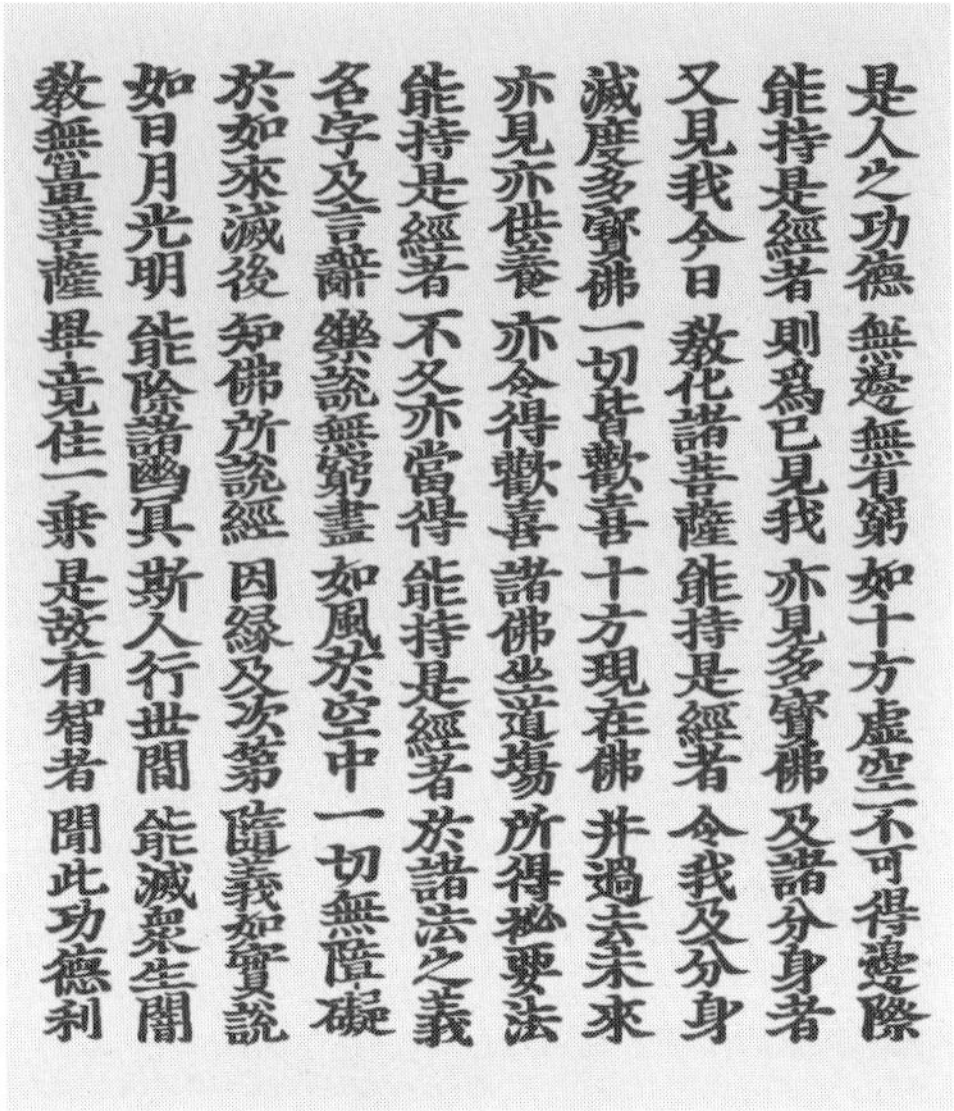

是人之功德 無邊無有窮 如十方虚空 不可得邊際
能持是經者 則為已見我 亦見多寶佛 及諸分身者
又見我今日 教化諸菩薩 能持是經者 令我及分身
滅度多寶佛 一切皆歡喜 十方現在佛 并過去未來
亦見亦供養 亦令得歡喜 諸佛坐道場 所得秘要法
能持是經者 不久亦當得 能持是經者 於諸法之義
名字及言辭 樂説無窮盡 如風於空中 一切無障礙
於如來滅後 知佛所説經 因縁及次第 隨義如實説
如日月光明 能除諸幽冥 斯人行世間 能滅衆生闇
教無量菩薩 畢竟住一乘 是故有智者 聞此功德利

法華経如来神力品

因縁……………………（機）
及び……………………（国）
次第を知って……………（教法流布前後）
義に随《したが》って実の如《ごと》く説かん……（結）」
（法華経五一六㌻）

と。すでに上行菩薩《じょうぎょうぼさつ》の再誕として、末法の仏として、大聖人の唱える題目が結要付嘱《けっちょうふぞく》の五重玄《ごじゅうげん》たる寿量品《じゅりょうほん》文底の大法ならば、また法門の骨子《こっし》たる五綱《ごこう》の教判も、すでに法華経に予証され密示《みつじ》されていたものであった。

㈣　赦　免

伊東への配流《はいる》も、弘長《こうちょう》三（一二六三）年二月二十二日になって、ようやく許されることとなった。一年九カ月ぶりに、北条時頼《ときより》の措置《そち》による赦免状《しゃめんじょう》が発せられたのである。

もともと伊豆の流罪は『妙法比丘尼《びくに》御返事』に、

「念仏者等此《こ》の由《よし》を聞きて、上下の諸人をかたらひ打ち殺さんとせし程にかな《叶》はざりしかば、長時《ながとき》武蔵守殿《むさしのかみどの》は極楽寺《ごくらくじ》殿の御子なりし故に、親の御心を知りて理不尽《りふじん》に伊豆国《いずのくに》へ流し給ひぬ」

（御書一二六三㌻）

とあるように、北条重時《しげとき》・長時父子と念仏宗の僧徒たちの策謀《さくぼう》による全くの冤罪《えんざい》であった。

したがって大聖人は、

「されば極楽寺殿と長時と彼《か》の一門皆ほろぶるを各御覧《おのおの》あるべし」（同右）

と指摘されていたが、張本人《ちょうほんにん》たる極楽寺重時は大聖人を流罪に処《しょ》した翌月、にわかに病に倒れ、夜《よ》ごとの発作が高じて発狂《はっきょう》状態となった。発病以来周囲の人々は看病のかたわら一心に念仏を唱え、加持祈禱《かじきとう》を命じたが、それもむなしく重時はついに弘長《こうちょう》元（一二六一）年十一月三日、六十四歳で没した。

『下山御消息』によれば、

「謗法一闡提《ほうぼういっせんだい》の国敵の法師原《ほっしばら》が讒言《ざんげん》を用ひて、其《そ》の義を弁《わきま》へず、左右《さう》なく大事たる政道を曲げらるゝは、わざとわざはひをまねかるゝか。墓無《はかな》し墓無し。然《しか》るに事しづまりぬれば、科《とが》なき事は恥づかしきかの故にほどなく召し返され」（御書一一五〇㌻）

とあり、重時の狂死《きょうし》した事実を幕府は深刻に受けとめざるを得なかったことと、前の執権《しっけん》北条時頼《ときより》が讒《ざん》言《げん》によって無実の大聖人を罰したことに気づき、赦免の措置をとったのである。

それは『破良観等《はりょうかんとう》御書』の、

「最明寺《さいみょうじ》殿計《ばか》りこそ子細《しさい》あるかとをもわれて、いそ《急》ぎゆる《許》されぬ」（御書一〇七九㌻）

との文によっても明らかである。

かくして大聖人は、再び鎌倉の草庵に帰られたが、天変地異《てんぺんちい》は依然として止《や》むことがなかった。

第七章　鎌倉より安房へ

㈠　深まる世情不安

弘長《こうちょう》より文永《ぶんえい》の初めにかけて、鎌倉では、弘長元（一二六一）年三月十三日に幕府の政所《まんどころ》と問注所《もんちゅうじょ》が全焼し、そして十一月三日には北条重時《しげとき》が六十四歳で狂死《きょうし》してまもなく、今度は大聖人に一分の理解を持ちはじめた最高権力者北条時頼《ときより》が弘長三（一二六三）年十一月二十二日、三十七歳で世を去った。

大聖人はこの最明寺《さいみょうじ》入道時頼の死に対し、『破良観等御書《はりょうかんとうごしょ》』に、

「さりし程に、最明寺入道殿隠れさせ給ひしかば、いかにも此《こ》の事あしくなりなんず」

（御書一〇七九ジペー）

と仰せられ、時頼亡きあとの政道の悪化を憂慮《ゆうりょ》されている。

明けて文永元（一二六四）年八月二十一日には、重時の長男執権武蔵守長時《むさしのかみながとき》がにわかに没した。これもまた、わずかに三十五歳の寿命であった。

こうした幕府の権力者の相次ぐ死は、当然打ち続く諸国の飢饉《ききん》、疫病《えきびょう》、地震、大火とともにますます世情を混迷に陥《おとしい》れた。人々は逃《に》げ場のない不安をつのらせるばかりであった。

叡山・園城寺の炎上

加えて文永《ぶんえい》元（一二六四）年三月、叡山《えいざん》の衆徒は園城寺《おんじょうじ》との争いから、自ら叡山の講堂、戒壇院《かいだんいん》をはじめ、堂塔を焼き払い、神輿《みこし》をかついで京に入り、院の武士等との殺傷《さっしょう》事件を繰り返した。次いで五月には園城寺の伽藍《がらん》の多くもまた、山徒《さんと》によって焼き尽くされた。

大聖人はこの叡山の炎上と京の神輿振《みこしぶ》りのことを聞き、

「中堂炎上の事其《そ》の義に候か。山門破滅の期《とき》其の節に候か」（御輿振御書　御書六四三㌻）

と、山門の焼失は叡山の教法の滅亡を意味し、大聖人の新しい本門の大法の出現を象徴《しょうちょう》するものであると記されている。

文永の大彗星

そうした時に、文永《ぶんえい》元（一二六四）年七月五日、

「彗星《すいせい》東方に出《い》でて余光《よこう》大体一国等に及ぶ。此又《これまた》世始まりてより已来《いらい》無き所の凶瑞《きょうずい》なり」

（安国論御勘由来　御書三六九㌻）

という大彗星が現れた。

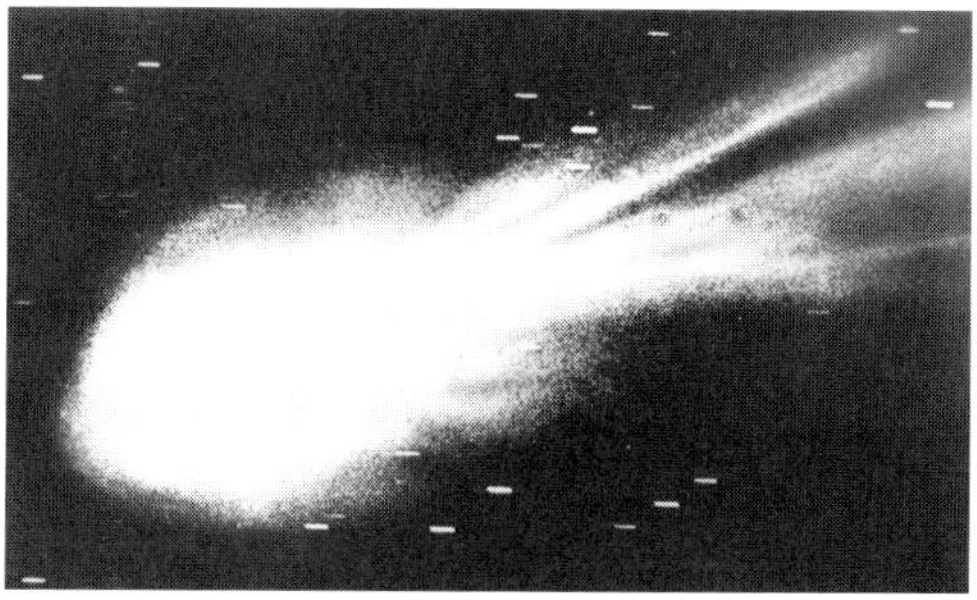
大彗星

大聖人は、正嘉《しょうか》元（一二五七）年の大地震、さらに正元《しょうげん》元（一二五九）年の大疫病などに引き続くこの大彗星の出現を、薬師経《やくしきょう》の七難のうち、いまだ現れていない自界叛逆《じかいほんぎゃく》、他国侵逼《たこくしんぴつ》の二難の先兆《せんちょう》と判ぜられ、『立正安国論』の予言の正しさを確信されると同時に、これこそ正《まさ》に前代未聞《ぜんだいみもん》の大仏法の興《おこ》る前相であると覚知されていたのである。

大聖人は、この大彗星の現象に二つの意味があると仰せられている。

その第一は、『撰時《せんじ》抄』に、

「日蓮は閻浮《えんぶ》第一の法華経の行者なり。此《これ》をそしり此をあだむ人を結構せん人は閻浮第一の大難にあうべし。これは日本国をふ《振》りゆ《揺》るがす正嘉《しょうか》の大地震、一天を罰する文永《ぶんえい》の大彗星《すいせい》等なり」（御書八四五㌻）

とあり、上下の万民が邪義を重んじ、法華経の行者を迫害するゆえに、諸天が瞋恚《しんに》をなして起こしたところの災難であると説かれている。

第二には、

「当《まさ》に知るべし、仏の如《ごと》き聖人生まれたまはんか、滅したまはんか。大虚《おおぞら》に亘《わた》って大彗星出《い》づ、誰《たれ》の王臣を以《もっ》て之《これ》に対せん」（顕仏未来記　御書六七八㌻）

とあるように、末法万年の闇《やみ》を照らすべき大法と仏の出現する瑞相《ずいそう》であると仰せられている。

すなわち、このたびの大彗星《だいすいせい》こそ、釈尊在世正像二千年の脱益《だっちゃく》の仏法の滅尽と、大聖人の日月《にちがつ》の光明《こうみょう》のごとき大仏法の興起《こうき》と、万年の広布という大法の興隆《こうりゅう》、その吉凶を示す大瑞相であることを、大聖人ただ一人が洞察《どうさつ》されていたのである。

(二) 悲母の蘇生

大聖人は文永《ぶんえい》元（一二六四）年の秋、故郷の安房《あわ》へ帰省された。建長《けんちょう》五（一二五三）年の立宗宣言以来、実に十二年ぶりのことである。

その間、正嘉《しょうか》二（一二五八）年の父の逝去にも帰ることのできなかった、懐かしく思い出多いふるさとであった。これまでは、幕府の要人極楽寺重時《ごくらくじしげとき》、長時《ながとき》、そして藤次《とうじ》左衛門入道をはじめとする念仏者たちと結託《けったく》する地頭《じとう》東条景信《かげのぶ》に阻《はば》まれて、東条の郷へ入ることができなかったのである。

地頭景信は執念深く狂暴な性格であったから、重時、長時の死後も大聖人の生命《いのち》を狙《ねら》っていることに変わりはなかった。大聖人は、御母妙蓮の病篤《やまいあつ》しの報《しら》せに、我が身を顧《かえり》みず帰省の決意をされたのであった。

悲母は、『伯耆《ほうき》公御房御消息』によれば、

「ひとゝせ《一年》御所労御大事にならせ給ひ候て」（御書一五八九㌻）

とあるから、一年ほども前から病気であったようである。大聖人が帰り着かれたとき、懐かしい母は病も重く、まさに臨終《りんじゅう》の状態であった。

大聖人は心を込めて悲母の回復を祈念された。

『可延定業御書《かえんじょうごうごしょ》』に、

「されば日蓮悲母《はは》をいのり《祈》て候ひしかば、現身《げんしん》に病をいやすのみならず、四箇年の寿命をのべ《延》たり」（御書七六〇㌻）

とあるように、大聖人の祈念によって悲母の病は日ならずして回復し、さらにその後「定業もまたよく転ず」の金言のごとく、四年の寿命を延べられた。

大聖人の孝養の一念は、悲母の身に妙法不思議の力用《りきゆう》を現されたのであった。

安房片海

第八章　小松原の法難

㈠　東条の紛争

荘園の領主と地頭との争い

荘園《しょうえん》とは、奈良・平安時代に確立した貴族や豪族が所用する広大な私有地のことで、この荘園から徴《ちょう》収《しゅう》される租税《そぜい》によって、天皇中心の政治が営《いとな》まれてきた。

しかし、鎌倉時代に入ると、荘園の領主に雇用《こよう》されてきた郡司《ぐんじ》・荘司《しょうじ》や、中小地主《じぬし》の名主《みょうしゅ》の中から武士階級が発生し、鎌倉幕府の地頭設置によって、地主が荘園ごとに置かれた。今までは荘園の領主から任命された荘官の権限であった租税徴収権《そぜいちょうしゅうけん》、治安警察権、下地《げじ》管理権などの権限が次第に武士の手に移りはじめていた。

そのため全国各地で、旧領主や荘官と、新しく武力によって台頭《たいとう》する地頭との間で、土地の所有権や租税徴収、治安警察などの権限をめぐって争いが絶えなかった。

重時・景信の結託

大聖人の故郷、安房《あわ》東条の郷も旧領主である領家《りょうけ》の尼と地頭《じとう》東条景信《かげのぶ》の間で、ことあるたびに何かと衝突《しょうとつ》していた。

その紛争の原因は土地所有権をめぐるものであった。幕府の要人《ようじん》北条重時《しげとき》の命をうけた景信は、東条の土地を領家から奪いとり、ついで領地内の清澄寺《せいちょうじ》と二間寺《ふたまでら》の両寺をも配下におき、重時が熱烈に信仰している念仏の寺に改宗してしまおうと考えた。そのため数年間にわたって、領地に関しては領家の尼といわれる老婦人に対し、改宗に関しては道善房という気の弱い老僧に対して武力をもって威嚇《いかく》し、当時禁制であった寺領の飼鹿《かいじし》を狩《か》り獲《と》るなど、横暴《おうぼう》な手段をあらわにしてきた。

清澄寺の僧の中にも、これらの威《おど》しに乗って地頭側についた円智房《えんちぼう》や実成房《じつじょうぼう》などもいた。苦境に立った領家の尼は、何とか地頭の悪計《あっけい》から身を守ろうとして大聖人に助けを求めたのである。

これに対して大聖人は有縁《うえん》の清澄寺が、景信や念仏宗に支配されることはもちろんのこと、「重恩の人」（御書七六五㌻）たる領家の尼の危機を放っておくことはできなかった。

この紛争は、

「清澄《きよすみ》・二間《ふたま》の二箇の寺、東条が方につくならば日蓮法華経をすてんとせいじょう《精誠》の起請《きしょう》をかいて、日蓮が御本尊の手にゆ《結》いつけていの《祈》りて、一年が内に両寺は東条が手をはなれ候ひしなり」
（清澄寺大衆中　御書九四七㌻）

とあるように、大聖人の祈願と指導によって、ついに一年にして、裁判も領家側の勝訴となり、清澄・二間の二箇寺も、東条景信《かげのぶ》の手から守ることができたのである。

この事件は『妙法比丘尼《びくに》御返事』に、

「地頭東条左衛門尉《さえもんのじょう》景信と申せしもの、極楽寺《ごくらくじ》殿、藤次《とうじ》左衛門入道、一切の念仏者にかたらはれて、度々の問註ありて結句は合戦起こりて候上《うえ》、極楽寺殿の御方人《かたうど》理をまげられしかば」
（御書一二六四㌻）

とあるところから、極楽寺重時の存命中からの係争《けいそう》であった。

重時と通じていた東条景信は建長《けんちょう》五（一二五三）年四月の初転法輪《しょてんぽうりん》のときの遺恨《いこん》に加えて、今度の東条の係争によって、大聖人に対する憎悪《ぞうお》と怨念《おんねん》をさらに決定的なものとしていた。そのため大聖人を領家にも近づけまいと入郷を阻止《そし》したのであった。

『妙法比丘尼御返事』の、

「東条の郡ふせ《塞》がれて入る事なし。父母の墓を見ずして数年なり」（同右）

とは、この間の事情を記されたものである。

㈡　景信の襲撃

大聖人の祈りによって、母の病も癒《い》えた。しかし、大聖人はなおこの地にとどまり、妙法弘通《ぐづう》の礎《いしずえ》を作るために、花房《はなぶさ》の蓮華寺を中心として布教に専念された。

このとき、妙法弘教のかたわら、蓮華寺の住僧浄円房《じょうえんぼう》に対して一篇の念仏破折の書を著《あらわ》されている。この浄円房は、初転法輪《しょてんぽうりん》の時も対告衆《たいごうしゅ》として列座していることからみて、大聖人に因縁の深い僧であった。

その時の御書『当世念仏者無間地獄事《むけんじごく》』の冒頭《ぼうとう》に、

「安房国長狭郡《あわのくにながさのこおり》東条花房郷《はなぶさのごう》蓮華寺に於《おい》て浄円房に対して日蓮阿闍梨《あじゃり》之《これ》を註《ちゅう》す。文永《ぶんえい》元年甲子九月二十二日」（御書三一二ジペー）

と記されている。

ここ安房の地においても大聖人の確信にみちた説法によって、邪法を棄《す》てて妙法に帰依する人が日ごとに増していった。

一方、大聖人の帰省を聞いた地頭景信《かげのぶ》は大聖人襲撃《しゅうげき》の機会をねらっていた。

㈡ 景信の襲撃

文永《ぶんえい》元（一二六四）年十一月十一日、大聖人の帰郷を知った天津《あまつ》の領主工藤吉隆《くどうよしたか》は、大聖人の来臨《らいりん》を願った。

工藤吉隆は、早くから大聖人の教えを受け、大聖人の伊豆流罪の折には『四恩抄』をたまわり、安房《あわ》における有力な篤信《とくしん》の檀越《だんのつ》であった。

大聖人はこの純信な青年領主の招きに快く応じ、弟子と信者の十人ばかりの供《とも》を連れて花房《はなぶさ》の蓮華寺を出て、天津の館へと向かわれた。

旧暦の十一月十一日は新暦では十二月九日である。すでにあたりは暗くなりかけていた申酉《さるとり》の刻（午後五時ごろ）、大聖人一行が松原にさしかかった時、突如、東条景信を中心とした数百人の念仏者が武器を持って襲いかかった。

数百人の暴徒に対して、大聖人一行はわずか十人ばかり、しかも、その大半は弟子と婦女であり、応戦しうる者は三、四人ほどであった。

その時のありさまを『南条兵衛《ひょうえ》七郎殿御書』に、

「今年も十一月十一日、安房国《あわのくに》東条の松原と申す大路《おおじ》にして、申酉《さるとり》の時、数百人の念仏等にまち《待》かけられ候ひて、日蓮は唯《ただ》一人、十人ばかり、ものゝ要にあふ《合》ものわづか《僅》に三四人なり。いる《射》や《矢》はふ《降》るあめ《雨》のごとし、うつ《討》たち《太刀》はいなづま《雷》のごとし。弟子一人は当座にうちとられ、二人は大事のて《手》に

小松原付近の松林

て候。自身もき《斬》られ、打たれ、結句にて候」（御書三二六㌻）

と仰せられるように、この襲撃によって、弟子の鏡忍房《きょうにんぼう》は打ち殺され、工藤吉隆《よしたか》も死力を尽くして防戦したが瀕死《ひんし》の重傷《じゅうしょう》を負い、それがもととなって間もなく死去したといわれる。その他の者も深手の傷を負い、大聖人御自身も景信《かげのぶ》が切りつけた太刀《たち》によって右の額《ひたい》に深手の傷を受け、左の手を骨折された。

『聖人御難事《しょうにんごなんじ》』に、

「文永《ぶんえい》元年甲子十一月十一日頭《こうべ》にきず《傷》をかほ《蒙》り左の手を打ちを《折》らる」（御書一三九六㌻）

とあり、

『御伝土代《ごでんどだい》』には、

「地頭東条左衛門景信《かげのぶ》大勢を卒して東条の松原に待ち伏せし奉る、さんざんに射《い》たてまつる、御身には左衛門太刀《たち》を抜き、切り奉る、御かさを切り破って御つぶりに疵《きず》をかぶる、いえ《癒》ての後も疵の口四寸あり、右の御ひたい《額》なり」（聖典五八七㌻）

とあるように、額のきずは癒《い》えたのちも四寸の傷あとが残るほどの重傷であった。

この法難は、

「いかゞ候ひけん、うち《討》もら《漏》されていま《今》ゝでいき《生》てはべり」（南条兵衛七郎殿御書　御書三二六㌻）

とまで大聖人が仰せられるように、身命《しんみょう》に及ぶ大難であった。

また、これら数百人の念仏者たちの暴徒の背後に、良観《りょうかん》ら他宗僧侶の画策《かくさく》があった。

大聖人は『行敏訴状御会通《ぎょうびんそじょうごえつう》』に、

「頸《くび》を切れ、所領を追ひ出せ等と勧進《かんじん》するが故に日蓮の身に疵《きず》を被《こうむ》り、弟子等を殺害に及ぶこと数百人なり。此偏《これひとえ》に良観・念阿《ねんあ》・道阿《どうあ》等の上人の大妄語《もうご》より出《い》でたり」（御書四七五㌻）

と書き記されている。

㈢　旧師道善房の見参

小松原《こまつばら》の法難から三日後の文永元（一二六四）年十一月十四日、大聖人は、花房《はなぶさ》の蓮華寺において道善房と再会された。『善《ぜん》無《む》畏《い》三蔵抄』に、

「文永《ぶんえい》元年十一月十四日西条華房《さいじょうはなぶさ》の僧坊にして見参《げんざん》に入りし時」（御書四四四㌻）

とあり、旧師道善房は小松原《こまつばら》の事件を聞いて驚き、心配してわざわざ老躯《ろうく》を運んで来たものと思われる。

大聖人は、道善房に対して仲違《なかたが》いする気持ちは少しもなかったが、立宗宣言以来、東条景信《かげのぶ》の妨害によって十余年間会うこともなく、いつしか疎遠《そえん》になっていた。ここでは、穏便《おんびん》に話をすることが道善房への礼儀であろうと思われた。しかし、かつて大聖人は師の兄である道義房義尚《ぎしょう》に対して、「無間地獄に堕《お》つべき人」（御書四四四ジペー）と申し渡しておいたとおり、義尚の臨終は哀《あわ》れであった。今こそ真の師恩を報ずべき時であると思い、師道善房が五体の阿弥陀仏《あみだぶつ》の像を作ったことに対して、

「阿弥陀仏を五体作り給へるは五度無間地獄に堕ち給ふべし（中略）当世の道心者《どうしんしゃ》が後世を願ふとも、法華経釈迦仏をば打ち捨て、阿弥陀仏念仏なんどを念々に捨て申さゞるはいかゞあるべかるらん」（善無畏三蔵抄　御書四四四ジペー）

と、厳しく念仏を破し、妙法に帰依するよう説かれたのである。

大聖人の、この時の師を思う折伏が契機となって、道善房はのちに法華経を持つことになった。

その時、大聖人は『善無畏《ぜんむい》三蔵抄』に、

「其《そ》の後承《うけたまわ》りしに、法華経を持たるゝの由《よし》承りしかば、此《こ》の人邪見を翻《ひるがえ》し給ふか、善人に成り給ひぬと悦び思ひ候処に、又此の釈迦仏を造らせ給ふ事申す計りなし」（御書四四五ジペー）

と喜ばれている。

しかし道善房の妙法への帰依は、昼の灯火《ともしび》のごとくはかないものであった。

建治《けんじ》二（一二七六）年の『報恩抄』には、
「力なき人にもあらざりしが、さど《佐渡》の国までゆきしに一度もとぶら《訪》われざりし事は、信じたるにはあらぬぞかし」（御書一〇三一ジペー）
と仰せられている。

㈣ 景信の死

文永《ぶんえい》元（一二六四）年九月二十二日の『当世念仏者無間地獄事《むけんじごく》』に、
「日本国中の四衆の人々は形は異なり替はると雖《いえど》も、意根《いこん》は皆一法を行じて悉《ことごと》く西方の往生《おうじょう》を期す。仏法繁昌《はんじょう》の国と見えたる処に一の大いなる疑ひを発《お》こす事は、念仏宗の亀鏡《ききょう》と仰ぐべき智者達、念仏宗の大檀那《だんな》たる大名小名並びに有徳《うとく》の者、多分は臨終思ふ如《ごと》くならざるの由之《よしこれ》を聞き之を見る」（御書三一三ジペー）
と記されているごとく、不思議に念仏の高僧・大檀那の臨終は、苦痛堪《た》えがたく、正念を失い、狂乱の中に悶死《もんし》する人が多いのであった。
善導《ぜんどう》和尚の「十即十生」の釈とはうらはらに、念仏の祖師・長者の臨終はみじめであり、大聖人は、

「念仏者の臨終の狂乱其《そ》の数を知らず」（当世念仏者無間地獄事　御書三一四㌻）

と言われている。

この念仏者の悪相、不成仏の姿を、大聖人は幼少の出家の動機の一つに挙げられているが、極楽寺《ごくらくじ》の重時《しげとき》、そして東条の地頭景信《かげのぶ》もその例外ではなかった。

東条景信は文永《ぶんえい》元年十一月十一日、小松原に大聖人の一行を襲撃《しゅうげき》してより、日ならずして狂死《きょうし》したのである。

大聖人に敵対し、師の道善房の心を苦しめた景信をはじめ円智房《えんちぼう》、実成房《じつじょうぼう》等の死を、大聖人は『報恩抄』に、

「彼等は法華経の十羅刹《じゅうらせつ》のせめ《責》をかほ《蒙》りてはやく失せぬ」（御書一〇三〇㌻）

と記され、法華経の行者を苦しめた現罰《げんばち》であると仰せられている。

㈤ 東奔西走

富士

文永《ぶんえい》元（一二六四）年十二月、駿河《するが》国上野の住人南条兵衛《ひょうえ》七郎の重病を聞かれた大聖人は心のこもった長文の手紙を認《したた》め、教・機・時・国・教法流布《きょうぼうるふ》の前後という五義の教判を説き示して、妙法に対する信心の大事を諄々《じゅんじゅん》と説かれた。そして、もしも南条殿が先立つようなことがあるならば、

「梵天《ぼんてん》・帝釈《たいしゃく》・四大天王・閻魔《えんま》大王等にも申させ給ふべし。日本第一の法華経の行者日蓮房の弟子なりとなの《名乗》らせ給へ。よもはうしん《芳心》なき事は候はじ（中略）但《ただ》し又法華経は今生のいのり《祈》とも成り候なれば、もしやとしていき《生》させ給ひ候はゞ、あはれとくとく見参《げんざん》して、みづ《自》から申しひらかばや」（南条兵衛七郎殿御書　御書三二六ページ）

と励まされている。

しかし、南条兵衛七郎はあくる文永二（一二六五）年三月八日、ついに帰らぬ人となった。

その知らせを受けた大聖人は、鎌倉よりはるばる富士の上野の地を訪《おとず》れ、南条家の墓へ詣《もう》で、懇《ねんご》ろな

回向《えこう》をされた。

『春之祝《はるのいわい》御書』には、

「さては故なんでうどの《南条殿》はひさしき《久》事には候はざりしかども、よろづ事にふれて、なつかしき心ありしかば、をろか《疎》ならずをもひしに、よわひ《寿》盛んなりしにはかな《儚》かりし事、わかれかな《悲》しかりしかば、わざとかまくら《鎌倉》よりうちくだかり、御はか《墓》をば見候ひぬ」（御書七五八㌻）

と、後年述懐《じゅっかい》されている。

兵衛《ひょうえ》七郎の子息、時光《ときみつ》は、このときまだ七歳の少年であった。だが、わざわざ父の墓参のために、駿河《するが》の上野まで足を運ばれた大聖人を拝し、その小さな幼い胸中に、おぼろげながら妙法の尊さと、大聖人の大きな力を感じられたにちがいない。

その後、大聖人の教線は鎌倉を中心として、上総《かずさ》・下総《しもうさ》・安房《あわ》・下野《しもつけ》へと、さらに広がっていった。

上総・下総

上総では、興津《おきつ》の佐久間兵庫助重貞《ひょうごのすけしげさだ》が帰伏、一家をあげて大聖人を迎え、重貞の長男の長寿麿《ちょうじゅまろ》は大聖人の弟子となり、のちに美作公日保《みまさかこうにっぽ》となった。文永《ぶんえい》二（一二六五）年のことである。

日向の入門

のちに六老のひとりに加えられた民部日向《みんぶにこう》が、十三歳で大聖人の弟子になったのもこのころである。日向は建長《けんちょう》五（一二五三）年、安房国長狭郡《あわのくにながさのこおり》男金《おがな》に生まれたといわれ、得度して交名《きょうみょう》を佐渡公といい、のちに民部阿闍梨《あじゃり》と称した。

建治《けんじ》二（一二七六）年、清澄《きよすみ》の道善房の死に際して、大聖人の命により身延より『報恩抄』を奉じて安房に至り、道善房の墓前においてこれを奉読し、また弘安《こうあん》三（一二八〇）年には、大聖人の法華経の講義を『御講聞書《おんこうききがき》』にまとめるという功績もあった。

しかし日向は大聖人滅後、鎌倉・上総方面に弘教したが、身延の墓所輪番《むしょりんばん》の制にも応じなかった。弘安八年、大聖人の三回忌を過ぎてから、日向は身延に登り、日興上人より学頭職《がくとうしょく》に迎えられたにもかかわらず、日興上人に違背《いはい》し、その軟風《なんぷう》によって地頭波木井《はきり》実長《さねなが》の四箇の謗法《ほうぼう》を誘発《ゆうはつ》し、自らもまた非行が多く、日興上人の身延離山の因となった。

㈤　東奔西走

安　房

文永《ぶんえい》三（一二六六）年正月、大聖人は安房《あわ》清澄寺において『法華題目抄』を著《あらわ》された。その中で、妙法蓮華経の五字には八万法蔵の功徳《くどく》が納まり、この肝要《かんよう》の五字を信じて南無妙法蓮華経と唱えることによって、一切の功徳が具足《ぐそく》されることを明かされた。

妙とは具足円満の義であり、一切衆生の盲目を開く開目の義でもあると説かれ、さらにまた、

「妙とは蘇生《そせい》の義なり。蘇生と申すはよみがへる義なり」（御書三六〇㌻）

と説かれたのである。これらの教示は当時の弟子檀那《だんな》に、どれほどか大きな勇気と信心を呼び起こさせたことであろう。

また文永三年より四年にかけて、大聖人は上総《かずさ》の藻原《もばら》（茂原）、下総《しもうさ》の富木《とき》邸等において弘教された。

日頂の入門

この折、のちの六老僧のひとり、日頂《にっちょう》が入門した。これは富木常忍《じょうにん》の縁故によったものであろう。

日頂は、建長《けんちょう》四（一二五二）年、駿河《するが》国

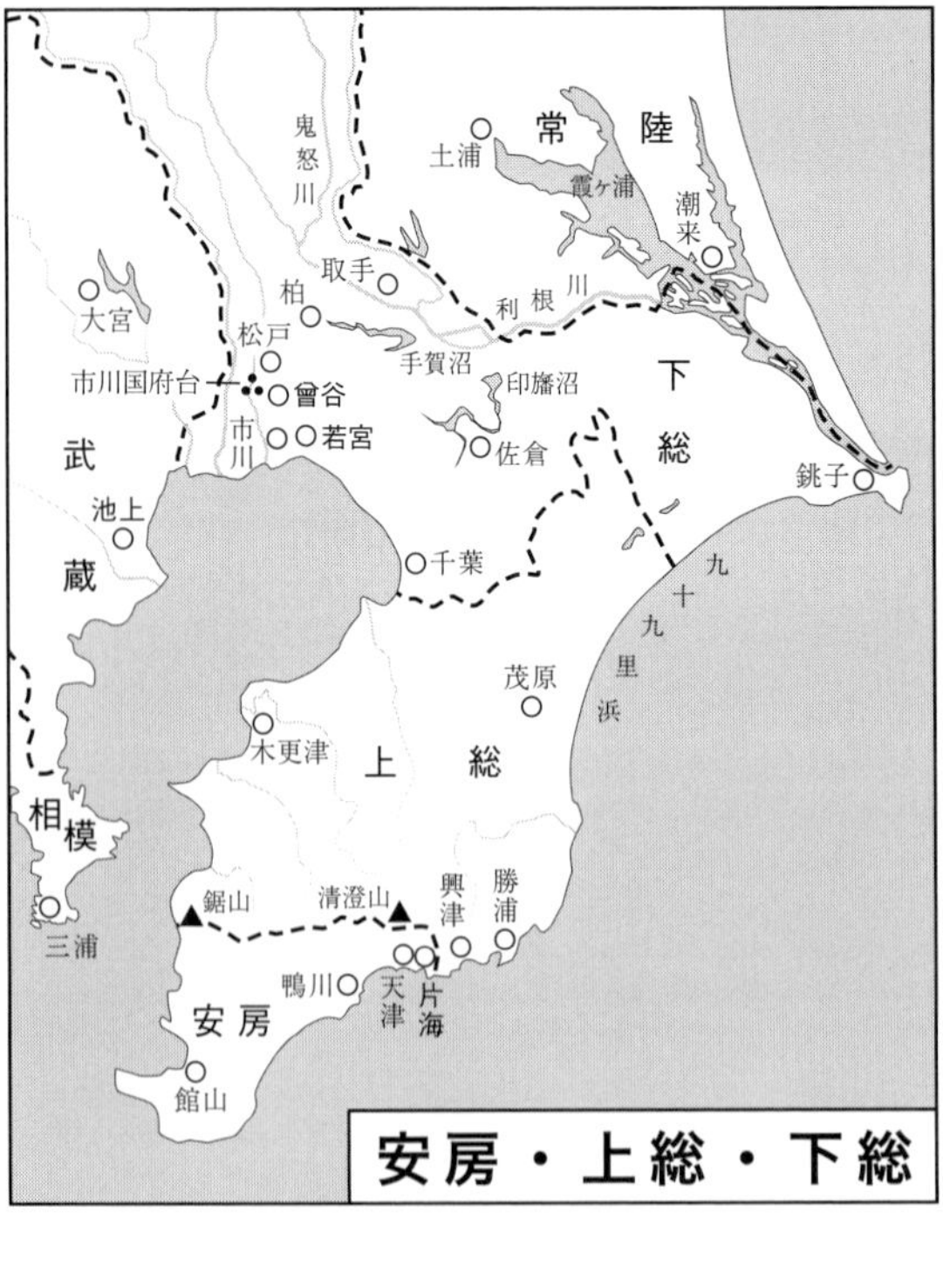

安房・上総・下総

富士郡重須《おもす》の郷に生まれたと伝えられる。父の死によって、母と共に鎌倉に住し、母が下総《しもうさ》若宮の富木常忍に再縁《さいえん》したので、日頂もその養子になったという。

のちに、建治《けんじ》三（一二七七）年、富木常忍が真間《まま》の弘法寺《ぐほうじ》を真言宗より改宗させたことにともない、日頂がその跡に住した。大聖人滅後は、日頂もまた墓所輪番《むしょりんばん》の制に応ぜず、日興上人にも違背《いはい》していたが、乾元《かんげん》元（一三〇二）年三月、富士の重須に来て、日興上人に帰依した。

さらに大聖人の教線は常陸《ひたち》、下野《しもつけ》にも広がり、常陸の菊田《きくた》、下野宇都宮《うつのみや》にも帰依者が生まれた。

悲母の逝去

しかし、悲しいことには、文永《ぶんえい》四（一二六七）年八月十五日、かつて大聖人の祈念によって、病を乗り越え寿命を延ばされた御母梅菊《うめぎく》（妙蓮）が、天寿を全《まっと》うし、安祥《あんじょう》として逝去《せいきょ》された。

末法の御本仏日蓮大聖人を生み、育て、そして自らも妙法に帰依しつつ、大聖人の身を思いやる母君の生涯は、また偉大なる使命を持ち、深い仏意のもとに出現された尊い境界《きょうがい》であったことと拝する。

この両三年、老齢の母を想い、また弘教のために、房総の各地に往復された大聖人であったが、御母の死は、やはり、つらい悲しい出来事であった。

大師講

大聖人はこの年、下総《しもうさ》の富木邸において年を越されたと伝えられている。明けて文永《ぶんえい》五（一二六八）年、鎌倉へ帰られると、大聖人は大師講《だいしこう》を始められた。

この大師講とは天台大師の忌日である二十四日を講会《こうえ》の日として、毎月報恩謝徳《ほうおんしゃとく》の意をもって、法華経や『摩訶止観《まかしかん》』を説法講義し、供養に供《きょう》することであった。これはまた来たるべき大難、大事のときに備えて弟子檀那《だんな》の教化《きょうけ》育成の意味もあったのである。

第九章　十一通の諫状

㈠　蒙古の使者

このころ中国本土では蒙古《もうこ》が台頭《たいとう》し、急速な勢いでアジア大陸はもとより、ヨーロッパ大陸までその勢力を拡《ひろ》げていた。

文永《ぶんえい》三（一二六六）年十一月二十五日、蒙古の兵部侍郎《ひょうぶじろう》黒的《こくてき》・礼部侍郎《れいぶじろう》殷弘《いんこう》の二人の使者が日本に最も近い高麗《こうらい》（現在の朝鮮半島）へ到着した。二人は高麗にあてた国書とともに、日本国にあてた国書をたずさえ、高麗に対して日本への道案内を命じたのであった。

しかし蒙古国の厳命にもかかわらず、高麗国の裏工作もあって、蒙古国使者の渡日は実現しなかった。

蒙古の皇帝フビライは、高麗の誠意のなさに激怒し、次の年の八月、再び二人の使者を高麗へ派遣した。高麗王は、仕方なく潘阜《はんぷ》を使者として日本へ派遣した。使者は、前回の蒙古の国書と、高麗からの国書を携えて、文永五年正月十六日、九州の大宰府《だざいふ》に到着したのである。

蒙古・高麗の国書は、大宰府の指揮者たる少弐《しょうに》の武藤資能《むとうすけよし》に手渡された。その国書は、一カ月後の閏《うるう》正月十八日、鎌倉へ届けられた。

蒙古国の国書は、次のようなものであった。

「大蒙古国皇帝《もうこ》　書を日本国王に奉る。朕惟《ちんおも》ふに、古《いにしえ》より小国の君は境土相接《あい》すれば、尚講信修睦に務む（中略）冀《こいねがわ》くは今より以往、問を通じ好《よしみ》を結び、以《もっ》て相《とも》に親睦《しんぼく》せん。且《か》つ聖人は四海を以て家と為《な》す。相に通好せざるは、豈《あに》一家の理《ことわり》ならんや。兵を用ふるに至りては、夫《そ》れ孰《たれ》か好む所ならん。王其《そ》れ之《これ》を図れ。不宣。

至元《しげん》三年八月　日　」

これは、表面的には両国の通交関係の樹立の要求であるが、その内容は日本の服属《ふくぞく》を求め、来貢《らいこう》せねば武力で討《う》つという強迫《きょうはく》であった。

幕府は、蒙古国書の到来という未曾有《みぞう》の重大事件に対し、連日衆議《しゅうぎ》をこらした。しかしこの当時は、まだ外交権は形式的にせよ朝廷にあったので、国書は幕府より朝廷にまわされた。これが二月七日のことである。

朝廷ではこの国書の威嚇的《いかくてき》な文辞《ぶんじ》の無礼を憤《いきどお》り、返牒《へんちょう》あるべからずと、二月十九日に決定した。来牒の使者、黒的《こくてき》等は要領を得ないまま、むなしく帰っていった。

この国書到来の噂《うわさ》は日本中にひろまり、全国的に緊張が高まっていった。関白近衛基平《このえもとひら》はその日記に「国家の珍事、大事なり。万人驚歎《きょうたん》のほかなし」と記し、牒状《ちょうじょう》を受けて国中が周章狼狽《しゅうしょうろうばい》したようすを伝えている。

日本が返答無用と決めた以上、蒙古国《もうこ》の来襲を覚悟し、対処しなければならない。朝廷では、ただちに諸大社・寺院に、蒙古調伏《じょうぶく》の祈禱《きとう》を命ずる一方、幕府は西国の御家人に夷狄《いてき》の襲来にそなえるように命じた。また幕府は、三月五日に高齢の北条政村《まさむら》に替わって、十八歳の北条時宗《ときむね》を執権《しっけん》の座につけ、政村は連署《れんしょ》として時宗をたすけることになった。

㈡ 予言の的中

蒙古フビライの牒状到来は、かつて八年前の文応《ぶんおう》元（一二六〇）年に日蓮大聖人が『立正安国論』をもって予言し、幕府に警告を与えてきた「他国侵逼難《しんぴつなん》」が、現実の問題として姿を現し、わが国を襲った大事件であった。

『安国論奥書《おくがき》』に、

「文応元年太歳庚申より文永《ぶんえい》五年太歳戊辰後《のちの》正月十八日に至るまで九箇年を経て、西方大蒙古国より我が朝を襲《おそ》ふべきの由《よし》牒状之《これ》を渡《わた》す。又同六年重ねて牒状之を渡す。既に勘文《かんもん》之に叶ふ」（御書四二〇ジペー）

と記されているとおりである。

大聖人は、蒙古の来牒を聞くや、文永五（一二六八）年四月五日『安国論御勘由来《ごかんゆらい》』を著《あらわ》し、法鑑房《ほうかんぼう》に送られた。

法鑑房とは執権《しっけん》の家司《けいし》で、侍所《さむらいどころ》の司《つかさ》を兼ねた平三郎左衛門尉盛時《へいのさぶろうさえもんのじょうもりとき》のことで、平左衛門尉頼綱《よりつな》の父であると伝えられるが詳《つまび》らかではない。いずれにせよ幕府の要職にあった人であろう。

『安国論御勘由来』には、『立正安国論』の由来から、その奏呈までの大略を述べ、文永《ぶんえい》五年の蒙古《もうこ》来牒《らいちょう》によって、予言の的中したことを記し、そしてこの難を対治《たいじ》できるのは、日蓮一人のみであると、幕府の反省を促《うなが》されたのである。しかし、法鑑房からは、その後、なんの便りもなく四カ月が過ぎた。

そこで大聖人は八月二十一日、かつて文応《ぶんおう》元年、『立正安国論』を託《たく》した宿屋《やどや》左衛門入道に一書を送り、執権北条時宗《ときむね》に内奏《ないそう》するように計られた。その書は、

「其《そ》の後《のち》書絶えて申さず、不審極《ふしんきわ》まり無く候。抑《そもそも》去《い》ぬる正嘉《しょうか》元年丁巳八月二十三日戌亥刻《いぬいのこく》の大地震、日蓮諸経を引いて之《これ》を勘《かんが》へたるに、念仏宗と禅宗等とを御帰依有《あ》るがの故に、日本守護の諸大善神、瞋恚《しんに》を作《な》して起こす所の災ひなり。若《も》し此《これ》を対治無くんば、他国の為に此《こ》の国を破らるべきの由《よし》、勘文一通之を撰し、正元《しょうげん》二年庚申七月十六日、御辺《ごへん》に付け奉りて故最明寺《さいみょうじ》入道殿へ之を進覧す。其の後九箇年を経て今年大蒙古国の牒状《ちょうじょう》之有る由風聞《ふうぶん》す等云云。経文の如《ごと》くんば彼《か》の国より此の国を責めん事必定《ひつじょう》なり。而《しか》るに日本国中、日蓮一人彼《か》の西戎《せいじゅう》を調伏《じょうぶく》すべきの人《にん》に当たり、兼ねて

之を知り論文《ろんもん》に之を勘ふ。君の為、国の為、神の為、仏の為内奏《ないそう》を経らるべきか。委細《いさい》の旨は見参《げんざん》を遂《と》げて申すべく候。恐々謹言。

文永《ぶんえい》五年八月二十一日　　　　　　日　蓮　花押

宿屋《やどや》左衛門入道殿　」

（宿屋入道許御状　御書三七〇ジペー）

と、烈々として蒙古《もうこ》来襲の必定《ひつじょう》を説き、「日蓮一人彼の西戎《せいじゅう》を調伏《じょうぶく》すべきの人」であり、一国の安穏《あんのん》を願うならば、念仏宗と禅宗等とを対治《たいじ》せよ、と強く諫言《かんげん》されたのである。

しかし、またしてもその返報がなかったため、大聖人は九月、再び宿屋左衛門入道に対し、『宿屋入道再御状』を送り、

「若《も》し又万一他国の兵、此《こ》の国を襲《おそ》ふ事出来《しゅったい》せば、知りて奏せざるの失《とが》、偏《ひとえ》に貴辺に懸《かか》るべし」

（御書三七一ジペー）

と重ねて奏呈することを促された。

大聖人は、こうした再三の諫言に対して幕府の反応が全くないということは、極楽寺良観《ごくらくじりょうかん》、建長寺道《けんちょうじどう》隆《りゅう》等が陰で画策《かくさく》しているのであろうと鑑知《かんち》された。それならば公場において是非を決せんものと、大聖人は執権をはじめ幕府の中心人物、ならびに極楽寺良観、建長寺道隆等、鎌倉の主なる寺院・僧侶へ諫《かん》状《じょう》を送る決心をされたのである。

㈢　十一処への直諫状

文永《ぶんえい》五（一二六八）年十月十一日、大聖人は十一通の諫状《かんじょう》を認《したた》め、執権《しっけん》北条時宗《ときむね》をはじめとして、平左衛門尉頼綱《へいのさえもんのじょうよりつな》、宿屋《やどや》左衛門入道、北条弥源太《やげんた》、建長寺道隆《けんちょうじどうりゅう》、極楽寺良観《ごくらくじりょうかん》、大仏殿別当《だいぶつでんべっとう》、寿福寺《じゅふくじ》、浄光明寺《じょうこうみょうじ》、多宝寺《たほうじ》、長楽寺《ちょうらくじ》にあてて送った。

執権時宗は、このとき十八歳で、執権職に就任した直後であった。そこで、時宗を動かし、さらに周囲を動かす必要から、執権の近侍《きんじ》の有力者であり、かつ『立正安国論』を時頼に内奏《ないそう》した宿屋入道と、執権の執事であり侍所《さむらいどころ》の別当である平左衛門尉頼綱、さらに北条弥源太の三人へ諫状を送ったのである。

執権北条時宗への諫状には、まず『立正安国論』の予言的中を説き、

「日蓮は聖人の一分に当たれり。未萌《みぼう》を知るが故なり」（北条時宗への御状　御書三七一㌻）

と、末法の一切衆生を救われる本仏の境界を暗示し、建長寺以下諸宗の寺院に対する帰依《きえ》を止《とど》めなければ、四方より責められるであろうと諫め、蒙古《もうこ》国の来襲を調伏《じょうぶく》できるのは、

「日蓮に非《あら》ざれば之協《これかな》ふべからず」（同右）

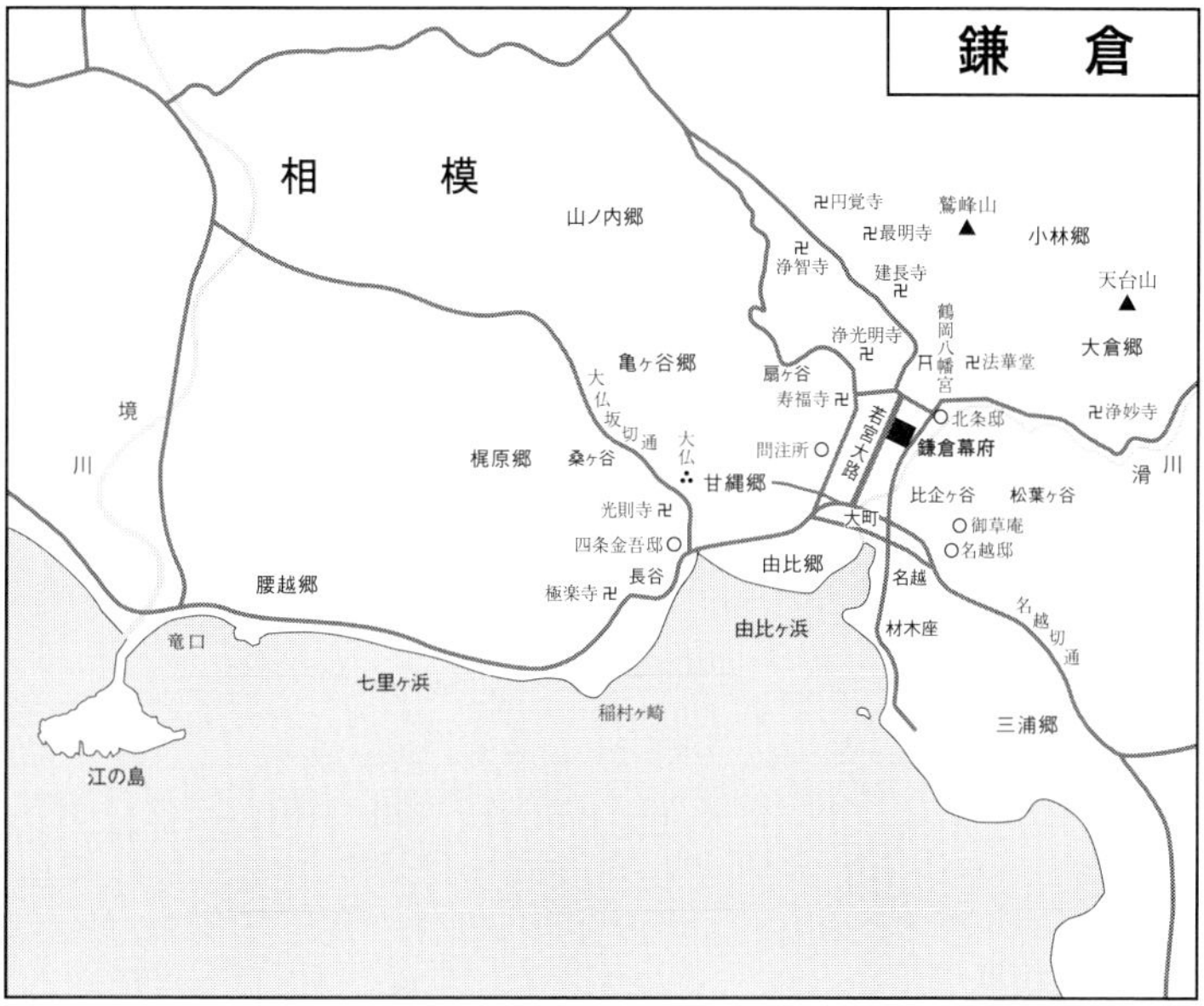

と断言されている。

また、政道については、

「国土の安危《あんき》は政道の直否に在り、仏法の邪正は経文の明鏡《みょうきょう》に依《よ》る」（同右）

と説き、日本国についても、

「此《こ》の国は神国なり。神は非礼を稟《う》けたまはず」（同右）

とし、しかも一国を守る善神は法華経を食《じき》とし、正直を力となすのであるから、法華一乗を棄捨《きしゃ》した国に対して、善神が怒りをなさないわけがない。いま日本が蒙古《もうこ》に襲《おそ》われようとしている時、法華経の使者たる日蓮を用いなければ、定めて後悔《こうかい》するであろうと訴えた。

所詮《しょせん》は、国をあげての邪法による祈禱《きとう》を止《とど》めて諸宗の輩《やから》を御前《ごぜん》に召し合わせて、仏法の邪正を決すべきであると、強く諸宗との公場対決を迫《せま》られたのである。

これら十一処への諫状《かんじょう》は、それぞれ対告衆《たいごうしゅ》によって、趣《おもむき》は異なっているが、いずれも『立正安国論』の予言的中を示し、諸宗の悪法こそ破国の根本原因であり、蒙古《もうこ》来襲の真因とは、正法を信ぜず権教《ごんぎょう》・方便を信ずるにあると厳しい破折《はしゃく》を加えられた。

なかでも、建長寺道隆《けんちょうじどうりゅう》や極楽寺良観《ごくらくじりょうかん》に対しては、宗教者としてのあり方やその謗法に対して、痛烈《つうれつ》な破折をされている。

建長寺道隆に対して、

「一代諸経に於《おい》て未《いま》だ勝劣浅深《しょうれつせんじん》を知らず。併《しかしなが》ら禽獣《きんじゅう》に同じ、忽《たちま》ちに三徳の釈迦如来を抛《なげう》ちて他方の仏菩薩を信ず。是豈逆路伽耶陀《これあにぎゃくろかやだ》の者に非《あら》ずや（中略）『我慢心充満《がまんしんじゅうまん》、未得謂為得《みとくいいとく》』の増上慢《ぞうじょうまん》の大悪人なり」（建長寺道隆への御状　御書三七五㌻）

と偽善《ぎぜん》の面皮《めんぴ》をはぎ、その本性を指摘されている。さらに極楽寺良観に対しては、

「三学に似たる矯賊《きょうぞく》の聖人なり。僣聖増上慢《せんしょうぞうじょうまん》にして今生《こんじょう》は国賊、来世は那落《ならく》に堕在《だざい》せんこと必定《ひつじょう》せり」（極楽寺良観への御状　御書三七六㌻）

と似非《えせ》持律者ぶりをあばき、「聊《いささか》も先非《せんぴ》を悔いなば日蓮に帰すべし」（同右）と訓告された。

大聖人の十一処に対する直諫《ちょっかん》は、蒙古来牒という国家の大事にあたり、

「諸宗を蔑如《べつじょ》するに非ず。但此《ただこ》の国の安泰《あんたい》を存ずる計《ばか》りなり」（長楽寺への御状　御書三八〇㌻）

とあるように、ひたすら一国の安泰を願い、民衆の平安を願う一念からほとばしるものであった。

それでは、十一通の諫状に対し、幕府や諸宗側は、どうであったか。

『種々御振舞御書《しゅじゅおふるまいごしょ》』によれば、蒙古《もうこ》来襲という重大事件が勃発《ぼっぱつ》している折にもかかわらず、幕府要人や諸宗の僧はこの諫言に耳をかたむけないばかりか、大聖人の悪口を言い、またはあざむき、あるいは返事もなく、返事はあっても上へ伝えず、嘲笑《ちょうしょう》をもって報いたのである。それだけではなく、大聖人を斬罪《ざんざい》すべきであるとか、鎌倉より追い出すべきであるとか、あるいは、弟子檀那《だんな》等については、所領を没収《ぼっしゅう》して首を斬《き》れ、牢《ろう》に入れよ、遠流《おんる》せよ、などと全く理不尽《りふじん》な悪議を謀《はか》ったのである。

十一通の対告衆《たいごうしゅ》は、いずれも貴人・聖人を自負していたが、大聖人からの痛烈な破折と指摘は、その本心本性をするどく見抜いたものであったから、彼らの心胆《しんたん》を寒からしめるに充分であった。

と同時に、彼らが身の安泰を計り安逸《あんいつ》をむさぼるためには、何としても大聖人が邪魔であった。内心は恐々としながらも、表面上は嘲笑の体《てい》をつくろい、陰では密《ひそ》かに結託《けったく》して、今度こそ大聖人を亡《な》き者にせんと、僭聖増上慢《せんしょうぞうじょうまん》の牙をむきはじめていたのである。

㈣　一門へ覚悟を促す

大聖人は、十一通の諫状を送られた十月十一日の同じ日に、弟子檀那《だんな》一同に対して一通の書を与えられた。これが『弟子檀那中への御状』である。その御状に、

「日蓮が弟子檀那、流罪死罪一定《いちじょう》ならんのみ（中略）少しも妻子眷属《けんぞく》を憶《おも》ふこと莫《なか》れ、権威を恐るゝこと莫れ。今度生死の縛《ばく》を切りて仏果を遂《と》げしめ給へ」（御書三八〇㌻）

と述べ、妻子、眷属、生死の縛を断ち、流罪死罪の苦を甘んじてうけ、ひたすら正法のために殉《じゅん》ぜんことを諭《さと》されている。

これは、ひとえに大聖人が、弟子檀那に対し、大慈悲心をもって信仰の至極《しごく》を誡示《かいじ》されたものである。すなわち、はかない私欲にとらわれることなく、法華経に殉ずる絶対的信仰を貫くことこそ、最も価値ある人生というべきである。日蓮の弟子と名乗りながら、わずかの小島の主《ぬし》に嚇《おど》されて、臆《おく》して無下の人となってはならない。今こそ、かねてより教えてきた、仏になるか、ならぬかの瀬戸際《せとぎわ》である。

「各々《おのおの》思ひ切り給へ。此《こ》の身を法華経にかうるは石に金《こがね》をかへ、糞《あくた》に米をか《替》うるなり（中略）わたうども《和党共》二陣三陣つゞきて、迦葉《かしょう》・阿難《あなん》にも勝《すぐ》れ、天台・伝教にもこへよかし」

との御文のごとく、弟子檀那《だんな》一同に対し、妙法のために死をも覚悟せよと促《うなが》されたのであった。
（種々御振舞御書　御書一〇五六ジペー）

㈤　蒙古より再三の使者

文永《ぶんえい》六（一二六九）年三月はじめ、蒙古《もうこ》より、黒的《こくてき》等の国使と案内役の高麗《こうらい》の国使等が対馬《つしま》に着いた。しかし、この時は、島民が拒《こば》んで押し問答をしたため、島民二人を捕《と》らえて蒙古へ帰った。七月下旬、蒙古の使者が、さきの島民二人をつれて高麗へ来た。そして高麗では、二人の使者に日本国の島民二人を伴《ともな》わせ、蒙古からの国書に高麗の国書をそえて、日本へ向かわせた。彼等一行は、九月十七日、対馬に着き、ついで九州の大宰府《だざいふ》に到着し、日本に対し返答を迫ったのである。

朝廷では、今度は返事を送ろうということになり、菅原長成《ながなり》が、その草案を作ったが、幕府は先方の牒状《ちょうじょう》が無礼であるとの理由から、使者たちを追い返してしまった。朝廷からの返書の草案は、にぎりつぶされたのである。

こうして、日本本土へは二度目、対馬《つしま》へは三度目の使者も、何の成果もなく帰らねばならなかった。しかし朝廷や幕府としても、危機が切迫《せっぱく》していることを感じないわけにはいかなかった。

㈥　再び処々へ諫状

ここに、大聖人は文永《ぶんえい》六（一二六九）年十一月、去年の十一通の諫状《かんじょう》のごとく、再び方々へ諫状を送られた。

これらの諫状に対して、幕府要人並びに諸大寺のある者は幾分かの反応を示して返事を出したり、あるいはもっともらしい態度を示す者もあったが、大半は大聖人を敵視する強硬《きょうこう》な態度を改めることはなかった。

これらのことから大聖人は、

「これほどの僻事《ひがごと》申して候へば、流・死の二罪の内は一定と存ぜしが、いまゝでなにと申す事も候はぬは不思議とをぼ《覚》へ候」（金吾殿御返事　御書四一八ジペー）

と仰せられ、再三にわたる強諫《きょうかん》によって惹起《じゃっき》するであろう流罪死罪をすでに覚悟された。むしろ今まで科《とが》のないのは不思議であるとさえ述べられている。

さらに同抄に、

「又自界叛逆難《じかいほんぎゃくなん》の経文も値《あ》ふべきにて候やらむ」（同右）

と、いずれ自界叛逆難も必ず起こるであろうと予言された。その予言は三年後の文永《ぶんえい》九年二月十一日、北条時輔《ときすけ》の乱となって的中するのである。

文永六年十二月八日、大聖人は再び『立正安国論』を書写し、これに奥書《おくがき》を加えられた。その奥書には、『立正安国論』は、現証の徴《しるし》のある書であり、これは法華経の力の感応《かんのう》するゆえであることを明示《めいじ》し、九年前に示した他国侵逼《しんぴつ》難の予言が寸分たがわず的中したことから、

「之《これ》に準じて之を思ふに未来も亦然《またしか》るべきか」（御書四二〇ジペー）

と、未来もまた、他国侵逼・自界叛逆の二難が必ず起こることを予言されている。

大聖人は、文永七年のころになって、『真言天台勝劣事』『善無畏《ぜんむい》三蔵抄』等を著《あらわ》され、真言宗の破折《はしゃく》を多くされるようになった。

これまで大聖人が、禅、念仏を破折されるのを見て、真言宗の人々は、

「法華経を毀《そし》る念仏者も不思議なり。念仏者を毀る日蓮も奇怪《きかい》なり」

（題目弥陀名号勝劣事　御書三三一ジペー）

等と見下すような態度であった。

しかし、大聖人の破折《はしゃく》が真言宗に向けられるや、念仏宗、禅宗等と結託《けったく》し、大聖人に対する敵対をいよいよ露《あら》わにしはじめた。

日持の入門

こうした激動の中で蓮華阿闍梨日持《れんげあじゃりにちじ》、和泉公日法《いずみこうにっぽう》、治部公日位《じぶこうにちい》などが、相《あい》ついで入門した。文永《ぶんえい》七（一二七〇）年のころであった。

日持は駿河《するが》国庵原《いはら》郡に、松野六郎左衛門入道の次男として誕生、幼名を松千代《まつちよ》といった。初めは蒲原《かんばら》の荘四十九院《しじゅうくいん》において出家し、甲斐公《かいこう》と称していたが、日興《にっこう》上人に従って大聖人に帰依し、名を日持と賜《たま》い、のちに蓮華阿闍梨と号した。日法、日位の入門もともに、日興上人の教化によるものである。

日持は大聖人の晩年に六人の本弟子のひとりに数えられ、墓所輪番《むしょりんばん》の列にも加えられたが、大聖人滅後、日興上人に違背《いはい》して輪番にも応ぜず、「天台沙門《てんだいしゃもん》」と名乗った。

また松野の邸内に、兄六郎左衛門が法華堂を創するに及び、松野に止住《しじゅう》したが、永仁《えいにん》三（一二九五）年、弘通《ぐづう》の旅に出発、奥州《おうしゅう》・蝦夷《えぞ》を経て河北《かほく》・蒙古《もうこ》にまで足をのばしたとも伝えられている。

第十章　第二の国諌

㈠ 良観の祈雨

文永《ぶんえい》八（一二七一）年五月のころから全国的に旱魃《かんばつ》が続き、人々は困窮《こんきゅう》した。幕府も民心の動揺を抑《おさ》え、その救済と幕政の維持《いじ》を計るため、当時、人々から生き仏のように崇《あが》められていた良観《りょうかん》に、雨乞《あまご》いの修法《しゅほう》を命じた。良観は、六月十八日より七日間、雨乞いの祈《き》禱《とう》を修し、天下万民を救わんと公言した。

このことを聞いた大聖人は、祈雨《きう》の勝負などは小さなことであるが、ことのついでに仏法の正邪を万人に知らしめようとされ、良観の弟子、周防房《すおうぼう》と入沢《いるさわ》入道の二人を呼び寄せ、次のように伝えた。

「七日の内に（雨を）ふらし給はゞ日蓮が念仏無間《むけん》と申す法門すてゝ、良観上人の弟子と成りて二百五十戒持《たも》つべし、雨ふらぬほどならば、彼《か》の御房（良観）の持戒げ《気》なるが大誑惑《おうわく》なるは顕然《けんねん》なるべし（中略）又雨《ふ》らずば一向に法

通称　雨乞いの池

華経になるべし」（頼基陳状　御書一一三一㌻）

と祈雨《きう》に際しての約束をことづけられた。これに対して良観《りょうかん》は、

「悦《よろこ》びない《泣》て七日の内に雨ふらすべき由《よし》にて、弟子百二十余人頭《こうべ》より煙を出《い》だし、声を天にひゞかし、或《あるい》は念仏、或は請雨《しょうう》経、或は法華経、或は八斎戒《はっさいかい》を説きて種々に祈請《きしょう》す」（同右）

とあるように、良観はじめ弟子百二十余人は一堂に会して一心不乱に祈ったが、四・五日を経過しても雨の降る気配はなかった。かくなるうえはと、さらに多宝寺の弟子数百人を呼び集めて、あらゆる手段を尽くして祈ったが、七日を過ぎても露《つゆ》ほどの雨も降らなかった。それどころか暴風が連日吹き荒れたのであった。

　そこで大聖人は、

「良観が雨のいのりして、日蓮にかゝれてふらしかね、あせ《汗》をながしなんだ《涙》のみ下《くだ》して雨ふらざりし上、逆風ひまなくてありし事、三度までつかひ《使者》をつかわして、一丈のほり《堀》をこへぬもの十丈二十丈のほりを越ゆべきか（中略）いかに二百五十戒の人々百千人あつまりて、七日二七日せめさせ給ふに雨の下《ふ》らざる上に大風は吹き候ぞ。これをもって存ぜさせ給へ。各々の往生は叶ふまじきぞ」

（種々御振舞御書　御書一〇五八㌻）

と、六月二十四日までに三度の使いを遣わされた。そして、

「雨ふらす法と仏になる道をしへ《教》奉らむ（中略）民のなげき弥々《いよいよ》深し。すみやかに其《そ》のいのりやめ《止》給へ」（頼基陳状　御書一一三二ジペー）

と諫言された。

使いの者が、この大聖人の言葉をありのままに伝えると、良観は涙を流し、その弟子檀那《だんな》たちも同じく声を惜《お》しまず泣いて、くやしがった。

このままでは心のおさまらない良観は、さらに七日間の期限の延長を請《こ》い、修法《しゅほう》を続けた。だが、前よりもはるかに旱魃《かんばつ》はきびしくなり、大悪風が吹き荒れた。所詮《しょせん》、正法のまえに謗法《ほうぼう》の祈りのかなうはずはなかった。完全に良観の敗北であった。

この良観の祈りで雨の降らない原因を、大聖人は『下山御消息』に、

「一には名は持戒《じかい》ときこゆれども実には放逸《ほういつ》なるか。二には慳貪《けんどん》なるか。三には嫉妬《しっと》なるか。四には邪見なるか。五には淫乱《いんらん》なるか」（御書一一四五ジペー）

と述べ、偽善者《ぎぜんしゃ》良観の本性を指摘されている。

(二) 行敏の訴状

良観《りょうかん》の祈雨《きう》の失敗は、律宗のみならず、良観に加担した鎌倉の諸大寺全体の恥辱《ちじょく》でもあった。大聖人から僣聖増上慢《せんしょうぞうじょうまん》、偽善者と破折《はしゃく》された上、祈雨の修法《しゅほう》でも完敗した良観は、大聖人との約束に従わないばかりか、かえって憎悪《ぞうお》の念をつのらせ、諸大寺と謀議《ぼうぎ》をこらし、行敏《ぎょうびん》という僧に命じて大聖人と対論させようとした。

行敏は、悟真寺《ごしんじ》の念阿弥良忠《ねんあみりょうちゅう》の弟子で、乗蓮《じょうれん》とも呼ばれていた。良観は祈雨に完敗した直後でもあったので、己《おのれ》の名を出すことを恥じ、まず行敏を対決させようとしたのであろう。

文永《ぶんえい》八（一二七一）年七月八日、行敏は大聖人に対し、問難《もんなん》の書状を送ってきた。

その内容は大聖人の所説に対する次の四つの疑難であった。

一、法華経以前に説く一切の諸経は皆是《こ》れ妄語《もうご》であり、出離《しゅつり》の法ではないという説

二、大小の戒律は、世間を誑惑《おうわく》して悪道に堕《だ》す法門であるという説

三、念仏は無間《むけん》地獄の業《ごう》なりとの説

四、禅宗は天魔の所為《しょい》であり、もしこれによって修行する者は、悪見を増長するという説

以上の四カ条を、もし日蓮御房が説いているならば仏法の怨敵《おんてき》であるから、対面して日蓮房の悪見を破らなければならない、というものであった。

これに対して大聖人は、五日後の十三日に返事を記された。

「条条御不審《ふしん》の事、私《わたくし》の問答は事行き難《がた》く候か。然《しか》れば上奏《じょうそう》を経られ、仰せ下さるゝの趣《おもむき》に随《したが》って是非《ぜひ》を糾明《きゅうめい》せらるべく候か。此《か》くの如《ごと》く仰せを蒙《こうむ》り候条、尤《もっと》も庶幾《しょき》する所に候」

（行敏御返事　御書四七二㌻）

と、大聖人は「私の問答」ではなく、上奏を経たうえで「公場対決にすべきである」旨の返答をされた。

私的な問答を悪用して、大聖人を陥《おとしい》れようという思《おも》わくが外《はず》れた良観等は最後の手段として、大聖人を謗《ぼう》ずる訴状《そじょう》を、問注所《もんちゅうじょ》に提出した。

行敏の訴状は、当時の通例に従って、問注所から大聖人のもとに回され、大聖人は答弁の陳状《ちんじょう》を求められた。

大聖人は、ただちに陳状（初答状）を認《したた》められた。これが『行敏訴状御会通《ごえつう》』である。大聖人は、

「邪見を摧破《さいは》し正義《しょうぎ》を興隆《こうりゅう》せば、一眼の亀の浮

問注所跡

木の穴に入るならん」（御書四七二ページ）

と述べ、行敏《ぎょうびん》の難状は良観《りょうかん》、念阿良忠《ねんありょうちゅう》、道阿道教《どうあどうきょう》らの策謀《さくぼう》によるものと看破《かんぱ》されたうえで、彼らの邪義を堂々と破折《はしゃく》されている。

これに対して執拗《しつよう》な良観たちは、いよいよ悪辣《あくらつ》な裏面《りめん》工作を開始した。それは大聖人に対するさまざまな悪口讒言《あっくざんげん》を権門《けんもん》に吹聴《ふいちょう》することであった。彼らが権門に取り入っているようすは、

「良観聖人、折り紙をさゝげ《捧》て上《かみ》へ訴へ、建長寺《けんちょうじ》の道隆《どうりゅう》聖人は輿《こし》に乗りて奉行人《ぶぎょうにん》にひざまづく《跪》。諸《もろもろ》の五百戒の尼御前等ははく《帛》をつかひ《遣》てでんそう《伝奏》をなす」（妙法比丘尼御返事　御書一二六七ページ）

というほどであった。

とくに良観等の言葉を盲信《もうしん》した尼御前や権閨《きり》女房たちは、

「御尋《おんたず》ねあるまでもなし、但須臾《ただしゅゆ》に頸《くび》をめせ。弟子等をば又或《あるい》は頸を切り、或は遠国《おんごく》につかはし、或は籠《ろう》に入れよ」（報恩抄　御書一〇三〇ページ）

と、眉《まゆ》をつりあげて瞋《いか》り、時宗《ときむね》、政村《まさむら》、そのほか一門の要人に、大聖人の処罰を迫った。このためついに幕府は評定所《ひょうじょうしょ》に僉議《せんぎ》を開いた。

㈢　評定所への召喚

文永《ぶんえい》八（一二七一）年九月十日、大聖人は評定所《ひょうじょうしょ》へ召喚《しょうかん》され、執権の家司《けいし》であり、侍所《さむらいどころ》の所司である平左衛門尉頼綱《へいのさえもんのじょうよりつな》の尋問《じんもん》を受けた。御年五十歳の時である。

その尋問は大聖人が故最明寺入道時頼《こさいみょうじにゅうどうときより》、極楽寺《ごくらくじ》入道重時《しげとき》の死に対して無間《むけん》地獄に堕《お》ちたと公言し、建《けん》長寺《ちょうじ》、極楽寺等を焼き払えと言い、道隆、良観等の首をはねよと言ったことについての糾明《きゅうめい》であった。

これらの尋問に対して大聖人は、

「上件《かみくだん》の事一言もたがはず申す」（種々御振舞御書　御書一〇五七㌻）

と一応はこれを認《みと》められた。ただし、謗法《ほうぼう》を捨てて正法に帰依しなければ地獄に堕ちるであろうとの諫《かん》言《げん》は、最明寺殿、極楽寺殿が存命の時からすでに日蓮は申していたことであり、両人の死後にはじめて堕地獄《だじごく》なりと言い出したように非難することは、訴人《そにん》側のつくりごとであると強く仰せられた。

そして、

「世を安穏《あんのん》にたもたんとをぼさば、彼《か》の法師《ほっし》ばらを召し合はせてきこしめせ。さなくして彼等にかわりて理不尽に失《とが》に行はるゝほどならば、国に後悔あり」（同右）

と述べ、仏の使いたる日蓮を迫害するならば、定めて仏天の罰を蒙《こうむ》って自界叛逆《じかいほんぎゃく》・他国侵逼《たこくしんぴつ》の二難が起こり、後悔することになるであろうと厳しく諫暁《かんぎょう》された。

権力を恐れないこの大聖人の堂々たる反論に対して、平左衛門尉頼綱《へいのさえもんのじょうよりつな》はいよいよ憎悪《ぞうお》の念にかられ、怒《いか》り狂うのみであった。

事態はいよいよ悪化し、

「御評定《ごひょうじょう》に僉議《せんぎ》あり。頸《くび》をはぬるべきか、鎌倉をおわるべきか。弟子檀那《だんな》等をば、所領あらん者は所領を召して頸を切れ、或《あるい》は籠《ろう》にてせめ、あるいは遠流《おんる》すべし」

（種々御振舞御書　御書一〇五六ジペー）

とも、また、

「御評定になにとなくとも日蓮が罪禍《ざいか》まぬがれがたし」（同書　御書一〇五七ジペー）

とも述べているように、大聖人に対する流罪死罪はすでに避けられないものとなっていた。

この評定所の僉議そのものが、大聖人を怨《あだ》む諸宗の高僧たちから、自宗に帰依する幕府の要人やその夫人たち、あるいは時頼《ときより》、重時《しげとき》らの未亡人に対して執拗《しつよう》なまでの讒言《ざんげん》がくり返され、それを真《ま》に受けた権力者や夫人たちの圧力によって、大聖人を亡《な》き者にせんとして開かれたものであった。

㈣　再度の諫状　―一昨日御書―

大聖人は、召喚《しょうかん》されてより中一日《なか》おいて九月十二日、平左衛門尉頼綱《へいのさえもんのじょうよりつな》に対し、反省を促《うなが》すため『一昨日御書《いっさくじつ》』を送った。その中で『立正安国論』の予言の符合《ふごう》したことを挙げ、日蓮こそ未萌《みぼう》を知る聖臣《せいしん》であり、諸仏の使いであるとして、

「夫《それ》未萌を知る者は六正《りくせい》の聖臣《せいしん》なり。法華を弘むる者は諸仏の使者なり」（御書四七六ジペー）

と述べられている。しかるに諸宗の謗法《ほうぼう》の徒の讒奏《ざんそう》によって、一昨日の尋問において不快の見参《げんざん》を遂《と》げたことも、ひとえに異敵を対治《たいじ》し、国土を安《やす》んずるためであると記され、

「抑《そもそも》貴辺は当時天下の棟梁《とうりょう》なり。何ぞ国中の良材を損ぜんや。早く賢慮《けんりょ》を回《めぐ》らして須《すべから》く異敵を退くべし。世を安んじ国を安んずるを忠と為《な》し孝と為す。是偏《これひとえ》に身の為に之《これ》を述べず、君の為、仏の為、神の為、一切衆生の為に言上《ごんじょう》せしむる所なり」（御書四七七ジペー）

と、頼綱の再考を促し、大聖人の胸中には全く私心のないことを披瀝《ひれき》して諫《いさ》められた。

もし頼綱に憂国《ゆうこく》の真情と一分の智慮《ちりょ》があったならば、この御状を見て心に感ずるところがあったであろう。だが、この大聖人の至誠《しせい》は、頼綱には通じなかった。いな、この御状に対して毒気深入《どっけじんにゅう》の頼綱がとっ

た返答は、即日松葉ヶ谷《まつばがやつ》を襲い大聖人を召し捕《と》るという、狂乱きわまりない暴力による報復であった。

㈤　頼綱「日本国の柱をたをす」

文永《ぶんえい》八（一二七一）年九月十二日、平左衛門尉頼綱《へいのさえもんのじょうよりつな》は大聖人を逮捕するために、数百人の武装した武士を率《ひき》いて松葉ヶ谷の草庵に押し寄せた。

そのありさまは、たったひとりの沙門《しゃもん》を捕らえるには余りにも物々しく、異常なものであった。

「文永八年太歳辛未九月十二日御勘気《ごかんき》をかほる。其《そ》の時の御勘気のやうも常ならず法にすぎてみゆ（中略）平左衛門尉大将として数百人の兵者《つわもの》にどうまろ《胴丸》きせてゑぼうし《烏帽子》かけして、眼をいからし声をあら《荒》うす」（種々御振舞御書　御書一〇五七ページ）

と、あたかも天下の大謀反人《むほんにん》を捕らえるような大騒動であった。

頼綱ら一行は松葉ヶ谷の草庵に着くや、土足で荒々しく踏み込んだ。そして、

「小菴《しょうあん》には釈尊を本尊とし一切経を安置したりし其《そ》の室を刎《は》ねこぼ《毀》ちて、仏像・経巻を諸人にふま《踏》するのみならず、糞泥《ふんでい》にふみ入れ」（神国王御書　御書一三〇五ページ）

とあるように、武士たちは仏像・経巻を踏みにじり、暴虐《ぼうぎゃく》の限りを尽くしたのであった。

このとき大聖人は、

「日蓮これを見てをも《思》うやう、日ごろ月ごろをも《思》ひまうけたりつる事はこれなり。さいはひなるかな、法華経のために身をすてん事よ。くさ《臭》きかうべ《頭》をはなたれば、沙《いさご》に金《こがね》をかへ、石に珠《たま》をあきな《貿》へるがごとし」（種々御振舞御書　御書一〇五八ジペー）

と、今こそ法華経身読《しんどく》のまことの時なりと感ぜられ、泰然自若《たいぜんじじゃく》として唱題されていた。

そのときに、平左衛門尉《へいのさえもんのじょう》の一の郎従少輔房《しょうぼう》は、大聖人が懐中《かいちゅう》にしていた法華経第五の巻をもって大聖人の頭《こうべ》を、三度にわたって打ちさいなんだ。この法華経第五の巻には、如来滅後の末法に法華経を弘通《ぐづう》するならば必ず三類の強敵《ごうてき》が競い起こり、刀杖《とうじょう》の難に遭《あ》うと説く勧持品《かんじほん》第十三が納められているのである。不思議にも今、大聖人はその第五の巻《かん》軸《じく》をもって、打擲《ちょうちゃく》されたのであった。

大聖人は『上野殿御返事』に、

「杖の難には、すでにせうばう《少輔房》につら《面》をうたれしかども、第五の巻をもてうつ。うつ杖も第五の巻、うたるべしと云ふ経文も五の巻、不思議なる未来記の経文なり。さればせうばう《少輔房》に、日蓮数十人の中にしてうたれし時の心中には、法華経の故とはをもへども、いまだ凡

法華経第五の巻

夫なればうたて《無情》かりける間、つえをもうばひ《奪》、ちからあるならば、ふみをりすつ《踏折捨》べきことぞかし。然《しか》れどもつえは法華経の五の巻にてまします（中略）日蓮仏果をえ《得》むに争《いか》でかせうばう《少輔房》が恩をすつ《捨》べきや」（御書一三六〇㌻）

と、また『妙密上人御消息』には、

「法華経の第五の巻をもて日蓮が面《おもて》を数箇度打ちたりしは、日蓮は何とも思はず、うれしくぞ侍《はべ》りし。不軽品《ふきょうほん》の如《ごと》く身を責め、勧持品《かんじほん》の如《ごと》く身に当たって貴《とうと》し貴し」（御書九六九㌻）

と仰せられ、少輔房《しょうぼう》こそ日蓮が身にとって経文符合の恩人であると、甚深の境地を明示されている。

小さな草庵は、平左衛門尉《へいのさえもんのじょう》主従によってたちどころに足の踏み場もないほど荒らされた。武士たちは経巻を広げて身にまとい、足で踏みつけ、あたかも自らの破壊行為に酔いしれているようであった。

その時である。突然、大聖人は大音声《だいおんじょう》を放って、

「あらをもしろや平左衛門尉がものにくるうを見よ。とのばら《殿原》、但今《ただいま》ぞ日本国の柱をたをす《倒》」

（種々御振舞御書　御書一〇五八㌻）

と叫ばれた。

この大聖人の大音声に、今まで夢中で狼藉《ろうぜき》の限りを尽くしていた平左衛門尉とその郎従は、一瞬われに返り、大聖人の烈々《れつれつ》たる気迫《きはく》に、顔色を失い、静まりかえった。

この大音声こそ、大聖人の仰せられる「第二の高名《こうみょう》」であった。

のちに大聖人は、本仏としての境界《きょうがい》から、この時のことを諸書に述べられている。

『佐渡御書』

「日蓮は此《こ》の関東の御一門の棟梁《とうりょう》なり、日月なり、亀鏡《ききょう》なり、眼目なり、日蓮捨て去る時七難必ず起こるべしと、去年《こぞ》九月十二日御勘気《ごかんき》を蒙《こうむ》りし時、大音声を放《はな》ちてよばはりし事これなるべし」

（御書五七九㌻）

『報恩抄』

「文永《ぶんえい》八年九月十二日に、平左衛門《へいのさえもん》並びに数百人に向かって云《い》はく、日蓮は日本国のはしら《柱》なり。日蓮を失ふほどならば、日本国のはしら《柱》をたをす《倒》になりぬ」（御書一〇一九㌻）

頼綱《よりつな》とその郎従は、この大聖人の威厳と大音声の気迫に打たれ、しばし、気を殺《そ》がれて静まりかえっていたが、その後、気を取り直し、やっとの思いで大聖人を捕《と》らえたのである。

第十一章　竜口法難

㈠　評定所への連行

『撰時抄』に、

「さんざんとさいなみ、結句《けっく》はこうぢ《小路》をわたし《渡》」（御書八六八ページ）

『神国王御書《しんこくおうごしょ》』に、

「日中に鎌倉の小路をわたす事朝敵のごとし」（御書一三〇五ページ）

とあるように、大聖人は身を縄《なわ》で打たれ、松葉ケ谷《まつばがやつ》から重罪人のごとく鎌倉の街中を引き回され、幕府の評定所《ひょうじょうしょ》へ連行された。そして大聖人は、再び平左衛門尉《へいのさえもんのじょう》と対面した。

平左衛門尉には、すでに九月十日の対面のときに仏法の正邪を十分に理をもって説いている。そして、さらにこの九月十二日に『一昨日《いっさくじつ》御書』をもって再度、平左衛門尉に正法に帰依し国を安《やす》んずべしと諭《さと》した。

したがって、こうして再び評定所で対面しても、すでに平左衛門尉には大聖人に問うべきことは何もなかった。

九月十二日申の時より酉の時

この十二日の松葉ケ谷《まつばがやつ》の草庵襲撃《そうあんしゅうげき》から竜口《たつのくち》へ出発するまでの経過を、時刻で追ってみると、

『撰時抄』に、

「申《さる》の時に平左衛門尉《へいのさえもんのじょう》に向かって云《い》はく、日蓮は日本国の棟梁《とうりょう》なり。予を失ふは日本国の柱橦《はしら》を倒すなり」（御書八六七ジペー）

とあり、申の時（午後五時ごろ）に、大聖人は平左衛門尉に向かって、「日本の柱を倒すなり」と諌《いさ》められた。

次いで『土木殿《ときどの》御返事』に、

「十二日酉《とり》の時御勘気《ごかんき》。武蔵守《むさしのかみ》殿御あづかりにて」（御書四七七ジペー）

とあり、九月十二日の「酉の刻」は現在の日時に直すと、十月二十四日の午後七時ごろである。

すでに暗くなっているこの時刻に、草庵急襲があったとすると、そのあとの「日中に鎌倉の小路《こうじ》をわ

鎌倉若宮大路

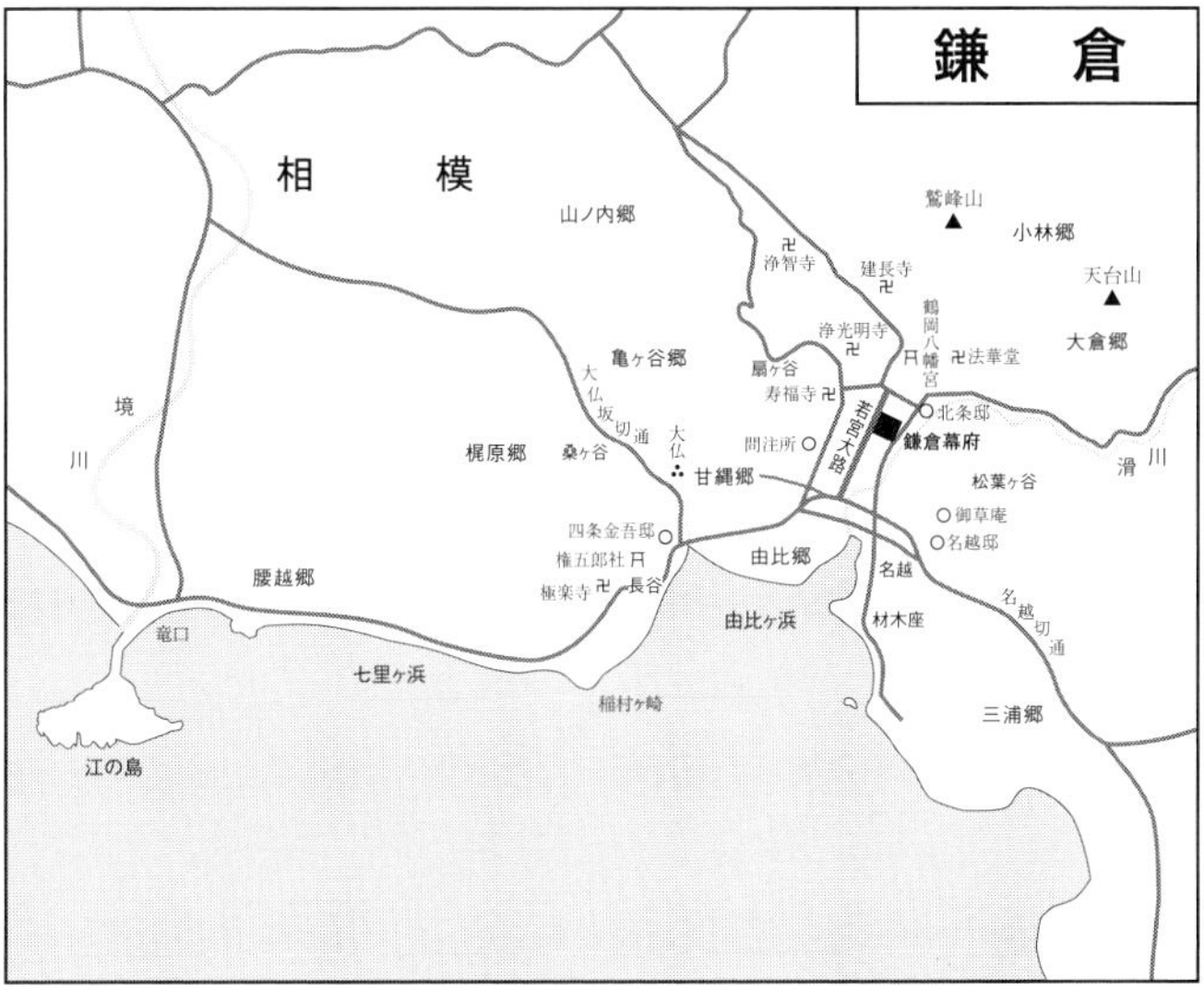

たす事朝敵のごとし」（神国王御書　御書一三〇五ペー）の「日中」の文と符合しない。したがってこの文に従うならば、この酉の時の御勘気とは評定所《ひょうじょうしょ》で再び平左衛門《へいのさえもんの》尉《じょう》と相対《あいたい》し、佐渡流罪《るざい》を言い渡された時刻であろうと思われる。

以上のことから、申《さる》の刻、松葉ヶ谷草庵襲撃、続いて鎌倉の小路を引き回され、酉《とり》の刻、評定所において平左衛門尉と相対し、佐渡流罪《るざい》を言い渡されたと見るべきであろう。

幕府の策謀

評定所での判決は、表向きは「佐渡流罪」であった。しかし大聖人を憎む平左衛門尉や武蔵守大仏宣時《むさしのかみおさらぎのぶとき》ら幕府の要人、そして良観ら諸宗僧侶や権門《けんもん》の女房たちの奸策《かんさく》とはたらきかけによって、評定衆の中に今こそ日蓮房を斬《き》るべしの意見が強くなっていた。

大聖人は、

「一分の科《とが》もなくして佐土国へ流罪せらる。外《そと》には遠流《おんる》と聞こへしかども、内《うち》には頸《くび》を切ると定まりぬ」（下山御消息　御書一一五一ジペー）

「外には遠流と聞こへしかども内には頸を切るべしとて」（妙法比丘尼御返事　御書一二六四ジペー）

と仰せられているように、表向きは流罪《るざい》であっても内々には斬首《ざんしゅ》の刑に処さんとしている幕府の意向を察知されていた。

当時の法律である『御成敗式目《ごせいばいしきもく》』を見ても、一分の世間の罪もなく、ひたすら仏法の正邪を正《ただ》せと訴《うった》えた僧形《そうぎょう》の大聖人を、裁判もなくいきなり死刑斬首《ざんしゅ》に処するなどは、一国の政道を司《つかさど》る者としても道理に外《はず》れ、法令を無視した狂気の沙汰というべきであろう。

(二)　八幡への諫暁

酉《とり》の刻をすぎ、大聖人は評定所《ひょうじょうしょ》から鎌倉の町中《まちなか》にある引付衆武蔵守宣時《ひきつけしゅうむさしのかみのぶとき》の邸へ預かりの身として連行され、夜半まで留め置かれた。やがて子《ね》の刻（零時ごろ）になって、武具を帯した武蔵守の家来数名に前後を固められ、馬に乗って出発した。

行き先は一応、宣時の家人依智《えち》の本間六郎左衛門の館であるが、真の目的地は竜口《たつのくち》の刑場であった。

㈡　八幡への諫暁

大聖人はもとより幕府要人等の意向《いこう》を察していたが、悠揚《ゆうよう》せまらず泰然《たいぜん》として馬上《ばじょう》の人となっていた。

その時の心境を大聖人は、

「今夜頸《くび》切られへまかる《罷》なり、この数年が間願ひつる事これなり。此《こ》の娑婆《しゃば》世界にしてきじ《雉》となりし時はたか《鷹》につかまれ、ねずみとなりし時はねこにくらはれき。或はめ《妻》に、こ《子》に、かたきに身を失ひし事大地微塵《みじん》より多し。法華経の御ためには一度も失ふことなし。されば日蓮貧道《ひんどう》の身と生まれて、父母の孝養心にたらず、国の恩を報ずべき力なし。今度頸を法華経に奉りて其《そ》の功徳を父母に回向《えこう》せん。其のあまりは弟子檀那等にはぶく《配当》べし」（種々御振舞御書　御書一〇五九㌻）

と述べられている。

「竜口にて頸切るべし」という密命を帯《お》びた武士たちは、大聖人を護送中、その風格と威厳《いげん》ある尊容《そんよう》に心を打たれ、伝え聞く悪法師日蓮の印象は次第に薄《うす》れてきて、「頸を切るべし」との御上《おかみ》の命令が非道なものと思われ、心に重いわだかまりが生まれていた。その心の動揺が武士たちを寡黙《かもく》にした。

かくして大聖人を取り囲む一行は夜陰《やいん》のしじまの中、重苦しい緊張をはらみつつ黙々《もくもく》と歩《あゆみ》を進めた。

やがて一行が、若宮小路《わかみやこうじ》に出て八幡宮《はちまんぐう》の前まで来た時、大聖人は馬をとめた。不審がる警固《けいご》の武士たちに対し、

「各々《おのおの》さわがせ給ふな、べち《別》の事はなし、八幡大菩薩に最後に申すべき事あり」

と制止したのち、馬より下《お》り、八幡大菩薩に向かって、

「いかに八幡大菩薩はまことの神か（中略）今日蓮は日本第一の法華経の行者なり。其《そ》の上身に一分のあやまちなし。日本国の一切衆生の法華経を謗《ぼう》じて無間《むけん》大城におつべきをたすけんがために申す法門なり（中略）日蓮今夜頚《くび》切られて霊山浄土《りょうぜん》へまいりてあらん時は、まづ天照太神・正八幡こそ起請《きしょう》を用ひぬかみ《神》にて候ひけれと、さしきりて教主釈尊に申し上げ候はんずるぞ。いたし《痛》とおぼさば、いそぎいそぎ御計《おんはか》らひあるべし」（同右）

（種々御振舞御書　御書一〇五九㌻）

と大音声《だいおんじょう》をもって諫暁された。

八幡大菩薩等の諸天善神は、法華経の安楽行品《あんらくぎょうほん》において、

「諸天昼夜《ちゅうや》に、常に法の為の故に、而《しか》も之《これ》を衛護《えいご》し」（法華経三九六㌻）

と、法華経の行者を守護することを誓っている。しかるに今こそ、日本第一の法華経の行者たる日蓮を守護されないならば、仏説を虚妄《こもう》のものとすることになり、必ず釈尊の責めを被《こうむ》るであろうと叱咤《しった》されたのである。

決死の四条金吾

大聖人の一行は再び、暗夜《あんや》の中を竜口《たつのくち》を目指して歩みはじめた。一行が御霊《ごりょう》神社の前にさしかかったとき、大聖人は再び馬をとめられた。いぶかしがる武士たちに向かって大聖人は、

「しばしとのばら《殿原》、これにつ《告》ぐべき人あり」（種々御振舞御書　御書一〇五九ページ）

と仰せられ、熊王丸《くまおうまる》という童子を遣わし、近くに住む四条金吾頼基《よりもと》のもとへ、今夜、竜口に参らんとする旨《むね》を伝えさせた。

知らせを聞いて驚いた四条金吾は、かちはだしのまま急いで兄弟と共に駆《か》けつけ、大聖人にすがるように馬の轡《くつわ》に取りついた。そして大聖人の処罰があまりに急であり、また重刑を科せられたことに驚《おどろ》き、嘆《なげ》き悲しむばかりであった。しかしやがて心を定め、刑がもし実際に執行されるならば、我も腹切り果てんと覚悟を決めて竜口までお供《とも》をしたのである。

その処刑が迅速《じんそく》に行われようとしたこと

四条金吾邸跡碑

に、平左衛門尉《へいのさえもんのじょう》の大聖人への容赦《ようしゃ》ない姿勢を見ることができるし、真夜中の処刑は、平左衛門尉が大聖人を闇《やみ》から闇へ葬《ほうむ》り去ろうとした意志の表れともとれる。四条金吾は、大聖人の許《もと》へ走りながら、こうした幕府の無言の圧力を肌にひしひしと感じた。そしてこの刑を免《まぬか》れられないことを知り、「我も死なん」と覚悟したのであった。

大聖人は、この時の四条金吾の赤誠《せきせい》にいたく心をうたれ、のちに『四条金吾殿御返事』に、

「文永《ぶんえい》八年の御勘気の時、既に相模《さがみ》国竜口《たつのくち》にて頸《くび》切られんとせし時にも、殿は馬の口に付きて足歩赤足《かちはだし》にて泣き悲しみ給ひ、事実《まこと》にならば腹きらんとの気色《けしき》なりしをば、いつの世にか思ひ忘るべき」（御書一五〇一ページ）

と賞賛《しょうさん》されている。

そして、大聖人は馬上から諄々《じゅんじゅん》と、今から首を切られることこそ、わが身を法華経に捧《ささ》げることであり、数年の間願《あいだ》ってきたことであって、その功徳は父母や弟子檀那《だんな》等にも配当《はぶく》ものであると、四条金吾に説いたのであった。

七里ヶ浜より江の島・竜口を望む

殉死《じゅんし》の覚悟で大聖人にお供《とも》した四条金吾の純粋《じゅんすい》な信仰に対して、後年、大聖人はさらに、

「返《かえ》す返《がえ》す今に忘れぬ事は頸切られんとせし時、殿はとも《供》して馬の口に付きて、なき《泣》かな《悲》しみ給ひしをば、いかなる世にか忘れなん。設《たと》ひ殿の罪ふかくして地獄に入り給はゞ、日蓮をいかに仏になれと釈迦仏こしら《誘》へさせ給ふとも、用《もち》ひまいらせ候べからず。同じく地獄なるべし」

（崇峻天皇御書　御書一一七三㌻）

と述べ、もし金吾が地獄へ行くようなことがあるならば、日蓮も地獄に行くであろうとまで賞嘆《しょうたん》されている。これほど大聖人より称《たた》えられ、信頼を受けた金吾はいかばかり感激したであろうか。

㈢　頸の座

かくして大聖人一行は、竜口に到着した。大聖人は、

「此《ここ》にてぞ有らんずらん」（種々御振舞御書　御書一〇六〇㌻）

と思われた。武士たちもいよいよ緊張が高まり、周囲は騒然《そうぜん》となってきた。さしもの剛気な武士である四条金吾も万感《ばんかん》胸にせまり、大聖人に合掌して「只今《ただいま》なり」と言って泣いた。

大聖人は四条金吾をご覧になり、

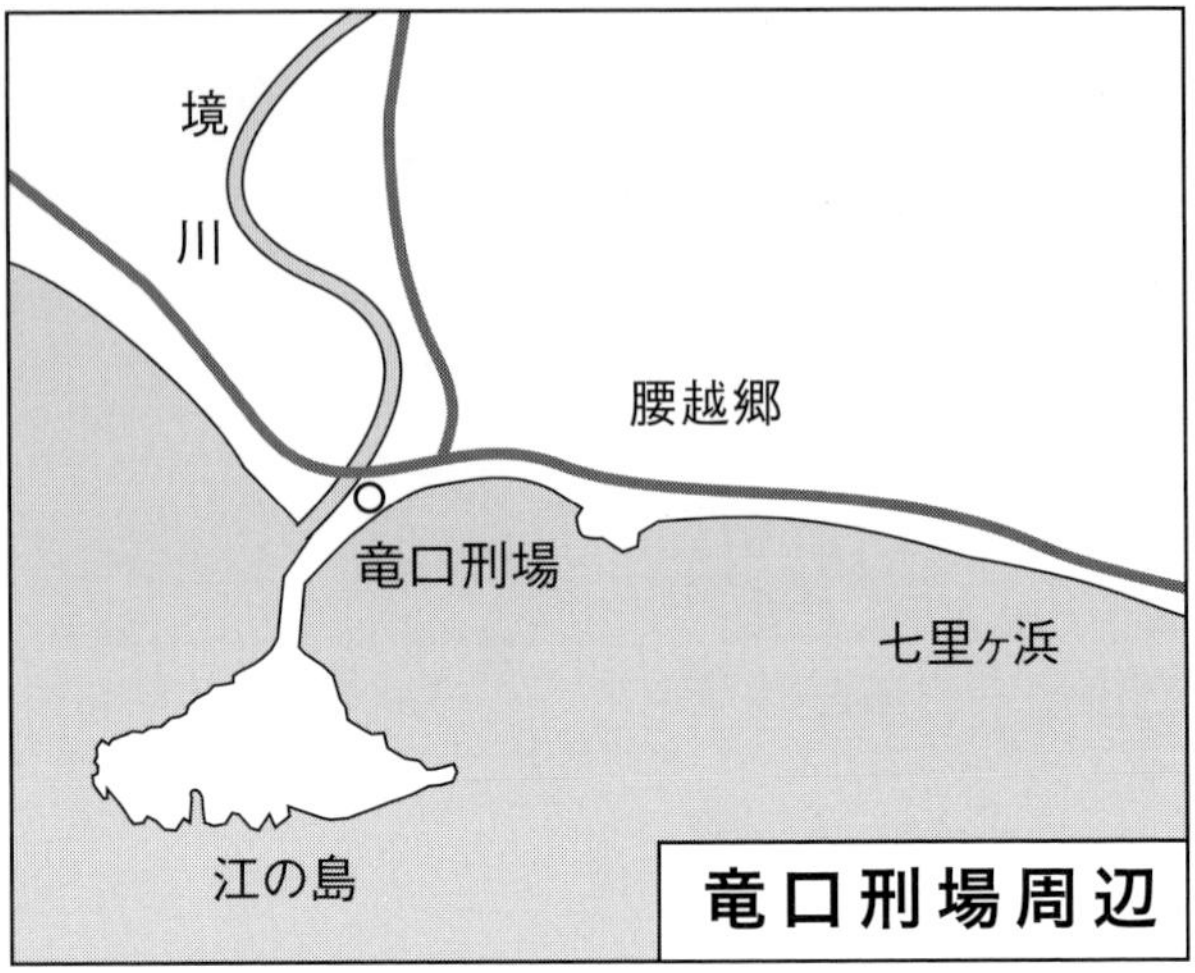

竜口刑場周辺

「不かく《覚》のとのばら《殿原》かな、これほどの悦びをばわらへかし、いかにやくそく《約束》をばたがへらるゝぞ」
（種々御振舞御書　御書一〇六〇ページ）

と仰せられ、四条金吾に日ごろ教えてきた不惜身命《ふしゃくしんみょう》の覚悟を促《うなが》された。

やがて大聖人は武士たちの用意した頸《くび》の座に悠然《ゆうぜん》と端座《たんざ》された。そして予《かね》ての手筈《てはず》どおり、武士たちは大聖人を取り囲み、その中の一人が太刀《たち》を抜き、大聖人の頸を切らんと太刀を振りかざした。

その時である。突如《とつじょ》、月のような光り物が江の島の方《かた》より飛び来たった。

暗黒の丑寅《うしとら》の刻（午前三時ごろ）、この毬《まり》のような光り物は、一瞬人々の顔をはっきりと映《うつ》し出した。その強烈な光に太刀《たち》取りは目がくらみ、その場に倒れ臥《ふ》してしまった。他の武士たちはみな恐怖におののき、ある者は一町ほども走り逃げ、ある者は馬から降りて平伏し、ある者は馬の上にうずくまってしまうありさまであった。

竜口《たつのくち》までの道すがら、大聖人の頸《くび》を切ることに不安を感じていた武士たちの動揺が、一瞬にして驚きと底しれぬ恐怖に変わった。

それをご覧になった大聖人は、

「いかにとのばら《殿原》かゝる大に禍《わざわい》なる召人《めしうど》にはとを《遠》のくぞ、近く打ちよ《寄》れや打ちよれや」（同右）

と声高らかに呼びかけたが、もはや誰人も近づく者とてなかった。

大聖人は重ねて、

「頸《くび》切るべくわいそ《急》ぎ切るべし、夜明けなばみぐる《見苦》しかりなん」（同右）

と催促《さいそく》したが、返答する者もいなかった。

やがて長い沈黙ののち、

「さがみ《相模》のえち《依智》と申すところへ入らせ給へ」（同右）

との命令が下った。大聖人は、

「此《これ》は道知る者なし。さきうち《先導》すべし」（同右）

と依智《えち》までの道案内を請《こ》われたが、武士たちは、誰も答えようとしなかった。

そのうち武士の一人が、畏敬《いけい》の念を込めて、

「それこそその道にて候へ」（同右）

とようやく答えた。そしてその武士の案内によって山中の道を依智《えち》に向かわれた。
やがて十三日の昼ごろ、大聖人の一行は依智の本間六郎左衛門の館に到着したのであった。

光り物について

大聖人は、のちにこの光り物について『四条金吾殿御消息』に、

「三光天子《さんこうてんじ》の中に月天子は光物《ひかりもの》とあらはれ竜口《たつのくち》の頸《くび》をたすけ《助》、明星《みょうじょう》天子は四・五日已前《いぜん》に下りて日蓮に見参《げんざん》し給ふ。いま日天子ばかりのこり給ふ。定めて守護あるべきかと、たのもしたのもし。法《ほっ》師品《しほん》に云《い》はく『則《すなわ》ち変化《へんげ》の人を遣はして、之《これ》が為に衛護《えいご》と作《な》さん』と、疑ひあるべからず。安楽行《あんらくぎょう》品《ほん》に云はく『刀杖《とうじょう》も加へず』と。普門品《ふもんぼん》に云はく『刀尋《つ》いで段々に壊《お》れなん』と。此等《これら》の経文よも虚事《そらごと》にては候はじ」（御書四七九㌻）

とあり、竜口の光り物は、諸天の内でも三光天子の月天子による守護であると仰せられている。法華経の行者は種々の難に値《あ》うが、同時に必ず諸天の守護を受けることは、法華経の法師品・安楽行品・普門品等に明らかである。

この時の毬《まり》のような光り物について、近年の学者たちが稲妻《いなずま》であるとか、流星であるとか、隕石《いんせき》が空気中で燃えてできる火球であるなどと、科学的知識を駆使《くし》していろいろな説明を加えている。しかしこ

の光り物に、たとえどんな科学的理論づけがなされようと、それはただ単に一箇の光り物に対する想像に過ぎない。肝心なことは、なぜこの光り物が、この日、この時刻、この場所に出現したのかということである。

すなわち、幕府の力をもってしても、斬首《ざんしゅ》できなかったという厳然たる事実、また大聖人が諸天善神に対し叱咤《しった》したのち、斬首の直前にいたってこの現象があった、という不思議な「時」の一致は、法界を貫く本仏の力用《りきゆう》と、依正不二《えしょうふに》の深義を説き明かした仏法以外に説明できないのである。

妙楽大師《みょうらくだいし》は、

「故に成道の時、此《こ》の本理に称《かな》いて一身一念法界に遍《あまね》し」（止会中二九六ジペー）

と、依正不二《えしょうふに》の原理に基づき、我即法界と覚知された本仏の境界《きょうがい》と妙用《みょうゆう》を釈している。

まさにこの光り物の現象は、大聖人の一念によってこの一文を如実《にょじつ》に実証されたものであり、日月星辰《にちがっせいしん》をも一念に納める本仏としての力用を発現されたものであった。

(四)　御本仏日蓮大聖人

発　迹　顕　本

竜口《たつのくち》の法難は、大聖人の一代において最も重大な意義をもっている。

それは大聖人がこの法難において、垂迹《すいじゃく》上行日蓮の身より久遠元初自受用報身如来《くおんがんじょじじゅゆうほうしんにょらい》、すなわち三世諸仏の根源たる久遠名字《みょうじ》の本仏として、その本地身を開顕《かいけん》されたからである。このように仮《かり》の姿を払って本地の身を顕《あらわ》すことを発迹顕本《ほっしゃくけんぽん》という。

このことについて大聖人は『開目抄』に、

「日蓮といゐし者は、去年《こぞ》九月十二日子丑《ねうし》の時に頸《くび》はねられぬ。此《これ》は魂魄《こんぱく》佐土《さど》の国にいたりて、返る年の二月雪中にしるして、有縁の弟子へをくれば、を《怖》そろしくてをそ《恐怖》ろしからず。み《見》ん人、いかにを《怖》ぢぬらむ」（御書五六三㌻）

と明かされている。

この魂魄とは、上行日蓮の本地たる久遠元初の自受用身《じじゅゆうしん》としての魂魄である。

江の島

総本山第二十六世日寛《にちかん》上人は『開目抄文段《もんだん》』に、「子丑《ねうし》の時に頸《くび》はねられぬ」とは、「子《ね》の刻」は鎌倉を引き出された時刻をいい、「丑《うし》の刻」は竜口の頸の座に据《す》えられたときを指し、この法難こそ勧持品《かんじほん》の「及加刀杖《ぎゅうかとうじょう》」の難にあたり、「魂魄佐土の国にいたりて」とは「数数見擯出《さくさっけんひんずい》」の文に相当する。ゆえに大聖人が「我不愛身命但惜無上道《がふあいしんみょうたんじゃくむじょうどう》」の法華経の行者であることは明白であると記されている。

しかしこれは附文《ふもん》の辺であるとして、

「此《こ》の文の元意《がんい》は、蓮祖大聖は名字凡夫《みょうじぼんぶ》の御身の当体、全く是《こ》れ久遠元初の自受用身と成り給い、内証《ないしょう》真身の成道を唱え、末法下種の本仏と顕《あら》われたもう明文なり」（御書文段一六七㌻）

と示され、この『開目抄』の文の元意は、大聖人の名字凡夫の当体が、久遠元初の自受用身と顕《あらわ》れた明文であると釈されている。

「丑《うし》の刻」は、陰の終わりにして死の終わり、「寅《とら》の刻」は、陽の初めにして生の初めを意味しており、「丑寅の刻」とは生死の中間であり、陰陽の中間の意である。

『上野殿御返事』にも、

「三世の諸仏の成道は、ねうし《子丑》のをはり《終》とら《寅》のきざみ《刻》の成道なり」（御書一三六一㌻）

とあり、「子丑《ねうし》の刻」は大聖人の凡身の死の終極であるゆえに、「頸《くび》はねられぬ」といわれたのである。「寅《とら》の刻」は、久遠元初《くおんがんじょ》の自受用身《じじゅゆうしん》の生の初めとの意味である。

釈尊は二月八日、明星の出ずるときに大悟し、大聖人もまた、文永《ぶんえい》八（一二七一）年九月十二日、竜《たつの》口《くち》において、寅の刻に久遠元初の御本仏と開顕されたのである。

また、大聖人は所依《しょえ》の仏土をもって、自《みずか》ら仏身なることを『四条金吾殿御消息』に、

「日蓮が難にあう《値》所ごとに仏土なるべきか。娑婆《しゃば》世界の中には日本国、日本国の中には相模《さがみ》国、相模国の中には片瀬《かたせ》、片瀬の中には竜口に、日蓮が命をとゞめをく事は、法華経の御故なれば寂光土ともいうべきか」（御書四七八㌻）

と説かれている。文の意は、能依《のうえ》・所依の仏身と仏土の関係から、竜口が仏土なることを説かれて、能依の身もまた仏身なることを明かされ、日蓮即本仏なることを示唆《しさ》されている。

他門においては、この「魂魄《こんぱく》」とは上行菩薩《じょうぎょうぼさつ》の生命であり、上行の自覚であるとしている。御書の表現の上からは大聖人即上行菩薩なりとはっきり名乗られていないが、意の推するところ日蓮のほかに上行菩薩はありえない所以《ゆえん》を、対告衆《たいごうしゅ》の信力によって領解《りょうげ》するよう教示されている。たとえば御書の中には、

「上行菩薩末法今の時此《こ》の法門を弘めんが為に御出現之《これ》有るべき由《よし》、経文には見え候へども如何《いかん》が

候やらん、上行菩薩出現すとやせん、出現せずとやせん。日蓮先《ま》づ粗《ほぼ》弘め候なり」

（生死一大事血脈抄　御書五一四ページ）

などと謙譲《けんじょう》の表現をされている箇所もあるが、これとて対機のためであり、本意は、更にもっと深いところにあると拝さねばならない。

日寛上人は『文底秘沈抄』に、

「若《も》し外用《げゆう》の浅近《せんごん》に拠《よ》れば上行の再誕日蓮なり。若し内証の深秘《じんぴ》に拠れば本地自受用《じじゅゆう》の再誕日蓮なり。故に知んぬ、本地は自受用身、垂迹《すいじゃく》は上行菩薩、顕本《けんぽん》は日蓮なり」（六巻抄四九ページ）

と簡潔に、大聖人の本地と垂迹について教示されている。

すなわち法界をわが命わが体として「自受用身《ほしいままにうけもちいるみ》」（御義口伝　御書一七七二ページ）たる久遠元初の自受用報身如来こそ、無始《むし》以来三世常恒《さんぜじょうごう》に衆生を済度される根本の御本仏であり、本法そのものである。日蓮大聖人は、末法の世に出現して、同じ姿、同じ力用《りきゆう》をもって自受用身の本地を開顕されたのである。このゆえに「顕本は日蓮なり」と説かれるのであり、顕本とは「本地を顕《あらわ》すこと」であって、まさに「本地自受用身の再誕日蓮」である。「再誕」の言葉は、時と所をこえて同体を意味する。

すなわち元初の自受用身が本地であるといっても、末法においては元初の自受用身が、日蓮大聖人の御身を離れて別に存在しているのではないことを知るべきである。

では、霊山《りょうぜん》における上行菩薩《じょうぎょうぼさつ》の出現の意義は何かといえば、釈尊が寿量品《じゅりょうほん》において久遠の仏寿を開顕するときの助けとして、本化《ほんげ》の菩薩の姿を示し、同時に仏界の釈尊に対する本因妙《ほんにんみょう》の位、すなわち九界の菩薩としての姿を示さんがため、そして末法弘通《ぐづう》の付嘱《ふぞく》をうけ、将来の日蓮大聖人を予証することにあった。

したがって法華経に現れる上行菩薩は、仮《かり》の姿であり、久遠の本仏日蓮大聖人が、菩薩の位に垂迹《すいじゃく》された影であるといえる。

末代の衆生にとっては、上行菩薩の身に直ちに久遠元初《くおんがんじょ》の自受用身《じじゅうしん》を拝することなどはできないし、上行菩薩によって成仏得道もできないのである。それは末法に出現された日蓮大聖人の顕本《けんぽん》によってはじめて可能となる。

われわれにとって、本地を顕《あらわ》される（顕本）日蓮大聖人をぬきにしては、元初の自受用身といっても観念のものでしかない。また、上行菩薩といってもその真の姿はわからないのである。日蓮大聖人の本法と教導の中に、われわれは生き生きとした御本仏の生命を拝し、垂迹の身としての上行の意義を知るとともに、元初の無作《むさ》三身自受用報身如来の生命を、そこに目の当《まあ》たりに拝信できるのである。

この「顕本は日蓮」といわれる「顕本」の二文字こそ、竜口《たつのくち》の法難の意味するところであった。

日蓮大聖人は「頚の座《くびのざ》」において、上行菩薩としての迹身《しゃくしん》を払い、久遠元初の自受用身としての本地を開顕されたのであった。

他門日蓮宗では大聖人を釈尊の遣使還告《けんしげんごう》、すなわち釈尊の弟子が末法に遣《つか》わされて法華経を弘めたとしか理解できないために、日蓮は迹で、本化の菩薩上行が本であると立てている。そして竜口の法難は凡身日蓮から本地上行と開顕したと解釈するのである。これは当宗とは全く逆な立て方である。

大聖人の語義

古来、本宗では宗祖を「日蓮大聖人」と尊称している。この「大聖人」とは宗祖が、みずから称された仏の別号である。

すなわち『兵衛志殿御書《ひょうえさかんどのごしょ》』に、

「代末になりて仏法あながちにみだれば大聖人世に出《い》づべしと見へて候」（御書一二七〇ジペー）

と仰せられ、『法蓮抄』には、

「当《まさ》に知るべし、此《こ》の国に大聖人有りと」（御書八二三ジペー）

と説かれている。

こうした末法に大聖人が出現するという言葉は、『顕仏未来記』の、

「既《すで》に後《ご》五百歳の始めに相当《あいあ》たれり。仏法必ず東土《とうど》の日本より出づべきなり（中略）当《まさ》に知るべ

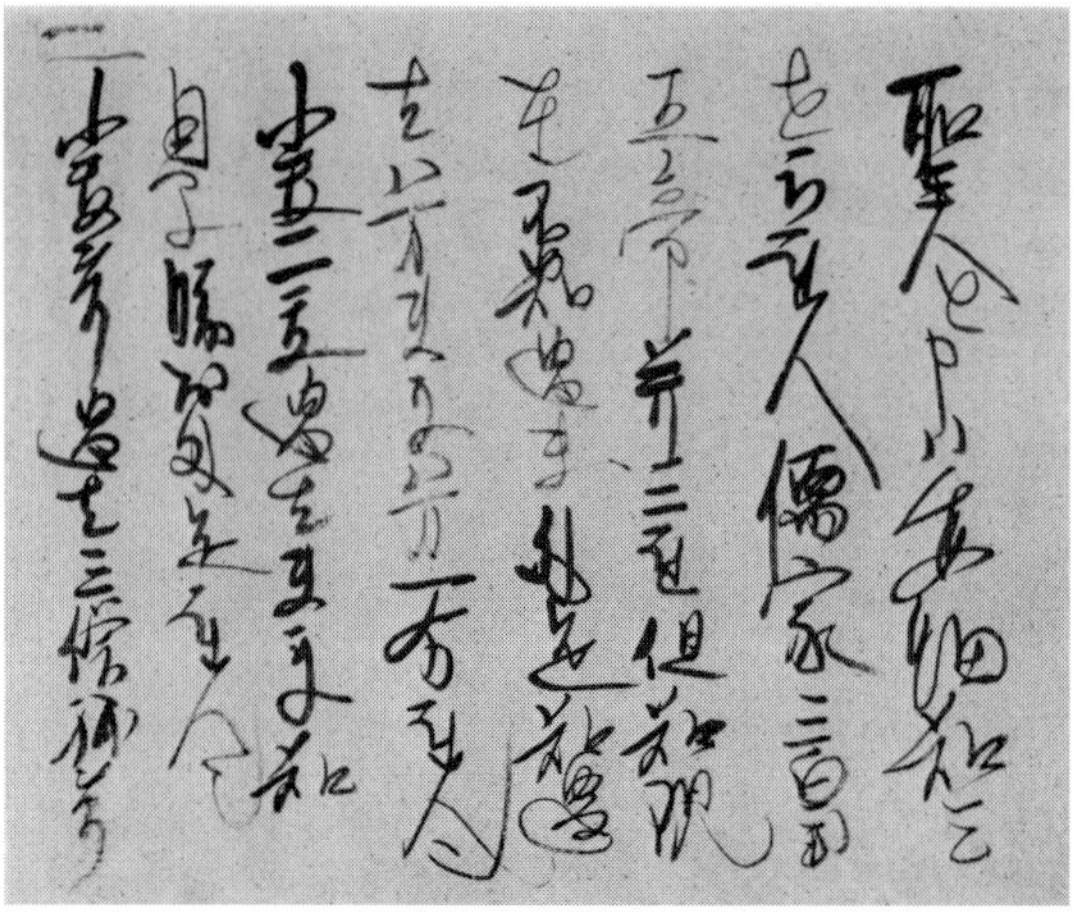

大聖人御真筆『聖人知三世事』

し、仏の如《ごと》き聖人《しょうにん》生まれたまはんか」（御書六七八㌻）
との文と相《あい》まって、日蓮大聖人が、まさに末法の仏として出現され、いま厳然としてこの国土に、妙法蓮華経の大法をもって救済の手をさしのべられることを意味している。
また大聖人は、
「我が身はいうにかひなき凡夫なれども、御経を持ちまいらせ候分斉《ぶんざい》は、当世には日本第一の大人《だいにん》なりと申すなり」（撰時抄　御書八六九㌻）
「日蓮は一閻浮提《いちえんぶだい》第一の聖人なり」（聖人知三世事　御書七四八㌻）
と述べられ、『開目抄』には、
「仏世尊は実語の人なり、故に聖人・大人と号す（中略）此等《これら》の人々に勝《すぐ》れて第一なる故に世尊をば大人とは申すぞかし」（御書五二九㌻）
と教示されている。
ここに仰せられる「大人」「聖人」とは、ともに仏の尊称であることは明らかであり、三世を通達して、その真実の教えを説き明かす実語の人は、その所言、所行、所作が最勝、最尊のゆえに、仏世尊と称されるのである。

日蓮正宗においては、こうした大聖人の教えにしたがい、また一閻浮提第一のゆえに大と名づけ、「大人」「聖人」を合わせて「大聖人」と尊称し、日蓮大聖人を末法の御本仏と拝信するのである。

他門では大聖人のことを「日蓮上人」とか、「日蓮大菩薩」と呼称するが、これは、

「かゝる日蓮を用《もち》ひぬるともあしくうやま《敬》はゞ国亡ぶべし」（種々御振舞御書　御書一〇六六ページ）

のたぐいであり、不相伝なるがゆえに、大聖人を末法の仏と信解《しんげ》することができない不敬謗法《ふけいほうぼう》の徒というべきであろう。

㈤　依智の本間邸

「午《うま》の時計《ばか》りにえち《依智》と申すところへゆきつき《行着》たりしかば、本間の六郎左衛門がいへ《家》に入りぬ」

（種々御振舞御書　御書一〇六〇ページ）

と、大聖人の一行は正午ごろ、ようやく依智《えち》（現在の神奈川県厚木市北部）に着き、本間六郎左衛門の邸《やしき》に入った。

到着後、大聖人は、昨夜以来の任務で疲れ切っていた警《けい》固《ご》の武士たちの労をねぎらい、酒をとり寄せ、ふるまわれた。

警固の武士たちは、はじめのうちは念仏を謗《そし》る悪僧日蓮と聞かされ、その命を断《た》たんとしたが、目《ま》の当《あ》たりに見る大聖人の高潔《こうけつ》雄大な人格と細《こま》やかな慈愛、そして御身にそなわる不思議な力には、自分たちが知っている鎌倉諸大寺の名僧や高僧に対しては全く感じたことのない、心打たれるものがあった。それはまた自分たちが信じている念仏に対する疑念と反省に変わっていった。

そして、やがて武士たちの中には、大聖人に掌《たなごころ》をあわせて、

「我等《われら》がたのみて候阿弥陀仏をそしらせ給ふとうけ給はれば、にくみまいらせて候ひつるに、まのあたりをがみ《拝》まいらせ候ひつる事どもを見て候へば、たうと《尊》さにとしごろ申しつる念仏はすて候ひぬ」（種々御振舞御書　御書一〇六〇㌻）

と火打《ひう》ち袋《ぶくろ》より念仏の数珠《じゅず》を取り出して捨てる者あり、また、

「今は念仏申さじ」（同書　御書一〇六一㌻）

依智への道

と誓状をたてるものもあった。

やがて鎌倉より大聖人を護送してきた武士たちが帰り、本間家の家臣たちが警固《けいご》の番に替わった。

竜口《たつのくち》より大聖人に付き添ってきた四条金吾兄弟も、ここでひとまず鎌倉へ帰った。

かくして依智《えち》の本間邸は、静けさを迎えた。

立て文の到来

その夜、戌《いぬ》の刻（午後九時ごろ）、

「かまくら《鎌倉》より上《かみ》の御使ひとて、たてぶみ《立文》をもって来ぬ」（種々御振舞御書　御書一〇六一㌻）

鎌倉から幕府の使者が早馬《はやうま》をもって立て文（書状）を届けて来た。早馬を見た武士たちは、幕府から日蓮を斬首《ざんしゅ》せよとの重ねての命令かといぶかったが、その立て文を取り次いだ六郎左衛門の代官右馬《うま》の尉《じょう》が、慌《あわただ》しく大聖人の許《もと》に走り来て、

「かゝる御悦《よろこ》びの御ふみ来たりて候」（同右）

と、その立て文を大聖人に披露した。その立て文には、

「此《こ》の人はとが《失》なき人なり。今しばらくありてゆる《赦》させ給ふべし。あやまち《過》しては後悔あるべし」

（同右）

と認《したた》められていた。

また使者の言うには、

「この状は本来武蔵守《むさしのかみ》（宣時《のぶとき》）から伝えられるものでありますが、武蔵守殿は、本日卯《う》の刻（午前七時ごろ）熱海の湯へまいっております。そちらへ報告してからこちらに届けたのでは時間もかかり、その間に御房《ごぼう》の身に、もしものことがあっては一大事と思い、まずこちらに知らせようと鎌倉より急ぎまいりました。鎌倉からここまで四時間ほどかかりましたが、今夜の内に熱海まで走りまいり、このことを報告致さねばなりません」

と急いで本間邸を発《た》ち熱海に向かった。

かくして大聖人の命は、ひとまず幕府によって安全が保たれたのである。

立て文の到着で安堵《あんど》の空気につつまれた本間邸には、折しも十三夜の月が明るく輝いていた。

夜半、大聖人は、数十人の武士たちが警固《けいご》している庭に出られ、月に向かって自我偈《じがげ》を読誦《どくじゅ》し、法華経の要文をあげて諸宗の勝劣を説かれた。

そして、一《ひと》きわ声高く、

「抑《そもそも》今の月天《がってん》は法華経の御座に列《つら》なりまします名月天子ぞかし（中略）今かゝる事出来《しゅったい》せば、いそぎ悦《よろこ》びをなして法華経の行者にもかはり、仏勅《ぶっちょく》をもはたして、誓言《せいごん》のしるし《験》をばとげさせ給ふべし。いかに、今しるしのなきは不思議に候ものかな（中略）いかに月天いかに月天」

（種々御振舞御書　御書一〇六一ジペー）


と叫ばれた。

月天子は法華経の会座《えざ》で、法華経の行者を守護すべき誓状《せいじょう》を立てた天子である。その月天子がいま日蓮を守らないのは誓状を虚《むな》しくするものである。「誓状の験《しるし》をば遂《と》げさせ給ふべし」と諫暁されたのであった。

明星天の奇瑞

「其《そ》のしるしにや、天《そら》より明星《みょうじょう》の如くなる大星下りて、前の梅の木の枝にかゝりてありしかば、ものゝふども皆ゑん《縁》よりとびをり、或は大庭にひれ《平伏》ふし、或は家のうしろ《後》へにげぬ」

（種々御振舞御書　御書一〇六一ジペー）


と、大聖人の諫暁が終わるやいなや、不思議にも月明かりの夜空から大きな明星が降《ふ》り下《くだ》り、庭の梅の木に掛かった。警固の武士たちは皆大いに驚き、縁にいた者は飛び降り、ある者は庭に伏し、ある者は家のうしろへ逃げ隠れてしまった。

やがて、天はかき曇《くも》り、大風が吹きすさび、江の島の方向より空が轟《とどろ》き、大きな鼓《つづみ》を打ったような不気味な音が夜空に響き渡ったのである。

大聖人は九月二十一日の『四条金吾殿御消息』にも、このことについて、

「三光天子《さんこうてんじ》の中に月天子は光物《ひかりもの》とあらはれ竜口《たつのくち》の頸《くび》をたすけ、明星天子《みょうじょう》は四・五日已前《いぜん》に下りて日蓮に見参《げんざん》し給ふ」（御書四七九ジペー）

と記されている。そして翌十四日の朝、卯《う》の刻（午前七時ごろ）に鎌倉より十郎入道なる者が来て告げて言うのには、昨夜鎌倉の執権時宗《ときむね》の館《やかた》にたいへんな騒ぎがあり、急いで陰陽師《おんみょうじ》を召して占《うらな》って見ると、「国土の乱れは日蓮御房御勘気《ごかんき》のためである。ゆえに急いで赦《ゆる》し帰さなければ世の中は大いに乱れるであろう」ということであった。そこで日蓮御房の処遇《しょぐう》についての評定《ひょうじょう》を開くと、「急ぎ赦すべし」と言う者もあり、また「百日の内に軍《いくさ》あるべしということであるからそのようすを見て決定すべし」との意見もあったと、鎌倉の経緯《いきさつ》を子細《しさい》に伝えてきたのであった。

㈥　弟子檀那の受難と動揺

九月十五日の『土木殿御返事《ときどの》』に、

「いま四・五日はあるべげに候」（御書四七七ジペー）

と記されているように、大聖人は依智《えち》に四、五日滞在したのち、佐渡に向かうものと思われていたが、依智の滞在が意外に長引き、九月二十日を過ぎても、なお大聖人は依智に留《とど》められていた。それは大聖人の処遇についての評定が再三行われていたためであった。

この間、鎌倉には七、八回の大火があり、殺人事件がひんぱんに起こった。それらの事件は念仏者たちの仕業《しわざ》であったが、その罪をすべて「日蓮が弟子どもの仕業なり」と讒言《ざんげん》した。それに対して、幕府もまた「さもありなん、日蓮が弟子を鎌倉に置くべからず」と一門の二百六十余人を要注意人物として名簿に記録したという。

このようすについて大聖人は、

「皆遠島へ遣《つか》はすべし、ろう《牢》にある弟子共をば頸《くび》をはねらるべしと聞こふ。さる程《ほど》に火をつくる者は持斎《じさい》・念仏者が計《はか》り事なり」（種々御振舞御書　御書一〇六二㌻）

と、また、

「今の念仏者等が（中略）弟子等数十人をろう《牢》に申し入るゝのみならず、かまくら《鎌倉》内に火をつけて、日蓮が弟子の所為《しょい》なりとふれまわして、一人もなく失はんとせしが如し」（破良観等御書　御書一〇七四㌻）

と、当時の念仏者らの卑劣《ひれつ》な所業をのべられている。良観をはじめ念仏者たちは、この機会に一気に弟子檀那《だんな》をも殲滅《せんめつ》せんとして、種々の讒言《ざんげん》や奸策《かんさく》を用いたのである。

この讒言は佐渡流罪《るざい》を決定的なものとした。

門下の動揺

文永《ぶんえい》八（一二七一）年のこの法難によって、弟子檀那もまた多大の迫害と苦難を受けた。

『四条金吾殿御返事』に、

「すぎにし日蓮が御かんき《勘気》の時、日本一同ににくむ事なれば、弟子等も或は所領を、をゝかたよりめされしかば、又方々の人々も或は御内の内をいだし、或は所領ををい《追》なんどせしに」

（御書一一一七ページ）

とあり、『聖人御難事』にも、

「文永八年辛未九月十二日佐渡国へ配流《はいる》、又頭《くび》の座に望む。其《そ》の外に弟子を殺され、切られ、追ひ出され、くわれう《過料》等かずをしらず」（御書一三九六ページ）

とあるように、ある者は所領を失い、あるいは主家を追われて扶持《ふち》を奪われ、あるいは領地から追い出される者もあった。

この厳しい弾圧の嵐の中で、多くの弟子檀那たちが大聖人のもとから離れて行った。

『新尼御前《にいあまごぜん》御返事』に、

「かまくら《鎌倉》にも御勘気の時、千が九百九十九人は堕《お》ちて候」（御書七六五㌻）

とある。

さらに、ただ退転するのみではなく、中にはかえって賢《かしこ》げに大聖人を批判中傷《ちゅうしょう》する者もいた。

大聖人は『佐渡御書』に、

「日蓮を信ずるやうなりし者どもが、日蓮がかく《斯》なれば疑ひをこ《起》して法華経をすつる《捨》のみならず、かへりて日蓮を教訓して我賢《かしこ》しと思はん僻人《びゃくにん》等が、念仏者よりも久しく阿鼻地獄にあらん事、不便とも申す計りなし（中略）日蓮御房は師匠にてはおはせども余《あま》りにこは《強》し。我等はやはら《和》かに法華経を弘むべしと云はんは、螢火《ほたるび》が日月をわら《笑》ひ、蟻塚《ありづか》が華山《かざん》を下《くだ》し」（御書五八三㌻）

と仰せられている。

また、竜口《たつのくち》法難以前に退転した者の中でも慢《まん》高き者たちは、この法難を便《たよ》りとして更に邪智をはたらかせ、多くの人たちを退転させた。

㈥　弟子檀那の受難と動揺

『上野殿御返事』に、

「大魔のつきたる者どもは、一人をけうくん《教訓》しをとし《堕》つれば、それをひっかけ《引懸》にして多くの人をせ《攻》めをとす《落》なり。日蓮が弟子にせう《少輔》房と申し、のと《能登》房といゐ、なごえ《名越》の尼なんど申せし物どもは、よくふかく《欲深》、心をくびやう《臆病》に、愚癡《ぐち》にして而《しか》も智者となのりしやつばら《奴原》なりしかば、事のをこ《起》りし時、たより《便》をえ《得》ておほく《多》の人をおとせしなり」（御書一一二三㌻）

と述べられている。

こうして多くの弟子檀那たちが退転し、大聖人のもとを去っていった中で、なお強盛《ごうじょう》に妙法の信仰を護り抜いた弟子檀那もいた。

土籠の五人

幕府の弾圧によって、日朗《にちろう》ら五人の門下・檀那は土籠《つちろう》に幽閉《ゆうへい》された。土籠の五人とは日朗、日心《にっしん》の僧侶のほかに坂部《さかべの》入道、伊沢《いざわの》入道、得業寺《とくぎょうじ》入道の人々であったと伝えられている。

大聖人は依智《えち》の本間邸からこの五人に対して、書状を認《したた》め励まされている。『五人土籠御書』には、

「今夜のかんずる《寒》につけて、いよいよ我が身より心くるしさ《苦》申すばかりなし。ろう《牢》をいでさせ《出》給ひなば、明年のはる《春》かならず《必》きたり《来》給へ。みゝ《見》へまいらすべし」（御書四七九㌻）

とあり、『土籠御書』には、

「日蓮は明日《あす》佐渡国《さどのくに》へまかる《罷》なり。今夜のさむき《寒》に付けても、ろう《牢》のうちのありさま、思ひやられていたはしく《痛》こそ候へ（中略）籠《ろう》をばし出でさせ給ひ候はゞ、とくとく《疾疾》きたり給へ。見たてまつ

り、見えたてまつらん」（御書四八三㌻）

と、初冬の土籠《つちろう》の寒さを思いやられて、慈愛あふれる励ましの言葉を綴《つづ》られている。

周囲の同志の退転していく中で、しかも土籠幽閉《ゆうへい》という、もっともみじめな仕打ちを受けていた日朗ら弟子たちにとって、この大聖人からのお手紙は、いかばかりありがたく勇気づけられたことであろう。

門下への激励

また大聖人は下総《しもうさ》方面にいる数多い信者の信心の動揺を心配されて、太田・曾谷《そや》・金原《きんばら》の三人に対し、十月五日『転重軽受法門《てんじゅうきょうじゅほうもん》』を送り、

「先業《せんごう》の重き今生《こんじょう》につき《尽》ずして、未来に地獄の苦を受くべきが、今生にかゝる重苦に値《あ》ひ候へば、地獄の苦しみぱっとき《消》へて、死に候へば人・天・三乗・一乗の益をう《得》る事の候」（御書四八〇㌻）

と教示し、今こそ転重軽受のときであると励まされている。

清澄寺《せいちょうじ》の義浄房《ぎじょうぼう》、浄顕房《じょうけんぼう》をはじめとする大衆には、佐渡へ向かう直前、『佐渡御勘気《さどごかんき》抄』を送られた。

「仏になる道は、必ず身命をすつ《捨》るほどの事ありてこそ、仏にはなり《成》候らめと、をしはか《推量》る（中略）かゝるめに値ひ候こそ、法華経をよむ《読》にて候らめと、いよいよ信心もおこり、後生《ごしょう》もたの《頼》もしく候（中略）いた《徒》づらにくち《朽》ん身を、法華経の御故に捨てまいらせん事、あに石に金《こがね》をかふ《替》るにあ

らずや。各々なげ《歎》かせ給ふべからず」（御書四八二ジペー）と法華経のゆえに身命に及ぶほどの大難を受けることこそ、成仏の道なりと教えられた。

御自身についても、日本国の安房《あわ》に漁師の子として生まれた日蓮が、法華経の御《おん》ために、竜口《たつのくち》で難をうけ、いま佐渡へ流されていくことはむしろ喜ばしい限りであると、法華経身読の歓喜を述べられている。

このように大聖人は、御自身が大難に値《あ》われながらも、絶えず門下の人々に思いをはせ、信心の不退を願い、励まされたのであった。

第十二章　佐渡への配流

㈠　越後寺泊の津

一月《ひとつき》近く依智《えち》の本間邸に預かりの身となっていた大聖人は、文永《ぶんえい》八（一二七一）年十月十日、佐渡へ出発することになった。

このとき、大聖人に供奉《ぐぶ》したのは日興《にっこう》上人と少々の弟子、富木《とき》殿から遣《つか》わされた入道ら、そして数名の警固《けいご》の武士たちであった。

『法蓮抄』に、

「鎌倉を出《い》でしより日々に強敵《ごうてき》かさなるが如し。ありとある人は念仏の持者なり。野を行き山を行くにも、そば《岨》ひら《坦》の草木の風に随《したが》ってそよめく声も、かたきの我を責むるかとおぼゆ」（御書八二一ジペー）

と、『寺泊御書《てらどまりごしょ》』にも、

「道の間の事、心も及ぶこと莫《な》く、又筆にも及ばず。但《ただ》暗に推《お》し度《はか》るべし」（御書四八四ジペー）

と仰せられ、道すがら念仏の敵《かたき》日蓮房に対する宿場や村里の人々の憎悪《ぞうお》と侮蔑《ぶべつ》の眼差《まなざ》しは、筆舌《ひつぜつ》に尽くし難いほど厳しいものであった。

大聖人の一行は十日に依智《えち》を発《た》ち、その日は武蔵《むさし》国久米川《くめがわ》に泊まり、北国《ほっこく》街道を十二日間を経て十月二十一日、ようやく越後《えちご》の寺泊《てらどまり》に着いた。

『寺泊御書』に、

「今月十月なり十日、相州愛京《あいこう》郡依智《えち》郷を起《た》って、武蔵国久目河《くめがわ》の宿《しゅく》に付き、十二日を経て越後国寺泊の津に付きぬ」（御書四八四ページ）

越後寺泊の海岸

と記されている。

寺泊に到着されたあと、大聖人は富木《とき》殿にあてて『寺泊御書』を著された。

同抄の末尾に、

「此の入道、佐渡《さど》国へ御供為《な》すべきの由之《よしこれ》を承り申す。然《しか》るべけれども用途と云《い》ひ、かたがた煩《わずら》ひ有るの故に之を還す。御志始めて之を申すに及ばず。人々に是《か》くの如《ごと》くに申させ給へ」

（御書四八七ページ）

とある。

おそらくは、この入道等を佐渡まで連れていっては、富木殿に迷惑がかかるという配慮から帰されたものであろう。

そして、同抄に、

「此《これ》より大海を亘《わた》って佐渡国に至らんと欲す。順風定まらず、其《そ》の期《ご》を知らず」（御書四八四㌻）

と記されているように、大聖人の一行は佐渡への順風を待つために、しばしの滞在を余儀《よぎ》なくされた。

初冬、木枯《こが》らしの吹きつけるころの日本海は北西の風が強く、波は荒く、小舟での航海は危険なものであった。

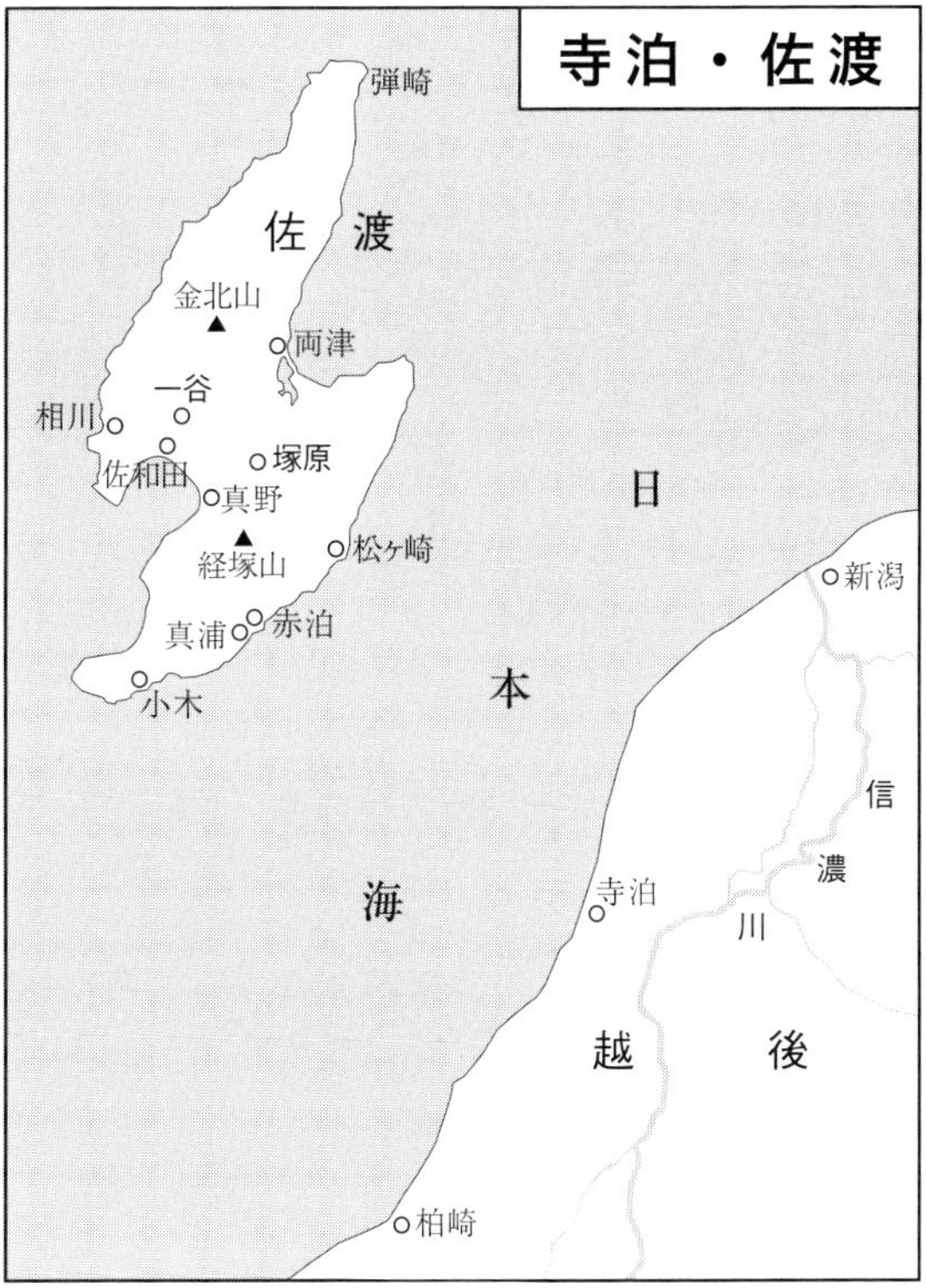

波浪《はろう》の静まるのをみて、寺泊を出帆《しゅっぱん》した大聖人とお供の日興上人等少々の弟子たち、幕府の官吏《かんり》、船頭ら一行を乗せた船は、ようやく十月二十八日、佐渡の松ヶ崎《まつがさき》に着いた。『延喜式《えんぎしき》』には、そのころ佐渡の国の駅馬《えきば》を置いた所として「松崎《まつさき》、三川《みかわ》、雑太《さわた》」の地名が記載されている。松ヶ崎の周辺には「国《こ》府《う》の瀬」や「舟付場」などの地名が現在も残っており、おそらく、大聖人はこの付近に着岸されたと思

われる。

そして松ヶ崎《まつがさき》に一泊、小倉峠《とうげ》を経て、真っ白な雪におおわれた大佐渡《おおさど》山脈を前方に見ながら、寒風の中、笠借峠《かさかり》、中才《なかさい》、長谷《はせ》の険しい山道を通って十一月一日、配所の塚原《つかはら》へ着かれたのである。

㈡　塚原三昧堂

塚原の配所は本間六郎左衛門の館《やかた》付近にあり、京都の蓮台野《れんだいの》のように死人を葬《ほうむ》るところであった。

その墓地の中に、里人たちが弔《とむら》いのために建てた一間《けん》四面の荒れはてた三昧堂《さんまいどう》が、大聖人の謫所《たくしょ》であった。

その三昧堂のありさまについて大聖人は、『種々《しゅじゅ》御《お》振舞《ふるまい》御書』に、

「十一月一日に六郎左衛門が家のうしろみの家より塚原と申す山野の中に、洛陽《らくよう》の蓮台野のやうに死人を捨つる所に一間四面なる堂の仏もなし、上はいたま《板間》あはず、四壁はあばらに、雪ふりつもりて消ゆる事なし。かゝる所にしきがは《敷皮》打ちしき蓑《みの》うちきて、夜をあかし日をくらす。夜は雪雹《ゆきあられ》・雷《いな》電《ずま》ひまなし、昼は日の光もさゝせ給はず、心細かるべきすまゐなり」（御書一〇六二ページ）

と、また『法蓮抄』に、

「栖《すみか》にはおばな《尾花》かる《刈》かや《萱》おひしげれる野中の御三昧《まい》ばらに、おちやぶれたる草堂の、上は雨もり壁は風もたまらぬ傍《かたわ》らなり。昼夜耳に聞く者はまくら《枕》にさゆる《冴》風の音、朝暮に眼《まなこ》に遮《さえぎ》る者は遠近《おちこち》の路を埋む雪なり」（御書八二一㌻）

と述べられている。

塚原の配所

これまで、この塚原の配所については、

一、塚原根本寺説

二、畑《はた》野《の》町《まち》仙道《せんどう》付近説（橘正隆氏）

三、目黒町《めぐろまち》説（田中圭一氏）

などの諸説があったが、この中で目黒町鳥居畑を中心とした地こそ、正当な塚原の地であることが、宗門の調査によって確定された。

目黒町の塚原から五百メートルほど離れた下畑《しもはた》の地には、当時の佐渡守護所が置かれていたと推測され、本間重連《しげつら》の屋敷も当然その付近にあったと思われる。

また目黒町のその地には「塚の腰」という古地名や、阿仏房《あぶつぼう》の子息とされる藤九郎盛綱《もりつな》の遺跡が近くにあること、さらに、守護所西にあった寺が下国府房《しもこうぼう》と呼ばれたことなど、御書の記述に符合する点が多い。

これまで塚原《つかはら》の配所跡《あと》と称してきた根本寺《こんぽんじ》は、天正《てんしょう》十五（一五八七）年、京都の妙覚寺の日典が建立したと『寺社境内案内帳』に記されている。しかし、十三年後の慶長《けいちょう》五（一六〇六）年、上杉氏の代官河村彦左衛門による『慶長検地帳』に、根本寺は記載されていない。

また『越佐史料』によれば、塚原根本寺のある新穂《にいぼ》郷は元応《げんおう》元（一三一九）年の『日吉神社社領注進記』に記録され、日吉神社の社領で、守護、地頭不入の地であった。そうした社領に流人が置かれるはずがないと思われる。したがって根本寺説は誤りである。

ゆえに、大聖人が流された塚原三昧堂は、現在の目黒町あたりであったことがわかる。

佐渡塚原付近

三昧堂での生活

塚原の配所では、文永《ぶんえい》八（一二七一）年十一月より、翌年の四月ごろまで、五カ月余り過ごされた。『富木《とき》入道殿御返事』に、

「此《こ》の北国《ほっこく》佐渡国に下著《げちゃく》候ひて後、二月《ふたつき》は寒風頻《しき》りに吹いて、霜雪更に降らざる時はあれども、日の光をば見ることなし。八寒を現身に感ず」（御書四八七ページ）

『法蓮抄』には、

「北国の習ひなれば冬は殊《こと》に風はげしく、雪ふかし。衣《ころも》薄く、食ともし（中略）現身に餓鬼道を経《へ》、寒地獄に堕ちぬ」（御書八二一ページ）

と当時のありさまを記されているように、大聖人は寒さと飢《う》えの苦しみを一身に受けられたのである。

また佐渡の人々について、

「人の心は禽獣《きんじゅう》に同じく、主師親を知らず。何《いか》に況《いわ》んや仏法の邪正、師の善悪は思ひもよらざるをや」（富木入道殿御返事　御書四八七ページ）

また、

「彼《か》の島の者ども因果の理をも弁《わきま》へぬあらゑびす《荒夷》なれば、あらくあたりし事は申す計りなし。然《しか》れども一分も恨《うら》むる心なし」（一谷入道女房御書　御書八二六ページ）

と、荒々しい島の者たちから、辛くあたられたことを述べられている。

しかし大聖人はそうした人々を恨《うら》む心は一分もなく、ひたすら読経唱題と述作にあけくれる法悦《ほうえつ》の日々であった。

『種々御振舞御書《しゅじゅおふるまいごしょ》』に、

「庭には雪つもりて人もかよはず、堂にはあらき風より外《ほか》はをとづるゝものなし。眼《まなこ》には止観《しかん》・法華をさらし、口には南無妙法蓮華経と唱へ、夜は月星に向かひ奉りて諸宗の違目《いもく》と法華経の深義を談ずる」（御書一〇六三㌻）

と述べられている。

厳寒《げんかん》の地にあって、しかも乏《とぼ》しい衣食の中で、体力のない者や幼い者には生きることは、とうてい不可能であった。

大聖人は十一月二十三日、ここまでお供をしてきた弟子たちを本国に帰された。

『富木《とき》入道殿御返事』に、

「小僧達少々還し候。此《こ》の国の体為《ていたらく》、在所の有り様、御問ひ有るべく候。筆端に載《の》せ難《がた》く候」（御書四八八㌻）

と記されている。これらの厳しい状況の中で、大聖人は寸暇《すんか》を惜《お》しんで一門の人々へ書状を認《したた》め、

「命限り有り、惜しむべからず。遂《つい》に願ふべきは仏国なり」（同右）

の精神を訴《うった》えられた。

㈢　阿仏房夫妻の帰依

一方、当時の佐渡は念仏者の勢力がことに強く、念仏宗を破折《はしゃく》する大聖人に対する風当たりは凄《すさ》まじいものがあった。

「此《こ》の佐渡《さど》国は畜生の如くなり。又法然が弟子充満せり。鎌倉に日蓮を悪《にく》みしより百千万億倍にて候」（呵責謗法滅罪抄　御書七一七㌻）

その中に、とりわけ強盛《ごうじょう》な念仏信者の老夫妻がいた。

多くの里人から尊敬され、文武両道に秀《ひい》でていた土着の武士阿仏房《あぶつぼう》とその妻千日尼《せんにちあま》であった。

なお、阿仏房を順徳《じゅんとく》上皇に仕える北面《ほくめん》の武士遠藤為盛《ためもり》とし、上皇の佐渡御配流《はいる》に供奉《ぐぶ》したとする説は誤伝である。

阿仏房は、流人《るにん》日蓮房の噂《うわさ》を聞くや、阿弥陀仏を冒瀆《ぼうとく》する悪僧を己《おの》が手で害せんと、ひそかに三昧堂《さんまいどう》を窺《うかが》った。しかし堂内に端座《たんざ》して静かに唱題される大聖人の尊容《そんよう》にうたれ、たちまちその害意は失《う》せてしまった。

そして阿仏房《あぶつぼう》は大聖人に対し、なぜ念仏をそのように悪《あ》しざまに非難するのか、また、なぜかかる流罪にあわれたのかと問うた。

大聖人は、阿仏房の問いに対し、念仏の悪法なる理由と、法華経が最第一の法なることを諄々《じゅんじゅん》と説かれた。

大聖人の理路整然《りろせいぜん》たる法門、温顔で気品に満ちた風格に、阿仏房は深く心を打たれ、無明《むみょう》の夢から醒《さ》めるようにその場で念仏を捨て、大聖人に帰依《きえ》したのである。

妙法の信者となった阿仏房は、早速《さっそく》妻千日尼《せんにちあま》を入信させ、夫妻ともに妙法の唱題に励むかたわら、大聖人を外護《げご》するため、人目をしのんで尊い給仕《きゅうじ》の誠を尽くした。

『千日尼御前御返事』に、

「地頭・地頭等、念仏者・念仏者等、日蓮が菴室《あんしつ》に昼夜に立ちそいて、かよう《通》人をあるをまどわさんとせめしに、阿仏房にひつ《櫃》をしをわせ、夜中に度々御わたりありし事、いつの世にかわす《忘》らむ。只《ただ》悲母《はは》の佐渡《さど》国に生まれかわりて有るか」（御書一二五三ページ）

と、大聖人は老夫妻の真心に感謝されている。

こうして阿仏房という篤信《とくしん》の檀越《だんのつ》を得た大聖人は、その外護によって紙などを調達し、大事の法門を次々と書き顕《あらわ》されていった。

その後まもなく、国府《こう》に住む国府入道夫妻も入信した。大聖人はのちに、

㈢　阿仏房夫妻の帰依

「しかるに尼ごぜん《御前》並びに入道殿は彼《か》の国に有る時は人め《目》ををそれて夜中に食をゝくり、或時は国のせめ《責》をもはゞ《憚》からず、身にもかわ《代》らんとせし人々なり」（国府尼御前御書　御書七四〇㌻）

と、当時の国府入道夫妻の真心に対しても感謝されている。

このようにして一人、二人と信者が増して来ると、それにともなって入信者への地頭の制裁《せいさい》が厳しく加えられるようになった。

『千日尼御前御返事』に、

「其《そ》の故に或は所ををい、或はくわれう《科料》をひき、或は宅をとられなんどせしに、ついにとをらせ給ひぬ」（御書一二五三㌻）

とあり、大聖人に帰依した者は、領地を追われ、あるいは家を奪われるなど、理不尽な迫害を余儀《よぎ》なくされたのである。

㈣ 塚原問答

文永《ぶんえい》九（一二七二）年、塚原《つかはら》の配所での年は明けた。

大聖人は過酷な寒さと飢えに苛《さいな》まれながらも、常随給仕《じょうずいきゅうじ》の日興《にっこう》上人や阿仏房《あぶつぼう》夫妻の献身的《けんしんてき》な奉公をうけて、ことなく過ごされたのであった。

一方、持斎《じさい》、念仏僧の唯阿弥陀仏《ゆいあみだぶつ》、印性房《いんしょうぼう》等は徒党を組み、大聖人を亡《な》き者にしようと謀議《ぼうぎ》をこらした。

その結果、

「六郎左衛門尉殿に申して、きら《切》ずんばはからうべし」（種々御振舞御書　御書一〇六四㌻）

と衆議一決し、数百人の者どもが下畑《しもはた》の守護所に押しかけ、守護代の本間重連《しげつら》に大聖人謀殺《ぼうさつ》を迫ったのである。

だが六郎左衛門は、

「上《かみ》より殺しまうすまじき副状下《そえじょうくだ》りて、あなづる《蔑》べき流人《るにん》にはあらず、あやまちあるならば重連《しげつら》が大なる失《とが》なるべし、それよりは只《ただ》法門にてせめよかし」（同右）

と言ってこれを遮《さえぎ》り、法門をもって決着すべきであると促《うなが》した。

これによって、

「念仏者等或は浄土の三部経、或は止観《しかん》、或は真言等を、小法師《こぼっし》等が頸《くび》にかけさせ、或はわき《腋》にはさ《挟》ませて正月十六日にあつまる」（同右）

と文永《ぶんえい》九年正月十六日、諸宗の僧等が続々とこの塚原《つかはら》の三昧堂《さんまいどう》に集まった。彼等は口々に大聖人を罵《ののし》り、騒ぎ、その音声《おんじょう》は地震か雷鳴《らいめい》のようであったという。

大聖人はしばらく騒がせてのち、

「各々しづまらせ給へ、法門の御為にこそ御渡りあるらめ、悪口等よしなし」（同右）

と声高《こわだか》に仰せられた。居合《いあ》わせた六郎左衛門は、「誠にその通りである」と言って座を静め、執拗《しつよう》に悪口する念仏者の首根《くびね》を捕《と》らえて遠くへ追いやった。

そこでいよいよ問答《もんどう》が開始された。

塚原での、この問答のようすについて『種々御振舞御書《しゅじゅおふるまいごしょ》』には、

「さて止観・真言・念仏の法門一々にかれが申す様をでっし《牒》あげ《揚》て、承伏せさせては、ちゃうとはつめ《詰》つめ《詰》、一言二言にはすぎ

塚原より国中平野を望む

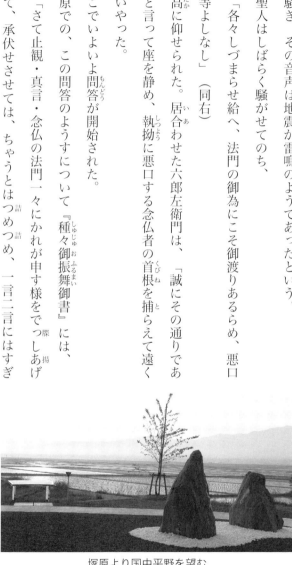

ず。鎌倉の真言師・禅宗・念仏者・天台の者よりもはかなきものどもなれば只思《ただ》ひやらせ給へ。利《り》剣《けん》をもてうり《瓜》をきり、大風の草をなびかすが如し」（御書一〇六四ページ）

とあるように、大聖人に対して、鎌倉の大寺の学匠《がくしょう》たちでさえ叶《かな》わないものを、佐渡や奥州《おうしゅう》のいなか僧侶が勝てるわけはなかった。

彼等は大聖人の一言、二言の破折《はしゃく》に対し、

「仏法のおろかなるのみならず、或は自語相違し、或は経文をわすれて論と云ひ、釈をわすれて論と云《い》ふ（中略）或は口を閉ぢ、或は色を失ひ、或は念仏ひが《僻》事なりけりと云ふものもあり。或は当座に袈裟《けさ》・平念珠《ひらねんじゅ》をすてゝ念仏申すまじきよし誓状《せいじょう》を立つる者もあり」

（種々御振舞御書　御書一〇六五ページ）

という醜態《しゅうたい》ぶりであった。かくしてこの問答は、大聖人の正義の前にいともあっけなく終わってしまった。

問答《もんどう》が終わり、見物の人々もそれぞれ思い思いに立ち去り、本間一族も立ち去ろうとした時、大聖人は六郎左衛門を呼び止められた。そして、

「いつか鎌倉へのぼり給ふべき」（同右）

と尋ねられた。重連《しげつら》は、

「下人共に農せさせて七月の比《ころ》」（同右）

と答えたところ、大聖人は、

「只今《ただいま》いくさ《軍》のあらんずるに、急ぎうちのぼり高名《こうみょう》して所知を給はらぬか。さすがに和殿原《わどのばら》はさがみの国には名ある侍《さむらい》ぞかし。田舎にて田つくり、いくさにはづれたらんは恥なるべし」（同右）

と、鎌倉にいくさが起こる旨の予言をされた。

六郎左衛門を始め一門の者、さらに居合《いあ》わせた持斎・念仏者や在家の者たちは、この大聖人の言葉を怪《あや》しむばかりであった。

だが、この予言は約一カ月ののちに的中するのである。

明けて翌十七日、問答に惨敗《ざんぱい》を喫《きっ》した念仏者たちは、更に彼等の棟梁《とうりょう》である印性房弁成《いんしょうぼうべんじょう》を立てて、塚《つか》原《はら》の三昧堂《さんまいどう》を再び訪れた。そのようすは『佐渡御書』に、

「今年正月十六日十七日に佐渡国の念仏者等数百人、印性房と申すは念仏者の棟梁なり。日蓮が許《もと》に来て云《い》はく、法然上人は法華経を抛《なげうて》よとかゝせ給ふには非《あら》ず、一切衆生に念仏を申させ給ひて候。此《こ》の大功徳に御往生疑ひなしと書き付けて候を、山僧等の流されたる並びに寺法師等、善《よ》きかな善きかなとほめ候をいかゞこれを破し給ふと申しき。鎌倉の念仏者よりもはるかにはかなく候ぞ。無慚《むざん》とも申す計《ばか》りなし」（御書五八一ページ）

と記されているように、これとて全《まった》く問題ではなく、大聖人は一々《いちいち》にこれを論破された。

その時の記録が『法華浄土問答抄』として遺《のこ》され、大聖人の花押《かおう》と並べて印性房《いんしょうぼう》も花押を認《したた》め、念仏が邪義なることを自認している。こうして佐渡における念仏僧の第一人者たる印性房弁成《べんじょう》までが完膚《かんぷ》なきまでに打ち破られ、この塚原《つかはら》における問答《もんどう》は一切の決着がついたのである。

㈤　最蓮房の帰伏

塚原問答の勝利によって、大聖人に敬服し、その徳を慕《した》って帰伏《きぶく》する人々が、次第に生まれてきた。最蓮房日浄《さいれんぼうにちじょう》もそのひとりであった。

最蓮房は天台の学僧であり、いかなる理由かは明らかではないが、すでにこの時、流罪《るざい》の身であった。文永《ぶんえい》九（一二七二）年二月の初旬、自《みずか》ら大聖人に帰伏し、幾多の甚深の法門書を賜《たまわ》った。すなわち、時を経ずして二月十一日には『生死一大事血脈抄《しょうじいちだいじけちみゃくしょう》』、二月二十日には『草木成仏口決《そうもくじょうぶつくけつ》』を賜っている。

『生死一大事血脈抄』には、異体同心、信心の血脈等の大事な法門について述べられ、

「夫《それ》生死一大事血脈とは、所謂《いわゆる》妙法蓮華経是《これ》なり（中略）総じて日蓮が弟子檀那等自他彼此《じたひし》の心なく、水魚の思ひを成して異体同心にして南無妙法蓮華経と唱へ奉る処を、生死一大事の血脈とは云《い》

ふなり」（御書五一三ジペー）

と示され、

「殊《こと》に生死一大事の血脈相承の御尋《たず》ね先代未聞の事なり貴《とうと》し貴し」（御書五一四ジペー）

と、最蓮房の学解《がくげ》の深さを賞されている。

次に『草木成仏口決』においては、

「問うて云はく、草木成仏とは有情《うじょう》非情の中何《いず》れぞや。答へて云はく、草木成仏とは非情の成仏なり（中略）口決に云はく『草にも木にも成る仏なり』云云。此《こ》の意は、草木にも成り給へる寿量品の釈尊なり（中略）一念三千の法門をふりすゝ《振》ぎ《濯》たてたるは大曼茶羅《だいまんだら》なり。当世の習ひそこないの学者ゆめにもしらざる法門なり」（御書五二二ジペー）

と教示され、御本仏大聖人の内証である大漫荼羅図顕《ずけん》の意義を示されている。

このように大聖人の重要にして甚深の法門の多くは、最蓮房を対告衆《たいごうしゅ》として開示され、後代に伝承されているのである。

㈥　重連への予言的中

大聖人は本間六郎左衛門重連《しげつら》に対し、自界叛逆《じかいほんぎゃく》の難が起ることを予言されていたが、これが的中し、北条家一門による同士討《う》ちの騒動《そうどう》が起きた。世にいう「二月騒動」の勃発《ぼっぱつ》である。

それはちょうど塚原問答《つかはらもんどう》での予言から一カ月後のことであり、二月十八日に佐渡へついた早船によって、その報《しら》せがもたらされた。

「二月の十八日に島に船つく。鎌倉に軍《いくさ》あり、京にもあり、そのやう申す計《ばか》りなし。六郎左衛門尉其《そ》の夜にはやふね《早舟》をもて、一門相《あい》具してわたる。日蓮にたな心を合はせて、たすけさせ給へ」

（種々御振舞御書　御書一〇六五ジペー）

とあるように、塚原問答の折、大聖人の予言を訝《いぶか》しがっていた六郎左衛門をはじめ一門の者たちは、この報せを聞いて大いに驚き、大聖人のもとに馳《は》せ来《き》たって、今までの気持ちを改め「永く念仏申し候まじ」と誓ったのである。そしてその夜、六郎左衛門は急遽《きゅうきょ》、早舟をもって一門を率《ひき》いて鎌倉へと渡っていった。

この「二月騒動」とは、別名「北条時輔《ときすけ》の乱」とも言い、京都南六波羅探題《みなみろくはらたんだい》の北条時輔が、弟時宗《ときむね》の執権《しっけん》職就任を嫉《ねた》み、その下風《かふう》に立つことを快《こころよ》しとせず、名越《なごえ》の教時《のりとき》と通じ、時宗を滅ぼそうと企てた。これを事前に察知した時宗は、二月十一日に自《みずか》ら兵を率《ひき》いて鎌倉名越の時章《ときあきら》・教時兄弟を誅殺《ちゅうさつ》した。次いで四日後の十五日には、武蔵守長時《むさしのかみながとき》の次子《じし》京都北《きた》六波羅探題の義宗《よしむね》に命じて時輔の館を急襲させ、一族をことごとく討《う》ち滅ぼしたのである。

しかしこのとき誅殺された北条時章には、謀反《むほん》の意志はなく、全くの冤罪《えんざい》であった。そのため、時章を殺した大蔵《おおくら》次郎左衛門尉ら武将五人が責任を問われ、九月二日、処刑されるという結果となった。

そして、生き残った時章の子公時《きみとき》には、多くの所領が安堵《あんど》された。

さらには教時誅殺に参加した武士には恩賞はなく、「罰も無く賞も無し。人之《これ》を哢《ろう》す」（関東評定衆伝）というありさまであった。

この騒動で殺された北条時章は四条金吾の主君、江《え》馬《ま》光時《みつとき》の弟に当たり、本来ならばこの騒動により、兄の光時も時章と同様に、謀反に加担したという科《とが》によって誅されるべきところを、四条金吾の信仰の功徳を受けてか、この難をのがれたのである。

『頼基陳状《よりもとちんじょう》』には、

「頼基《よりもと》は去《い》ぬる文永《ぶんえい》十一年二月十二日の鎌倉の合戦の時、折節伊豆《いず》国に候ひしかば、十日の申時《さるのとき》に承りて、唯《ただ》一人箱根山《はこねやま》を一時に馳《は》せ越えて、御前に自害すべき八人の内に候ひき」

（御書一一三四㌻）

とあり、命を君にまいらせようとした四条金吾の忠君《ちゅうくん》ぶりや緊迫《きんぱく》したようすが書かれている。

大聖人はこの「二月騒動」を通して『佐渡御書』に、

「宝治《ほうじ》の合戦すでに二十六年、今年二月十一日十七日又合戦あり（中略）又世間の作法兼《か》ねて知るによって、注し置くこと是違《これたが》ふべからず。現世に云《い》ひをく言《ことば》の違はざらんをもて《以》後生《ごしょう》の疑ひをなすべからず。日蓮は此《こ》の関東の御一門の棟梁《とうりょう》なり、日月なり、亀鏡《ききょう》なり、眼目なり、日蓮捨て去る時七難必ず起こるべしと、去年九月十二日御勘気《ごかんき》を蒙《こうむ》りし時、大音声《だいおんじょう》を放《はなち》てよばはりし事これなるべし。纔《わず》かに六十日乃至百五十日に此の事起こるか」（御書五七九㌻）

と仰せられている。

一方、佐渡の島民の中には、大聖人の予言が的中したことにより、

「此の御房は神通《じんづう》の人にてましますか、あらおそろしおそろし。今は念仏者をもやしなひ《養》、持斎《じさい》をも供養すまじ」（種々御振舞御書　御書一〇六六㌻）

と畏敬《いけい》の念を懐《いだ》き、心を寄せる者も出て来た。

また鎌倉の幕府においても、予言の的中に畏《おそ》れをいだき、竜口《たつのくち》法難の際入牢《じゅろう》せしめていた日朗《にちろう》、日《にっ》心《しん》、坂部《さかべの》入道等の五名を、にわかに釈放したのである。

大聖人は『光日房《こうにちぼう》御書』に、

「天のせめという事あらはなり。此《これ》にやをどろ《驚》かれけん、弟子どもゆるされぬ」（御書九六〇㌻）

と記されている。

㈦　開目抄の述作

塚原問答《つかはらもんどう》の翌月、文永《ぶんえい》九（一二七二）年二月に大聖人は『開目抄』二巻を著《あらわ》された。これは当時鎌倉で退転者が続出するという一門の危機にあたり、近くは有縁《うえん》の弟子の疑いを解《と》くためと、遠くは末法万年の衆生の盲目《もうもく》を開かんがため、末法の御本仏として発迹顕本《ほっしゃくけんぽん》の境界《きょうがい》、すなわち人本尊《にんほんぞん》開顕の大綱を明かされた重要な御書である。

『種々《しゅじゅ》御《お》振舞《ふるまい》御書』に、

「去年《こぞ》の十一月より勘《かんが》へたる開目抄と申す文《ふみ》二巻造りたり。頸《くび》切らるゝならば日蓮が不思議とゞ《留》めんと思ひて勘へたり。此《こ》の文の心は日蓮によりて日本国の有無はあるべし」（御書一〇六五㌻）

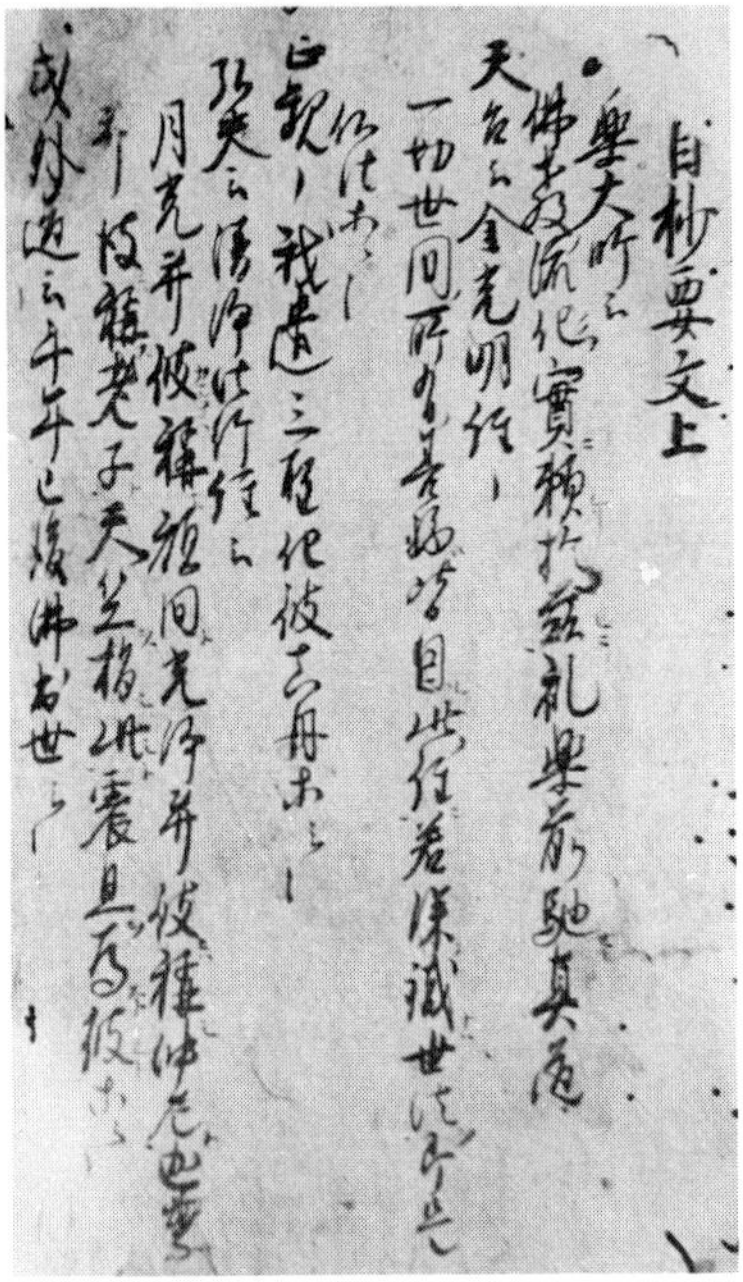
日興上人正筆『開目抄要文』

とあるように、文永八（一二七一）年十一月から深く勘案《かんあん》された不思議の境界《きょうがい》、すなわち頸《くび》の座における久遠元初自受用報身《くおんがんじょじじゅゆうほうしん》として発迹顕本《ほっしゃくけんぽん》された仏の生命を、紙も乏《とぼ》しい極寒の塚原三昧堂《つかはらさんまいどう》で認《したた》められ、竜口《たつのくち》に供奉《ぐぶ》した四条金吾を通じて門下一般に与えられた『開目抄』は、まさに日蓮が「かたみ《形見》」（御書五六三㌻）であった。また当抄は、末法万年の民衆を救済し成仏せしめる永劫《えいごう》不変の根本的指南書であり、「未来日本国、当世をうつし給ふ明鏡」（同右）であると、大聖人御自身仰《おお》せられている。

当抄の題号について、日寛《にちかん》上人は『開目抄文段《もんだん》』に、

「今、開目抄と題することは盲目《もうもく》を開く義なり。所謂《いわゆる》、日本国の一切衆生、執権《しゅうごん》等の瞙《まけ》に覆《おお》わるる所の為に真実の三徳を見ること能《あた》わず、故に盲目の如《ごと》し。然《しか》るに当抄に、一切衆生をして盲目を開かしむるの相を明かす、故に開目抄と名づくるなり」（御書文段五四㌻）

と釈され、大要次のように説かれている。まず「開」の字に二意ありとし、一には障《さわ》りとなるものを除く（所除《しょじょ》）の義、二にはものを見る（所見《しょけん》）の義である。

次に盲目とは、一、外典《げてん》の人　二、爾前《にぜん》の人　三、迹門《しゃくもん》の人　四、脱益《だっちゃく》の人の四種であり、これらに執着して文底下種《もんていげしゅ》の三徳を見ないゆえに盲目というのである。

三徳とは主、師、親の三つの徳をいい、当抄の冒頭に、

「夫《それ》一切衆生の尊敬《そんぎょう》すべき者三つあり。所謂《いわゆる》、主・師・親これなり。又習学すべき物三つあり。所謂、儒《じゅ》・外《げ》・内これなり」（御書五二三ジペ）

と標榜《ひょうぼう》し、主師親は人《にん》を表し、儒外内は法を表しており、『開目抄』はこれら人法の両面から従浅至深《じゅうせんしじん》して検討を加え、末法適時《ちゃくじ》の三徳を論究されている。

古来本宗において教行証の三重のうち、当抄が教の重にあたるといわれるのは、当抄の前半に五重の相対をもって一切の教法を従浅至深して判定し、後半においては法華経の文証と予証をもって、末法の法華経の行者を明らかにされているからである。

すなわち『開目抄』における「五重相対」とは、

一、内外相対

二、権実《ごんじつ》相対

三、権迹《ごんしゃく》相対

四、本迹《ほんじゃく》相対

五、種脱《しゅだつ》相対

である。この中において第五の種脱相対によって明かされる教法こそ、末法適時《ちゃくじ》の真実の教えであり、事の一念三千の妙法である。

当抄に、

「一念三千の法門は但《ただ》法華経の本門寿量品《じゅりょうほん》の文の底に秘してしづめたまへり。竜樹天親《りゅうじゅてんじん》は知って、しかもいまだひろめたまはず、但我が天台智者のみこれをい《懐》だけり」（御書五二六㌻）

とあるところの「寿量品文底下種」の仏法こそ、末法に出現される本因妙《ほんにんみょう》の教主によって建立される真実の妙法なのである。

では末法出現の本因妙の教主、法華経の行者とは誰であるのか、この解明が当抄の後半でなされるのである。

まずはじめに法華経の勧持品《かんじほん》で予証された滅後末法における三類の強敵《ごうてき》と種々の迫害を説いた経文を挙げ、その経文どおりに実践し、身で読まれた方は日蓮大聖人ただひとりであると説かれている。

すなわち、

「されば日蓮が法華経の智解《ちげ》は天台伝教には千万が一分も及ぶ事なけれども、難を忍び慈悲のすぐれたる事はをそれをもいだきぬべし。定んで天の御計《おんはか》らひにもあづかるべしと存ずれども、一分の

しるし《験》もなし。いよいよ重科に沈む。還《かえ》って此《こ》の事を計りみれば我が身の法華経の行者にあらざるか」（御書五四〇㌻）

といわれ、また、

「而《しか》るに、法華経の第五の巻、勧持品の二十行の偈は、日蓮だにも此の国に生まれずば、ほと《殆》をど世尊は大妄語の人、八十万億那由佗《なゆた》の菩薩は提婆《だいば》が虚誑罪《こおうざい》にも堕《お》ちぬべし」（御書五四一㌻）

とも説かれ、法華経の経文どおり実践された大聖人こそ法華経の行者であり、釈尊の予言を真実ならしめた者であると仰せられている。そして経文を身読された受難の究極として、また末法の本仏としての問題について、

「日蓮といゐし者は、去年《こぞ》九月十二日子丑《ねうし》の時に頸《くび》はねられぬ。此《これ》は魂魄佐土《こんぱくさど》の国にいたりて、返る年の二月雪中にしるして、有縁の弟子へをくれば、をそろし《怖》くてをそろし《恐怖》からず。みん《見》人、いかにをぢ《怖》ぬらむ」（御書五六三㌻）

と、竜口《たつのくち》の法難において久遠元初《くおんがんじょ》の本仏として、発迹顕本《ほっしゃくけんぽん》された旨が述べられている。

すなわち末法の仏は、脱益《だっちゃく》の仏のような坐禅《ざぜん》や冥想《めいそう》などの観念観法で開覚されるのではなく、事実の姿の上に経文を顕現し、身命を賭《と》した一大信念のうえに、その実証を顕発《けんぱつ》されるのである。このことを、大聖人は『義浄房《ぎじょうぼう》御書』に、

「寿量品《じゅりょうほん》の自我偈《じがげ》に云《い》はく『一心に仏を見たてまつらんと欲《ほっ》して自ら身命を惜《お》しまず』云云。日蓮が己心《こしん》の仏果を此《こ》の文に依って顕《あら》はすなり。其《そ》の故は寿量品の事の一念三千の三大秘法を成就せる事此の経文なり。秘すべし秘すべし」（御書六六九ジペー）

と仰せられている。

この一心欲見仏不自惜身命《いっしんよっけんぶつふじしゃくしんみょう》の結晶が竜口《たつのくち》の発迹顕本《ほっしゃくけんぽん》となり、日蓮即法界自受用身《じじゅゆうしん》と開覚されたのである。

『開目抄』において、この境界《きょうがい》を開示しつつ結するところは、

「詮《せん》ずるところは天もすて給へ、諸難にもあえ、身命を期《ご》とせん（中略）我日本の柱とならむ、我日本の眼目とならむ、我日本の大船とならむ等とちかいし願やぶるべからず」（御書五七二ジペー）

との法華経の行者としての大確信であった。この誓願こそ大聖人御自身の確信であると同時に、文底下種の妙法を信受する日蓮が弟子檀那が持つべき永遠の基本原則であることの宣言であった。

また当時の動揺する一門の人々に対する訓戒として、

「善に付け悪につけ法華経をすつるは地獄の業なるべし」（同右）

と教示されている。

当抄の冒頭に掲《かか》げられた「尊敬《そんぎょう》すべき三徳」の結論として、

「日蓮は日本国の諸人に主師父母なり」（御書五七七㌻）

と最後に仰せられている。まさにこの一文は大聖人が末法の御本仏であることを自《みずか》ら明確に宣言されたものであり、当抄の結論もここに存するのである。

(八)　一谷への移居

「文永《ぶんえい》九年の夏の比《ころ》、佐渡《さど》国石田《いしだ》郷一谷《いちのさわ》と云《い》ひし処に有りしに」

（一谷入道女房御書　御書八二九㌻）

とあるように、大聖人は文永九（一二七二）年の初夏、佐渡塚原《つかはら》より石田の郷一谷《いちのさわ》へ移られた。移居《いきょ》の理由については、いくつか考えられる。まず、鎌倉幕府が用いた『延喜式《えんぎしき》』の中には、流罪人に対して、一日に米一升と塩一勺《しゃく》を与え、春になって種を給し、その収穫によって生活をするよう定められており、この制度によって移されたという説。あるいは二月騒動の予言的中によっての待遇改善説《たいぐうかいぜん》や、門下の積極的な折伏《しゃくぶく》弘教を憎む邪宗徒の迫害から保護するためという説などが挙げられる。詳細は判然《はんぜん》としないが、これらのいずれかの理由によって一谷へ移られたものであろう。

一谷での大聖人の生活は『一谷入道女房御書』に、

「預かりたる名主《みょうしゅ》等は、公《おおやけ》と云《い》ひ私と云ひ、父母の敵《かたき》よりも宿世の敵よりも悪《にく》げにありしに」（御書八二九ページ）

とあるように、新たに重連《しげつら》より監視を託《たく》された本間山城《やましろ》入道は強《ごう》盛《じょう》な念仏信者であったために、大聖人に対し過酷《かこく》な取り扱いをした。しかし配所の宅主《あるじ》一谷《いちのさわ》入道は同じく念仏者であったが、

「宅主内々心あ《有》て、外にはをそるゝ様なれども内には不便《ふびん》げにありし事何《いつ》の世にかわ《忘》すれん」（同右）

とあり、大聖人の振る舞いに接するにつけ、次第に心を寄せるようになった。

一谷へ移った当時は塚原の廃屋《はいおく》同然の三昧堂《さんまいどう》に比《くら》べれば、住居は恵まれてはいたが、このころになると大聖人に随従する弟子たちの数も増え、食糧の欠乏《けつぼう》に困窮《こんきゅう》された。

「預かりよりあづかる食は少なし。付ける弟子は多くありしに、僅《わず》かの飯の二口三口ありしを、或はおしき《折敷》に分け、或は手に入れて食せしに」（同右）

というような生活であった。

佐渡一谷付近

日妙母子の来島

そのころから佐渡の大聖人のもとへ、はるか鎌倉より荒海を越えて渡島する門下の動きが活発となっていた。

とくに五月には乙御前《おとごぜん》母子が尋ねている。女人の身として幼子を連れ、危険の多い旅を経て、佐渡の大聖人を訪ねた乙御前母に対して、大聖人は『日妙聖人御書』に、

「日本第一の法華経の行者の女人なり。故に名を一つつけたてまつりて不軽《ふきょう》菩薩の義になぞらえん。日妙聖人等云云。相州《そうしゅう》鎌倉より北国《ほっこく》佐渡国、其《そ》の中間一千余里に及べり。山海はるかにへだて、山は峨々《がが》海は濤々《とうとう》、風雨時にしたがふ事なし。山賊海賊充満せり。すくすく《宿々》とまりとまり《泊々》民の心虎のごとし犬のごとし。現身に三悪道の苦をふる《経》か（中略）而《しか》れども一《ひとり》の幼子あり。あづくべき父もたのもしからず。離別すでに久し」（御書六〇七㌻）

と述べられているように、大聖人は日妙女の信心を賞《ほ》められ、女人としても、また弟子檀那としても異例の聖人号を授けられたのであった。

この日妙聖人が帰る折に旅の費用が欠乏し、大聖人は一谷《いちのさわ》入道にその事情を話し、帰りの旅費を立て替えられた。その時、その代償として入道に法華経一部を与えるという約束をされたのであった。この

約束を果たすため、大聖人はのちに、念仏を捨て切れなかった一谷入道《いちのさわ》には与えず、法華経を信じていた入道の老母へ持経《じきょう》として与えられたのであった。

赦免運動の制止

さて鎌倉においては、このころ、弟子たちの中に大聖人の赦免《しゃめん》運動を行う者がいた。だが大聖人は、これらの者に対して富木殿《とき》を通じて厳しく制止されている。それは幕府に対し大聖人が膝《ひざ》を屈して赦免を乞《こ》う必要など全くなく、むしろ日本国の統治者たる幕府要人の盲目《もうもく》を開き、一切の民衆を根底から救わんとすることこそ大聖人の本意であった。

ゆえに大聖人は文永《ぶんえい》九（一二七二）年五月の『真言諸宗違目《いもく》』に、

「日蓮が御免を蒙《こうむ》らんと欲するの事を色に出《い》だす弟子は不孝の者なり。敢《あ》へて後生を扶《たす》くべからず。各々此《こ》の旨を知れ」（御書六〇二ページ）

と、きびしく誡められている。

また文永十年七月にも、赦免のないことを歎《なげ》く富木常忍《ときじょうにん》に『富木殿御返事』を与えられ、

「御勘気《ごかんき》ゆりぬ事御歎《おんなげ》き候べからず候。当世《とうせい》日本国に子細《しさい》有るべきの由之《よしこれ》を存す。定めて勘文《かんもん》の如《ごと》く候べきか。設《たと》ひ日蓮死生不定《ふじょう》なりと雖《いえど》も、妙法蓮華経の五字の流布《るふ》は疑ひ無き者か」

と妙法流布の確信を述べて、一門に対する激励をされている。

（御書六七九ジ）

このように一谷における生活は決して楽なものではなかったが、日々大聖人に接する一谷入道一家の人々は、次第に正しい信仰の尊さを肌で感じ外護《げご》するようになっていった。さらには遠近《おんごん》の弟子檀那からも、種々の御供養の品々が手元に届くようになった。

㈨　観心本尊抄の述作

大聖人は文永《ぶんえい》十（一二七三）年四月二十五日、五十二歳の時、人《にん》本尊の開顕を示す『開目抄』と並んで、重大な法義を含む『観心本尊抄《かんじんのほんぞんしょう》』を一谷において著《あらわ》された。この書は大聖人が末法の一切衆生のために建立される観心の本尊について、その法義と末法の行法を開顕された最も重要な御書である。

したがって大聖人自《みずか》ら、富木常忍《ときじょうにん》への送り状に、

「観心の法門少々之《これ》を註《ちゅう》し、太田殿・教信《きょうしん》御房等に奉る。此《こ》の事日蓮当身の大事なり」

（観心本尊抄副状　御書六六二ジ）

と仰せになっている。

はじめに『如来滅後五五百歳始観心本尊抄』の題号については、日寛《にちかん》上人が『観心本尊抄文段《もんだん》』に、

「『如来滅後後五百歳』とは是《こ》れ上行出世の時を明かし、『始』の字は是れ上行始めて弘むる義を明かし、『観心』は是れ文底所被《しょひ》の機縁の観心を明かし、『本尊』は是れ人《にん》即法の本尊を明かす。故に『如来滅後後五百歳』は時に約し、『始』の字は応に約し、『観心』は機に約し、『本尊』は法に約するなり」（御書文段一九〇ページ）

と示されるように、仏の出世して教導される「時」「応作《おうさ》」「機根」「法」の四義が具足《ぐそく》していることが明らかである。

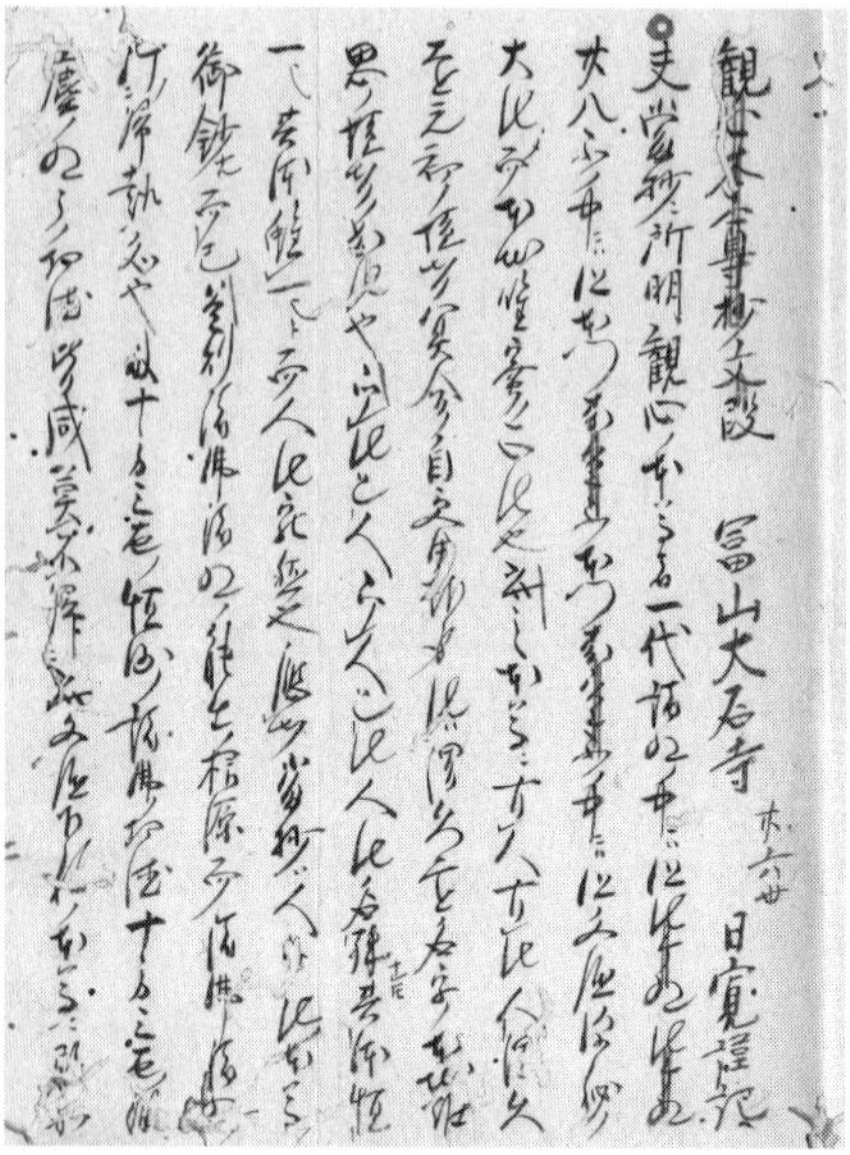

日寛上人筆『観心本尊抄文段』（大石寺蔵）

すなわち「如来滅後五五百歳」とは末法の時、つまり上行菩薩出世の時を明かし、それはとりも直さず末法の御本仏の出現の時を意味している。

次の「始」とは上行菩薩が初めて末法万年の人々の救済のために弘宣《ぐせん》する義であり、末法の衆生の機根に応じて下種の妙法を授けられる仏の振る舞い、大慈悲をもっての化導の始まりである。

「観心」とは末法の衆生の機根、文底下種の本

法、本仏に有縁《うえん》の衆生の観心である。肝要《かんよう》の行法、実践すべき根本の修行である。

「本尊」とは末法の衆生の受持信行すべき正意の本尊、すなわち末法の仏の説き弘められる法体、つまり『観心本尊抄』に明かされる大聖人の人法一箇《にんぽういっか》の南無妙法蓮華経の大漫荼羅《だいまんだら》本尊にほかならない。

したがって本抄の題号は「如来滅後五五百歳《にょらいめつごごごひゃくさい》に始《はじ》む観心《かんじん》の本尊抄《ほんぞんしょう》」と読むのが正しい。

大聖人は本章の冒頭に『摩訶止観《まかしかん》』における一念三千の出処を示し、観心の本尊を明かす序分《じょぶん》とされている。

そして一念三千が情非情にわたること、教相と観心の難信難解《なんげ》の所以《ゆえん》を明かし、

「草木の上に色心《しきしん》の因果を置かずんば、木画《もくえ》の像を本尊に恃《たの》み奉《たてまつ》ること無益《むやく》なり」（御書六四五ﾍﾟｰｼﾞ）

「詮《せん》ずる所は一念三千の仏種に非《あら》ざれば、有情《うじょう》の成仏・木画二像の本尊は有名無実《うみょうむじつ》なり」（御書六五二ﾍﾟｰｼﾞ）

と、一念三千の法門が具《そな》わらない仏像は観心の本尊ではないと論破されるのである。

次いで観心の意義について、

「観心とは我が己心《こしん》を観じて十法界を見る、是《これ》を観心と云《い》ふなり」（御書六四六ﾍﾟｰｼﾞ）

と示されている。

しかし、この『観心本尊抄』に仰せられる「己心を観じて十法界を見る」観心とは、天台で立てるよ

うな十界三千世間が一念に具足《ぐそく》しているという不可思議境《ふかしぎきょう》を観ずる心具の理法ではなく、

「釈尊の因行果徳の二法は妙法蓮華経の五字に具足す。我等此《こ》の五字を受持すれば自然《じねん》に彼《か》の因果の功徳を譲り与へたまふ」（御書六五三㌻）

と大聖人が説かれるように、「受持即観心」という具体的実践の上に立てられる観心である。

つまり仏の因位の万行も果位の万徳も、全ての福徳は妙法五字の御本尊に具足しており、この御本尊を受持する信心の一念の中に、因果の功徳の一切を開顕し、譲り与えられるとの仰せである。

日寛《にちかん》上人はこのことを『観心本尊抄文段《もんだん》』に、

「若《も》し元意《がんい》の辺は『我が己心を観ず』とは、即《すなわ》ち本尊を信ずる義なり。『十法界を見る』とは、即ち妙法を唱うる義なり」（御書文段二一四㌻）

と釈されている。

次に、

「夫《それ》始め寂滅道場《じゃくめつどうじょう》・華蔵《けぞう》世界より沙羅林《しゃらりん》に終はるまで五十余年の間」（御書六五三㌻）

と、権迹熟脱《ごんしゃくじゅくだつ》の本尊を明かし、ついで、

「今《いま》本時の娑婆世界は三災を離れ四劫《しこう》を出《い》でたる常住の浄土なり。仏既《すで》に過去にも滅せず未来にも生ぜず、所化以《もっ》て同体なり」（御書六五四㌻）

と、本門脱益《だっちゃく》の本尊を明らかにされている。

他の日蓮門下の人々はこれを「四十五字の法体」として、大聖人の漫荼羅《まんだら》本尊の根拠としているが、この文に示される本尊は在世脱益の本尊であって、大聖人の文底下種の本尊ではない。

大聖人が建立される文底下種の本尊は、

「此《こ》の本門の肝心《かんじん》、南無妙法蓮華経の五字に於ては（中略）其《そ》の本尊の為体《ていたらく》、本師の娑婆《しゃば》の上に宝塔空《くう》に居《こ》し、塔中《たっちゅう》の妙法蓮華経の左右に釈迦牟尼仏《しゃかむにぶつ》・多宝仏、釈尊の脇士《きょうじ》上行等の四菩薩（中略）末法に来入《らいにゅう》して始めて此の仏像出現せしむべきか」（同右）

と説き明かされる一念三千即自受用身《じじゅゆうしん》、人法一箇《にんぽういっか》の本尊である。

ここに大聖人は末法出現の仏として、法華経の虚空会《こくうえ》の儀相を借り、自身の内証《ないしょう》に所具《しょぐ》される元初《がんじょ》の悟りの法体を、一念三千の原理によって、御本尊に顕《あらわ》されるのである。

大聖人が、

「一念三千の法門をふりす（振）ゝぎ（濯）たてたるは大曼荼羅なり。当世の習ひそこないの学者ゆめにもしらざる法門なり」（草木成仏口決　御書五二三ジペー）

といわれ、また、

「爰《ここ》に日蓮いかなる不思議にてや候らん、竜樹《りゅうじゅ》・天親《てんじん》等、天台・妙楽等だにも顕《あら》はし給はざる大曼《だいまん》荼羅《だら》を、末法二百余年の比《ころ》、はじめて法華弘通のはたじるし《旗印》として顕はし奉るなり。是全《これまった》く日蓮が自作にあらず、多宝塔中《たほうたっちゅう》の大牟尼世尊《だいむにせそん》・分身《ふんじん》の諸仏のすりかたぎ《摺形木》たる本尊なり」

（日女御前御返事　御書一三八七㌻）

と仰せられる所以《ゆえん》である。

いま当抄の、

「末法に来入《らいにゅう》して始めて此《こ》の仏像出現せしむべきか」（御書六五四㌻）

との仏像は、「出現」とあるごとく、木画《もくえ》の像を意味するものではない。

これは久遠元初《くおんがんじょ》の自受用身《じじゅゆうしん》、無始《むし》の古仏の出現であり、現実に生きて活動救済される人格の仏身、大聖人みずからの出現を仰せになっているのである。

このゆえに、大聖人は当抄の末文に、

「此の時地涌《じゆ》千界出現して、本門の釈尊を脇士《きょうじ》と為《な》す一閻浮提《いちえんぶだい》第一の本尊、此の国に立つべし。月《がっ》支《し》・震旦《しんだん》に未《いま》だ此の本尊有《ましま》さず」（御書六六一㌻）

といわれ、また、

「一念三千を識《し》らざる者には仏《ほとけ》大慈悲を起こし、五字の内に此の珠《たま》を裹《つつ》み、末代幼稚の頸《くび》に懸《か》けさしめたまふ」（御書六六二㌻）

と、大聖人の出現と、一閻浮提第一・最高最尊の自受用身即一念三千の大漫荼羅本尊を顕《あらわ》されることを、明確に宣言されているのである。

また末法の衆生の尊崇《そんすう》すべき、この文底下種の大漫荼羅本尊を簡《えら》び出すに当たって、「五重三段」の教判が説き明かされている。

「五重三段」とは、

一、一代一経三段

二、法華経一経三段

三、迹門熟益《しゃくもんじゅくやく》三段

四、本門脱益《だっちゃく》三段

五、文底下種三段

をいう。

この中、最後の文底下種三段の正宗分《しょうしゅうぶん》で明かされる法体こそ、滅後末法における下種の本尊となるのである。すなわちその正体とは寿量文底の大法、久遠元初本因《くおんがんじょほんにん》の妙法蓮華経であり、仏は久遠元初の自受用報身、本因名字の下種の本仏である。

大聖人はこの本因下種の本法と本果脱益の法体との相違を、当抄に、

「但《ただ》し彼《かれ》は脱、此《これ》は種なり。彼は一品二半、此は但《ただ》題目の五字なり」（御書六五六ジペー）

と教示されたのである。

これはまた種脱《しゅだつ》相対、第三の法門によって明かされるところでもある。本書はまさに、久遠元初《くおんがんじょ》の本仏としての日蓮大聖人御自身の出現と、本門の大漫荼羅《だいまんだら》本尊の建立を天地に向かって宣示開顕された御書というべきである。

㈩　佐渡期の著述と法門

著　述

佐渡配流《はいる》の期間に大聖人が著《あらわ》された御書の数は、大小あわせて五十篇を越《こ》えている。

この中には前に紹介した『開目抄』『観心本尊抄《かんじんのほんぞん》』の二大重要書をはじめとして、『生死一大事血脈抄《しょうじいちだいじけちみゃく》』（御書五一三ジペー）、『草木成仏口決《そうもくじょうぶつくけつ》』（御書五二二ジペー）、『木絵二像開眼の事《もくえにぞうかいげん》』（御書六三六ジペー）、『諸法実相抄』（御書六六四ジペー）、『当体義抄《とうたいぎ》』（御書六九二ジペー）などの仏教の法義《ほうぎ》に立脚《りっきゃく》して、成仏という根本義を観心の立場から解明された御書や、

『佐渡御書』（御書五七八㌻）、『最蓮房御返事《さいれんぼう》』（御書五八五㌻）、『四条金吾殿御返事』（御書五九七㌻）、『下方他方旧住菩薩事《げほうたほうくじゅう》』（御書六三九㌻）、『義浄房御書《ぎじょうぼう》』（御書六六八㌻）、『法華行者値難事』（御書七一九㌻）などの大聖人御自身の受難身読についての意義を説き、日蓮即上行を明かされた御書も多い。

一方、門下に対して、障魔迫害《しょうまはくがい》を強い信心で乗り越えるよう、また妙法の功徳力と諸天の加護を説いて激励《げきれい》指導された御書として、『同生同名御書《どうしょうどうみょう》』（御書五九五㌻）、『日妙聖人御書』（御書六〇三㌻）、『祈禱抄《きとう》』（御書六二二㌻）、『如説修行抄』（御書六七〇㌻）などが挙げられる。

また対他破折に関する御書としては、『法華浄土問答抄』（御書五〇九㌻）、『真言諸宗違目《いもく》』（御書五九九㌻）、『真言見聞《けんもん》』（御書六〇八㌻）、『呵責謗法滅罪抄《かしゃくほうぼうめつざい》』（御書七一一㌻）などがあげられよう。

以上、佐渡期の主要御書名を列挙《れっきょ》したが、これはいずれの書も大聖人が紙の乏《とぼ》しい中で、心血を注《そそ》いで書き記されたものであり、内容も多岐《たき》にわたって教示されている。

現存する御真蹟《ごしんせき》を拝すると、一枚の紙に、はじめに書き綴《つづ》った行間にまた細字で書き込み、そのあとでさらに上下左右の余白に書き込まれた御書もあって、当時の窮乏《きゅうぼう》の中での御化導《ごけどう》を如実にしのぶことができる。（次頁の写真参照）

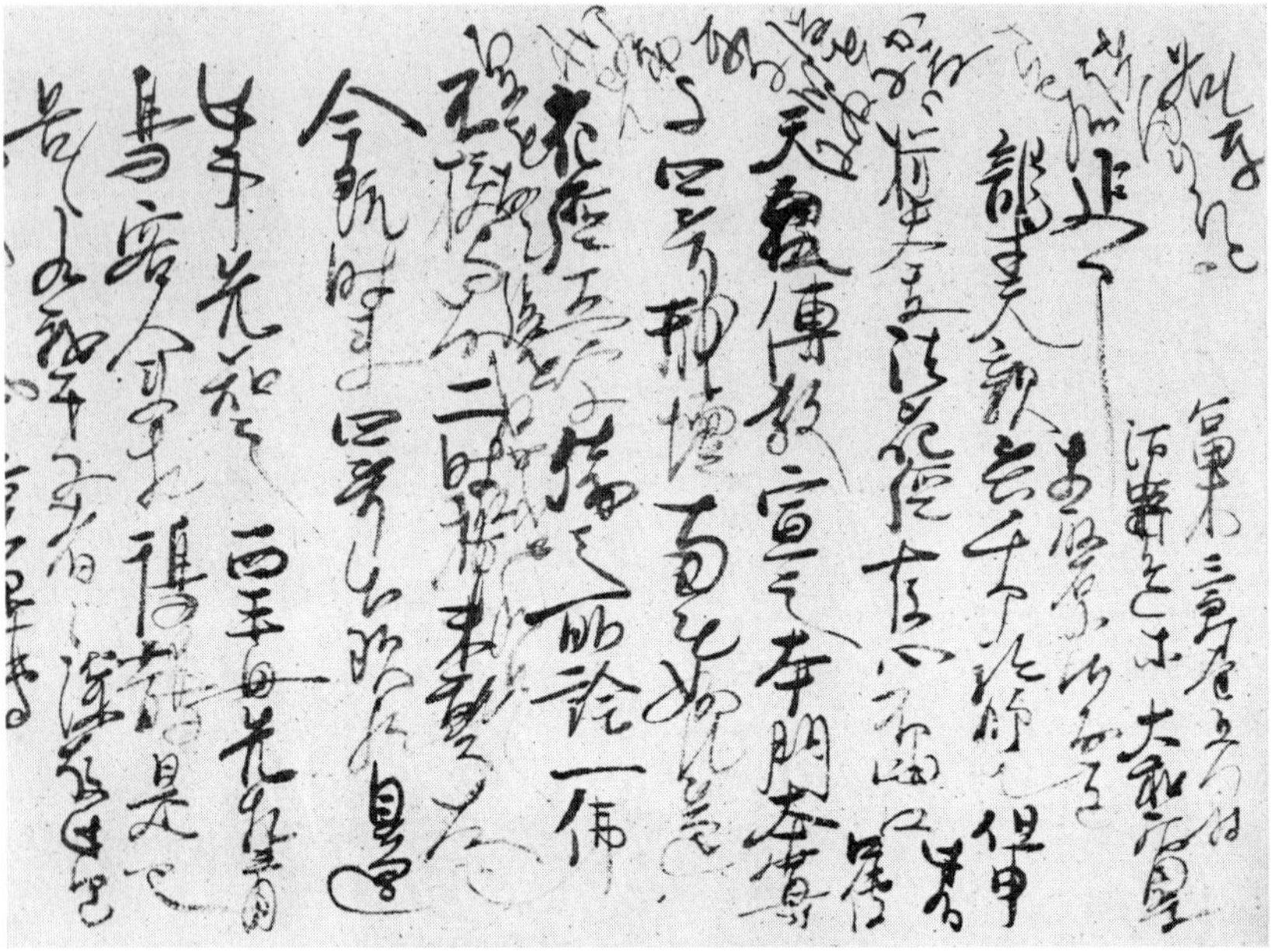

大聖人御真筆『法華行者値難事』

法門

『三沢《みさわ》抄』に、

「又法門の事はさど《佐渡》の国へながされ候ひし已前《いぜん》の法門は、たゞ仏の爾前《にぜん》の経とをぼしめせ」（御書一二〇四㌻）

と仰せられるように、竜口《たつのくち》において発迹顕本《ほっしゃくけんぽん》された以後の法門は、それ以前、すなわち立宗されてから文永《ぶんえい》八（一二七一）年九月までの十九年間の法門とは、化導《けどう》の面で違いがあるのは当然であろう。

ただし、この『三沢抄』の文をもって、「佐渡期正宗分《しょうしゅうぶん》・身延期流通分《るつうぶん》」と解釈し、現存しない通称「佐渡始顕《しけん》の本尊」をもって、大聖人究極の御本尊なりと立てる考えは明らかに誤りである。なぜならば、「佐渡以前の法門は仏の爾前経《にぜんぎょう》の如《ごと》きもの」といわれているのであって、「佐渡期が本門」とはいわれていない。発迹顕本された直後の佐渡期は、あくまで大聖人御一代の化導中、未《いま》だ正宗分（中心となるところ）のはじめにすぎない。正宗分の極まるところは、身延に隠栖《いんせい》されてからであり、なかんずく弘安《こうあん》二（一二七九）年の大漫荼羅《だいまんだら》を化導の究極と拝さなくてはならない。この点を明確に知らなければ、大聖人の仏法の筋目《すじめ》に迷うのである。

㈩　佐渡期の著述と法門

次に佐渡期以後の法門の顕著な特色をいくつか挙げてみたい。

その第一は、弘通《ぐづう》される題目の意義について、竜口の発迹顕本によって今までの口唱《くしょう》のための題目から、実体のともなった題目、すなわち本尊の内証《ないしょう》に一体化されたということである。

第二には、内証の法体《ほったい》として漫荼羅本尊の顕現が挙げられる。現存する漫荼羅の中で、最も初期に顕《あらわ》されたものは、相州依智《そうしゅうえち》に滞在中に書かれたといわれる通称「楊子《ようじ》本尊」である。それ以後大聖人は佐渡において多くの漫荼羅を図顕《ずけん》されており、この特徴は明らかに竜口以後における大きな転換《てんかん》を示している。

ただし、漫荼羅図顕がなされたとはいえ、佐渡期は、いまだ真実内証の顕現、御本仏としての出世の本懐《ほんがい》を顕される時ではなかった。

第三には、三大秘法について、『観心本尊抄《かんじんのほんぞんしょう》』に、

「本門寿量品《じゅりょうほん》の本尊並びに四大菩薩」（御書六五四ジペー）

と本尊の人法《にんぽう》を挙げ、また、

「事行《じぎょう》の南無妙法蓮華経の五字並びに本門の本尊、未《いま》だ広く之《これ》を行ぜず」（御書六六〇ジペー）

とあるように、佐渡期には本尊と題目の二秘をもって三大秘法を密示されている。

しかし大聖人は、佐渡期においてはいまだ身業読誦《しんごうどくじゅ》が完了していないことを思《おぼ》し召されて、戒壇《かいだん》の名目を明示されなかった。

少なくとも佐渡期五十数篇の御書の中で本尊・戒壇・題目の名目を示されたものは、文永《ぶんえい》十一（一二七四）年、赦免状《しゃめんじょう》が下される一カ月前に著《あらわ》された『法華行者値難事』のみである。その中に、

「本門の本尊と四菩薩・戒壇・南無妙法蓮華経の五字と、之を残したまふ（中略）日蓮此《こ》の事先《ま》づ之を知りぬ」（御書七二〇ジペー）

と、はじめて三大秘法の名目が挙げられた。

しかし、この文は本文ではなく追伸であること、また直《ただ》ちに弘通《ぐづう》といわれず「知りぬ」との表現は、佐渡在島中のゆえにいまだ示すべきではないが、まもなく流罪赦免の来ることを確信されて、戒壇の名目を出だされたと思われる。

㈩ 北条宣時の虚御教書

さきの塚原《つかはら》の問答《もんどう》に敗れた念仏の宗徒たちは、またまた謀議《ぼうぎ》をめぐらし武蔵前司《むさしのぜんじ》北条宣時《のぶとき》に、佐渡のありさまを都合《つごう》よく訴《うった》え、大聖人を亡《な》きものにしようとした。彼らは、

「此《こ》の御房島に候ものならば、堂塔一宇《いちう》も候べからず、僧一人も候まじ。阿弥陀仏《あみだぶつ》をば或は火に入れ、或は河にながす。夜もひるも高き山に登りて、日月に向かって大音声《だいおんじょう》を放って上《かみ》を呪咀《じゅそ》し奉る。其《そ》の音声一国に聞こふ」（種々御振舞御書　御書一〇六六ジペー）

と訴えたのである。

北条宣時は文永十（一二七三）年七月一日に武蔵守の職を辞したが、このあと、評定衆《ひょうじょうしゅう》、引付頭人《ひきつけとうにん》、連署《れんしょ》と幕府の要職についている。また、文永八年から弘安八（一二八五）年までは佐渡守護であり、大きな力を持っていた。

宣時は念仏者たちの虚偽《きょぎ》の訴えを受け入れ、勝手に私の御教書《みぎょうしょ》を作り上げて、大聖人一門を迫害しようと謀《はか》った。

その虚御教書《そらみぎょうしょ》とは『法華行者値難事』に、

「佐渡《さど》国の流人《るにん》の僧日蓮、弟子等を引率《いんそつ》し、悪行を巧《たくら》むの由《よし》其の聞こえ有り。所行の企《くわだ》て甚《はなは》だ以《もっ》て奇怪《きかい》なり。今より以後、彼《か》の僧に相随《あいしたが》はんの輩《やから》に於ては炳誡《へいかい》を加へしむべし。猶以《なおもっ》て違犯《いぼん》せしめば、交名《きょうみょう》を注進せらるべきの由《よし》候所なり。仍《よ》って執達件《しったつくだん》の如《ごと》し。

文永《ぶんえい》十年十二月七日　　沙門　観　恵　上《たてまつ》る

依智《えち》六郎左衛門尉殿等」　（御書七二〇ページ）

とあるごとくであった。

宣時《のぶとき》はこのように虚偽《きょぎ》の命令書を捏《で》っち上げ、佐渡の島民に対して日蓮に従ってはならぬとの触《ふれ》を出したのである。

「さど《佐渡》の国にてもそらみげうそ《虚御教書》を三度までつくりて候ひしぞ」（窪尼御前御返事　御書一四六六ページ）

とあるように、この傍若無人《ぼうじゃくぶじん》な虚偽の下知《げち》は三度にも及んだ。

しかもこの虚御教書《そらみぎょうしょ》を下すについては、『千日尼御前《せんにちあまごぜん》御返事』に、

「極楽寺《ごくらくじ》の良観《りょうかん》等は武蔵《むさし》の前司《ぜんじ》殿の私の御教書《みぎょうしょ》を申して、弟子に持たせて日蓮をあだみなんとせしかば、いかにも命《いのち》たすかるべきやうはなかりしに」（御書一二五二ページ）

とあり、極楽寺良観等が裏面《りめん》で策動《さくどう》していたことは明白であった。

(十二)　赦　免

文永十一（一二七四）年の年も明け、幕府は蒙古《もうこ》の使者の到来により、他国侵逼《しんぴつ》難の勃発《ぼっぱつ》に恐々としていた。世情も混乱し、

「今年正月廿三日の申《さる》の時に西方に二つの日出現す。或は云《い》ふ、三つの日出現す等云云。二月五日には東方に明星二つ並び出《い》づ。其《そ》の中間は三寸計《ばか》り」（法華取要抄　御書七三七㌻）

とあるように、不可思議《ふかしぎ》な現象があいつぎ、民衆は不安な日々を過《す》ごしていた。執権時宗《ときむね》はこれらの事相を見るにつけ、大聖人の予言的中にただならぬものを感ぜずにはいられなかった。一時は周囲の讒言《ざんげん》を容《い》れて流罪に処したが、冷静に考えてみると罰すべき根拠もなく、また大聖人の予言も次々に的中するに及んで、急遽《きゅうきょ》大聖人を赦免《しゃめん》することを決意した。

このことは『中興《なかおき》入道御消息』に、

「科《とが》なき事すでにあらわれて、いゐし事もむなし《虚》からざりけるかのゆへに、御一門諸大名はゆるす《許》べからざるよし申されけれども、相模守《さがみのかみ》殿の御計《おんはか》らひばかりにて、ついにゆり《許》候ひてのぼり《登》ぬ」

（御書一四三三㌻）

と仰せられているとおりである。

　こうして文永《ぶんえい》十一年二月十四日、幕府は赦免状《しやめんじょう》を発し、赦免状は三月八日に佐渡へ到着したのである。これに先立ち大聖人は、救国の一念から再度の国諫《こっかん》を願われ、また時機の熟しつつあることを鑑知《かんち》された。そして佐渡の高き山に登られ、

「此《こ》の罪をそろしくをぼ覚せば、そのいはれありといそぎいそぎ国にしるしをいだし給へ、本国へかへし給へ」（光日房御書　御書九六〇㌻）

と諸天に対し大音声《だいおんじょう》をもって諫暁された。

「いよいよ強盛《ごうじょう》に天に申せしかば、頭の白き烏《からす》とび来たりぬ。彼《か》の燕《えん》のたむ丹太子の馬、烏のれい例、日蔵《にちぞう》上人の『山がらす烏かしら頭もしろ白くなりにけり、我がかへるべき時や来ぬらん』となが詠めし此《これ》なり」（同右）

とあるように、大聖人が更に強く諸天に諫暁された時、赦免の瑞相《ずいそう》は頭の白き烏となって、日天子がその時を知らせたのである。古来、頭の白い烏の出現は流罪赦免の前兆《ぜんちょう》と伝えられている。大聖人の一念は法界を動かし、三光天子《さんこうてんじ》のひとつ日天の使いといわれる烏の出現を喚起《かんき》したのである。

　大聖人の赦免に際して、従来の伝説ではあたかも日朗《にちろう》がこの赦免状を一人で持参したように伝えられているが、公《おおやけ》の文書を流罪者の弟子に託《たく》すことはありえない。やはり幕府の役人が届けたであろう。

ところで念仏者たちは、幕府のこの処置をただ腕をこまねいて見てはいなかった。阿弥陀仏《あみだぶつ》の怨敵《おんてき》、善導《ぜんどう》和尚・法然《ほうねん》上人を罵《ののし》る大悪人日蓮をこのまま帰してなるものか、といきり立って騒《さわ》ぎ出し、不穏《ふおん》な状態が大聖人の身辺にせまって来たのである。『種々御振舞御書《しゅじゅおふるまいごしょ》』に、

「僉議《せんぎ》して云はく、此程《これ》の阿弥陀仏の御敵、善導和尚・法然上人をのる《罵》ほどの者が、たまたま御勘気《ごかんき》を蒙《こうむ》りて此《こ》の島に放されたるを、御赦免あるとていけ《生》て帰さんは心うき《憂》事なり」（御書一〇六七ジペー）

とあるように、大聖人の赦免を知った念仏者たちは大聖人の殺害を企てた。しかし大聖人は三月十四日、何事もなく佐渡真浦《まうら》の津に着き、二日間滞留されたのち出帆《しゅっぱん》された。この時のようすについて、

「思はざるに順風吹き来たりて島をばたちしかば、あはい《問合》あしければ百日五十日にもわたらず。順風には三日なる所を須臾《しゅゆ》の間に渡りぬ」（同右）

とあるように、思いがけない季節はずれの順風が吹いて、大聖人を乗せた船はほんの僅《わず》かな日時で本土に渡り着いたのである。『光日房御書《こうにちぼう》』には、

越後柏崎

「十三日に国を立ちてまうら《真浦》というつ《津》にをり《降》て、十四日はか《彼》のつ《津》にとゞまり、同じき十五日に越後《えちご》の寺どまり《泊》のつ《津》につくべきが、大風にはなたれ、さいわひ《幸》にふつかぢ《二日路》をすぎて、かしはざき《柏崎》につきて、次の日はこう《国府》につき、十二日をへて三月二十六日に鎌倉へ入り」（御書九六〇㌻）と記されている。だがこの間、越後から鎌倉に向かう途中、越後や信濃《しなの》の念仏者たちは「日蓮房赦免《しゃめん》」の報を聞きつけ、信濃の善光寺《ぜんこうじ》に集まり、持斎《じさい》・真言の法師等もこれに加わって、大聖人を殺さんと待ち伏せていた。

「我等はいかにも生身の阿弥陀仏の御前をばとを《通》すまじと僉議《せんぎ》せしかども、又越後のこう《国府》より兵者《つわもの》どもあまた日蓮にそ《添》ひて善光寺をとを《通》りしかば力及ばず」（種々御振舞御書　御書一〇六七㌻）

とあるように、越後の国府《こう》より数多くの武士の警固《けいご》によって、大聖人は無事に鎌倉へ到着されたのであった。

第十三章　第三の国諫

若宮大路幕府舊蹟
鎌倉ノ幕府ハ始メ大藏ニ在リシカ嘉禄元年
政子ノ薨ズルト共ニ將軍藤原頼経之ヲ宇津
宮辻ニ遷シ後十一年ニシテ嘉禎二年再ビ此
ノ地ニ遷ス爾来九十八年頼経以後六代ノ將
軍相継ギテ政ヲ此ニ聴ケリ元弘三年新田義
貞ノ鎌倉ニ亂入スルニ及ヒニ廢絶セリ
大正七年三月建之
鎌倉町青年會

(一) 頼綱への諫言

鎌倉へ帰る

大聖人が佐渡から二年半ぶりに鎌倉に帰られたのは、文永《ぶんえい》十一（一二七四）年三月二十六日、五十三歳の時である。

竜口《たつのくち》の法難以来、幕府権力の強力な迫害はもとより、世間からも死罪流罪《るざい》の大悪僧と罵詈《めり》された大聖人、そしてその大聖人を信奉する弟子檀那《だんな》への弾圧も筆舌《ひつぜつ》に尽くしがたいものがあった。所領の没収や御内《みうち》追放などの生活に及ぶ迫害や、放火犯の汚名《おめい》まで着せられた。そのうえ頼みの大聖人は佐渡流罪となって生きて再び帰ることは不可能と思われたから、少輔房《しょうぼう》、能登房《のとぼう》、名越《なごえ》の尼等、多くの弟子檀那は退転し、一門は壊滅《かいめつ》状態となっていた。しかしその苦難の中で歯をくいしばり、幾多の迫害に耐えつつ、ひたすら大聖人からのお手紙を頼みとして、信仰に励んできた人々があった。日昭、日朗等の門弟と富木常忍《ときじょうにん》、四条頼基《よりもと》をはじめ、曾谷教信《そやきょうしん》、太田乗明《じょうみょう》、金原法橋《きんばらほっきょう》、波木井実長《はきりさねなが》、そして日妙、領家の新尼などの女性を含む少数の信徒たちであった。

大聖人は佐渡より、鎌倉の四条金吾に、

「凡夫《ぼんぶ》なれば動《やや》もすれば悔《く》ゆる心有りぬべし（中略）何程《いかほど》か日蓮に付いてくやし《悔》とおぼすらんと心苦しかりしに、案に相違して日蓮よりも強盛《ごうじょう》の御志どもありと聞こへ候は偏《ひとえ》に只事《ただごと》にあらず」

（呵責謗法滅罪抄　御書七一二㌻）

との手紙を送られ、こうした強盛な信心を貫く人々を称賛されている。

大聖人はこれらの弟子檀那《だんな》が退転することなく信仰を貫いたことを喜ばれ、そして妙法広布こそ我々の使命であり、折伏《しゃくぶく》弘教に邁進《まいしん》するよう励まされた。弟子檀那一同もここに大聖人をお迎えし、そのひざもとで信仰できる喜びと安心感は、大いなる妙法への確信となって、いよいよ折伏の意欲は高まっていった。

しかし未曾有《みぞう》の他国侵逼《しんぴつ》の暗雲ただよう日本の国の大難を思う時、大聖人にとっては、一門の無事と復興を喜ぶよりも、国の将来を憂《うれ》うる気持ちが強かった。ここに一国の救済を願い、三度《みたび》の国諫をかたく決意されたのである。

頼綱との対面

まもなく鎌倉幕府より出頭の命令が到来した。文永《ぶんえい》十一（一二七四）年四月八日、大聖人は幕府の館

において評定衆《ひょうじょうしゅう》の居並《いなら》ぶ中、平左衛門尉頼綱《へいのさえもんのじょうよりつな》をはじめ幕府要人らと対面された。この時のようすは、

『種々《しゅじゅ》御《お》振舞《ふるまい》御書』に、

「四月八日平左衛門尉に見参《げんざん》しぬ。さき《前》にはにるべくもなく威儀《いぎ》を和《やわ》らげてたゞ《正》しくする上」

（御書一〇六七㌻）

とあり、竜口《たつのくち》法難の時、あれほど居丈高《いたけだか》だった平左衛門尉が前とはうってかわり、威儀を和らげて大聖人を迎えたのである。

そして、

「或入道は念仏をとふ、或俗は真言をとふ、或人は禅をとふ、平左衛門尉は爾前《にぜん》得道の有無をとふ。一々に経文を引きて申す」（同右）

とあるように、このとき居並ぶ幕府の要人は大聖人に念仏、真言、禅宗等について質問し、更には平左衛門尉は爾前の得道について質問した。これに対して大聖人は一つ一つ経文を引きつつ、諸宗や爾前経では成仏できないことを述べ、ただ法華経のみ即身成仏すべき教えであることを説かれた。

さらに、

「平左衛門尉は上の御使ひの様にて、大蒙古国はいつか渡り候べきと申す」（同右）

と、平左衛門尉は蒙古襲来《もうこしゅうらい》についてその時期を問うた。これについて大聖人の返答は、

『報恩抄』に、

「四月の八日、平左衛門尉に見参《げんざん》してやうやうの事申したりし中に、今年は蒙古は一定《いちじょう》よ《寄》すべしと申しぬ」（御書一〇三〇㌻）

と述べ、また『高橋入道殿御返事』には、

「四月の八日、平さえもの《左衛門》尉にあひたりし時、やうやうの事どもと《問》いし中に、蒙古国はいつよすべきと申せしかば、今年よすべし。それにとて日蓮は《離》なして日本国にたすくべき者一人もなし。たすからんとを《思》もわしたまうならば、日本国の念仏者と禅と律僧等の頸を切ってゆいのはま《由比浜》にかくべし」（御書八八九㌻）

と述べられている。このように大聖人は、「今年は一定なり」と仰せられて、必ず今年中に蒙古の襲来があることを断言され、更に真言僧たちに祈禱《きとう》、調伏《じょうぶく》を申しつけられるならば必ず日本は敗れ、幕府や執権時宗《ときむね》も必ず悲惨《ひさん》な目に遭《あ》うであろう。真にこの国を助け自らも助からんと思うならば、直ちに邪宗の諸僧の首を切って謗法《ほうぼう》の根を断ち、正法に帰依しなければならないとの旨を厳しく仰せられた。

　これが大聖人の第三の国諫であり、三度の高名《こうみょう》のうち第三番目に当たるものである。このうちの第一回目は文応《ぶんおう》元（一二六〇）年七月十六日に、『立正安国論』をもって前執権北条時頼《ときより》を諫められたことであり、第二回目は文永《ぶんえい》八（一二七一）年九月十二日、竜口《たつのくち》法難の時、平左衛門尉《へいのさえもんのじょう》に向かって、

「日蓮は日本国の棟梁《とうりょう》なり。予《よ》を失ふは日本国の柱幢《はしら》を倒すなり」（撰時抄　御書八六七ジペー）

と諫められたことである。

そしてこの第三回目の国諫は『曽谷《そや》殿御返事』に、

「流罪《るざい》せられ命にも及びしなり。然《しか》れどもいまだこりず候」（御書一〇四〇ジペー）

と仰せられるように、自界叛逆《じかいほんぎゃく》の難が現実となって現れ、他国侵逼《たこくしんぴつ》の難がまさに勃発《ぼっぱつ》せんとする背景の中で、文字通り大聖人の命の底からの諫言であった。

しかし三度目の国諫も幕府の用いるところとはならなかった。

㈡　幕府の懐柔

幕府は諫言のなかの予言的中のみを恐れて、土地や堂社を大聖人に献上することを条件として、国家安泰の祈禱をしてほしいと願った。このことについて日道上人の『御伝土代《ごでんどだい》』には、

「大聖は法光寺《ほうこうじ》禅門、西の御門の東郷入道屋形の跡に坊作って帰依せんとの給う」（聖典五九七ジペー）

とある。

この「西の御門」の「東郷入道屋形の跡」というのは、鎌倉幕府のあった大倉館の西御門と鶴岡《つるがおか》八幡

宮の東にあたる地で、東郷覚忠《よしただ》の子武蔵《むさし》三郎景資《かげすけ》の一門が住んでいた所である。武蔵三郎景資一門が蒙古《もうこ》対治のために九州に派遣されていたので、その土地に坊舎を建て献上《けんじょう》しようとしたものであろう。

しかし大聖人は、

「世間法とは、国王大臣より所領をたまはり官位をたまふ共《とも》、夫《それ》には染せられず、謗法《ほうぼう》の供養を受けざるを以て不染《ふぜん》世間法とは云ふなり」（御講聞書　御書一八四七ジペー）

との御精神から、幕府の懐柔《かいじゅう》をもくろんだ申し出を一蹴《いっしゅう》された。

大聖人は名誉栄達《めいよえいたつ》を望むのではない。妙法を権力によって庇護《ひご》されることを望むのでもない。ひらすら一国の上下万民が妙法を信受し、信仰しなければ、真の救済も得脱《とくだつ》もないのであり、この一点こそ大聖人が生涯命をかけて訴《うった》え、念願されたことなのである。この御精神を鎌倉幕府は理解できなかった。

かくして大聖人は、

「本よりご《期》せし事なれば、三度国をいさめ《諫》んにもちゐずば国をさ《去》るべしと」

（種々御振舞御書　御書一〇六九ジペー）

と、この国諫の一カ月後に身延へと向かわれるのである。

(三) 加賀法印の祈雨

第三の国諫において、大聖人は平左衛門尉頼綱《へいのさえもんのじょうよりつな》に対し、くれぐれも真言による祈禱《きとう》はなすべきではないと告げられたにもかかわらず、折からの旱魃《かんばつ》によって井戸は涸《か》れ、作物も立ち枯れて、今やなすすべもない状態となっていた。そこで幕府はまたしてもその対策として雨乞《あまご》いの修法《しゅほう》を営むことになり、当時鎌倉の阿弥陀堂《あみだどう》の別当であった加賀法印《かがほういん》にその修法を命じたのである。

この加賀法印はかつて東寺第一の学者として真言の秘法を修得し、華厳、天台の諸宗をも学び尽くしたという、当時最も信望の厚い高僧であった。

文永《ぶんえい》十一(一二七四)年四月十日、いよいよ加賀法印の祈雨《きう》が始められた。すると十一日に雨が降りだし、一日一夜風は吹かず、雨は静かに降り続いた。そこで執権北条時宗は非常に感服し、金三十両や馬など、さまざまな褒賞《ほうしょう》を贈《おく》った。このために鎌倉中の上下万民は、

「日蓮は自《みずか》ら誤れる法門を弘めて首を切られるところを、運よく助かったにもかかわらず、神妙にするどころか相変わらず念仏、禅宗を謗《そし》り、それればかりではなく真言密教までも謗っている。このたび、真言密教による祈雨の験《しるし》が現れて、よい見せしめとなり、日蓮がいうところの法は敗れ、真

言が勝ったのである」

と手をたたき口をすくめて嘲笑《ちょうしょう》したという。

　大聖人の弟子の中にも、

「真言の祈禱《きとう》で雨を降らせることが出来《でき》ないとの仰せは誤りではないか」

との疑いをもつ者も出たので、大聖人は、

「しばし待て」

と仰せられ、

「弘法大師の悪義が真実であって国の祈りになるのならば、隠岐《おき》の法皇こそ戦《いくさ》に勝ったはずである。又《また》弘法は『十住心論』に、法華経を華厳経に劣ると書き、『秘蔵宝鑰《ひぞうほうやく》』には寿量品《じゅりょうほん》の釈迦仏を凡夫《ぼんぶ》と記している。そして天台大師を盗人と呼ばわり、あげくの果てには一仏乗の法華経を説いた仏をも、大日の履《は》き物取りにも及ばぬと書き記している。このような邪義を説く弘法の弟子たる加賀法印なのであるから、日蓮に勝つわけがない。もし勝つことがあったならば、雨を降らせる竜王は法華経の敵《かたき》となり、梵天《ぼんてん》、帝釈《たいしゃく》、四大天王に責められるであろう。故にこの降雨の現象はなにか深いわけがあるだろう」

と弟子たちに言い聞かせていたところ、翌日の四月十二日は雨もやみ、突如大風が吹き荒れ、鎌倉の大小の舎宅・堂塔・古木・御所等を天に吹き飛ばし、地に吹き入れ、空には大きな光り物が飛び、人々も牛馬も多く吹き殺されたのである。この風が台風の時期ならばいざ知らず、まだ初夏の四月である。その上日本全国に吹いたわけではなく、ただ関東八カ国であり、その中でも相模《さがみ》の国に強く吹き、相模の中でも鎌倉、とくに御所・若宮・建長寺・極楽寺等には強く吹いたという。

この時のようすについて『北条九代記』には、

「文永《ぶんえい》十一年四月十二日大風。草木枯槁《ここう》す」

と記され、大聖人も『報恩抄』に、

「去《い》ぬる文永十一年四月十二日の大風は、阿弥陀堂加賀法印《あみだどうかがほういん》、東寺第一の智者の雨のいのりに吹きたりし逆風《ぎゃくふう》なり。善無畏《ぜんむい》・金剛智《こんごうち》・不空《ふくう》の悪法を、すこしもたがへず伝へたりけるか。心にくし、心にくし」（御書一〇二四㌻）

と、述べられている。

このような現証によって、加賀法印の祈雨《きう》は失敗し、多大なる災害をもたらし、真言の祈りは正しいものではないことが露顕《ろけん》したのである。それまで大聖人を嘲《あざけ》り笑った鎌倉の人たちや弟子たちも、この不思議な出来事にただ驚くばかりであった。

また大聖人は『八幡宮造営事《はちまんぐう》』に、

「去《い》ぬる文永《ぶんえい》十一年四月十二日に、大風《だいふう》ふきて其《そ》の年他国よりおそひ来たるべき前相なり。風は是《これ》天地の使ひなり。まつり事あらければ風あらしと申すは是なり」（御書一五五七ジペー）

と、この悪風は蒙古《もうこ》襲来の前兆《ぜんちょう》であると仰せられている。かくして、

「大蒙古を調伏《じょうぶく》せん事《こと》真言師には仰せ付けらるべからず。若《も》し大事を真言師調伏するならば、いよいよいそいで此の国ほろぶべし（中略）天の御気色《みけしき》いかりすくなからず、きうに見へて候。よも今年はすごし候はじと語りたりき」（撰時抄　御書八六七ジペー）

と平左衛門尉頼綱《へいのさえもんのじょうよりつな》に告げられた大聖人の予言は的中し、この年文永十一（一二七四）年十月、蒙古の大軍が壱岐《いき》、対馬《つしま》を占領し、ありとあらゆる暴虐《ぼうぎゃく》を尽くし、彼《か》の地の住民は打ち殺され、あるいは生け捕《ど》られ、守備の軍勢は散々に打ち破られて敗退した。そしてその大軍は北九州の沿岸へと押し寄せて来た。

すなわち「文永の役《えき》」という未曾有《みぞう》の大事件が勃発《ぼっぱつ》するのである。

第十四章　身延入山

㈠ 隠栖の理由

大聖人の三度《みたび》にわたる諫言《かんげん》も幕府の用いるところとはならなかった。このまま鎌倉に在って正法を弘教し、国を諫《いさ》めても、幕府が用いないのであれば、今までと同じことをただ繰り返していくにすぎない。大聖人は、慨然《がいぜん》として鎌倉を去る決心をされた。このことを『下山御消息』に、

「国恩を報ぜんがために三度までは諫暁すべし、用ひずば山林に身を隠さんとおもひしなり」

（御書一一五三ページ）

と、また『光日房《こうにちぼう》御書』に、

「本よりごせ《期》し事なれば、日本国のほろびんを助けんがために、三度いさ《諫》めんに御用ひなくば、山林にまじわるべきよし存ぜしゆへ」（御書九六〇ページ）

と仰せられ、また、四条金吾に与えた書状に、

「旁《かたがた》存ずる旨ありしに依りて、当国当山に入りて」（四条金吾殿御返事　御書一五〇一ページ）

といわれているように、大聖人はいくつかの理由によって隠栖《いんせい》する決意を固められたことがわかる。その理由を考察するに、次の四点が挙げられよう。

第一の理由は、『報恩抄』に、

「同じき五月の十二日にかまくら《鎌倉》をいでて此《こ》の山に入れり。これはひとへに父母の恩・師匠の恩・三宝の恩・国恩をほうぜん《報》がために身をやぶり命をすつ《捨》れども破れざればさてこそ候へ。又賢人の習ひ、三度《みたび》国をいさむる《諫》に用ゐずば山林にまじわれということは定まれるれい《例》なり」（御書一〇三〇ジペー）

といわれているように、大聖人が四恩を報ずるため、一国の平安と衆生救済のため、身命を擲《なげう》ってなされた三度の諫めも、ついに用いられることはなかった。今はこれまでとして、大聖人は古《いにしえ》の賢人の例にならい山林に交わることを決せられたのである。

第二の理由は、法華経をことごとく身読された自身の足跡と、それに付随する心境・法義などを漏れなく著述し、後世のために残しておく必要があった。そのためには閑静《かんせい》な地こそ執筆するに最適であった。

第三の理由として、万代《ばんだい》にわたる広宣流布の基礎づくりと大計をはかることであった。

一門の将来を慮《おも》うとき、今こそ人材育成の必要性が感ぜられた。そのためにも弟子たちに対する教育の場と環境が必要であった。

第四の理由として、佐渡において『観心本尊抄《かんじんのほんぞんしょう》』等に略示せられた御内証《ごないしょう》の法体《ほったい》、すなわち「本門戒壇の大御本尊」を建立するためであり、同時にそれは法門の中枢《ちゅうすう》たる「三大秘法」の整足を図《はか》ることであった。すなわち、教相・外用《げゆう》の身読を末法尽未来際《じんみらいさい》の民衆救済のために、観心・内証の法体として確立するためには、慎重にして周到な準備と思索が必要であった。

このほかにもいくつかの理由が挙げられようが、重要な理由としては以上の四点に極まるであろう。この四点の中でも特に大聖人が力を注《そそ》がれた重要なものは、第三の人材育成と第四の法体の確立であった。これこそ、

「旁《かたがた》存ずる旨ありしに依りて、当国当山に入りて」（四条金吾殿御返事　御書一五〇一ジー）

との大聖人の御深意であったと拝される。

㈠　隠栖の理由

次に、隠栖《いんせい》の地を身延《みのぶ》に選ばれた理由を考察するに、当時門下の弘教地は相模《さがみ》・武蔵《むさし》・安房《あわ》・下総《しもうさ》・伊豆・駿河《するが》・甲斐《かい》等の各地方であった。このうち甲斐の国を除いた各地方は、幕府要人の所領地や他宗派の勢力地などさまざまな障害があって、いずれも令法久住《りょうぼうくじゅう》を図る隠栖の地としては問題があった。そこで大聖人は日興上人の勧めによって、ひとまず甲斐の身延に赴《おもむ》くこととなったのである。

その身延の地は甲斐の国巨摩《こま》郡（山梨県南巨摩郡）に属し、甲斐盆地、駿河（静岡県）を経て、太平洋に注ぐ富士川の西岸に位置する身延山（標高一一五三メートル）の周辺の地名であり、古くは「蓑《みの》夫《ぶ》」とも書いた。

この周辺は日興上人の弘教地でもあり、そこには日興上人教化《きょうけ》の波木井《はきり》六郎三郎実長《さねなが》とその一族がいた。この波木井実長は甲斐《かい》源氏の流れをくむ南部三郎光行《みつゆき》の六男で、鎌倉幕府の源頼経《よりつね》に仕官しており、甲州飯野《いいの》御牧《みまき》の三郷におよぶ領地を支配する地頭であった。実長は文永《ぶんえい》六（一二六九）年ごろ日興上人に教化を受け、念仏を捨てて大聖人に帰依しており、その一門や周辺の豪族たちも多く大聖人の門下となっていたのである。

日興上人と波木井氏の関係について、日興上人の『原殿御返事』には、

「日興が波木井の上下の御為《おんた》めには初発心の御師にて候」（聖典五六〇ジペー）

とあり、『本尊分与帳《ほんぞんぶんよちょう》』（白蓮弟子分与申御筆御本尊目録事）には、

「一、甲斐国南部六郎入道は日興の第一の弟子なり。仍《よ》って申し与うる所件《くだん》の如し」（歴全一―九一ジペー）

とあり、明らかに波木井実長（のちに入道して日円）は日興上人の折伏教化による檀越《だんのつ》であった。

このような経緯《いきさつ》から大聖人は、日興上人への絶対なる信頼のうえに甲斐の国、波木井郷の身延の地に隠栖《いんせい》を決せられたのである。

さらにこの身延の地は地理的にも、大聖人にとって、のちに『三大秘法稟承事《さんだいひほうぼんじょうのこと》』や『日蓮一期弘法付嘱書《いちごぐほうふぞくしょ》』に開示せられた戒壇を建立すべき最勝の地である富士山にも近いことが、隠栖の地にふさわしい

と考えられた。このほか鎌倉からも遠からず、幕府の動静を知るうえからも、また門下への連絡も比較的容易にできる場所であり、しかも深山の趣《おもむき》があるという点では隠栖の地として不足はなかった。しかし最も重要なことは大聖人に常随給仕《じょうずいきゅうじ》申し上げ、大聖人の御心をよく了知された日興上人の招請《しょうせい》によったということである。

大聖人は鎌倉の多くの人々と別れを惜しみ、新しい目的地たる身延山に向かって、日興上人等の弟子たちとともに旅立たれた。時に文永十一（一二七四）年五月十二日のことである。新暦では六月二十四日にあたり、梅雨《つゆ》明けやらぬむし暑い季節であった。

㈡　入　山

大聖人の鎌倉から身延への道中について『富木殿御書』には、

「十二日さかわ《酒匂》、十三日たけのした《竹下》、十四日くるまがへし《車返》、十五日をゝみや《大宮》、十六日なんぶ《南部》、十七日このところ《此処》」（御書七三〇ジペー）

と述べられている。これを現在の地名に合わせると、鎌倉を出て五月十二日には、神奈川県小田原市の酒匂《さかわ》に一泊、翌十三日は足柄《あしがら》路を通り静岡県駿東《すんとう》郡、現在の足柄駅近くの竹之下《たけのした》に一泊した。そして十四日は、沼津市三枚橋付近の車返しに一泊、十五日は富士宮市（大宮）に一泊、十六日には、山梨県南巨摩《こま》郡の南部で一泊し、十七日、ようやく波木井の郷に着き、波木井実長《さねなが》の館へ入られたのである。

途中、駿河《するが》の国を通過するに際して、大聖人は富士賀島《かじま》に在住の高橋入道に会いたいとの気持ちが強かった。この高橋入道というのは日興上人の俗縁に当たる人で、強信者《ごうしんじゃ》としてこの地方の中心的な檀越《だんのつ》の一人であった。大聖人も厚く信頼を寄せられていたことから、再会を楽しみにされていたのである。しかしこの方面は、北条得宗家《とくそうけ》の所領であり、極楽寺良観《りょうかん》の第一の支持者である北条時宗《ときむね》の母後家尼《ごけあま》の勢力地であったので、大聖人が立ち寄ることによって、高橋家に迷惑がかかっては申しわけないとの配慮から、忍んで通過されてきたのであった。その時のようすを、のちのお手紙の中で、

「今一度はみたてまつらんと千度《ちたび》をもひ《思》しかども、心に心をたゝかいてすぎ候ひき」

（高橋入道殿御返事　御書八八九ジペー）

と仰せになっている。

こうして大聖人一行は身延に到着されたが、『富木殿御書』の追伸に、

「けかち《飢渇》申すばかりなし。米一合もうら《売》ず。がしし《餓死》ぬべし。此《こ》の御房たちもみなかへ《帰》して但《ただ》一人候べし。このよしを御房たちにもかたらせ給へ」（御書七三〇ジペー）

とあるように、折からの全国的な飢饉《ききん》によって、農民は米一合さえ売ってくれなかった。そのため大聖

人一行は餓死を覚悟するほどであり、同行の弟子のほとんどを帰さざるを得なかった事情からも、いかに身延において難儀《なんぎ》されたかがわかるであろう。この身延の地について大聖人は、

「いまださだまらずといえども、たいし《大旨》はこの山中心中《しんちゅう》に叶《かな》ひて候へば、しばらくは候はんずらむ」（同右）

と記され、また『下山御消息』の中にも、

「且《しばら》く山中に罷《まか》り入りぬ」（御書一一五三㌻）

と記されるように、永住を志したものではなかった。『法蓮抄』にも、

「今適《たまたま》御勘気ゆりたれども、鎌倉中にも且くも身をやどし、迹《あと》をとゞむべき処なければ、かゝる山中の石《いわ》のはざま《間》、松の下に身を隠し心を静む」（御書八二一㌻）

とある。

これらの御文からみて、後世他門日蓮宗で強調する身延中心説や、身延戒壇説は大聖人の御真意でないことは明白である。大聖人は「隠栖《いんせい》」するための場所として、日興上人の薦《すす》めによって身延の地を容認されたにすぎないのである。

身延の山

㈢　法華取要抄述作

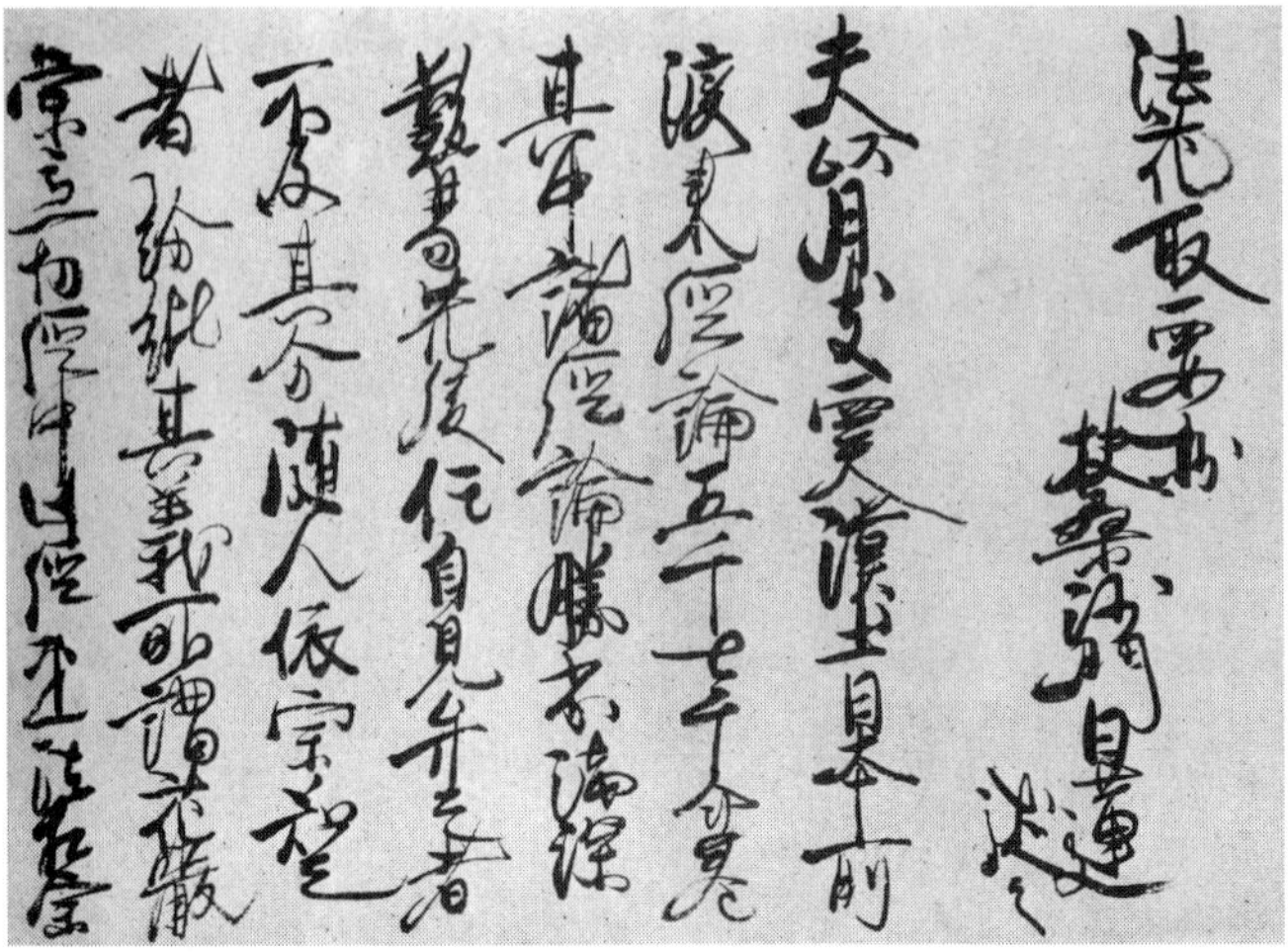

大聖人御真筆『法華取要抄』

波木井実長《はきりさねなが》の館に入られた五月十七日、早速、大聖人は鎌倉からの道中のようすを富木《とき》氏に書き送られた。その後『法華取要抄』と題する重要な法門書を書き始め、五月二十四日に書き上げられた。久しく胸の奥に蔵されていた秘奥の法門を、いま入山の第一声として説き明かされたのである。

いまだ草庵も成らず、波木井の館において認《したた》められた当書は、下総《しもうさ》の強信者であり、信任の厚い富木常忍《じょうにん》に与えられた。

この『法華取要抄』はその名のとおり、法華経の要中の要である三大秘法の南無妙法蓮華経が、末法弘通の法体《ほったい》であることを、初めて整足して説かれた重要な御書である。

㈢　法華取要抄述作

日寛《にちかん》上人は、その題号について『法華取要抄文段《もんだん》』に、

「『法華取要抄』とは、『法華』の二字は一代経の中に爾前《にぜん》を簡《えら》び、『取要』の両字は法華経の中に広略を簡ぶ。謂《い》わく、一代経の中には但《ただ》法華経、法華経の中には但肝要《かんよう》を取る、故に『法華取要抄』と名づくるなり」（御書文段四九七㌻）

と仰せである。

その内容については、まず一代諸経の教法・教主の両面よりその勝劣を論じ、法華経の最勝なることを明かされ、次に、

「問うて曰《いわ》く、法華経は誰人の為に之《これ》を説くや。答へて曰く（中略）滅後の衆生を以《もっ》て本と為《な》す。在世の衆生は傍《ぼう》なり。滅後を以て之を論ずれば正法一千年・像法一千年は傍なり。末法を以て正と為す。末法の中には日蓮を以て正と為すなり」（御書七三四㌻）

と、法華経を説いた釈尊の目的は、末法のためであり、その末法においても大聖人のために説かれたものであることを明示されている。

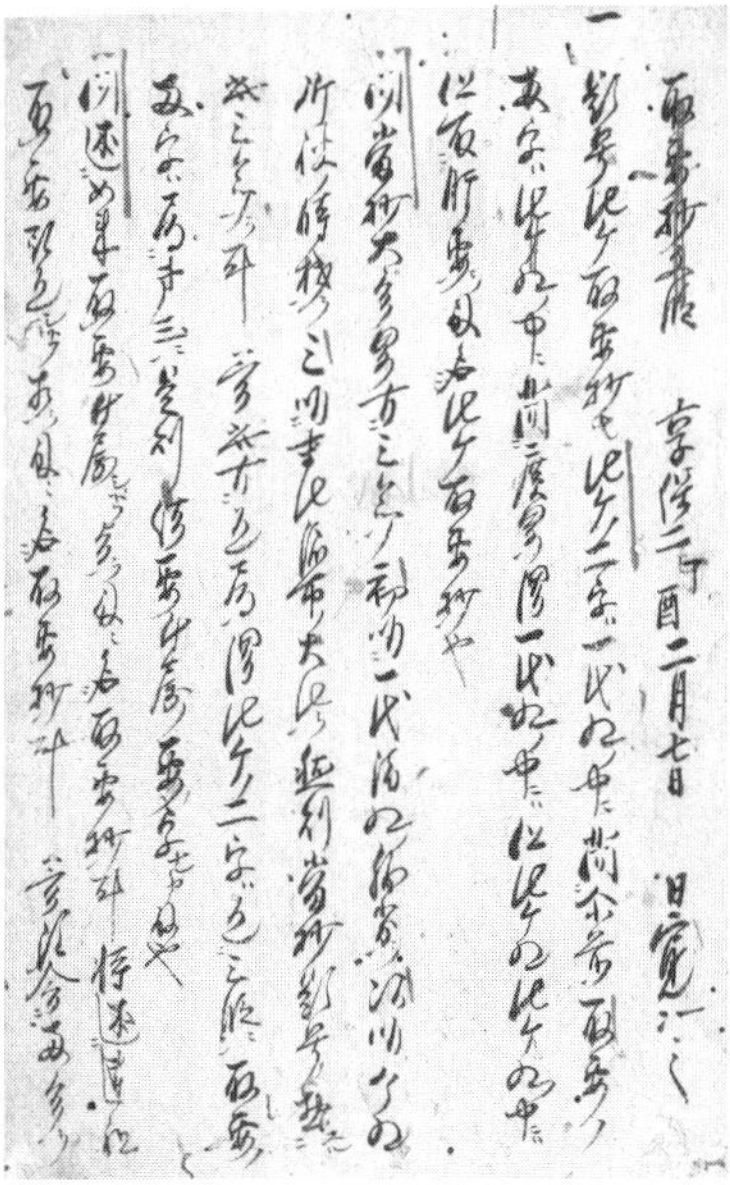

日寛上人筆『法華取要抄文段』（大石寺蔵）

当抄は身延期における御化導の第一声ともいうべき法門の大転換を示されている。それまでの法門は釈尊所説の法華経を中心に据《す》えて、ある時は既成《きせい》仏教を破折《はしゃく》する権実《ごんじつ》相対の立場であり、また天台宗に対しては法華経の本迹《ほんじゃく》相対の立場からの破折であった。また御自身も法華経を身業《しんごう》読誦したところの上行日蓮という立場であった。しかるに、今ここにおいて釈尊の法華経が在世のために説かれたと見ることは二次的（傍）解釈であって、末法、その中でも日蓮を予証し開示せんがための法華経であったと説かれるのである。まさに仏教の中心は文上の法華経ではなく、この末法に出現した日蓮に存するのであるという大確信のもとに、御本仏としての甚深の境界《きょうがい》を教示されたのである。

そして、当抄においては大聖人所立《しょりゅう》の末法流布の大法を説き明かされている。

すなわち、

「日蓮は広略を捨てゝ肝要《かんよう》を好む、所謂《いわゆる》上行菩薩所伝《しょでん》の妙法蓮華経の五字なり」（御書七三六ジペー）

と説き、一切経のなかにはただ法華経、法華経のなかでも広略を捨てて、肝要たる文底下種の南無妙法蓮華経をもって、末法流布の大法とされている。その大法とは、

「問うて云《い》はく、如来滅後二千余年に竜樹《りゅうじゅ》・天親《てんじん》・天台・伝教の残したまへる所の秘法何物《なにもの》ぞや。答へて曰《いわ》く、本門の本尊と戒壇《かいだん》と題目の五字となり」（同右）

と、在世正像二千年に未《いま》だ弘められることのなかった末法下種の正体たる三大秘法のことであること

を、ここにはっきりと示されているのである。

そして最後に、

「是《か》くの如《ごと》く国土乱れて後上行等の聖人出現し、本門の三つの法門之《これ》を建立し、一四天・四海一同に妙法蓮華経の広宣流布疑ひ無き者か」（御書七三八ジペー）

と結ばれている。

かくして、あらゆる天変地夭《ちよう》を含めた大いなる国土の乱れののちに、日蓮大聖人が「上行等の聖人」つまり御本仏として出現され、本門の本尊、本門の戒壇、本門の題目の三大秘法の仏法を建立し、一天四海が一同に南無妙法蓮華経と唱え、この大法が未来永劫に広宣流布することは疑いないことを断言されたのである。

㈣　身延の庵室

身延の山に入られた大聖人に対し、波木井実長《はきりさねなが》は、さっそく波木井の郷の戌亥《いぬい》の隅《すみ》にあたる西谷《にしたに》の地に、立派な堂宇《どうう》を建立寄進しようとした。しかし大聖人はこれを制して許されず、自らは質素な庵室を造営されたのである。

『庵室修復書』には、

「去《い》ぬる文永《ぶんえい》十一年六月十七日に、この山のなかに、き《木》をうちきりて、かりそめにあじち《庵室》をつくりて候」（御書一一八九㌻）

とあり、かりそめの庵室が完成したのは、ちょうど入山一カ月後の六月十七日のことであった。

この庵室は、「かりそめのあじち」であって、屋根は天上などない草葺《くさぶき》、壁も「木の皮をはぎて四壁」（秋元御書　御書一四五三㌻）とした質素なものであった。その大きさについては「十二のはしら《柱》」（庵室修復書　御書一一八九㌻）とあるところから、三間《さんげん》四方ということは想像できるが、当時の一間《けん》は現在と違っており、はっきりした広さはわからない。

身延草庵跡付近

さて、こうして出来上がった庵室に、大聖人は約八年間住まわれたのであるが、やはり簡単な造りのため、数年もたたずしていたみが目立ちはじめた。そして庵室完成より四年後の建治《けんじ》三（一二七七）年の冬には、ついに、

「十二のはしら《柱》四方にかうべ《頭》をなげ《投》、四方のかべは一そ《所》にたうれ《倒》ぬ」（庵室修復書　御書一一八九㌻）

というありさまとなり、修復を余儀なくされたのである。

しかし修復といっても数人の御弟子方による急ごしらえでは、完成したとしても満足できるものではなかった。

「坊ははんさく《半作》にて、かぜゆき《風雪》たまらず、しきものはなし」（兵衛志殿御返事　御書一二九五㌻）

「処は山中の風はげしく、庵室はかごの目の如《ごと》し」（四条金吾許御文　御書一五二三㌻）

等の御文によっても、庵室の簡素さがしのばれよう。このような住まいで迎える厳寒《げんかん》の身延山《みのぶさん》の冬は、言語を絶するものであったと思われる。

身延の山河

大聖人は身延の地について、『秋元御書』に、

「此《こ》の山の為体《ていたらく》日本国の中には七道あり。七道の内に東海道十五箇国、其《そ》の内に甲州飯野御牧《いいのみまき》三箇郷の内、波木井と申す。此の郷の内、戌亥《いぬい》の方に入りて二十余里の深山あり。北は身延山、南は鷹《たか》取《とり》山、西は七面《しちめん》山、東は天子山なり。板を四枚つい立てたるが如し。此の外を回りて四つの河あり。北より南へ富士河、西より東へ早河、此《ここ》は後なり。前に西より東へ波木井河の中に一つの滝あり。身延河と名づけたり（中略）此の四山四河の中に、手の広さ程の平らかなる処あり。爰《ここ》に庵室

を結んで」（御書一四五三㌻）

と説明されている。北は身延、南は鷹取《たかとり》、西は七面、東は天子と、四方を高い山に、また、富士河、早河、波木井河、身延河と、四つの急な河に囲まれたわずかな所に庵室は建てられた。そこは、

「昼は日をみず、夜は月を拝せず」（種々御振舞御書　御書一〇七二㌻）

とあるように、樹木がうっそうと生《お》い茂り、冬は雪深く、夏は草深く、道らしき道すらない所であった。このような地には、訪ね来る人も希《まれ》であり、ただ聞こえるのは鳥や獣《けもの》の鳴き声と川瀬の音ばかりであった。

身延の生活

大聖人は文永《ぶんえい》十一（一二七四）年六月に庵室を築かれてより弘安《こうあん》五（一二八二）年に至るまで、この身延の深山に居住され、身延の沢から一度も出られることはなかった。

その間における生活は、決して豊かではなかった。各地の信徒たちから送られてくる御供養の品々も、衣類・食料・調味料等と種々にわたり、かなりの量にのぼるようであるが、それでも弟子たちを養うにはとても十分ではなく、実に質素きわまる生活であった。

因《ちな》みに当時御供養のあった食料品をみると、米・麦・粟《あわ》などの穀物《こくもつ》のほか、芋《いも》・大根・ごぼう・豆・

こんにゃく・たけのこ等の野菜類、他に餅《もち》や酒、そして油・塩・味噌《みそ》の調味料などが挙げられる。大聖人は、これら食料品に限らず、すべての御供養に対して、その多少にかかわらず一つ一つ丁寧《ていねい》に返事を書かれ、それぞれの信心の深化のための指南をされている。

弘安《こうあん》元（一二七八）年九月の『上野殿御返事』には、

「富人なくして五穀《ごこく》ともし《乏》。商人なくして人あつまる《集》事なし。七月なんどはしほ《塩》一升をぜに《銭》に百、しほ五合を麦一斗にかへ《換》候ひしが、今はぜんたい《全体》しほ《塩》なし。何を以てかかう《換》べき。みそ《味噌》もたえ《絶》ぬ」

（御書一二七二ページ）

とあり、当時一般世間においてさえ深刻な食糧不足であり、まして身延の厳しい山中に在っては、当然食料は乏《とぼ》しく、米や麦はもちろんのこと、野菜や塩、味噌などの生活必需品《ひつじゅひん》すら手に入れることは困難であった。また、雪も深く、冬の長い身延では、衣服敷物《しきもの》等に至るまで、こと欠くありさまであった。

『単衣《ひとえ》抄』に、

「蘇武《そぶ》が如《ごと》く雪を食として命を継ぎ、李陵《りりょう》が如く蓑《みの》をきて世をすごす（中略）鹿の皮破《やぶ》れぬれば裸《はだか》にして三・四月に及べり」（御書九〇四ページ）

と記され、『莚《むしろ》三枚御書』には、

「此《こ》の身延山には石は多けれども餅なし。こけは多けれどもうちしく物候はず。木の皮をはいで

しき物《敷》とす」（御書一五九二ジペー）

とあるように、衣服にしても敷物にしても常に乏しく、身延の厳寒《げんかん》に難儀された。衣服等の御供養も袈《け》裟《さ》・衣・小袖《こそで》・帷子《かたびら》・布など多く記されてあるが、これとて大聖人お一人で使用されたわけではなく、当然弟子たちにも分け与えられているであろうから、寒さをしのぐまでには至らなかった。

また、身延の山中では油などもなかなか手に入らず、明かりをともすことも意のままにはならず、暖《だん》を取るにしても、少しばかりの薪《たきぎ》のたくわえでは身延の長い冬を過ごすことは不可能なことであった。

大聖人の身延での九カ年間は、常にこの飢えと寒さとの壮絶な戦いであった。

そうした中にあっても、大聖人は『忘持経事《ぼうじきょうじ》』に、

「法華読誦《どくじゅ》の音《こえ》青天に響《ひび》き、一乗談義の言《ことば》山中に聞こゆ」（御書九五七ジペー）

と仰せられるように、昼夜に法華経を読誦し論談するという、心ゆくまでの修行の毎日をすごされたのであった。

しかし当初の静けさも、いつのまにか日増しにふえる弟子や参詣者によって、賑《にぎ》やかな庵室に変わっていった。この中には、建治《けんじ》二（一二七六）年十一月、十八歳で大聖人の膝下《しっか》に入門した日目《にちもく》上人などもいた。御書によると、こうして弘安《こうあん》元（一二七八）年のころには四、五十人の人たちが大聖人の指導をあおぎ、修学研鑽《けんさん》に励んでいたという。

さらに弘安二年八月の『曾谷《そや》殿御返事』には、

「今年一百余人の人を山中にやしなひて、十二時《じゅうにとき》の法華経をよましめ談義して候ぞ」

（御書一三八六ジペー）

とあり、その数は百人以上にふくれあがることもあった。たいていの者は「私はだれそれの兄です、弟です」と、何かの縁をたよりに大聖人を慕《した》って集ってきた人々であった。それらの中には下山の僧日永のように念仏僧でありながら、

「閑所《かんしょ》より忍びて参り、御庵室の後にかくれ」（下山御消息　御書一一三七ジペー）

と、ひそかに大聖人の御法門を聞きにくる者さえいたという。

かくして、大聖人の御教示を受けた弟子・檀越《だんのつ》の信心は、全国各地に妙法の息吹《いぶき》となって伝わり、ここに広宣流布への着実な礎《いしずえ》が築かれていった。

㈤　蒙古襲来（文永の役）

大聖人が身延に入山されて五カ月後の文永《ぶんえい》十一（一二七四）年十月、ついに大聖人の予言は的中し、約二万五千余の蒙古《もうこ》の大軍が九州博多《はかた》に来襲《らいしゅう》した。

蒙古《もうこ》は文永《ぶんえい》の役までの過去八年間に六回の使者を日本に送り、日本との交渉を求めていた。しかし言葉こそ丁重であったが、その言わんとするところは、日本も高麗《こうらい》と同様に蒙古の属国になるように、との強迫に近い内容であった。

文永十一年正月、元は高麗に大規模な造船命令をくだし、突貫工事で造船をいそがせた。三月になり、元《げん》は高麗にいた忻都《きんと》・洪茶丘《こうちゃきゅう》らに日本征伐《せいばつ》の命をくだし、七月を出征《しゅっせい》の時と定めたのである。しかし六月十八日、高麗の国王の元宗《げんそう》が死去したため、元の日本遠征軍は予定より三カ月遅れて、十月三日、合浦《がっぽ》を出発したのである。

十月五日、対馬《つしま》の佐須浦《さすうら》（現在の小茂田《こもだ》の海岸）に着いた一千の蒙古軍は、守護代右馬允宗助国《うめのじょうそうすけくに》（宗《そう》総馬尉《そうまのじょう》）をはじめとする一族、および無防備の島民を殺りくした。

この時の惨状を大聖人は、『一谷《いちのさわ》入道女房御書』に、

「十月に蒙古国より筑紫《つくし》によせて有りしに、対馬の者かため《固》て有りしに宗《そう》の総馬尉《そうまのじょう》逃げければ、百姓等は男をば或は殺し、或は生け取りにし、女をば或は取り集めて手をとを《通》して船に結《ゆ》ひ付け、或は生け取りにす。一人も助かる者なし」（御書八三〇㌻）

と記されている。

蒙古軍が対馬を制圧してのち、壱岐《いき》へ現れたのは十日近くも経過した十四日のことである。二艘《そう》から

四百余人が上陸し、守護代平景隆《かげたか》が百余騎をもってこれを防戦したがかなわず、十五日、ついに城は攻め落とされ、景隆は城の中で自害して果てた。

これについて同御書に、

「壱岐によせても又是《か》くの如し。船おしよせて有りけるには、奉行入道・豊前《ぶぜん》の前司《ぜんじ》は逃げて落ちぬ。松浦党《まつらとう》は数百人打たれ、或は生け取りにせられしかば、寄せたりける浦々の百姓ども壱岐・対馬の如《ごと》し」（同右）

と記されている。

勢いにのった蒙古《もうこ》軍は、ついに十月二十日（新暦十一月二十六日）博多湾西部の今津《いまづ》から百道原《ももちばら》へ上陸し、麁原《そはら》・鳥飼《とりかい》・別府《べっぷ》・赤坂《あかさか》におしよせた。蒙古軍は火薬を用いた彼ら独特の集団戦略を用いたため、日本軍は博多・箱崎《はこざき》（筥崎）を退却し、ついに大宰府《だざいふ》まで退いた。

しかし決着のつかないまま、蒙古軍は船に引きあげたが、その夜の豪雨によって蒙古の軍船の多くが沈没し、大半の兵士が海中の藻屑《もくず》となった。『高麗史』によれば、戦死及び溺死《できし》する者一万三千五百人、そのほか難をのがれた者は、一カ月以上もかかって、十一月二十七日、高麗の合浦に帰り着いたという。

身延の大聖人のもとへ、この報《しら》せが入ったのは十一月初旬であった。

大聖人は、これら壱岐・対馬の人々の嘆《なげ》きのようすを『兄弟抄』に、

蒙古来襲の惨状

「文永《ぶんえい》十一年の十月ゆき《壱岐》・つしま《対馬》、ふのもの《武者》ども一時に死人となりし事は、いかに人の上とをぼ《思》すか。当時もかのうて《討手》に向かひたる人々のなげ《嘆》き、老いたるをや《親》、をさな《幼》き子、わか《若》き妻、めづら《珍》しかりしすみか《住家》うちす《捨》てゝ、よしなき海をまぼ《守》り、雲のみ《見》うればはた《旗》かと疑ひ、つりぶね《釣船》のみ《見》ゆれば兵船《ひょうせん》かと肝心《きもごころ》をけ《消》す。日に一二度山えのぼ《登》り、夜に三四度馬にくら《鞍》ををく。現身に修羅道《しゅらどう》をかん《感》ぜり」（御書九八二ページ）

と記されている。

対馬《つしま》の国の守護職宗総馬尉《そうそうまのじょう》、鎮西奉行《ちんぜいぶぎょう》の大友頼泰《よりやす》入道、豊前前司《ぶぜんのぜんじ》の少弐資能《しょうにすけよし》（入道覚恵《かくえ》）、あるいは松浦《まつら》一族といった名だたる武将、勇士が皆、殺されてしまったという報《しら》せに、人々は恐れおののき、その悲惨なありさまは、現身に修羅道《しゅらどう》を感じたのであった。

大聖人は、このような他国侵逼《しんぴつ》の難という悲劇の原因は、

「是偏《これひとえ》に仏法の邪見なるによる」（曾谷入道殿御書　御書七四七ページ）

と断言せられて、すみやかに真言等の諸宗の悪法を対治し、その悪義を禁止すべきであると喝破《かっぱ》されている。

しかしながら当時の人々は、暴風雨による蒙古軍の退散は、ひとえに筥崎《はこざき》八幡宮の神護《じんご》のおかげであると噂《うわさ》した。

大聖人はこれら浅はかな人々を嘆《なげ》かれ、『撰時抄』に、

「いまにしもみよ。大蒙古《もうこ》国数万艘《そう》の兵船《ひょうせん》をうかべて日本国をせめば、上一人より下万民にいたるまで一切の仏寺・一切の神寺をばなげすてゝ、各々声をつるべ《連合》て南無妙法蓮華経、南無妙法蓮華経と唱へ、掌《たなごころ》を合はせてたすけ給へ日蓮の御房、日蓮の御房とさけび候はんずるにや」

（御書八六六ページ）

と仰せられている。

また大聖人は、これらの予言的中をもって、文永《ぶんえい》十一年十一月『聖人知三世事』を著《あらわ》し、

「日蓮は一閻浮提《いちえんぶだい》第一の聖人なり」（御書七四八ページ）

と、自《みずか》ら兼知未萌《けんちみぼう》の聖人、すなわち仏としての境界《きょうがい》を宣言された。

更に文永《ぶんえい》十一年十二月、門下一同に対して『顕立正意抄《けんりっしょうい》』を著され、

「今日蓮が弟子等も亦是《またか》くの如《ごと》し。或は信じ或は伏し、或は随《したが》ひ或は従ふ。但《ただ》名のみ之《これ》を仮りて心中に染まらざる信心薄《うす》き者は、設《たと》ひ千劫をば経《へ》ずとも或は一《いち》無間《むけん》或は二無間乃至十百無間疑ひ無からん者か。是《これ》を免《まぬか》れんと欲《ほっ》せば各薬王《やくおう》・楽法《ぎょうぼう》の如く臂《ひじ》を焼き皮を剥《は》ぎ、雪山《せっせん》・国王等の如く身を投げ心を仕《つか》へよ。若《も》し爾《しか》らずんば五体を地に投げ遍身に汗を流せ。若し爾らずんば珍宝を以《もっ》て仏前に積め。若し爾らずんば奴婢《ぬひ》となって持者に奉《つか》へよ」（御書七五一ジペー）

と、きびしい訓戒を与えた。

この『顕立正意抄』は、その題号の通り、『立正安国論』の意を顕《あらわ》すということで、『安国論』における自界叛逆《じかいほんぎゃく》・他国侵逼《しんぴつ》の両難の予言が、今現実となってことごとく符合《ふごう》したことをもって将来を考えるに、すみやかに国中の謗法を止《とど》め妙法蓮華経の正法に帰依しなければ、すべての人々は必ずや大無間地獄に堕ちることは疑いなく、このことは大聖人の弟子とて例外ではないと、いっそうの信心を励まされるとともに、世の人々に警告されたのである。

第十五章　法論対決

㈠ 撰時抄述作

文永《ぶんえい》十一（一二七四）年は蒙古《もうこ》の来襲という大事件が日本全土をゆるがした年であった。明けて文永十二（建治《けんじ》元）年の四月十五日に再び蒙古の使いとして、杜世忠《とせいちゅう》等が長門《ながと》（山口県）の室津《むろつ》に到着した。そこで幕府は、さっそく杜世忠等の使節を鎌倉に召喚《しょうかん》し、蒙古国の情勢を尋ね、その実情を知るにおよんで、ただ恐怖感をつのらせるばかりであった。

大聖人はこうした幕府の動揺と民衆の不安を、身延の山中にあって強く感じておられた。そしていまこそ、五濁悪世闘諍堅固《ごじょくあくせとうじょうけんご》の末法にはいかなる仏法を弘めるべきか、またいかなる教えによらなければならないかということを世の人々に知らせるため、『撰時抄』と題する二巻からなる書を、建治元年六月十日に著《あらわ》し、日興上人の外戚《がいせき》にあたる駿河《するが》西山の由比《ゆい》氏に与えられた。

当抄は身延入山後一年を経たこの時期をふまえ、末法という「時」の観点から二段に大別して論じられている。一つはこれまでの法門、とくに弘長《こうちょう》年間の伊豆配流《はいる》中に開示された五綱《ごこう》の教判が真実であったことを、御自身の身読《しんどく》によって証明されたこと。もうひとつは将来の化導《けどう》、すなわち妙法流布《るふ》の必要性を論じ、大聖人のお振る舞いこそ法華経の真髄であり、末法の法華経の行者たる大聖人の教えによらなければ一国の安泰《あんたい》はありえないことを、烈々たる確信をもって訴えられている。

まず題号について日寛《にちかん》上人は『撰時抄愚記《ぐき》』に、「撰時」とは正像の時を「撰捨」し、ただ末法の時を「撰取」するゆえに『撰時抄』というと釈され、別して末法の時を撰取する意について、

「問う、別して末法の時を撰取する意如何《いかん》。答う、此《ここ》に両意あり。一には今末法に於ては、必ず応《まさ》に文底秘沈《ひちん》の大法広宣流布すべし。二には今末法に於ては、応《まさ》に日蓮を以《もっ》て下種の本尊と為《な》すべし」（御書文段二八九㌻）

との二意あることを示されている。

また、題号の下に認《したた》められた「釈子日蓮述《しゃくし》」の「釈子」について五義を挙げ、

「第一には、蓮祖は是《こ》れ本化の再誕なるが故に（中略）第二には、蓮祖は能《よ》く法の邪正を糾《ただ》したもうが故に（中略）第三には、蓮祖は能く謗法を呵責《かしゃく》したもうが故に（中略）第四には、蓮祖は能く此《こ》の経を読持したもうが故に（中略）第五には、蓮祖は即《すなわ》ち是れ本因妙の釈尊なるが故に」（御書文段二九一㌻）

と釈されている。すなわち、大聖人を外用《げゆう》の辺《へん》からは、上行菩薩の再誕・法華経の行者としての「釈子」とし、内証の辺からは、本因妙《ほんにんみょう》の釈尊とするのである。「釈」とは釈尊の義、「子」とは因の義、ゆえに本因の釈尊とは、『本因妙抄』に、

「釈尊久遠名字即《くおんみょうじそく》の位の御身の修行を、末法今時《こんじ》の日蓮が名字即の身に移せり」

（御書一六八四㌻）

とあるように、日蓮大聖人が久遠本因名字の教主であることは明白である。ここに「釈子」の本義があると釈されている。

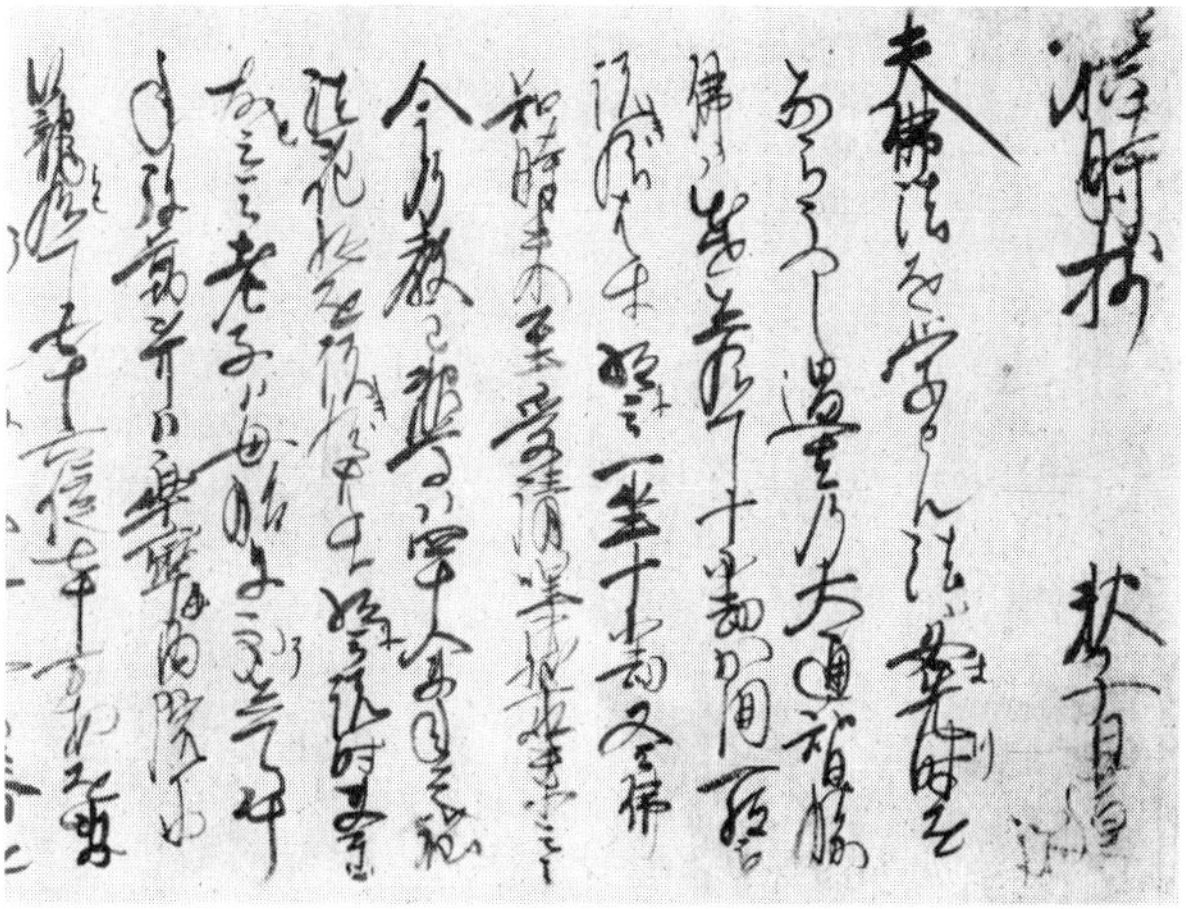

大聖人御真筆『撰時抄』

本抄の内容は、冒頭に、

「夫《それ》仏法を学せん法は必ず先《ま》づ時をならうべし」

（御書八三四㌻）

と仰せられ、宗教の五綱の中で肝要《かんよう》なのは、「時」であることを明かされている。つづいて釈尊滅後、正法・像法・末法における釈尊の予言と、インド・中国・日本の三国にわたる仏法流伝の相を示し、それぞれの時代と国土に流伝した相応の仏法を説き示された。そして末法の今、白法隠没《びゃくほうおんもつ》の時代には上行菩薩が出現して、法華経の肝心《かんじん》たる南無妙法蓮華経の大白法を広宣流布し、一切衆生を救うことを明らかにされている。その上行菩薩とは末法の仏であって、日蓮大聖人御自身であることを暗に示されているのである。これは五綱の第五、教法流布の前後を合わせて論じたものである。

また本抄では、真言、念仏、禅等の諸宗は時に適《かな》わぬ教えであり、その教義の誤りをも指摘され、国土の災難は諸宗の謗法《ほうぼう》によることを断言され、とくに真言宗の邪義を徹底的に破折されている。そして本抄に一貫して流れる大聖人の主張は、

「如来の教法は必ず機に随《したが》ふという事は世間の学者の存知なり。しかれども仏教はしからず（中略）機に随って法を説くと申すは大なる僻見《びゃっけん》なり」（御書八四六㌻）

ということである。すなわち仏法においては、凡夫《ぼんぶ》の機情に合わせて法を説くことは大なる間違いであって、凡情《ぼんじょう》の機の順逆にかかわらず、時の定める法によらねば、利生得益《りしょうとくやく》はないと仰せられるのである。では時とは何かというと、正像末の三時である。この三時とは仏の甚深の開悟、すなわち法界の真理であって、誰人もこれを改変することも、逃れることもできないのである。

いまこの厳格なる法界の規定ともいうべき時をもって論ずるならば、末法現時は法華経の広まる時であり、法華経によらねば一切の利益《りやく》のない時である。

いま当抄の、

「日出《い》でぬれば星かくる。賢王来たれば愚王ほろぶ。実経流布せば権経《ごんぎょう》のとゞまり、智人南無妙法

蓮華経と唱えば愚人の此《これ》に随はんこと、影と身と声と響きとのごとくならん。日蓮は日本第一の法華経の行者なる事あえて疑ひなし。これをもってすい《推》せよ。漢土・月支《がっし》にも一閻浮提《いちえんぶだい》の内にも肩をならぶる者は有るべからず」（御書八六四㌻）

と、大聖人がまさに日本を救うべき者であることを説かれたこの文は、『開目抄』の三徳具備《ぐび》の文と軌《き》を一《いつ》にしたものといえよう。これは、一閻浮提第一の法華経の行者は日蓮一人なりとの大確信であり、末法の御本仏の境界に立たれてのお言葉である。

したがって、末法に生を受けた人々こそ、この妙法に値遇《ちぐう》できることを悦《よろこ》ぶべきであるとして、

「道心あらん人々は此《これ》を見きゝて悦ばせ給へ。正像二千年の大王よりも、後世ををも《思》はん人々は、末法の今の民にてこそあるべけれ。此を信ぜざらんや。彼《か》の天台の座主《ざす》よりも南無妙法蓮華経と唱ふる癩人《らいにん》とはなるべし」（御書八三八㌻）

と述べられ、最後に弟子一同に対して、

「されば我が弟子等心みに法華経のごとく身命もをし《惜》まず修行して、此《こ》の度仏法を心みよ。南無妙法蓮華経、南無妙法蓮華経」（御書八七一㌻）

と不惜身命《ふしゃくしんみょう》の信心に立つことを促《うなが》されている。

蒙古使御書

一国を救わんとする大聖人の誠意を無視し、ひたすら真言、念仏等の邪法に頼る幕府は、単に手紙を持参したにすぎない蒙古《もうこ》の使者杜世忠《とせいちゅう》等を約五カ月間拘留《こうりゅう》したのち、建治《けんじ》元（一二七五）年九月七日、こともあろうに竜口《たつのくち》において斬首《ざんしゅ》したのである。邪宗謗法《ほうぼう》の害毒による悩乱の仕業《しわざ》としかいいようのない残酷《ざんこく》な仕打ちであった。そしてそれはまた幕府の政治手腕がいかに無能であり、考えが幼稚であったかを物語っている。

大聖人もこの報《しら》せを受け、直《ただ》ちに『蒙古使御書』を認《したた》め、西山入道殿に送られた。

大聖人は、

「蒙古の人の頸《くび》を刎《は》ねられ候事承り候。日本国の敵にて候念仏・真言・禅・律等の法師は切られずして、科《とが》なき蒙古の使ひの頸を刎ねられ候ひける事こそ不便《ふびん》に候へ」（御書九〇九ジペー）

と仰せられ、災難の元凶《げんきょう》であり、不幸の根源である邪宗謗法の僧侶たちこそ斬罪《ざんざい》に処すべきであるのに、そうではなく、何の罪も武力も持たない蒙古の使者が首を刎ねられたことは、何とも気の毒なことであると、深く同情を寄せられ、いよいよ悩乱する幕府と日本の行く末を案じられるのであった。

(二) 強仁の問難

建治《けんじ》元（一二七五）年十二月二十六日、大聖人のもとに一通の問難書が届いた。強仁《ごうにん》と名のる僧からであった。その文面は次のようなものであった。

「……風聞《ふうぶん》の如くんば、了満《りょうまん》の宗を謗《そし》り、無間《むけん》の業《ごう》と名《なづ》くるは、頗《すこぶ》る其《そ》の文証不審也。貴禅伝ふる所、定て之《これ》あらん歟《か》。伏《ふし》て乞《こ》ふ利生の為に少少引出さるべし、若《も》し爾《しか》らずば非拠の狂言啻《ただ》に超八の圓教《えんぎょう》を誹謗するのみならず、亦是《またこ》れ唯一の行人を悩乱す。妙経の一句頭破《ずは》作《さ》七分の文遁《のが》れ難き者也（中略）又麁言軟語《そげんなんご》に住するも、皆第一義の正法に帰する随宜《ずいぎ》仮説の心ならば、労《わずら》はしく御答に及ぶべからず。誠恐誠惶　謹言

十月二十五日　　仏子　強　仁

進上　日蓮上人　御宝座前　」

この書面で注目すべきことは、書き上げてから大聖人のもとに届くまで、二カ月間も経過していることである。

この強仁《ごうにん》なる僧については、はっきりしたことはわからないが、京都の僧とも、甲州《こうしゅう》の僧ともいわ

れ、天台・真言の兼学僧であったらしい。この僧が大聖人のもとへ問難書を出すのに二カ月もかかっているということは、背後に複雑な事情があったことを想像させる。単に一人の僧からの問難書と見るよりも、真言師全体からの挑戦状と思われるものであった。

これに対して大聖人は直《ただ》ちに返書を認《したた》められた。

その内容は、

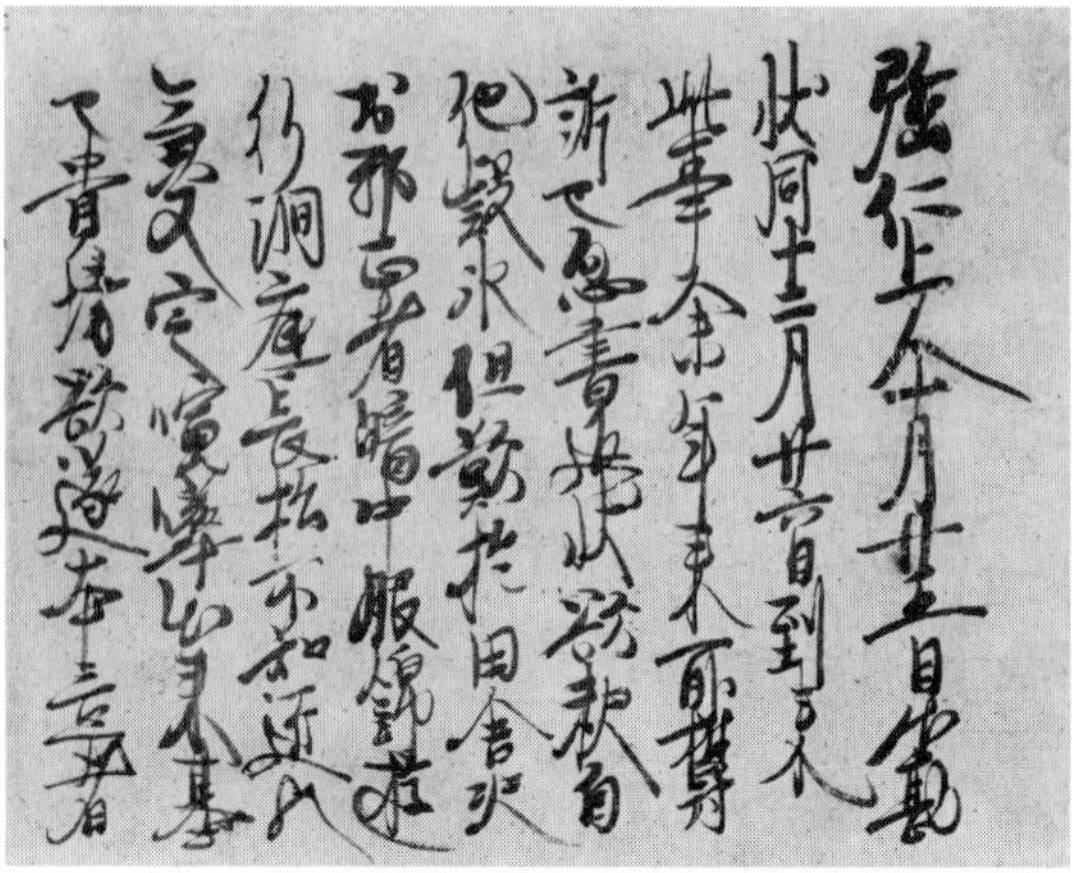

大聖人御真筆『強仁状御返事』

「此《こ》の事余も年来鬱訴《としごろうっそ》する所なり。忽《たちま》ちに返状を書きて自他の疑氷《ぎひょう》を釈《と》かんと欲す。但《ただ》し歎《たん》ずるは田舎《いなか》に於て邪正を決せば、暗中に錦を服して遊行《ゆぎょう》し、澗底《かんてい》の長松匠《ちょうしょうたくみ》に知られざるか。兼ねて又定めて喧嘩出来《けんかしゅったい》の基なり。貴坊本意を遂《と》げんと欲せば、公家《くげ》と関東とに奏聞《そうもん》を経て露点《ろてん》を申し下し是非を糾明《きゅうめい》せば、上一人咲《え》みを含み、下万民疑ひを散ぜんか」（強仁状御返事　御書九一六ページ）

と提案され、人目のつかない田舎で邪正を決するよりも、公家や関東（幕府）に奏聞して、堂々と公場対決の法論を望まれた。続いて、災難の根源は諸宗の謗法にあり、とくに真言の邪

義こその元凶《げんきょう》であると説き、弘法《こうぼう》・慈覚《じかく》等の悪義を破折《はしゃく》されている。そして、

「悉々《ことごとく》公場を期す」（同書　御書九一七㌻）

と、公場対決を強く求められたのである。

典籍の収集

大聖人がこの『強仁《ごうにん》状御返事』を出されてから半月後、建治《けんじ》二（一二七六）年正月の『清澄寺大衆《せいちょうじだいしゅ》中《ちゅう》』の中で、大聖人は経巻や論釈の借用を依頼されている。そして「今年は殊《こと》に仏法の邪正をたださるべき年か」（御書九四六㌻）とあって、真言師の蜂起《ほうき》により公場対決が実現し、「仏法の邪正が正されるべき年」となりそうな、緊迫した状況であったことを示唆《しさ》されている。また、それより半年後の同年七月二十六日の『報恩抄送文』にも、

「又内々人の申し候ひしは、宗論やあらんずらんと申せしゆへに、十方にわか《分》て経論等を尋ねしゆへに、国々の寺々へ人をあまたつか《遣》はして候に、此《こ》の御房はするが《駿河》の国へつか《遣》はして当時こそ来たりて候へ」（御書一〇三八㌻）

とあり、建治元年から建治二年にかけて、宗論のうわさがしきりに広まっていったことがうかがわれる。大聖人は、念願の公場対決がいま実現できるとあって、弟子たちを方々に派遣して経論を集めさせ

るなど、そのための準備に万全を期して、宗論の時を待った。
しかしこの真言師の蜂起《ほうき》と宗論の風評も建治《けんじ》三年になると、御書の中には一つもあらわれず、いつとはなしに、うやむやになってしまった。
ところが、弘安《こうあん》元（一二七八）年三月ごろになると、再び公場対決の実現の兆《きざ》しがあり、大聖人は、門下一同に対し、『諸人御返事』に、
「日蓮一生の間の祈請《きしょう》並びに所願忽《たちま》ちに成就せしむるか。将又《はたまた》五五百歳の仏記宛《あたか》も符契《ふけい》の如《ごと》し。所《しょ》詮《せん》真言・禅宗等の謗法《ほうぼう》の諸人等を召し合はせ是非《ぜひ》を決せしめば、日本国一同に日蓮が弟子檀那と為《な》り」（御書一二一一㌻）
と仰せられている。同書は冒頭に、
「三月十九日の和風《つかい》並びに飛鳥《ふみ》」（同右）
と差し出し日をのせ、さらに、
「二十一日戌《いぬ》の時到来す」（同右）
と到着した日付と日時まで念入りに記されている点からみて、かなり緊迫した雰囲気がうかがえる。またこの返事の文章からも、いかに大聖人が公場対決を願われていたかがわかるのである。
大聖人は、公場対決によって、仏法の邪正が決せられれば、まさに日本国一同が正法に帰するであろ

うと大いに期待されたが、この対決もついに実現されずに終わった。

㈢　報恩抄述作

建治《けんじ》二（一二七六）年三月十六日には、大聖人の旧師道善房《どうぜんぼう》が死去した。この報《しら》せを受けた大聖人は、

「彼《か》の人の御死去ときくには火にも入り、水にも沈み、はしり《走》たちてもゆひ《往》て、御はか《墓》をもたゝいて経をも一巻読誦せんとこそをも《思》へども、賢人のならひ心には遁世《とんせ》とはをも《思》はねども、人は遁世とこそをも《思》うらんに、ゆへもなくはしり出《い》づるならば末もとを《通》らずと人をも《思》うべし。さればいかにをも《思》うとも、まいるべきにあらず」（報恩抄　御書一〇三一ページ）

と、深い悲しみの思いをこめて、同年七月二十一日、『報恩抄』上下二巻を著された。そしてこの書を佐渡公日向《にこう》に託《たく》して清澄寺の浄顕房《じょうけんぼう》・義浄房《ぎじょうぼう》のもとに送られ、故道善房の墓前と嵩《かさ》が森の頂との両所で読み上げるよう書き添えられた。

道善房は心では妙法へ帰伏《きぶく》していたものの、ついには念仏を捨てきれなかった小心の人であった。しかし大聖人にとっては幼少のころ、学問の手ほどきを受けた恩人であり、安房《あわ》の山や海とともに、片時

たりとも大聖人の心から忘れることのできない人であった。

『報恩抄』の題号について、日寛《にちかん》上人は『報恩抄文段《もんだん》』に、

「此《こ》の抄の題号は即《すなわ》ち二意を含む。所謂《いわゆる》通別なり。通は謂《い》わく、四恩報謝の報恩抄。別は謂わく、師の恩報謝の報恩抄なり」（御書文段三七九㌻）

と説明されている。

その内容は、『報恩抄』の冒頭に、

「夫老狐《それろうこ》は塚をあとにせず、白亀《はくき》は毛宝《もうほう》が恩をほう《報》ず。畜生すらかくのごとし、いわう《況》や人倫をや（中略）仏教をならはん者の父母・師匠・国恩をわするべしや」（御書九九九㌻）

とあって、報恩とは、およそ生あるものの自然の行為である。人間においては基本的な倫理《りんり》であり、仏教者にあっては当然修すべきことであると、恩を報ずべき道理を述べられ、しかるにその報恩は、仏法を習い究《きわ》め智者となることが肝要《かんよう》であり、そのためには父母・師匠の心にそむくようなことになっても、仏道を成じていってこそ、はじめて真の報恩を果たすことができると、求道者の根本的

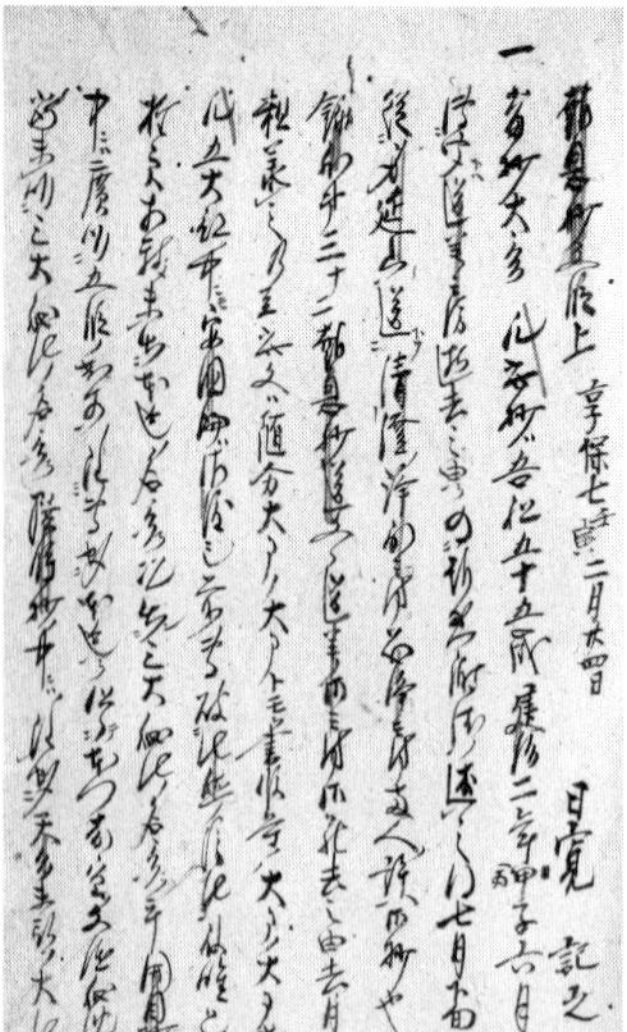

日寛上人筆『報恩抄文段』
（大石寺蔵）

な姿勢を示されているのである。さらに、御自身の求道もまた四恩を報じ、一切衆生を救わんとするにほかならないと説き、かくして、仏法を習い究めるべく、一代聖教をもとめるに、日本の十宗はそれぞれ自宗の正当性を主張し、いずれが仏の本意か知るべくもない。したがって、人師・論師の言によらず、専《もっぱ》ら経文を師として、諸経を判ずるならば、一切経の中でも法華経こそが最勝であることは明瞭《めいりょう》であり、その肝心《かんじん》は妙法五字であると説き示された。

また大聖人の弘通《ぐづう》される大白法が本門の三大秘法であることを明示され、

「日蓮が慈悲曠大《こうだい》ならば南無妙法蓮華経は万年の外《ほか》未来までもながる《流布》べし。日本国の一切衆生の盲目をひらける功徳あり。無間《むけん》地獄の道をふさぎぬ」（御書一〇三六㌻）

と、大聖人の慈悲広大なるがゆえに、この三大秘法の南無妙法蓮華経は末法万年のほか、未来永遠に一切衆生を救う要法であると言明されている。

ゆえに『報恩抄送文』には、

「此《こ》の文は随分大事の大事どもをかきて候ぞ、詮なからん人々にきか《聞》せなばあし《悪》かりぬべく候」

（御書一〇三八㌻）

と仰せられている。

また、本抄では、インド・中国・日本の仏教各宗の教義を批判し、その中でも、とくに真言の邪義・

誑惑《おうわく》を徹底的に破折《はしゃく》されている。そして最後に、

「されば花は根にかへり、真味は土にとゞまる。此《こ》の功徳は故道善房の聖霊《しょうりょう》の御身にあつまるべし」（御書一〇三七ジペー）

とあって、日本国中皆一同が本門の三大秘法を信じて、広宣流布することは疑いなく、大聖人の死身弘法の功徳はすべて故道善房の聖霊に集まり、仏果菩提《ぼだい》を得給うであろうと認《したた》めて、筆を収められている。

㈣ 桑ヶ谷問答

建治《けんじ》三（一二七七）年六月九日、鎌倉桑ヶ谷《くわがやつ》において、大聖人の弟子三位房《さんみぼう》日行と天台僧の竜象《りゅうぞう》との法論が起こった。

当時、鎌倉では、極楽寺良観《りょうかん》が後家尼《ごけあま》等の後ろ盾を得て、なおも隠然《いんぜん》たる勢力をもっていた。そこへ天台宗の説法僧である竜象が、どこからともなく入り込んできた。

この竜象は、『頼基陳状《よりもとちんじょう》』に、

「彼《か》の竜象房は洛中《らくちゅう》にして人の骨肉を朝夕の食物とする由露顕《よしろけん》せしむるの間、山門の衆徒蜂起《ほうき》して、世末代に及びて悪鬼《あっき》国中に出現せり、山王の御力を以て対治を加へむとて、住所を焼失し其《そ》の

身を誅罰《ちゅうばつ》せむとする処に、自然《じねん》に逃失し行方を知らざる処に、たまたま鎌倉の中に又人の肉を食らふの間、情ある人恐怖《くふ》せしめて候」（御書一一三二ジペー）

とあって、天台宗の説法僧でありながら、真言密教の修法《しゅほう》として人肉を食し、そのために建治《けんじ》元年四月に、叡山《えいざん》の山門派の衆徒等によって、住坊を焼きはらわれ、所を追われていたことがわかる。『天台座《ざ》主記《す》』の建治元年の項に、

「四月廿日、山門の衆徒、群下《むれくだ》りて東光寺に集会し、公友并びに犬神人を差し遣《つか》わし、竜象上人の住房に於ては之《これ》を焼き払い、中山の住房に於ては、犬神人等之を破り取る」

とあり、ここにいう竜象上人なる人物と鎌倉へ流れてきた竜象とは、同一人物であることは間違いない。この人肉を食す恐ろしい修法については、『秋元御書』にも、

「真言師・禅宗・持斎《じさい》等人を食する者国中に充満せり。是偏《これひとえ》に真言の邪法より事起これり」

（御書一四五〇ジペー）

とあることから、当時全国的にも盛んに行われていたようである。『天台座主記』に「竜象上人」とあり『頼基陳状』にも、「竜上人」とか「象上人」とあることからも、竜象は公的な称号である「上人号」を受けるほどの高僧であった。この竜象は比叡山を逃れて、二年ほど影をひそめていたが、建治《けんじ》三年ごろに鎌倉へ出てきた。そして、極楽寺良観《りょうかん》と相通《あい》じ、鎌倉大仏殿の西にある桑ヶ谷《くわがやつ》に住して、日夜

説法をするようになっていた。

竜象《りゅうぞう》は、仏法の正邪もわきまえず、「諸宗ことごとく得道あり」との義を盛んに説いたが、よほどその弁舌がすぐれていたのか、次第に鎌倉中の人々から尊ばれ、ついには釈尊の再来であるとまで仰がれたという。これには、四条金吾頼基《よりもと》の主君江馬《えま》入道光時《みつとき》も同じで、

「竜象房、極楽寺の長老見参《げんざん》の後は釈迦・弥陀とあをぎ奉る」（頼基陳状　御書一一三二ジペー）

ほどの尊敬ぶりであった。

このような中で、得意絶頂の竜象はいよいよ、不遜《ふそん》な態度で、

「現当《げんとう》の為、仏法に御不審存ぜむ人は来たりて問答申すべき」（同書　御書一一二六ジペー）

と放言するまでになっていた。

一方、大聖人の弟子の三位房《さんみぼう》日行は、智弁学才にたけた青年僧であり、このころ、鎌倉・富士方面を中心に弘教していた。鎌倉にあって、竜象の噂を聞いた三位房は、

「鎌倉中の上下釈尊の如《ごと》く貴《たっと》び奉る。しかれども問答に及ぶ人なしと風聞し候。彼《かしこ》へ行き向かひて問答を遂げ、一切衆生の後生の不審をはらし候はむ」（同書　御書一一二七ジペー）

と考えて、建治《けんじ》三年六月九日、四条金吾を誘った。このとき、四条金吾は公用のため多忙を極めていたので同行することはできなかったが、法門のことでもあったので桑《くわ》ケ谷《がやつ》の説法場に赴《おもむ》いた。

桑ヶ谷では、まさに竜象が得々と弁舌をふるっている最中であった。やがて、それが終わるや、

「此《こ》の見聞《けんもん》満座の御中に、御不審の法門あらば仰せらるべし」（同右）

といつものように大見得《みえ》を切った。そこで三位房は質問に立って、

「弘法大師は、法華経は戯論《けろん》であるといわれたが、釈迦・多宝等の諸仏は法華経が真実であると証明している。また善導・法然等は千中無一と説いているが、釈迦・多宝の二仏は法華経こそ皆成仏《かいじょうぶつ》道《どう》の教えなりと説かれている。仏の言葉と証明が正しいのか。それとも弘法や善導・法然等の人師論師の言葉が正しいのか、返答せよ」

と詰め寄った。しどろもどろの返答しかできない竜象に対して、三位房は法門の筋を立てて仏法の道理を説き、問答は数番にわたって行われたが、所詮《しょせん》、竜象は三位房の相手ではなかった。はじめは言を左右に言いのがれをしていた竜象も次第に顔色を変え、徹底的にその邪義を破折されると、こんどは一言半句も返答ができなくなった。

これを聴聞していた満座の人々は、あまりのみごとさに皆歓喜し、掌《たなごころ》を合わせて、

「今暫《しばら》く御法門候へかしと留《とど》め申されしかども」（同書　御書一一三〇ジ゙ー）

と、衆人の熱い視線の中、三位房は四条金吾とともに引き上げたのであった。

この評判は、たちまち鎌倉中に広まった。良観《りょうかん》と竜象《りゅうぞう》は悔《くや》しがり、日蓮門下の者たちをなんとかして

鎌倉から追い出そうと謀《はか》った。まず、鎌倉の代表的檀越《だんのつ》のひとり四条金吾にねらいをつけ、その主君江《え》馬《ま》入道に対して、「桑《くわ》ヶ《が》谷《やつ》の竜象房の法席に、四条金吾が徒党を組み武力をもって乱した」と讒言《ざんげん》したのである。江馬入道は即刻四条金吾に対して「下《くだ》し文《ぶみ》」を出し、法華経の信仰をやめる起請文《きしょうもん》を書くように命じ、もしそれを提出しないときは、所領を没収する旨を申し渡した。

このために四条金吾は、主君や同僚等から種々の迫害を被《こうむ》るなど、厳しい状況に立たされることになった。

金吾はただちにこのいきさつを江馬氏の「下し文」を添えて大聖人に報告し、指南を仰いだ。この時、金吾の報告文に溢《あふ》れる強い信仰の決意を見て、大聖人はただちに金吾に代わって陳状《ちんじょう》の案文を書いて送られた。これが建治《けんじ》三年六月二十五日の『頼基陳状』である。その後も四条金吾の苦難は続いたが、その都度《つど》大聖人に指導を仰ぎ、信仰を貫《つらぬ》いたのである。そして建治四年の一月ごろには金吾の誠意が実り、主君の勘気《かんき》も解《と》けたのであった。

第十六章　弟子檀那への教導

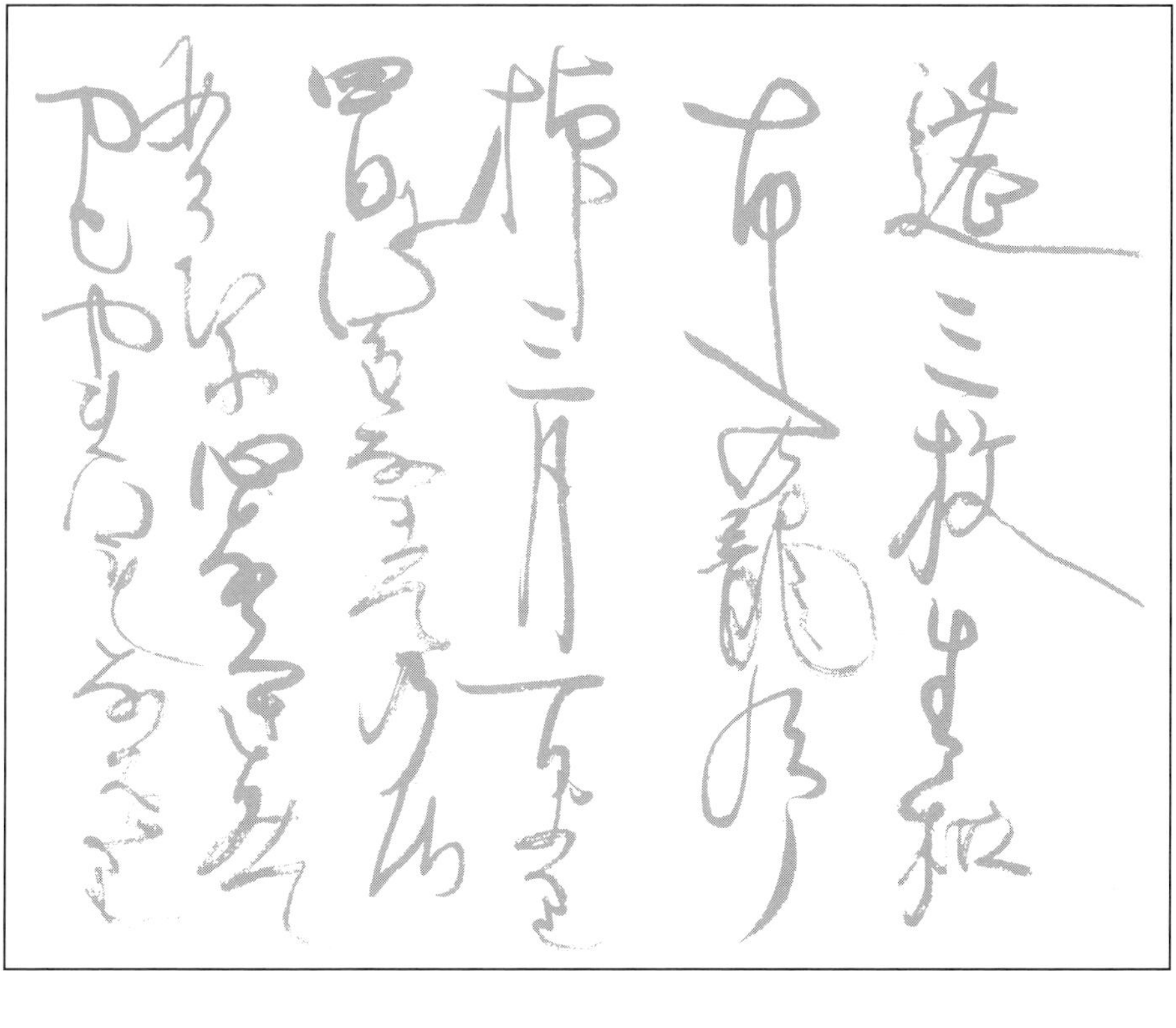

㈠　法華経の講義

身延に入山されて間もなく、大聖人は令法久住《りょうぼうくじゅう》と広宣流布の基礎づくりとして弟子の育成に力を注がれた。大聖人の人材の育成とは信仰と修行、そして学解《がくげ》とを兼備せしめるためのものであって、一般世間の知識のみの学問教育とは異なっている。ゆえに当宗にあっても古来、一信、二行、三学と信行学の筋目《すじめ》を立てられている。これも『諸法実相抄』の、

「行学の二道をはげみ候べし。行学たへ《絶》なば仏法はあるべからず。我もいたし人をも教化候へ。行学は信心よりをこるべく候」（御書六六八㌻）

との御聖訓に準じた精神であり、信行学の筋目は大聖人の教導の基本であった。

したがって身延における門下の修行も、

「法華経を　我が得しことは薪《たきぎ》こり　菜《な》つみ水くみ　つかへ《仕》てぞ得し」

とあるように、大聖人に仕えて実践することにあった。すなわち仏法を究《きわ》めるとは単に知識として覚えるものではなく、身心両面にわたって体得することであるから、信心修行なき教学は蒙昧我慢《もうまいがまん》の悪見に堕落するのみであって、仏法では有解無信《うげむしん》を最も嫌うのである。

「有解《うげ》無信《むしん》とて法門をば解《さと》りて信心なき者は更に成仏すべからず。有信無解《うしんむげ》とて解《げ》はなくとも信心あるものは成仏すべし」（新池御書　御書一四六一㌻）

と仰せられるように、大聖人は門弟に対して厳格な信心修行に精進するよう督励《とくれい》されるとともに、法門研鑽《けんさん》のため、簡素《かんそ》な草庵で法華経を講義された。

大聖人はそのようすを、

「法華読誦《どくじゅ》の音《こえ》青天に響き、一乗談義の言《ことば》山中に聞こゆ」（忘持経事　御書九五七㌻）

と仰せられている。

聴講の門弟

この講義を受けられた人々は、日興上人をはじめ門下のすべてに及んでいる。日朗、日向《にこう》、日頂、日持、大進《だいしん》阿闍梨《あじゃり》、三位《さんみ》日行、日保、和泉《いずみ》公日法、日位等の佐渡以前からの弟子に加え、身延入山以後は建治《けんじ》二（一二七六）年に得度した日目上人をはじめ、安房《あわ》清澄寺からは助《すけの》阿闍梨、聖密房《しょうみつぼう》をはじめとする相当数の学衆が登山し、門下に加わっている（清澄寺大衆中）。また佐渡からは学乗房（千日尼御前御返事）や豊後房《ぶんごぼう》（千日尼御返事）などが、また実相寺の筑前房《ちくぜんぼう》や豊前公《ぶぜんこう》、熱原滝泉寺の寺家《じけ》僧下野房《そうしもつけぼう》日秀、越後房《えちごぼう》日弁、少輔房《しょうぼう》日禅、三河房《みかわぼう》頼円等も日興上人の教化によって帰伏《きぶく》し登山されたと思われる。また単身、大聖人の講義を拝聴せんと登山して、建治二年に門下に列せられた因幡房《いなばぼう》日永や、同じころ門下に加わった寂日房日華《じゃくにちぼうにっけ》等々、少なくとも講義筆録の『御義口伝《おんぎくでん》』が成った弘安元（一二七八）年一月までに名前が判明する門弟だけでも二十有余名を数える。このほかにも御書に名を残さなかった門弟も相当いたと思われるから、

「人はなき時は四十人、ある時は六十人」（兵衛志殿御返事　御書一二九五ジペー）

との、弘安元年の言葉はまさにその情況を的確に述べられたものである。

御義口伝と御講聞書

これらの学僧門弟に対して、大聖人は身業《しんごう》読誦によって我が血肉そのものとなった法華経を、語句の解釈にとどまらず、末法の教主としての立場から、甚深の講義をされたのである。まさに大聖人の一言一句が門下の一人ひとりの心肝を揺さぶり、生命の奥に深く強く刻みつけられていった。

しかしこの甚深の法華経講義の真髄は容易に誰にでも理解できるものではなかった。この講義の深旨は、永年の常随給仕《じょうずいきゅうじ》によって、大聖人の胸中を寸分違わず知悉《ちしつ》されていた日興上人のみがよく知りえたのである。ゆえに日興上人が、その講義の意図《いと》するところを的確に筆録された。これが弘安元（一二七八）年正月一日に完成した『御義口伝』である。『御義口伝』とは、その名のとおり大聖人の文底下種

仏法の深義の口伝書である。

日精上人の『富士門家中見聞《ふじもんけちゅうけんもん》』（家中抄《けちゅうしょう》）に、

「聖人山居の後門弟子の請いにより法華経の御講釈あり。御弟子衆数多ありといえども日興達士の撰にあたり給いしかば、章安所録の天台の章疏《しょうしょ》に習って聖人の説法を記録し給う事合して二百二十九箇条、其の外度度の聞を集めて日興記と名づく」（聖典六一三㌻）

とあるように、大聖人の御内証《ごないしょう》の立場からの講義を日興上人が筆録され、大聖人の御允可《ごいんか》を得た最重要なる法門口伝書が『御義口伝《おんぎくでん》』である。

この『御義口伝』と同じ形式で大聖人の講義を民部日向《にこう》が筆録した『御講聞書《おんこうききがき》』別名『日向記《にこうき》』がある。この書は、『御義口伝』に比《ひ》して文底の深義を開示するという点において、やや浅い面があるが、大聖人の直接の講義を筆記された書として貴重なものである。この二書が大聖人の同じ講義を記録されたものかどうかについては古来論議されるところであるが、二書の添書を見ると、

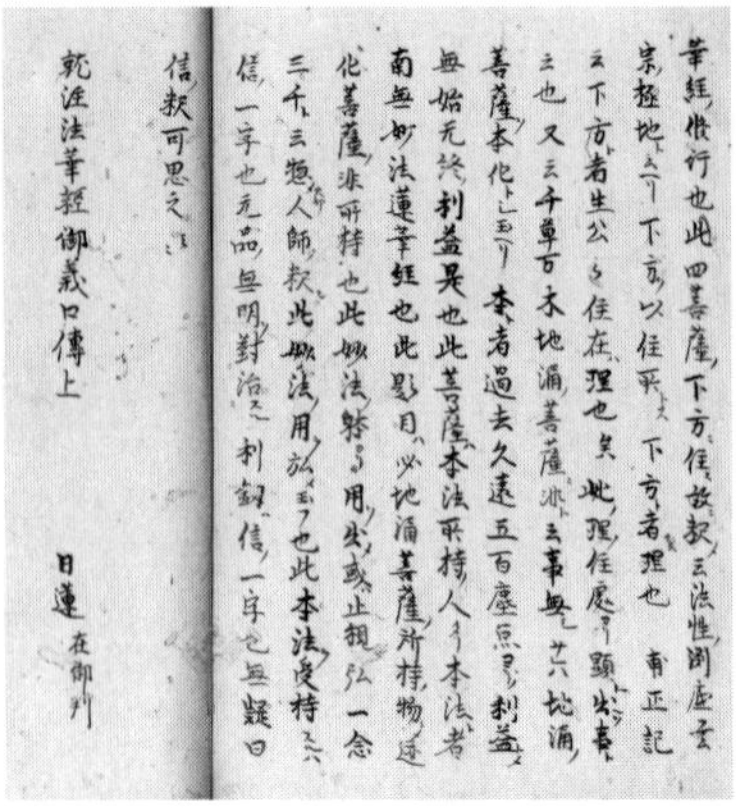
『御義口伝』上　写本（大石寺蔵）

『御義口伝』末部には、

「弘安《こうあん》元年戊寅正月一日　執筆　日　興」（御書一八一五㌻）

と記され、『御講聞書』の冒頭には、

「弘安元年戊寅三月十九日より連々の御講、同三年五月二十八日至る、仍《よ》って之を記し畢《おわ》んぬ」

（御書一八一八㌻）

とあるところから見れば、『御義口伝』は弘安元（一二七八）年正月一日以前、すなわち建治三（一二七七）年の暮れまでに完了した講義の記録であり、『御講聞書』は翌弘安元年三月から弘安三年五月までの間に講義された分の記録ということになる。また両書の内容から見ても相当な隔《へだ》たりがあり、単に筆記者の受容・解釈の違いだけではないようである。明らかに講義そのものが異なっていたと見るべきが妥当《だとう》と思われる。

これらのことから、大聖人は身延の草庵において、法華経並びに疏釈《しょしゃく》の講義を二回乃至三回にわたって講ぜられたと思われる。これひとえに門弟の育成に対する熱意と、後世の人々に正法正義の深旨を伝えるための深い配慮によるものである。

㈡ 富木常忍

門下の重鎮《じゅうちん》として、大聖人にもっとも信頼された檀越《だんのつ》の一人に富木常忍《ときじょうにん》がいる。富木常忍は、大聖人の佐渡流罪の時にもよくその留守をまもり、鎌倉の四条金吾とともに関東、房総方面の信徒の激励と折伏《しゃくぶく》につとめた。

したがって、大聖人より賜った御書も数多く、檀越《だんのつ》の中心者として、その責任は実に大きいものがあった。とくに法門の最重要書である『観心本尊抄』を始め、多くの重書を賜ったということは、その信仰の強さと、万年にわたる文書格護《もんじょかくご》の条件をそなえた大檀越として、大聖人より厚い信頼を受けていたことを如実に示している。富木常忍は、下総《しもうさ》若宮の地（千葉県市川市）を領した武士であり、鎌倉幕府の御家人とも千葉氏に仕えた人ともいわれている。

また富木常忍には妻の妙常と、その継子である二男一女の子供がいた。長男は、のちに六老僧の一人に列せられた伊与房《いよぼう》日頂、次男は後に重須談所《おもすだんしょ》の初代学頭になった寂仙房《じゃくせんぼう》日澄であり、長女の名は、乙御前（日妙聖人の娘の乙御前とは別人）といった。

富木常忍が大聖人に帰伏したのは、檀越のうちで最も早く、建長《けんちょう》五（一二五三）年の末ごろと思われる。その信仰が純真であったことは、多くの御書に示され、また大聖人に対する御供養の数々によっても、うかがい知ることができるのである。ある時ははるばる佐渡の大聖人のもとへ供《とも》を付け、あるいは身延へ参詣し、あるときは人に託《たく》して、金銭、米、衣類等の種々の御供養をされている。因《ちな》みに二、三の例をあげると、文永《ぶんえい》七（一二七〇）年の『富木殿御返事』に、

「白米《しらよね》一ほかひ《行器》本斗《ほんと》六升たしかに給び候。ときれう《斎料》も候はざりつるに悦び入り候。何事も見参《げんざん》にて申すべく候」（御書四三五ページ）

とあって、うち続く飢饉《ききん》によって食料も欠乏《けつぼう》している時に御供養される富木常忍の信心を、大聖人はいたく賞《め》でられている。また文永十二年二月、帷《かたびら》を御供養申し上げた折、

「此の帷をきて《着》日天の御前にして、此の子細を申す上は、定めて釈・梵・諸天しろしめすべし。帷一つなれども十方の諸天此をしり給ふべし（中略）世々にくち《朽》ざらむかし」（富木殿御返事　御書七五九ページ）

と、帷は一つであっても、その真心は十方の諸天が知り、あなたを守るであろうし、その功徳は永遠に朽《く》ちることのない大きな福運となろうと、その志をたたえられている。

また、常忍は建治《けんじ》元（一二七五）年十一月、厳寒の身延の大聖人のもとに、白小袖《こそで》を御供養された。大聖人は、その当時のようすを、『観心本尊得意抄』に次のように書き留《とど》められている。

「昼夜の行法もはだうすにて《膚薄》は堪《た》へ難く辛苦《しんく》にて候に、此の小袖を著《き》ては思ひ有るべからず候なり」（御書九一四ページ）

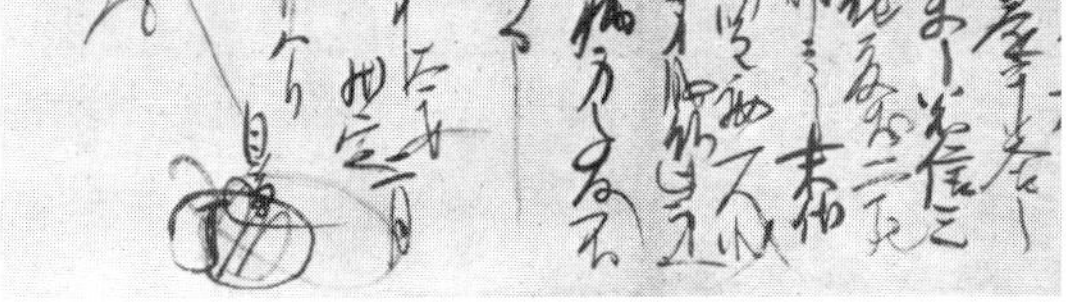

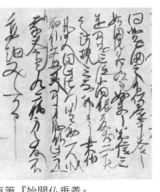

大聖人御真筆『始聞仏乗義』

降り続く豪雪《ごうせつ》と寒気の厳しい身延の山奥である。大聖人は、その小袖《こそで》を非常に喜ばれ、さらに商那和修《しょうなわしゅ》の例を引かれて、付法蔵《ふほうぞう》の第三の聖人となり得た因位《いんい》を明かし、

「仏説いて云はく『乃往過去《むかし》に病の比丘に衣を与ふる故に、生々世々に不思議自在の衣を得たり』と。今の御小袖は彼に似たり」（御書九一四ジ）

と、妙法に対する功徳の大きさの計り知れないことを述べ、その信心をほめられている。

このほかにも、御供養に関して記されている御書はたくさんあり、ことに大聖人の佐渡配流中には、大聖人の身を案じ、たびたび御供養されたことを見ても、富木常忍の純真な信心をうかがい知ることができる。

富木常忍は、大聖人が身延に入山されたのちも、多数の御書を賜った。主要なものでは、『法華取要抄』（文永十一年）、『四信五品抄《ししんごほん》』（建治三年）等の十大部御書のほか、『聖人知三世事』（文永十一年）、『始聞仏乗義《しもんぶつじょうぎ》』（建治四年）、『常忍抄《じょうにん》』（弘安元年）、『治病大小権実違目《ちびょうだいしょうごんじついもく》』（弘安元年）、『四菩薩造立抄』（弘安二年）等が挙げられるが、身延以前に授与された御書と合わせると、総数四十余篇を数えることができるのである。

このうち、さきの『観心本尊抄《かんじんのほんぞん》』はもちろんのこと、『法華取要抄』『四信五品抄』は十大部の御書であり、『始聞仏乗義』『聖人知三世事』等はいずれも宗旨の肝要《かんよう》を述べた重要な御書である。このこ

とから、富木常忍は聖教《しょうぎょう》厳護の任とともに、信徒の中心者であったことがうかがわれる。

しかし、弘安二（一二七九）年の『四菩薩造立抄』に、

「本門久成《くじょう》の教主釈尊を造り奉り、脇士《きょうじ》には久成《くじょう》地涌《じゆ》の四菩薩を造立《ぞうりゅう》し奉るべしと兼ねて聴聞《ちょうもん》仕《つかまつ》り候ひき。然れば聴聞の如くんば何れの時かと」（御書一三六八㌻）

との質問を大聖人にしているところを見ると、『観心本尊抄』の対告衆《たいごうしゅ》である富木常忍も、本尊抄の甚深の主意を未だ把握《はあく》できていなかったようである。

ところで、大聖人が数々の御書をあらわされたのは、大聖人在世当時の人々の教導のためであるとともに、令法久住のため、末法万年尽未来際《じんみらいさい》にわたる一切衆生に書き残すためでもあった。しかし当時の社会や、政治情勢を考える時、大聖人の大事な御書を後世に長く保管することは、非常に困難なことであった。大聖人はこうした事情から、法門についての理解はともかく、社会的地位や地理的条件、さらに誠実な人柄などからこの富木常忍こそ、後世にまで聖教を伝えうる適任者であると判断されて、多くの重要御書を送られ、無言のうちにも厳護を託されたものである。

現在、富木氏所縁の中山《なかやま》法華経寺には、富木常忍をはじめ、太田、曾谷《そや》の各氏に与えられた御書の多くが残されており、これはひとえに富木常忍の功績であり、遠く将来を鑑《かんが》みられた大聖人の御配慮の賜物である。

㈡　富木常忍

㈢　四条金吾頼基

文永《ぶんえい》八（一二七一）年の竜口《たつのくち》法難に際し、決死の覚悟でお供をして、大聖人より「一閻浮提《いちえんぶだい》第一の法華経の御かたうど《方人》」（四条金吾殿御返事　御書一一八七㌻）と賞嘆《しょうたん》された四条金吾は、持ち前の剛直さから、主君の江馬《えま》入道を折伏《しゃくぶく》した。文永十一年九月、金吾四十五歳の時である。

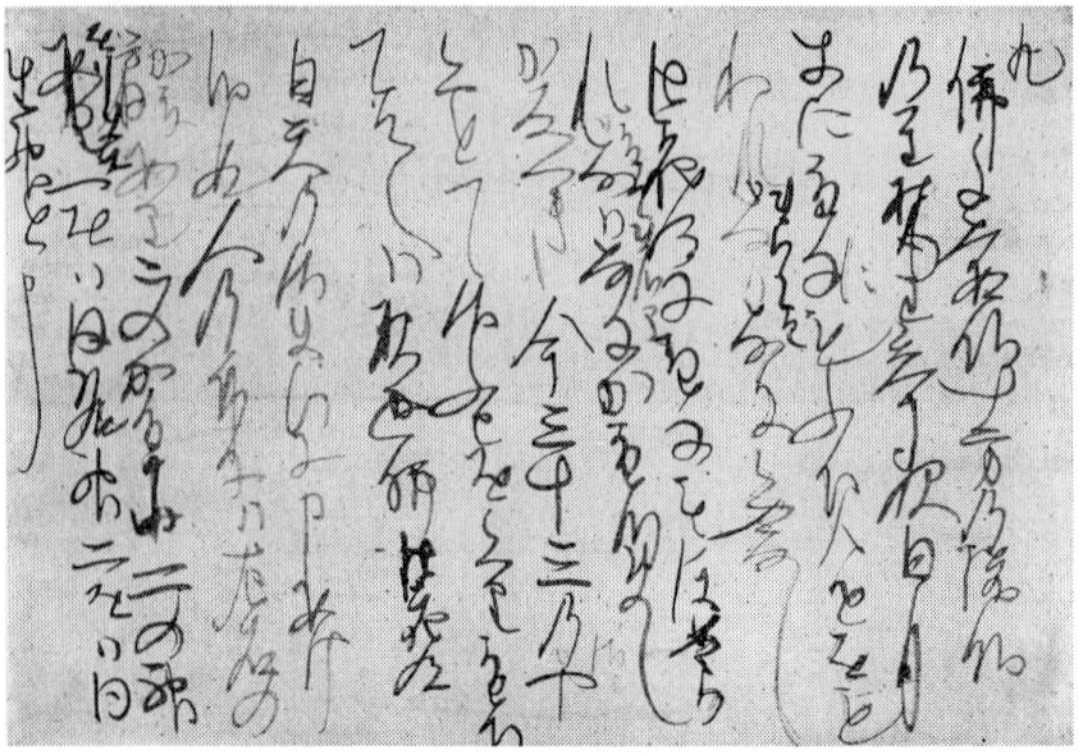

大聖人御真筆『四条金吾殿女房御返事』

主君江馬入道は、極楽寺良観の強盛《ごうじょう》な信者であった。また、多くの家臣たちも主君同様、大いに良観《りょうかん》を尊崇《そんすう》していた。その中にあってひとえに主君を思う気持ちから、四条金吾は律宗と念仏の邪義を破して、法華経の正法たるゆえんを熱心に説いたのである。しかし、主君は聞き入れず、かえって金吾を不快に思うようになった。日ごろ法華経を信じ、主君の信頼厚い金吾に対して嫉《ねた》みを懐《いだ》いていた同僚たちもすかさず主君に種々の讒言《ざんげん》を加えた。苦しい立場においやられた四条金吾は、大聖人に御教示を願ったのである。

大聖人は、これに対してさっそく『主君耳入此法門免与同罪事《しゅくんのみみにこのほうもんをいれよどうざいをまぬかるること》』を認《したた》められた。

「心は日蓮に同意なれども身は別なれば、与同罪《よどうざい》のがれがたきの御事に候に、主君に此の法門を耳にふれさせ進《まい》らせけるこそありがたく候へ。今は御用ひなくもあれ、殿の御失《とが》は脱《のが》れ給ひぬ」

（御書七四四ページ）

と、謗法《ほうぼう》の主君を折伏したことは、与同罪を免れる正しい行為であり、法華経の信者として尊い奉公《ほうこう》である、と称《たた》えられた。そして今後は三障四魔《さんしょうしま》が必ずあらわれ、種々の難が起こるであろうが、信心を堅《けん》固《ご》にし、口をつつしんで、よくよく用心していくよう、また夜の宴会等は一切止め、家で女房と酒を飲むようにして、決して油断をしてはいけない等々、日常の行動に至るまで細かい注意を与えられたのである。ちなみに金吾の妻は日眼女といい、大聖人より数篇の御書を賜っている。

また、翌文永十二（一二七五）年三月六日の『四条金吾殿御返事』には、

「受くるはやすく《易》、持《たも》つはかたし《難》。さる間成仏は持つにあり。此の経を持《たも》たん人は難に値《あ》ふべしと心得て持つなり」（御書七七五ページ）

と、妙法信受の心構えを厳しく教示されている。

さらに建治《けんじ》二（一二七六）年六月二十七日の『四条金吾殿御返事』にも、

「たゞ世間の留難《るなん》来たるとも、とりあへ給ふべからず。賢人聖人も此の事はのがれず。たゞ女房と

酒うちのみて、南無妙法蓮華経ととなへ《唱》給へ。苦をば苦とさとり、楽をば楽とひらき、苦楽ともに思ひ合はせて、南無妙法蓮華経とうちとなへ《唱》ゐ《居》させ給へ」（御書九九一㌻）

と仰せられ、苦しい時の信心のあり方を指導されている。これは文永《ぶんえい》十一年より、この建治《けんじ》二年までの約二年近くの間、たえず同僚からの讒言《ざんげん》と怨嫉《おんしつ》が続いていたことを物語っている。そしてその後、金吾に対する圧迫はなお一層《いっそう》激しさを増し、建治二年九月には、ついに減俸左遷《げんぽうさせん》の領地替えという事態に至った。主君江馬光時《みつとき》は金吾に対し、遠い越後《えちご》の国（新潟県）への領地替えを命じたのである。このことを聞いた大聖人は、すぐさま筆を執《と》り、主命に対しては、

「只今の心はいかなる事も出来候はゞ、入道殿の御前にして命をすてんと存じ候。若しやの事候ならば、越後《えちご》よりはせ上《のぼ》らんは、はるかなる上、不定《ふじょう》なるべし。たとひ所領をめさるゝなりとも、今年はきみをはなれまいらせ候べからず」（四条金吾殿御返事　御書一〇四三㌻）

すなわち「今年の鎌倉は争いが起きそうな不穏《ふおん》な情勢であります。たとえ遠い越後の所領をめしあげられようとも主君を守るため、お側を離れることはできません」と返事するように指導されるとともに、今後の行動について、注意を与えられた。

このような状況の中で、建治三年を迎え、六月になるや、桑ケ谷《くわがやつ》問答に端を発した讒言が始まった。三位房《さんみぼう》との問答に敗れ、恥をかかされた腹いせから、竜象《りゅうぞう》は良観と謀《はか》り、江馬氏に「徒党を組み武装し

て乱入し、暴力で法座を乱した」と、ありもしないことを言いつけ、四条金吾をはじめとする法華衆の悪口をさんざん申し立てた。実際には、四条金吾は桑ヶ谷におもむき、問答の成り行きを見守る聴衆の一人であった。ところが、彼らにとって憎き日蓮門下の一人、それも鎌倉の有力檀越《だんのつ》とあって、恰好《かっこう》の標的とされてしまったのである。

これを真《ま》に受けた江馬氏は、六月二十三日付で「下《くだ》し文《ぶみ》」を出し、四条金吾に対して法華経の信仰を捨てる起請文《きしょうもん》を書くように命じてきたのである。

四条金吾はただちにこの時のいきさつを、江馬氏の「下し文」に添えて大聖人に報告し、指導を仰ぐとともに、「たとえ所領を没収されようとも、法華経の信仰を捨てるというような起請文は断じて書きません」との決意を申し上げた。

この報告を受けた大聖人は六月二十五日、四条金吾の身を案じて陳状の案文を認められた。これが『頼基陳状《よりもとちんじょう》』である。

その内容は、桑ヶ谷問答の経過についての事実を詳しく述べ、狼藉《ろうぜき》など一切はたらいていないこと、主君に対しては父子二代にわたって忠誠を貫いており、決して主君をおろそかにしていないこと、また主君に法華経の信仰を勧めるのは、主君の成仏を願うためであり、末法相応の正しい法華経を捨てて、起請文を書けば、主君も謗法《ほうぼう》の罪によって地獄におとすことになるので、起請文は書けない等のことが克明《こくめい》に書かれている。

またこの『頼基陳状』に添えた手紙には、どのようなことがあろうとも信心を捨てないと誓う金吾の心意気を称賛され、陳述書の提出時期、今後の在り方などを懇切丁寧《こんせつていねい》に指導されている。そして、

「主君江馬入道が四条金吾を弾圧し、所領を取り上げたりするならば必ず病にかかるであろう。この所領は、もともと主君の命にかかわる病気を法華経の良薬をもって救済し参らせた代償として下し給わったものであるから、もしその所領を召《め》し上げられるようなことになれば、病気はまた再び主君の身に返り、四条金吾に頼らねばならなくなるであろう」

と予言されたのである。またこの手紙の末文に、

「御よりあひ《寄合》あるべからず。よる《夜》は用心きびしく、夜廻りの殿原かたらひて用ひ、常にはよりあはるべし。今度御内をだにもいだ《出》されずば十に九は内のもの《者》のねら《狙》ひなむ。かまへ《構》てきたな《汚》きし《死》にすべからず」（四条金吾殿御返事　御書一一六二ページ）

と、かえすがえすも用心するようにと注意されている。

こうして、大聖人より心温まるお手紙や数々の激励を受けた四条金吾は、一歩も退くことなく信心強盛《ごうじょう》に、苦難と戦ったのである。

その後数カ月が過ぎ、九月に入ったころ、どこからともなく疫病が流行し、主君はじめ同僚たちもこ

の悪病にかかって次々に倒れていった。主君江馬氏は、あらゆる療法をこころみたが、いっこうに良くならず困りはてたすえ、ついに大聖人の予言どおり、懲戒謹慎《ちょうかいきんしん》中の金吾を召して、治療を命じたのである。金吾は全力を尽くして、その治療にあたり、主君江馬氏の病気を治した。このことによって、主君江馬氏は、四条金吾の真の忠誠を感じて懲戒を解き、翌建治《けんじ》四（一二七八）年一月には頼基を出仕の供に加えたのである。

その時のようすを『四条金吾殿御書』に、

「えま《江馬》の四郎殿の御出仕に、御とものさぶらひ《侍》二十四五、其の中にしう《主》はさてをきたてまつりぬ。ぬし《主》のせい《身長》といひ、かを《面》・たましひ《魂》・むま《馬》・下人までも、中務のさえもん《左衛門》のじやう《尉》第一なり。あ《天》はれ《晴》をとこ《男》やをとこやと、かまくら《鎌倉》わらはべ《童部》はつじぢ《辻路》にて申しあひて候ひしとかたり候」

（御書一一九七ページ）

と、その晴《は》れ晴《ば》れとした四条金吾の勇姿が鎌倉中のうわさにのぼったことを、大聖人は我がことのように喜ばれた。

四条金吾は、三年四カ月もの間苦難の道を歩み続けた。ときには、何もかも捨て去ってしまいたい気持ちにかられたこともあったであろう。しかし、その度《たび》ごとに大聖人の慈愛あふれる教導と激励を受け、それを忠実に守り通してきた。その純真さこそが、諸難の克服《こくふく》につながったのである。

妙法を信受し、強い信仰に立った者には必ず障魔《しょうま》が競い起こることは今も昔も変わらぬ鉄則である。四条金吾の苦闘と信仰の実証は七百年の歳月を超越して、いまなお現在の我々に生き生きと語りかけ、勇気づけてくれる。

㈣　池上兄弟

池上《いけがみ》兄弟は、兄は右衛門大夫宗仲《えもんのたいふむねなか》といい、弟は兵衛志宗長《ひょうえさかんむねなが》といって、鎌倉幕府の作事奉行《さくじぶぎょう》（造営・修繕・土木などに関する管理）として仕えていた池上左衛門大夫康光《やすみつ》の子息であった。本姓は藤原氏で、当時の名門であり、武蔵《むさし》の国千束池《せんぞくいけ》の上に住していたことから、池上の名をもって氏としたのに始まるといわれている。この兄弟は、大聖人の最初の弟子弁阿闍梨《べんあじゃり》日昭の甥《おい》にあたることから、建長《けんちょう》八（一二五六）年のころに大聖人に帰依したと伝えられ、その信仰もとくに兄の方が厚く、四条金吾と共に鎌倉の檀越《だんのつ》の中では最古参のひとりであった。

しかし、父の康光は極楽寺良観《りょうかん》の熱心な帰依者であり、大聖人がつねづね律宗を国賊《こくぞく》と破折《はしゃく》し、良観を似非《えせ》聖者と断言されていたことから、大聖人に対しては憎しみをいだき、子息が大聖人に帰依することに猛反対であった。そのために、兄宗仲はひとり悶々《もんもん》と悩む日が続いた。

建治二（一二七六）年のはじめ、父康光は、信仰上のもつれから、ついに兄の宗仲を勘当《かんどう》してしまった。

当時の勘当といえば、親子の縁はもちろん、経済的な保障も、社会的な権限も一切を剥奪《はくだつ》されることであった。したがって弟の宗長にしてみれば、家督相続《かとくそうぞく》を承知さえすれば、財産、地位、身分のいずれも得ることができるということである。

父康光は悪僧良観の策謀《さくぼう》と入れ知恵によって、情にもろく信心もいま一歩という弟宗長に家督を相続させ、信心強盛《ごうじょう》な兄宗仲を失脚《しっきゃく》させようとたくらんだのである。

この報《しら》せを受けた大聖人は、同年四月、ただちに『兄弟抄』を認《したた》められ、このたびの勘当は、正法修行による魔の所為《しょい》であり、兄弟の信心が、まことの信心になってきたが故に三障四魔《さんしょうしま》が競い起こり、父母、主君等の身に入って信心を邪魔しようとはかるのである。いまこそ、魔を魔と見破って、さらに強盛な信仰に励むよう激励された。

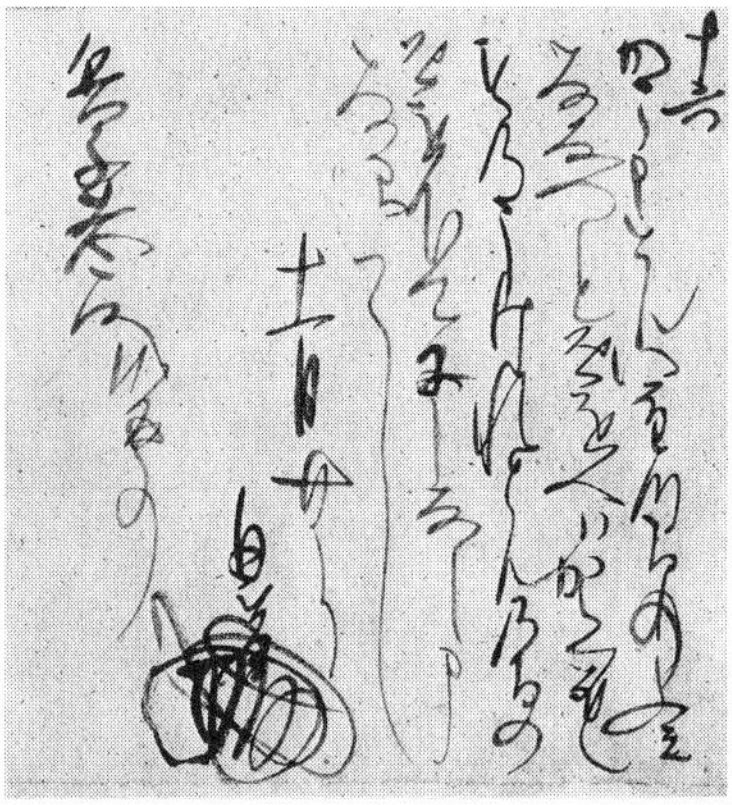
大聖人御真筆『兵衛志殿御返事』

しかし、兄弟にとって最大の悩みは、法華経の信仰をこのまま貫き通すか、あるいは親の命に従うかということであった。大聖人の教導どおりに法華経の信仰を貫くならば、父康光に背かなければならない。さりとて父の命令は絶対である。

大聖人は、こうした兄弟二人の心中を察して、

「一切はをや《親》に随ふべきにてこそ候へども、仏にな《成》る道は随はぬが孝養の本にて候か」

（兄弟抄　御書九八三㌻）

と仰せられて、一般世間の道徳では、親に従うべきであると説くが、仏法においては、成仏の道を妨げるときには親にも従わないことが、かえって孝養である。仏道修行を遂げて、自分自身が仏の境界《きょうがい》を得てこそ、はじめて親をも救い、真実の報恩ができるのであると指導された。そして、法華経妙荘厳王本事品《みょうしょうごんのうほんじほん》の浄蔵《じょうぞう》・浄眼《じょうげん》の二子、インドにおける隠士《いんし》と烈士《れっし》の例を引かれ、兄弟二人は鳥の二つの羽、人の両眼のようなものであり、どちらか一人でも欠けたならば大事を成しとげることはできないと、兄弟の異体同心を強調されたのである。

さらに兄弟の夫人たちに対しても、

「二人の御前達は此の人々の檀那ぞかし。女人となる事は物に随って物を随へる身なり。夫《おとこ》たのし《楽》くば妻もさか《栄》ふべし。夫《おとこ》盗人ならば妻も盗人なるべし」（御書九八七㌻）

と仰せられて、夫と妻は今世ばかりでなく、二生三生と一体不二の関係であり、夫の苦楽は妻の苦楽となる。ゆえに夫の幸せを願い、仏道修行を助けていくことが夫人の幸福につながるのである。つまり、夫人の信心が夫の信心を決定《けつじょう》させるのであり、夫人の信心が弱いために、夫の信心もぐらつくようなこ

とになれば、それは夫人の責任である。いかなることがあっても夫と力を合わせ、共に励ましてこの難事に当たっていくようにと、いっそうの信心をうながされたのである。

　こうした大聖人の懇切な教導により力を得た兄弟・夫人たちは、一致団結して父を諫《いさ》めた。康光はどうにも手の下しようがなく、宗仲の勘当・弟宗長への家督相続の件も、うやむやとなってしまった。

　その後、建治三年の中ごろまでは、しばらく平穏な状態が続いたが、この年の十一月になるや、またしても、兄宗仲の勘当事件がもちあがった。今度もまた、信心強盛《ごうじょう》な兄を退け、動揺しがちで扱いやすい弟に家督を継がせるという、兄弟へのかく乱と兄への弾圧である。前回と同様にこの弾圧の裏には、良観が介在《かいざい》していた。良観は建治三年六月に起こった桑《くわ》ケ《が》谷《やつ》問答《もんどう》の敗北に対する妙法信徒への執拗《しつよう》な復讐心《ふくしゅうしん》を燃やしていたのであった。

　しかし、弟の宗長は、大聖人のもとへ種々の御供養を届けさせ、その変わらぬ信仰心を示したのである。

　大聖人は、建治三年十一月二十日、『兵衛志《ひょうえさかん》殿御返事』を認《したた》められ、

「千年の苅茅《かるかや》も一時に灰となり、百年の功も一言でやぶれるとは、物事の道理である。このたび宗長殿が法華経の敵《かたき》たる親に従い、法華経の行者たる兄を捨てるならば、世間の人々は、それを親孝行であるとほめるであろうが、はたしてそれが真の親孝行となるであろうか。今まで苦労して兄と

共に築き上げてきた立派な信心も、この一事ですべて無に帰してしまうであろう。これよりは、恩愛のきずなを断ち、兄宗仲と心を合わせて親を諫め、法華経の信仰を貫徹《かんてつ》することこそ真の孝養である」（取意・御書一一八三ジペー）

と激励された。

厳しく、しかも慈愛に満ちあふれたお手紙をいただいた宗長は、その御教示の通《とお》り、兄宗仲と力を合わせ、また夫人たちの援助を得て、共に父親やその背後にいる良観《りょうかん》とたたかったのである。

この結果、ついに弘安《こうあん》元（一二七八）年には、兄の勘当を解くことができ、さらに二十年にもわたる猛反対の父康光《やすみつ》をも大聖人に帰依させることができたのである。これひとえに、大聖人の指導を忠実に守り、実践した兄弟夫妻の信心の賜物であった。

これ以後、父康光も妙法への信心を深め、真の和楽の一家が築きあげられていったのである。

㈤　南条時光

大聖人の身延入山を知った南条時光《なんじょうときみつ》は、文永《ぶんえい》十一（一二七四）年七月、いち早く数々の御供養をたずさえて身延へ登った。

父兵衛七郎《ひょうえしちろう》の死後、墓参のためにわざわざ鎌倉より下向された大聖人に見参してより、実に十年ぶりのことであった。時光は、いま十六歳の青年地頭としてたくましく成長し、大聖人にお目通りしたのである。

同月二十六日に認《したた》められた『南条後家尼御前《ごけあまごぜん》御返事』には、

「こうへのどの《故上野殿》だにもをはせ《在》しかば、つね《常》に申しうけ給はりなんとなげき《嘆》をもひ候ひつるに、をん《御》かたみ《遺愛》に御みをわかく《若》してとゞめをかれけるか。すがた《姿》のたがわせ《違》給はぬに、御心さえにられ《似》ける事いうばかりなし」（御書七四一㌻）

と記され、父によく似た立派な時光を見て、実に感慨《かんがい》ひとしおであると仰せられ、とくに姿ばかりでなく、その信心も父の跡を立派に継いでいることを喜ばれている。

この慈愛あふれる書状を手にし、時光はもちろんのこと、母の感激も言葉に言い尽くせぬものがあったに違いない。父の亡きあと、つねづね大聖人のことを語り聞かせ、法華経の信心の大切さを教え続けてきた母親にとって、このお手紙は、今までの長い間の苦労が実った思いであったろう。

時光の父故《こ》南条兵衛七郎は、北条家の御家人であった。鎌倉へは、たびたび番役などで参向《さんこう》していた関係から、鎌倉において直接大聖人の教化を受けたと伝えられ、非常に純真な信仰をもった人であった。文永元（一二六四）年のころ、重病にかかり、そのとき大聖人より『南条兵衛七郎殿御書』を賜っている。しかし、翌文永《ぶんえい》二年三月八日に亡くなられ、この時大聖人は、富士上野の南条家まで下向され墓参をされた。

この南条家の跡をついだのが、七郎次郎時光である。南条家は故兵衛七郎の感化によって、その夫人をはじめ一族が大聖人に帰依していた。もちろん時光も、まだ若年ではあったが信心に励んでいたのである。

その後、時光の信仰は、母親の薫陶《くんとう》と直接の師日興上人の厳しい訓育によって、大きく成長を遂げていった。とくに建治から弘安にかけての熱原法難では、日興上人の指揮のもと、護法の一念をもって献身的に活躍し、さまざまな弾圧を受けながらも、少しもひるむことなく戦いぬき、大聖人より「上《うえ》野《の》賢人《けんじん》」との尊称を賜っている。

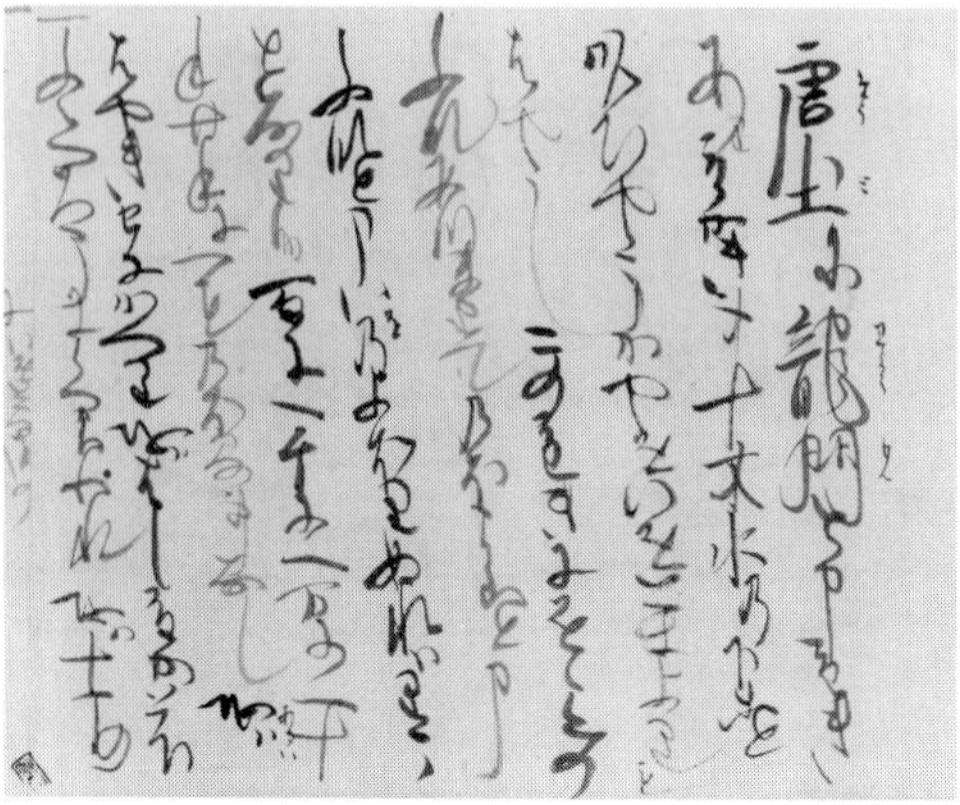
大聖人御真筆『上野殿御返事』（大石寺蔵）

ことに弾圧による苦難の最中には、自ら乗る馬も着る物もない状態に陥った。しかしその窮乏《きゅうぼう》の時でさえ、大聖人への御供養は変わらず続けられた。

大聖人は、時光の不断の堅固《けんご》な信心を賞賛され、そのために与えられた御書も、門下随一の数量にのぼる。また建治《けんじ》元（一二七五）年の十月には、日興上人の推挙《すいきょ》により、御本尊を授与されているが、この時はわずか十七歳であった。

弘安《こうあん》三（一二八〇）年九月五日、時光にとってかけがえのない弟である七郎五郎が亡くなった。時光とは六歳ちがいであったが、大聖人は南条家の人々に深く同情され、ただちに悔やみの手紙を認《したた》められた。

「南条七郎五郎殿の御死去の御事、人は生まれて死するならい《習》とは、智者も愚者も上下一同に知りて候へば、始めてなげ《嘆》くべしをどろ《驚》くべしとわをぼ《覚》へぬよし、我も存じ人にもをし《教》へ候へども、時にあた《当》りてゆめ《夢》かまぼろし《幻》か、いまだわきま《弁》へがた《難》く候。まして母のいかんがなげかれ候らむ。父母にも兄弟にもをくれはてゝ、いとを《愛》しきをとこ《夫》にすぎ《過》わかれ《別》たりしかども、子どもあまた《数多》をはしませば、心なぐさ《慰》みてこそをはし候らむ。いとを《愛》しきてこゞ《手児子》、しかもをのこゞ《男子》、みめかたち《容貌》も人にすぐれ、心もかいがいしくみ《見》へしかば、よその人々もすゞしくこそみ候ひしに、あやなくつぼめる《蕾》花の風にしぼみ、満月のにわか《俄》に失《う》せたるがごとくこそをぼ《思》すらめ。まことゝもをぼへ候はねば、か《書》きつ《付》くるそらもをぼへ候はず。又々申すべし。恐々謹言。

九月六日　　日蓮花押」（御書一四九六ページ）

という『上野殿御返事』をはじめ、大聖人はまた、おりにふれての慰《なぐさ》め状を認められて、なみなみならぬ配慮を尽くされている。

時光をはじめその一族は、七郎五郎を失った悲しみの中にも、大聖人の温かいお心に接し、ますます信心の炎を燃やしていった。

しかし建治《けんじ》の末から全国的に猛威をふるった疫病は、多くの人々の生命をうばった。医薬の発達していない当時は、病は大きな恐怖で、ことに疫病が流行しだすと、ほとんどなす術もなかった。

そのありさまは、

「この両三年は日本国の内に大疫起こりて人半分げんじ《減》て候」（上野殿御返事　御書一三四九㌻）

といわれるほど悲惨なものであった。

時光が病にかかったのは、弘安《こうあん》四（一二八一）年の夏ごろであった。年が明け弘安五年の春を迎えても一向にはかばかしくなく、二月になったころ、にわかに病が重くなった。「病篤《やまいあつ》し」の報は、すぐさま大聖人のもとに伝えられたが、大聖人もまた前年の春以来の御病気が続いていた。

そこで大聖人は、おりから居合わせた弟子の日朗に命じて書状を認《したた》めさせ、日興上人に時光への御秘符《ごひふ》を託された。

南条邸跡（本山妙蓮寺）

二月二十五日付の、その書『伯耆公御房消息《ほうきこうごぼうしょうそく》』には、大聖人の御母も妙法の功力により蘇生《そせい》された例を引いて力づけ、つづいて、時光は正法弘通のうえからも、今後、大いに活躍すべき大切な身であるから、たとえ定業《じょうごう》であっても、今度だけはなんとしても助かるようにと、当病平癒《とうびょうへいゆ》の御祈念をされた旨が書かれている。

しかし、大聖人の時光に対する大慈悲の念は、代書をもっての見舞いでは、なんとしても心が休まれなかったのであろう。三日後の二月二十八日、今度は御自《おんみずか》ら病体を押して筆をとられ、

「此の者嫡子となりて、人もすゝめぬに心中より信じまいらせて、上下万人に、あるいはいさめ或はをどし候ひつるに、ついに捨つる心なくて候へば、すでに仏になるべしと見へ候へば、天魔・外道が病をつけてをどさんと心み候か。命はかぎりある事なり。すこしもをどろく事なかれ。又鬼神めらめ此の人をなやますは、剣をさかさまにのむか、又大火をいだくか、三世十方の仏の大怨敵となるか（中略）此の人のやまいを忽《たちま》ちになをして、かへりてまぼり《守》となりて、鬼道の大苦をぬくべきか。其の義なくして現在には頭破《ずは》七分の科《とが》に行なはれ、後生には大無間地獄に堕《お》つべきか。永くとゞめよ」（法華証明抄　御書一五九一ジペー）

と、御自身が病床にあられたとは、到底思えぬほどの気概に満ちあふれた御文に、時光を悩ます鬼神を退治し、なんとかして病魔から助け出してやりたいとの強い思いが込められている。

かくして、大聖人の御祈念と日興上人の激励、そして信仰によってつちかわれた時光の強靭《きょうじん》な生命力は、強盛《ごうじょう》な病魔をも退散せしめた。妻や母をはじめ、家族一同の喜びはいかばかりであったか、あらためて御報恩謝徳の念に燃えたことであろう。

時光は、この大病をいやしたのち、実に五十年の寿命を延ばし、十余人の子供に恵まれ、多幸多福の生涯を送った。そして南条家もその後、家運隆盛をきわめた。特筆すべきことは、後年身延を離山された日興上人を上野の地に請《しょう》じ、富士大石寺《たいせきじ》開創のために尽力したことであり、こうした南条時光とその一族の信心は、正法広布の歴史の中に燦然《さんぜん》と輝き続けることであろう。

㈥　阿仏房夫妻

文永《ぶんえい》十一（一二七四）年六月、大聖人をたずねて、はるばる身延にやってきた二人の老人があった。大聖人は、顔を見るや、言葉も出ぬくらいに驚かれた。

三カ月ほど前、佐渡において後ろ髪を引かれる思いで別れを告げた、阿仏房《あぶつぼう》と国府《こう》入道であった。大聖人は佐渡を発つときから、世話になったこれらの人たちには、もう再び会うことはあるまいと思われていた。ことに身延の深山にこもられてからは、その思いは強く、老夫婦たちの身を案じながらも、遠き島でのなつかしい思い出をたどるばかりとなっていた。それだけに再会の喜びはひとしおであり、大聖人は「夢か、まぼろしか」と言って喜ばれた。

当時、佐渡から身延まで、阿仏房の足で二十日以上もかかったようである。しかも日本海の荒海を小さな舟で渡るため遭難する恐れは多分にあった。また出帆《しゅっぱん》の機会を逸すると何十日も待たなければならず、道中も山賊、海賊が横行し実に危険な旅であった。まして高齢者ではよほどの覚悟が必要であった。

しかし、阿仏房たちにとって身延の山は決して遠くはなかった。大聖人に対する渇仰《かつごう》の念は日一日とつのり、一目でもお会いしたい、一時《いっとき》でも御奉公したいとの気持ちは押さえがたく、阿仏房はひたすら大聖人を慕って登山したのである。ようやく身延にたどりついた阿仏房たちを大聖人は心から歓待《かんたい》され、留守を受け持つ千日尼《せんにちあま》、国府尼のようすや佐渡の思い出に話がはずんだことであろう。阿仏房もまた、大聖人にお目通りでき、念願のかなった喜びに、道中の苦労もすべて消え去ってしまった。

大聖人は、阿仏房たちが難儀の旅を続けて登山してきた、その志もさることながら、二人の夫を遠き身延まで遣わした妻たちに対し、

「さしも大事なるわが夫《おとこ》を御つかい《使》にてつかわ《遣》されて候。ゆめ《夢》か、まぼろし《幻》しか、尼ごぜん《御前》の御すがた《姿》たをばみ《見》まいらせ候はねども、心をばこれにとこそをぼへ候へ」

（国府尼御前御書　御書七四〇㌻）

と書き送られ、よくぞ大事な夫をさし遣わされたと、その強盛《ごうじょう》な信仰をほめられている。

阿仏房の二度目の参詣は、翌文永《ぶんえい》十二年の三月ごろであった。

「さどの《佐渡》国より此の甲州まで入道の来たりしかば、あらふしぎ《不思議》やとをもひ《思》しに、又今年来てなつ《菜》み、水くみ、たきぎ《薪》こり、だん《檀》王の阿志仙人《あしせんにん》につかへしがごとくして一月に及びぬる不思議さよ」

（是日尼御書　御書一二二〇㌻）

と、昨年に続き今年もまた身延に参詣し、ひと月あまりも大聖人にお仕え申し上げた、その純真さをたたえられ、これひとえに妻女の功徳となると仰せになり、この時、御本尊一幅を授与されたのである。

弘安元《こうあん》（一二七八）年七月二十七日、阿仏房は九十歳の高齢ながら三度目の参詣をした。この年は、疫病の流行がすさまじく、民衆の大半がこれにかかり、死んでいく者があとを絶たないありさまであった。大聖人は、昨年、一昨年と姿をみせなかった阿仏房が、もしや疫病に悩まされているのではないかと、遠く佐渡を偲《しの》ばれ、その身を案じておられた。

その阿仏房の姿を見つけられるや、いちはやく「尼ごぜんはいかに、こう《国府》入道殿はいかに」（御書一二五四㌻）と尋ねられ、「いまだ病まず」との無事を聞いて、ようやく安堵《あんど》された。この時認《したた》められた『千日尼御前御返事』には、

「去ぬる文永十一年より今年弘安元年まではすでに五箇年が間此の山中に候に、佐渡国より三度ま

で夫をつかわす。いくらほどの御心ざしぞ。大地よりもあつく大海よりもふかき御心ざしぞかし」

（御書一二五三㌻）

とあって、身延入山後、わずか五カ年のうちに、三度も高齢の夫を遣わした千日尼の深い信心を、大地よりも厚く、大海よりもふかい志であるとほめたたえられている。

老齢の阿仏房にとって、身延登山は道中の難儀もさることながら、常に肉体的限界への挑戦であった。したがって佐渡出発のたびごとに、これが最後かも知れない、今度は無理かもしれないと思い続けて来たのである。それが三度も大聖人にお目通りでき、しかもお給仕《きゅうじ》することができたことは、何事にもかえられない大きな喜びであり、もはや思い残すことは何もなかったにちがいない。

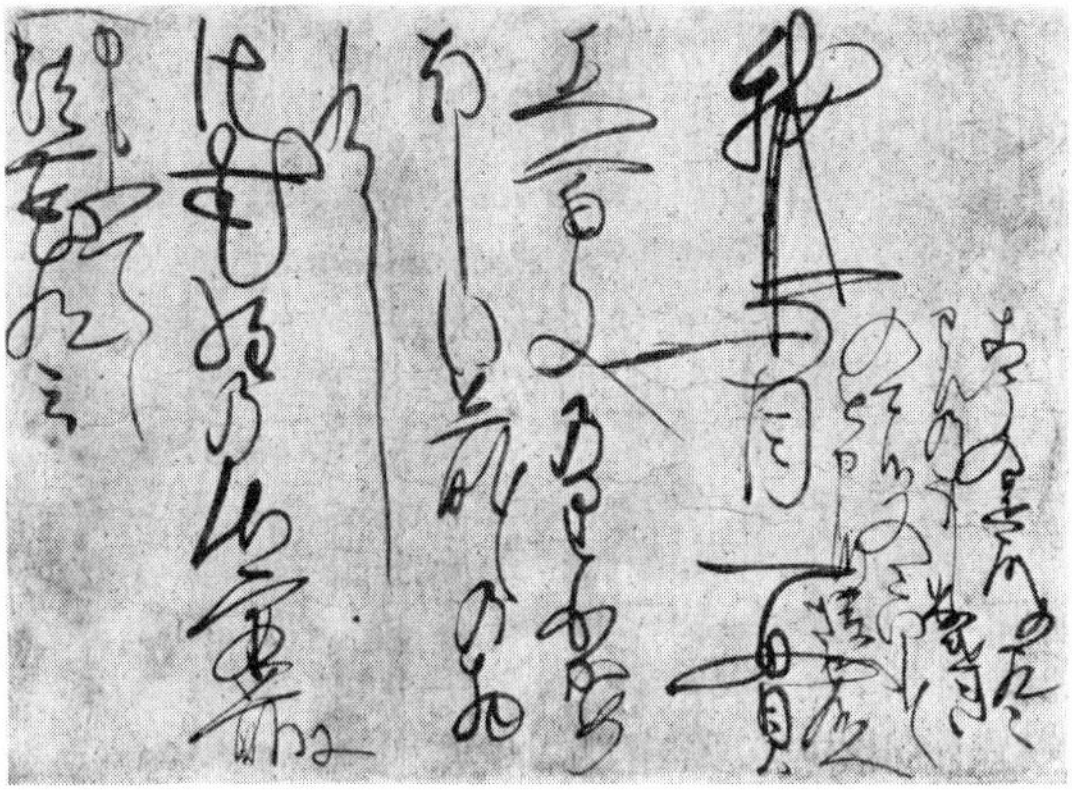

大聖人御真筆『千日尼御返事』

こうして阿仏房は、弘安二（一二七九）年三月二十一日、安祥《あんじょう》として入寂《にゅうじゃく》したのである。

大聖人は、『千日尼御前御返事』に、

「故阿仏房《あぶつぼう》の聖霊は今いづくむにかをはすらんと人は疑ふとも、法華経の明鏡をもって其の影をうかべて候へば、霊鷲山《りょうじゅせん》の山の中に多宝仏の宝塔の内に、東むき《向》にをはすと日蓮は見まいらせて候」（御書一四七五ジペー）と、阿仏房の成仏を証せられ、また「阿仏上人」との上人号をもって、最大の敬意を表されている。阿仏房の死後、その志を継いだ子息藤九郎守綱《とうくろうもりつな》は、同年七月二日、遺骨をもって身延に登り、大聖人のおそば近くに葬ったのである。なお、妻の千日尼は二十三年後の乾元《けんげん》元（一三〇二）年八月十四日に入寂《にゅうじゃく》した。

日蓮大聖人の弟子として、なんとしてもお側《そば》でお仕えしたいとの一途な気持ちから、老齢をかえりみず、たびたび極寒の佐渡より登山した阿仏房、また、危険な旅を承知で夫を送り出し、留守を守った老妻と、その求道心にあふれる信心修行の姿は、時代は変われども信仰者の手本である。また大御本尊に参詣お目通りする者の心構えはいかにあるべきかを教える鑑《かがみ》として、阿仏房夫妻の名はいつまでも語り継がれていくことであろう。

㈦　その他の檀越

身延期に大聖人が認《したた》められた御書と御消息文は、現在判明しているものだけを数えても三百篇を超えている。これを在山八年四カ月、百カ月として単純に計算すると、一カ月平均三篇以上の御書を認められたことになる。

この中には『撰時抄』のような全百十紙約三万字からなる長篇の御書も含まれており、この執筆量は驚嘆《きょうたん》するばかりである。しかも一文一句に大聖人独歩《どっぽ》の品位と格調、そして万人の心を打つ教導、整足した論理と一貫した主張、そして一篇一篇に込められた真心と熱意は時と対告《たいごう》の人を選ばない。この一事を見ても凡人《ぼんじん》のなしうるところではなく、三世通暁《つうぎょう》の御本仏なればこそ、七百数十年を経た今日も時代と言葉を越えて、寸分色褪《すんぶんいろあ》せることなく、教化の妙用を発揮されるのである。

これはまた大聖人がいかに一人ひとりの弟子檀越《だんのつ》の教化育成に力を注がれたか、その熱意を物語っている。

㈦　その他の檀越

ではどのような人々が大聖人より直接御書を賜ったのであろうか。

ここに地区別に概略紹介してみたい。

まず相模《さがみ》（鎌倉）、武蔵《むさし》方面では四条金吾、池上宗仲・宗長兄弟等の檀越を中心として、佐渡まで訪れた日妙、乙御前《おとごぜん》母子。北条家一門で大聖人に名刀を御供養した北条弥源太《やげんた》入道、同じく北条家一族の比企《ひき》大学三郎能本《よしもと》。日昭有縁《うえん》の篤信の老尼妙一尼《みょういちあま》及び有縁の道妙禅門、鎌倉桐谷《くわがやつ》に住んでいたという妙密上人、日昭の縁者といわれる桟敷《さじき》女房と王日女、そして智妙房といった人々が大聖人より御書を賜っている。

甲斐《かい》、駿河《するが》方面は、日興上人の指導のもとに日秀、日弁、日禅等の富士下方《しもかた》の僧侶、そして南条時光を中心として賀島《かじま》の高橋六郎兵衛夫妻、また富士郡芝川に住んでいたといわれる窪尼《くぼあま》、妙心尼、持妙尼（この三人を同一と見る説もある）や、南条時光の外祖父筋に当たり、駿河庵原《いはら》郡にすむ松野六郎左衛門入道、遠江《とおとうみ》（静岡県）の磐田《いわた》郡新池《にいけ》（現在の袋井《ふくろい》）に住む新池左衛門尉、駿河庵原郡の興津《おきつ》に住み高橋入道と俗縁の浄蓮房、駿河岡宮《おかのみや》に住む妙法尼、そしてその近親者であろうと思われる尾張《おわり》次郎夫人、また駿河庵原郡の内房《うつぶさ》に住み、氏神参詣のついでに大聖人を訪れ、お目通りを許されなかった内房女房、そしてこの老女と何らかの縁戚にあったと思われる駿河富士の三沢《みさわ》の領主三沢小次郎、また『盂蘭《うら》盆《ぼん》御書』を賜り駿河富士周辺に住んでいた治部《じぶ》房の祖母、あるいは賀島の高橋入道と縁戚の日厳《にちげん》女、富士西山住の西山入道、そして身延の地頭波木井《はきり》実長などが大聖人の御指南を仰いで信仰に励んでいた。

次に大聖人にとって懐《なつ》かしい安房の地では、清澄寺の浄顕房、義浄房が三篇の御書を賜った。また清澄寺の住職ともいわれ、大聖人の弟子となった別当《べっとう》御房（一説には義浄房という）などの僧侶のほか、安房天津《あまつ》に住んでいた光日房《こうにちぼう》夫妻、あるいは長狭郡《ながさのこおり》東条の領家の尼（大尼）と、その嫁新尼《にいあま》などが御書を賜っている。

また上総《かずさ》、下総《しもうさ》（千葉県）方面では大檀那富木常忍《ときじょうにん》をはじめ、下総八幡《やわた》荘中山に住み『三大秘法稟承《さんだいひほうぼんじょう》事《のこと》』『転重軽受法門《てんじゅうきょうじゅ》』『大田殿許御書』など重要な御書を多数いただいた太田五郎左衛門尉乗明《じょうみょう》や、

㈦　その他の檀越

下総曾谷《そや》に住み大聖人より『法蓮抄』『曾谷入道殿御書』等、重要御書七篇を賜った曾谷二郎兵衛尉教信《きょうしん》、下総印旛《いんば》郡臼井《うすい》荘に住み、富木氏と親類であったといわれる秋元太郎兵衛尉等が、団結も固く草創のころから純真に信仰していた。

さらに佐渡の地には、阿仏房・千日尼夫妻を中心に、天台の学僧であり『十八円満抄』等を賜った最蓮房や国府《こう》入道夫妻、一谷《いちのさわ》入道女房、中興《なかおき》入道夫妻などが大聖人より御書をいただき、遠国の地で純真な信心を貫いていたのである。

第十七章　出世の本懐

㈠ 熱 原 法 難

日興上人の駿河弘教

日興上人が、駿河《するが》、富士方面の弘教のために岩本を訪れたのは文永《ぶんえい》十一(一二七四)年の初秋であった。佐渡での、配所二年有余の常随給仕《じょうずいきゅうじ》の労をいやす暇《いとま》もなく、有縁《うえん》をたどり折伏《しゃくぶく》転教に立ち上がった日興上人は、上野《うえの》、西山《にしやま》、重須《おもす》、蒲原《かんばら》、賀島《かじま》、松野《まつの》、興津《おきつ》、はては伊豆の新田《にいだ》にも、そしてここ富士下方《しもかた》庄の熱原《あつわら》郷にも妙法流布《るふ》の手を差しのべていった。さらに日興上人は、かつて幼少時代に修行をされた四十九院《しじゅうくいん》や実相寺《じっそうじ》を中心として、力強い法華折伏破権門理《はごんもんり》の戦いを進めた。

この岩本実相寺、蒲原四十九院はともに広大な寺域や多くの供僧《ぐそう》大衆らが住した大寺院であったが、このころになると寺務行政の乱れにより、諸堂宇《しょどうう》は荒廃《こうはい》し、寺内の僧侶の堕落も極度に達していた。

そのため、まず実相寺では筑前房《ちくぜんぼう》・豊前房《ぶぜんぼう》らの供僧たち、また四十九院では、賢秀《けんしゅう》、承賢《しょうけん》らの衆僧が日興上人の折伏の縁により、相次《あいつ》いで帰伏改衣《きぶくかいえ》し、更に在俗の人々が数多く改宗帰依するようになっていった。

一方、この妙法への改宗を快く思わない僧俗大衆も多かった。とくに両寺の院主《いんじゅ》や破戒僧たちは、自分たちの生活と権力が侵害されることに危機感を強め、改宗に対する妨害をはじめた。すなわち岩本では尾張阿闍梨《おわりあじゃり》ら、蒲原では小《お》田一房《だいちぼう》らが互いに衆徒を糾合し、さらに実相寺の院主道暁《どうぎょう》、四十九院の寺務二位律師厳誉《ごんよ》らが院主権を濫用《らんよう》して、

「日蓮らが一党は仏法を学しながら外道《げどう》の教へに同じ、正見を改めて邪義に任せしむ以《もっ》ての外《ほか》の次第なり、若《も》しこれに心服する者は寺内を追放す」

との厳達《げんたつ》を下した。そのため、ついに日興上人をはじめ、日持・日源・日位等は住房を追い出され、それまで長い間管理していた田畑まで奪い取られてしまったのである。

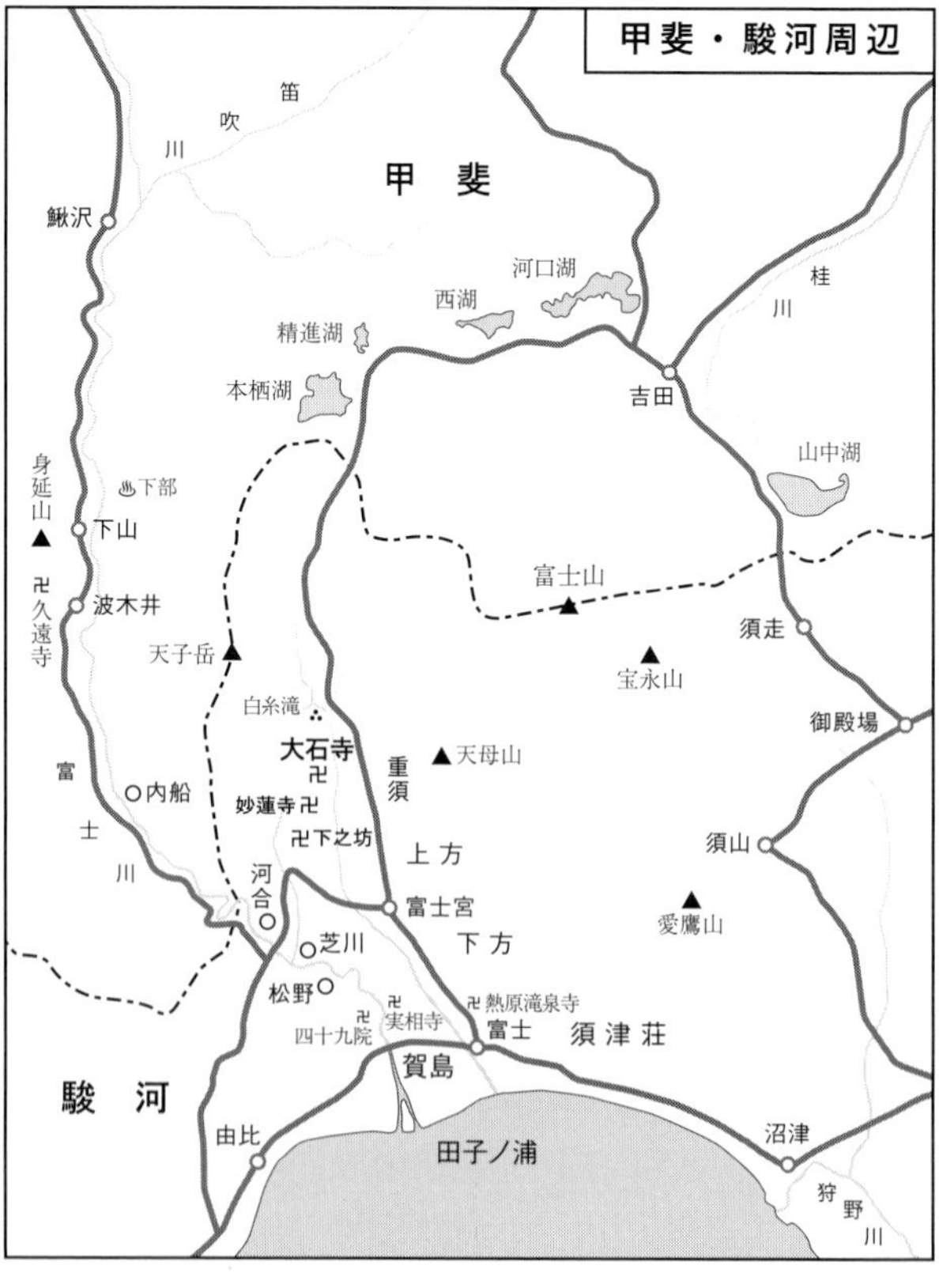

この不法に対し日興上人はじめ日持・賢秀・承賢の四人の名をもって、幕府に『四十九院申状《もうしじょう》』を上呈して、厳誉律師らとの真偽《しんぎ》を糾《ただ》すように言上《ごんじょう》したが、法華一党を憎《にく》む幕府は何の沙汰も下さなかった。

大聖人は、豊前公《ぶぜんこう》あての『実相寺御書』（四十九院等事）に、

「四十九院等の事。彼の別当《べっとう》等は無智の者たる間日蓮に向かって之を恐る。小田一房等怨《あだ》を為すか。弥《いよいよ》彼等が邪法滅すべき先兆《せんちょう》なり」（御書一一九六ジペー）

と喝破《かっぱ》されている。

滝泉寺

岩本実相寺から東へ一里のところに熱原滝泉寺《りゅうせんじ》があった。ここもやはり天台宗の巨刹《きょさつ》であったが、当時、院主直接の寺務担当はなく、専《もっぱ》ら院主代行智《ぎょうち》のなすがままになっていた。

思うにこの入道行智の院主代就任は、熱原一帯を私有していた権門《けんもん》の後家尼《ごけあま》や平左衛門尉頼綱《へいのさえもんのじょうよりつな》の権力によったものであろう。そうでなくては、多数の寺家衆《じけしゅ》を持ち巨刹の構えをなす寺院の院主代に、一介の入道がなれるわけがない。行智は、教義を解する力もなく、僧侶にあるまじき鶉狩《うずらがり》・狸狩《たぬきがり》等の殺生を好み、はなはだしきは、寺の池に毒を流して鯉《こい》や鮒《ふな》を取り、これを村里に持ち出して売り、酒に換えて

酒宴を張るといった非行も、平気で行う破戒僧であった。

このような滝泉寺の寺家衆の中からも日興上人に帰依する者が出てきた。

まず建治《けんじ》元（一二七五）年ごろ、下野房《しもつけぼう》日秀・越後房《えちごぼう》日弁・少輔房《しょうぼう》日禅らの寺家僧たち、そして三河房頼円《みかわぼうらいえん》等が、続々と日興上人を慕《した》って帰伏改衣し、多くの信徒たちも改宗して法華衆となっていった。

北条家の御領地内で、しかも良観の信奉者後家尼《ごけあま》の声がかりで院主代になった行智は、奸計《かんけい》をめぐらし、日興上人に帰依する者たちに悪質な迫害を加え始めた。

四十九院・滝泉寺等に反法華党の動きが強まってきた建治元年七月ごろ、大聖人は日興上人の熱原弘教の応援のため、身延から民部日向・覚乗房を派遣《はけん》された。

日興上人を中心に門下が堅固《けんご》な団結をかため、滝泉寺の内外に法華衆が増加したため、行智はついに寺内の供僧たちへ、次のように申し渡した。

「法華経に於ては不信用の法なり、速《すみ》やかに法華経の読誦《どくじゅ》を停止《ちょうじ》し、一向に阿弥陀経を読み、念仏

滝泉寺跡付近

を申すべきの由、起請文《きしょうもん》を書かば、安堵《あんど》すべきの旨下知《げち》せしむ」（滝泉寺申状　御書一四〇三ページ）

すなわち行智は、法華経の読誦を停止し、ひたすらに阿弥陀経を読み、念仏を称えるむねの起請文を提出せよと命令を下し、もし、これに従わない時は所職《しょしき》の住坊を追放するというのであった。

この下《くだ》し文《ぶみ》に、いまだ信心が決定《けつじょう》しなかった三河房頼円は行智の言うまま即座に起請文を出して許しを得たが、信心強盛《ごうじょう》な日秀・日弁・日禅らはひるむことなく、

「元来この滝泉寺は、天台・伝教の流れを汲むものにして、法華経を奉ずるのが宗義である。されば、真言・念仏の邪義を捨てて正法に帰するのがなにゆえ不都合であろうか」

と堂々と反詰《ほんきつ》し、横暴な下し文を断固としてはねつけた。これに対して行智は、日秀・日弁・日禅らの所職と住坊を取り上げてしまった。

あまりにも邪悪な院主代の行状に少輔房日禅はひとまず生家の河合《かわい》に引き上げたが、日秀・日弁は代々所職の住坊を去ったものの、なおも山内に寄宿して、以前にも増して近在の折伏逆化《ぎゃっけ》に邁進《まいしん》したのであった。

熱原の法華講衆

この熱原郷の人々は、代々滝泉寺の信徒であったが、院主代行智よりも日秀・日弁らを尊敬渇仰《かつごう》する空気が強かったこともあり、日興上人より真実の教えである法華経の法門を聞くや、たちまち改宗入信する者が多く、熱烈な妙法信者が続々と誕生していった。

熱原の百姓、神四郎《じんしろう》・弥五郎《やごろう》・弥六郎《やろくろう》の兄弟三人が入信したのも、このころである。

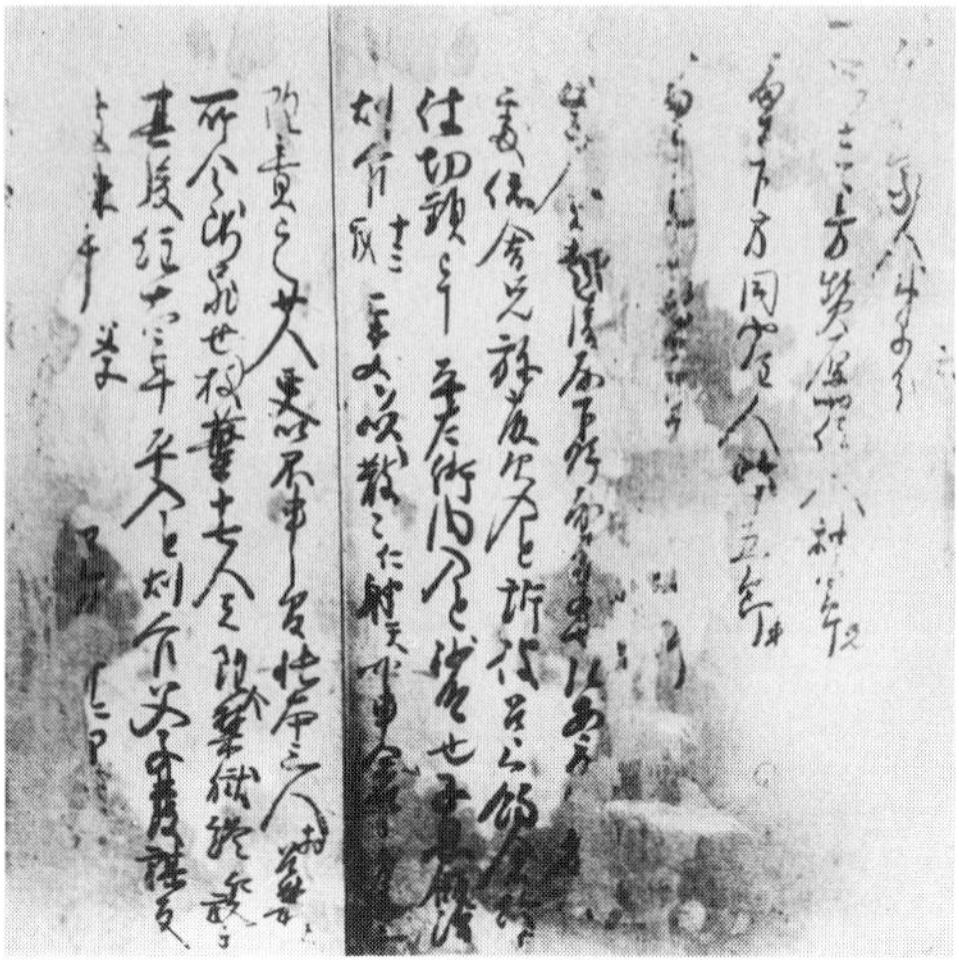

日興上人正筆『本尊分与帳』（北山本門寺蔵）

日興上人の『本尊分与帳《ほんぞんぶんよちょう》』（白蓮弟子分与申御筆御本尊目録事）によれば、

「此の三人は越後房《えちごぼう》下野房《しもつけぼう》の弟子廿人の内なり。弘安《こうあん》元年信じ始め奉る」（歴全一―九四ジペー）

とあり、日興上人の在家人弟子分の筆頭に挙げられ、弘安元（一二七八）年の入信であることがわかる。

神四郎を中心とするこの三人の兄弟は、実直で人情に厚く、熱原郷の農民から、信頼されている人たちであった。したがって、その入信はますます法華一門の帰依者を生み出し、その勢いはとどまる所を知らなかった。

行智は、もはや官憲《かんけん》の威をかりて、法華衆徒を禁圧するよりほかには取るべき手段はないと考え、ひそかに実相寺・四十九院等と連携《れんけい》をとりつつ、法華衆の中の不満分子や在俗の謗徒《ぼうと》と手を組むなどの手段を講じ始めた。

その第一は、同じ下方庄にある政所《まんどころ》の役人との結託である。これまでの行智一派が乱行三昧《らんぎょうざんまい》を見逃《みのが》され、偽《いつわ》りの御教書《みぎょうしょ》をもって再々法華衆徒を脅迫《きょうはく》できたのも、平左衛門と政所のうしろだてがあったればこそである。

次は、神四郎の長兄弥藤次《やとうじ》の籠絡《ろうらく》であった。熱原の法華衆信徒の中心者である神四郎兄弟の長兄にあたる弥藤次は、とくに神四郎と膚《はだ》があわず、かえって強い反感を持っていたのであった。そこに目をつけた行智は甘言をもって近づき、まず自分の腹心として配下に引き入れたのである。

さらに行智は、法華衆内部からの切り崩しを考え、政所の役人らと共謀して、入信まもない、賀島《かじま》の太田次郎兵衛親昌《ちかまさ》、長崎次郎兵衛時綱《ときつな》らの士分を圧迫、勧誘などして退転させ、はては三位房《さんみぼう》等の僧侶にも好餌《こうじ》をもって違背《いはい》させるに至ったのである。

とくに三位房は、大聖人の弟子の中でも、つとにその英才がみとめられ、鎌倉において竜象との問答に勝つなどの功績を持つ学僧の一人であったが、修学中より名聞名利《みょうもんみょうり》にとらわれがちな性格であった。

そのため大聖人の命により熱原一帯の弘教の応援に派遣されて来たものの、日興上人の下《もと》で、しかも農民相手の地味な折伏《しゃくぶく》は不満であった。それがいつしか行智のつけ入るところとなり、ついに三位房は退転し反法華党に加担するようになった。こうして行智らは、権力と武力によって反法華党を組織し、法華一門を粉砕《ふんさい》する機会をねらっていた。

法難の発端

弘安《こうあん》二（一二七九）年四月八日、三日市場《みっかいちば》（現富士市浅間本町）の浅間《せんげん》神社で行われた流鏑馬《やぶさめ》の神事の雑踏《ざっとう》の中で、法華衆徒の四郎男が刃傷《にんじょう》されるという事件が起こった。

また同年八月には、法華衆徒弥四郎《やしろう》が何者かに首を切られるという事件が起こった。

このような四月・八月の両事件に対し、行智らと結託《けったく》した政所《まんどころ》の役人は、犯人を挙《あ》げるどころか、闇《やみ》から闇へと葬ってしまった。

大聖人は『異体同心事』を書き送り、その中で門下に対し、

「あつわら《熱原》の者どもの御心ざし、異体同心なれば万事を成《じょう》じ、同体異心なれば諸事叶ふ事なしと申す事は外典三千余巻に定まりて候」（御書一三八九ジペー）

と一門の団結を呼びかけられた。

行智の奸策

弘安二年九月二十一日は下野房《しもつけぼう》日秀の田の稲の取り入れであった。日ごろ日秀の教化にあずかる熱原の信徒はわれもわれもと集まり、稲刈《いねか》りを手伝っていた。

つねづね機会をねらっていた行智は、法華衆が大勢集まっているという報告を聞くや、賀島《かじま》の大進房や弥藤次《やとうじ》、そして太田親昌《ちかまさ》や長崎時綱《ときつな》らの武士たちをにわかに駆り集め、今こそ法華衆徒を一網打尽《いちもうだじん》にしようと手に手に刀剣を取って、どっとその場に押し寄せた。

今まで日興上人の訓戒もあり、日秀・日弁等の教導のままに隠忍自重《いんにんじちょう》してきた神四郎たちも、この時ばかりはと、遂に意を決して、その場にあった利鎌《とがま》や棒などを持って防戦に努《つと》めたが、所詮、勝ち目はなく、ついに一人倒れ、二人倒れて、多くの者が手傷を受けた。神四郎以下二十名はその場で捕《と》り押さえられ、ひとまず下方の政所へ拘留《こうりゅう》された。

(一) 熱原法難

この騒動《そうどう》の最中、僧侶の身でありながら、法華の信徒に馬を

熱原付近

駆《か》って乱暴狼藉《ろうぜき》を働いた大進房や、馬には馴《な》れているはずの太田親昌、長崎時綱ら三人は落馬し、大進房は数日間苦しんだあげく死亡した。他の二人もかなりの重傷を負った。また慢心によって大聖人に師敵対した三位房《さんみぼう》も、相《あい》前後して不可解な最期《さいご》をとげたのである。まさに法華誹謗《ひぼう》の現罰がたちどころに現れたのである。

弥藤次の訴状

このように行智の奸策《かんさく》は見事に成功したが、悪鬼入其身《あっきにゅうごしん》の行智はさらに謀略をもって法華一門に追い打ちをかけた。

それは、神四郎と膚《はだ》の合わない実兄弥藤次《やとうじ》の名をもって、

「今月二十一日数多《あまた》の人勢《にんぜい》を催し、弓箭《きゅうせん》を帯し、院主分の御坊内に打ち入り、下野房《しもつけぼう》は乗馬相具《あいぐ》し、熱原の百姓紀次郎《きのじろう》男、点札《てんさつ》を立て作毛《さくもう》を苅り取って日秀の住房に取り入れ畢んぬ」

（滝泉寺申状　御書一四〇二ジ）

という、事実と全く正反対の訴状《そじょう》を作り、鎌倉の問注所《もんちゅうじょ》に告訴したのである。

実兄が、こともあろうに血を分けた弟を訴えたのである。これこそ行智がはじめから巧《たく》みに企《たくら》んだ奸《かん》策《さく》であった。

鎌倉押送

捕《と》らえられた神四郎等の二十人は、その日のうちに、弥藤次の訴状とともに鎌倉へ押送《おうそう》された。この事件を聞いた日興上人はこの状況をすぐさま身延の大聖人のもとに報告された。

大聖人は熱原の信徒たちを深く思いやられ、これはただ熱原の者たちのみにとどまるものではなく、我が門下全体の一大事であると、さっそく十月一日に、『聖人御難事』を認《したた》め、門下一同の団結と奮起を促《うなが》された。

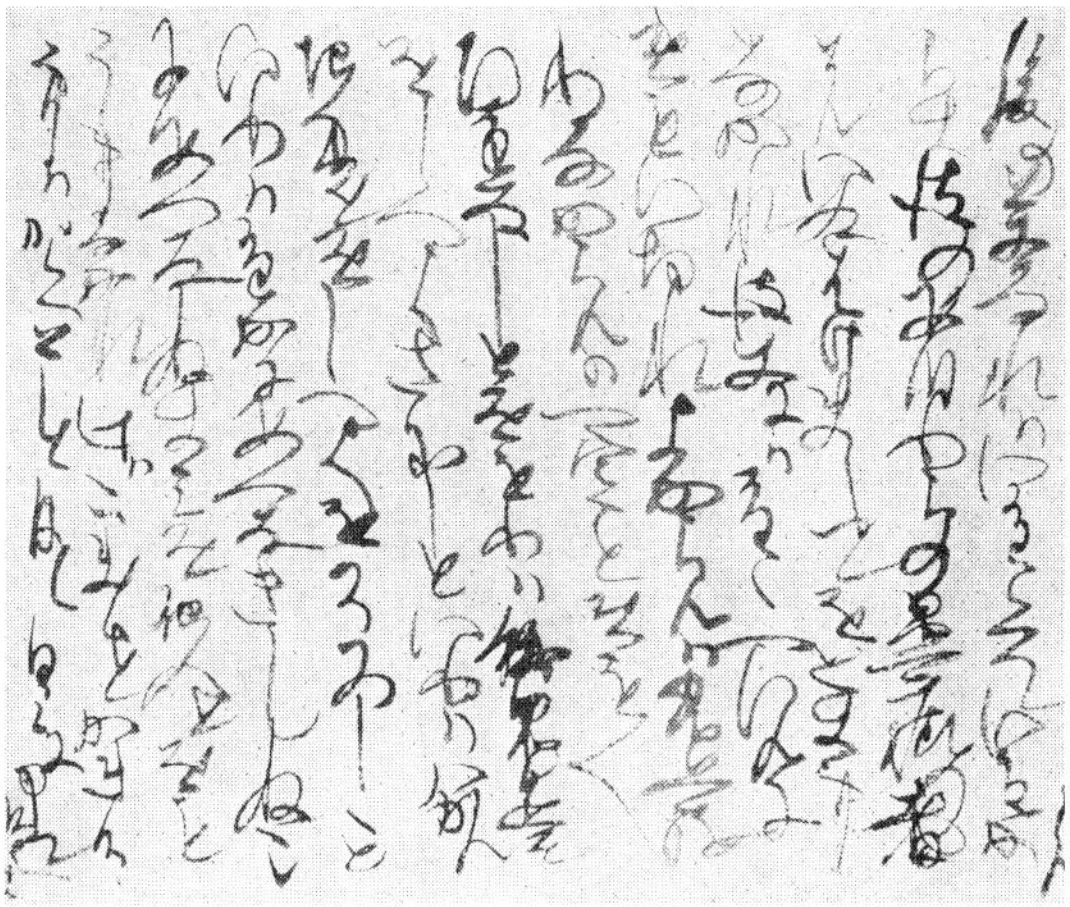

大聖人御真筆『聖人御難事』

「彼のあつわら《熱原》の愚癡の者どもいゐはげまし《言励》てをとす《堕》事なかれ。彼等には、たゞ一えん《円》にをもい《思》切れ、よからんは不思議、わるからんは一定《いちじょう》とをもへ《思》。ひだる《饑》しとをも《思》わば餓鬼道ををし《教》へよ。さむ《寒》しといわば八かん《寒》地獄ををしへ《教》よ。をそろし《恐》ゝといわばたか《鷹》にあへるきじ《雉》、ねこ《猫》にあへるねずみ《鼠》を他人とをもう《思》事なかれ。此はこまごまとかき候事は、かくとしどし《年年》月々日々に申して候へども、なご《名越》への尼・せう《少輔》房・のと《能登》房・三位房なんどのやうに候をくびやう《臆病》、物をぼへず、よく《欲》ふかく、うたがい《疑》多き者どもは、ぬれ《塗》るうるし《漆》に水をかけ、そら《空》をきり《切》たるやうに候ぞ」（御書一三九八㌻）

厳しい中にも熱原の農民を念じて止まない大聖人の慈愛あふれるお手紙であった。

滝泉寺申状

大聖人はすぐさま、幕府に真相を訴《うった》え、二十人の釈放《しゃくほう》と行智一派の糾弾《きゅうだん》、さらに本院主に糾明《きゅうめい》を要求する申状の草案を作成し、十月十二日、『伯耆《ほうき》殿御返事』とともに日興上人に送られた。この御状の冒頭に、

「大体《だいたい》此の趣《おもむき》を以て書き上ぐべきか。但し熱原の百姓等安堵《あんど》せしめば、日秀等別に問注有るべからざるか」（御書一三九九㌻）

とあり、この御文から、十月十二日の時点では神四郎らはいまだ牢中にあって、存命であったことがわかる。そのため大聖人は、もし無事に百姓等が釈放されるならば、別に問注に

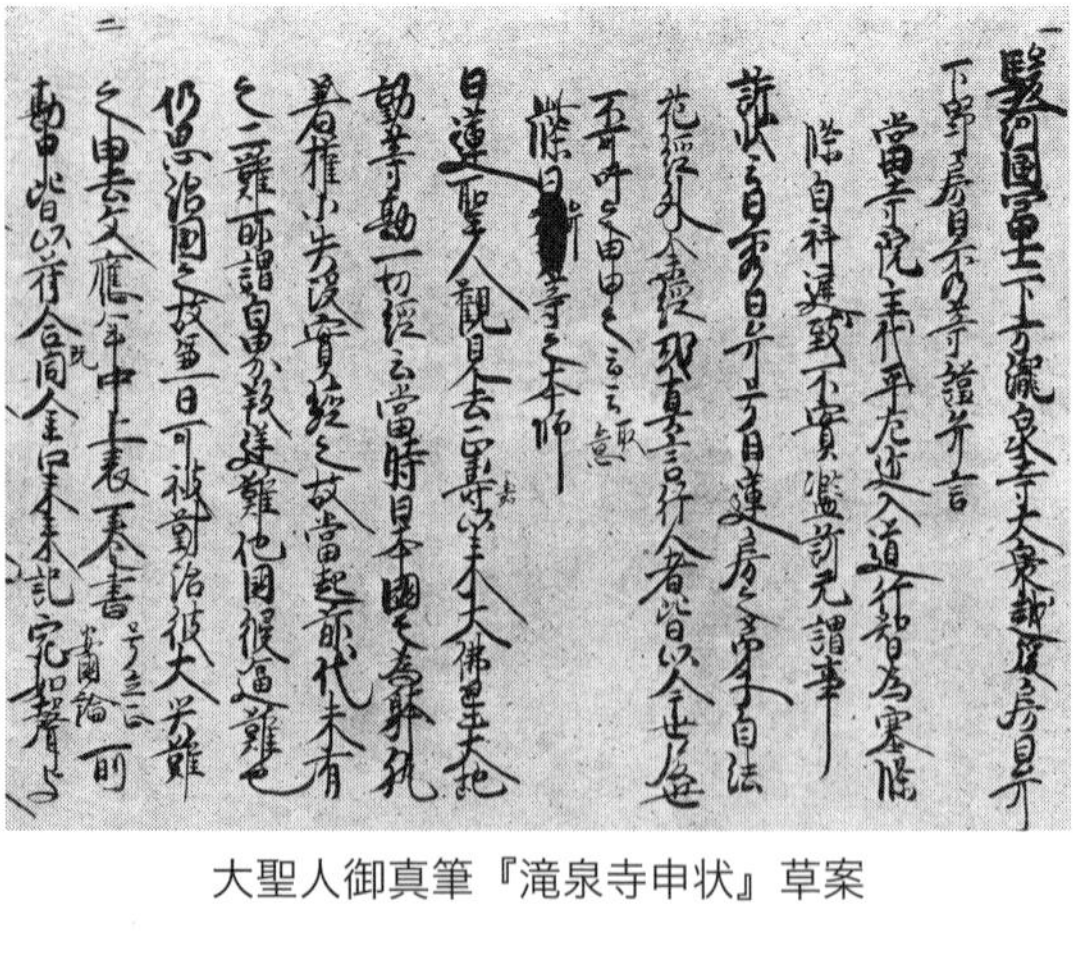

大聖人御真筆『滝泉寺申状』草案

及ばないとの細心の注意を与えられている。

日興上人は、ただちに日秀・日弁、さらには地位と見識を有する富木常忍《ときじょうにん》等と共に陳状《ちんじょう》を整足し問注に備えられた。これが『滝泉寺申状』である。

頼綱の威嚇

ところが、鎌倉において神四郎等を裁《さば》くのは、大聖人を憎んで数々の迫害を加えてきた平左衛門尉頼綱《へいのさえもんのじょうよりつな》であった。日興上人がいかに理を尽くして訴えても、頼綱に通じないのは当然であった。頼綱にしてみれば熱原地方の刈田狼藉《かりたろうぜき》などはどうでもよいことであり、ただただ日蓮が一門を弾圧し、殲滅《せんめつ》することが目的であった。

さて、十月十五日、平左衛門尉頼綱の私邸の庭を法廷として、熱原事件の尋問《じんもん》が行われた。この時は尋問というよりも、むしろ農民に対して権力をもって威嚇《いかく》し、拷問《ごうもん》を加えたというべきであろう。

頼綱は、神四郎《じんしろう》・弥五郎・弥六郎以下二十人を広場に引き出し、事件の真相には少しもふれずに、開口一番、

「汝《なんじ》ら速《すみ》やかに法華の題目を捨てて、念仏を称《とな》えるとの起請文《きしょうもん》を書け。さすれば罪を許して即刻《そっこく》帰国さすべし、さもなくば重罪に処《しょ》す」

と申し渡した。

しかし、頼綱の威嚇《いかく》に対して神四郎等の信念は微動《びどう》だにすることなく、

「この身を殺しても、日蓮大聖人の教えをまもっていくことこそ、我ら妙法信者の本意なり」

と答えるのみで、あとはひたすら題目を声高らかに唱えるのであった。

頼綱は、鎌倉幕府の権力をわがものにする自分が威嚇すれば、たかが相手は地方の百姓である、恐れおののいて、すぐにも心を翻《ひるがえ》すものとみくびっていたが、意外にも神四郎たちが、堂々と法華経の題目を唱和《しょうわ》し始めた姿を見て、阿修羅《あしゅら》のごとく激怒《げきど》した。

そして頼綱は、このように身分を忘れて幕府に刃向《はむ》かう百姓たちは、恐らく悪魔に魅入《みい》られたのであろうと思い、蟇目《ひきめ》の矢による責めを命じた。

処刑

当時、蟇目の矢は悪魔退散《あくまたいさん》に効果があるとされ、その「ヒューン」と鳴る不気味《ぶきみ》な音により悪魔も退散すると信じられていた。責めるのは当時十三歳になる頼綱の次男飯沼判官資宗《いいぬまはんがんすけむね》である。容赦ない拷問の矢は骨も砕かんばかりの痛みをもって、神四郎たちの身をさんざんに責めさいなんだのであった。

頼綱は百姓たちがその蟇目の矢の痛さのあまりに悲鳴をあげて念仏を称《とな》えるであろうと思ったが、神

四郎等の信心は一向にひるむことなく「南無妙法蓮華経　南無妙法蓮華経」と唱える声は、ますます高まっていった。力強い唱題の声に、頼綱は不安といらだちをおぼえ、妙法に対する怨念《おんねん》と憍慢《きょうまん》の心は次第に狂乱の度を増していった。そして、狂乱の極みに達した頼綱はついに神四郎・弥五郎・弥六郎の三人を事件の首謀者《しゅぼうしゃ》として、暴虐無惨《ぼうぎゃくむざん》にもその場で斬首《ざんしゅ》してしまったのである。

時に弘安二年十月十五日のことであった。

まことにこの熱原の三烈士《さんれっし》は、『如説修行抄』に説かれる、

「一期《いちご》過ぎなむ事は程《ほど》無ければ、いかに強敵《ごうてき》重なるとも、ゆめゆめ退する心なかれ、恐るゝ心なかれ。縦《たと》ひ頸をばのこぎり《鋸》にて引き切り、どう《胴》をばひしほこ《菱鉾》を以てつゝき、足にはほだし《絆》を打ってきり《錐》を以てもむとも、命のかよ《通》はんきは《際》ゝ南無妙法蓮華経、南無妙法蓮華経と唱へて、唱へ死にゝしぬるならば、釈迦・多宝・十方の諸仏、霊山会上《りょうぜんえじょう》にして御契《ちぎ》りの約束なれば、須臾《しゅゆ》の程に飛び来たりて手を取りてかた《肩》に引き懸けて霊山へはしり《走》給はゞ、二聖・二天・十羅刹女《じゅうらせつにょ》・受持者をうご《擁護》の諸天善神は、天蓋《てんがい》を指し幡《はた》を上げて我等を守護して慥《たし》かに寂光の宝刹《ほうせつ》へ送り給ふべきなり。あらうれしや、あらうれしや」（御書六七四㌻）

の御聖訓を、純粋な信仰によって実践しぬいたのであった。

日興上人は、ただちに急使をたてて、大聖人にこの日のできごとを報告した。

聖人等御返事

大聖人は十七日の酉《とり》の時（午後七時ごろ）に、二日前の十五日に斬罪《ざんざい》に処せられたとの報を聞かれるや、三烈士《さんれっし》を心から追善回向《ついぜんえこう》されるとともに、すぐさま『聖人等御返事』を認《したた》められた。

「今月十五日酉時御文、同じき十七日酉時到来す。彼等御勘気《ごかんき》を蒙《こうむ》るの時、南無妙法蓮華経と唱へ奉ると云云。偏《ひとえ》に只事に非ず。定めて平金吾《へいのきんご》の身に十羅刹《じゅうらせつ》の入り易《か》はりて法華経の行者を試《こころ》みたまふか。例せば雪山童子・尸毘王《しびおう》等の如し。将又《はたまた》悪鬼其《そ》の身に入る者か。釈迦・多宝・十方の諸仏・梵《ぼん》帝《たい》等、五五百歳の法華経の行者を守護すべきの御誓《ちか》ひは是なり。大論に云はく『能《よ》く毒を変じて薬と為す』と。天台云はく『毒を変じて薬と為す』云云。妙の字虚《むな》しからずんば定めて須臾《しゅゆ》に賞罰《しょうばつ》有らんか」（御書一四〇五ページ）

神四郎たちの五尺《しゃく》の凡身《ぼんしん》は、たとえ敢《あ》えなく散ってもその生命は須臾《しゅゆ》の間に仏界に至り、寂光の宝刹《ほうせつ》に自受法楽《じじゅほうらく》するのである。それに対し、今ほしいままに権力を笠に着て邪教をもって純信の徒を責める平左衛門尉《へいのさえもんのじょう》こそ、妙法不思議の力用《りきゆう》により、たちどころに法華の厳罰《げんばち》を蒙《こうむ》り、永く悪趣《あくしゅ》に沈淪《ちんりん》せねばならないと、大聖人は万感《ばんかん》の思いをもって綴《つづ》られている。

さらに、日興上人に対し、「伯耆房《ほうきぼう》等深く此の旨を存じて問注《もんちゅう》を遂《と》ぐべし」（同右）と述べている。

これを五日前に出された『伯耆殿御返事』の「但し熱原の百姓等安堵《あんど》せしめば、日秀等別に問注《もんちゅう》有るべからざるか」（御書一三九九㌻）との御文と対比するとき、これは明らかに十月十五日に三烈士の断罪があったがゆえに、今こそ問注を遂げ、平金吾に対して、はっきりと現罰を蒙《こうむ》ることを申し渡すようにと、指図《さしず》されたものである。これを受け、日興上人は大聖人の草案による『滝泉寺申状』を直ちに提出されたと推測される。

また、熱原の法華衆に多大の援助をおしまなかった南条時光に対し大聖人は十一月六日に、

「此はあつわら《熱原》の事のありがたさに申す御返事なり」（上野殿御返事　御書一四二八㌻）

と念記《ねんき》され、そして、

「願はくは我が弟子等、大願をおこせ（中略）とにかくに死は一定《いちじょう》なり。其の時のなげき《歎》はたうじ《当時》のごとし。をなじくはかり《仮》にも法華経のゆへに命をすてよ。つゆ《露》を大海にあつらへ、ちり《塵》を大地にうづむ《埋》とをもへ」（同右）

と教示されている。殉教《じゅんきょう》した三烈士の「ありがたさ」とは「世にあること難し、希有《けう》なり」との意味である。すなわち三烈士の法華経のために殉教されたことは、まことに希有なことであると賞嘆されたのである。そして、「死は一定なり」として、死身弘法《ししんぐほう》こそ門下のとるべき道であると教示されている。

法難後、約二十年を過ぎた永仁《えいにん》六（一二九八）年、日興上人は往時《おうじ》を回想して、『本尊分与帳《ほんぞんぶんよちょう》』（白

蓮弟子分与申御筆御本尊目録事）に、次のように記されている。

「在家人弟子分

一、富士下方熱原郷の住人神四郎兄。

一、富士下方同郷の住人弥五郎弟。

一、富士下方熱原（郷住人）□□□□郎。

此の三人は越後房《えちごぼう》下野房《しもつけぼう》の弟子廿人《にじゅうにん》の内なり。弘安《こうあん》元年信じ始め奉る処舎兄《しゃけい》弥藤次《やとうじ》入道の訴に依《よ》って鎌倉に召《め》し上げられ、終に頸《くび》を切られ畢《おわ》んぬ、平の左衛門入道の沙汰《さた》なり。子息飯沼判官《いいぬまはんがん》十三歳ひきめを以て散々に射《い》て念仏を申すべきの旨《むね》再三之《これ》を責むと雖《いえど》も、廿人更に以て之を申さざる間、張本三人を召し禁《とどめ》て斬罪《ざんざい》せしむる所なり。枝葉《しよう》十七人は禁獄《きんごく》せしむと雖も終に放たれ畢んぬ」（歴全一―九三ページ）

鎌倉に連行された残る十七名は、釈放されたとはいえ、弘安二年十月以後に反法華の謗徒《ぼうと》らが法華衆徒をさらに追い打ちしようとしているため、未《いま》だ油断できない状態であった。とくに奸智《かんち》に長《た》けた行智らは、神四郎等を無残に処刑しただけでは飽《あ》きたらず、なおも法華の信徒を根絶《こんぜつ》しようと謀《はか》っていたのである。

上野賢人

熱原法難の災禍《さいか》は、上野の地頭南条七郎次郎時光《ときみつ》一家にも及んだ。

青年地頭時光はこの法難の際、弱冠《じゃっかん》二十歳であった。しかし身命を賭《と》して信徒をかくまい、日興上人をはじめとする僧侶たちを外護するなど、熱原法華衆の支柱的《しちゅうてき》存在であった。身分制度が厳格な時代に、権力者から弾圧された農民の信徒たちにとって、地頭という要職にありながら清らかな信仰を貫く誠実な南条時光の存在は、何よりも心強い励ましとなったに違いない。また、時光も当時筆舌《ひつぜつ》に尽くし難い辛酸《しんさん》を味わったことと思われる。このゆえに大聖人は、弘安二年十一月六日の『上野殿御返事』(竜門御書)には、「上野賢人《うえのけんじん》」とまで激賞されている。

弘安三年七月二日付の御手紙によれば、

「さてはかう《神》ぬし《主》等が事、いまゝでかゝへ《抱》をかせ給ひて候事ありがたくをぼへ候。たゞし、ない《内》ない《内》は法華経をあだ《怨》ませ給ふにては候へども、うへ《上》にはた《他》の事によせて

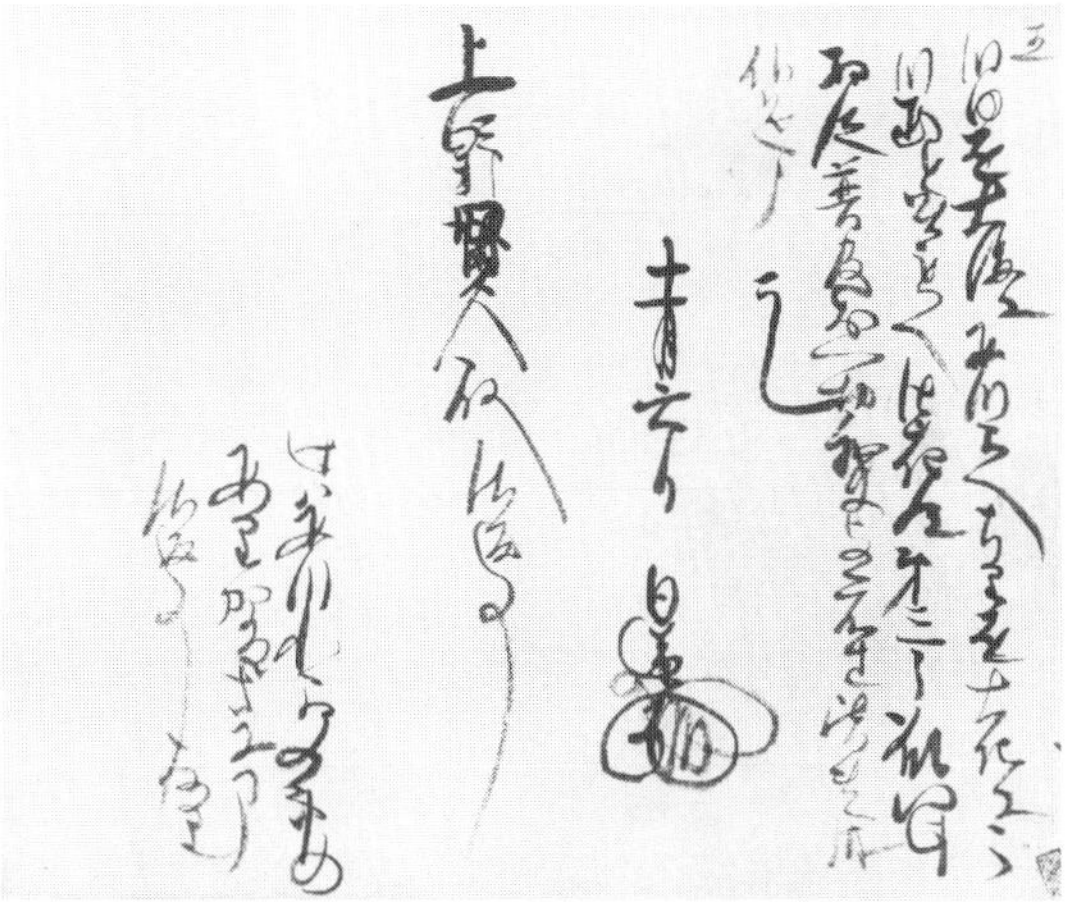

大聖人御真筆『上野殿御返事』(大石寺蔵)

事《託》かづけ、に《憎》くまるゝかのゆへに、あ《熱》つわ《原》らのものに事をよせて、か《彼処》しこ《此処》ゝをもせかれ候こそ候めれ」（上野殿御返事　御書一四七九ジペー）

と法難の余波が、その後も長く尾をひいていたことがわかる。

また、そのために南条時光も不当の公課《こうか》にせめられて、苦しい思いをしたのであった。

同年十二月の御状には、

「貴辺はすでに法華経の行者に似させ給へる事、さるの人に似、も《餅》ちゐの月に似たるが如し。あ《熱》つはら《原》のものどものかくを《惜》しませ給へる事は、承平《じょうへい》の将門《まさかど》、天喜《てんぎ》の貞任《さだとう》のやうに此の国のものどもはおもひて候ぞ。これひとへに法華経に命をすつるゆへなり。またく主君にそむく人とは天御覧《ごらん》あらじ。其《そ》の上わづかの小郷にをほくの公事《くじ》せめにあてられて、わが身はのるべき馬なし、妻子はひきかゝるべき衣なし」（上野殿御返事　御書一五二九ジペー）

と述べられている。

南条時光は熱原の衆徒らをかくまったため、逆賊《ぎゃくぞく》の汚名《おめい》をきせられ、不当で過重《かじゅう》な公事をせめあてられたのである。そのため時光自身、乗るべき馬もなく、家族もまた苦しい逼迫《ひっぱく》した生活の中で、日興上人の指導のままに、清らかな信仰を貫いたのであった。

頼綱一族の現罰

日興上人の『本尊分与帳《ほんぞんぶんよちょう》』（白蓮弟子分与申御筆御本尊目録事）に、

「其の後十四年を経て平の入道判官《はんがん》父子、謀反《むほん》を発《おこ》して誅《ちゅう》せられ畢《おわ》んぬ。父子これただ事にあらず、法華の現罰《げんばち》を蒙《こうむ》れり」（歴全一―九四ジペー）

と記録されているように、終生《しゅうせい》、大聖人に敵対し迫害し続けた平左衛門尉頼綱は、神四郎ら三烈士《さんれっし》を斬《ざん》罪《ざい》に処して十四年後の正応六（一二九三）年四月に法華の現罰を受けた。

すなわちこのころ執権《しっけん》をしのぐ権勢をほしいままにした平左衛門尉は、安房守《あわのかみ》に任ぜられた次男の飯沼判官を大将に立て、将軍、執権を滅ぼしてわれこそ天下を支配せん、と父子相謀《あいはか》って反逆《はんぎゃく》の準備を行っていた。これを知った長男の宗綱《むねつな》は弟のみが父に寵愛《ちょうあい》されることを嫉《ねた》み、その腹いせに幕府に訴え出た。そのため謀反《むほん》が発覚し、長男の宗綱は佐渡へ流され、頼綱父子は誅戮《ちゅうりく》され、家屋、所領は没収、妻子は追放に処せられた。

㈠ 熱原法難

徳治《とくじ》三（一三〇八）年卯《う》月八日付の日興上人書写の御本尊の脇書《わきがき》には、

「駿河の国富士の下方熱原の住人神四郎、法華衆と号し平の左衛門尉の為に頸《くび》を切らるゝ三人の内なり、左衛門入道法華衆の頸を切るの後、十四年を経て謀叛を謀り誅せられ畢《おわん》ぬ、其《その》子孫跡形《あとかた》無く

滅亡し畢ぬ」（富要八―二二七ジペー）

とあり、権勢をほしいままにした平左衛門尉頼綱一族は、はかなく滅亡したのである。

これはまさしく大聖人が『聖人等御返事』に、

「妙の字虚《むな》しからずんば定めて須臾《しゅゆ》に賞罰有らんか」（御書一四〇五ジペー）

と仰せられたように、大聖人の仏法に刃向《はむ》かい、法華信徒を殺害した法華の現罰であった。

一方、日興上人を助けて大活躍をした日秀・日弁等は、幸い捕《と》らえられることはなかったが、大聖人の命によって、下総《しもうさ》の富木常忍のもとに遣《つか》わされ、弘教に専念した。

現在、熱原三烈士の顕彰《けんしょう》の碑《ひ》が総本山大石寺の境内《けいだい》に建てられ、永くその徳を讃《たた》えている。

(二)　本門戒壇の大御本尊

日蓮大聖人の末法における御化導《ごけどう》のお姿は、命を法華経に奉り、大難四カ度小難数知れない苦難を通して、法華経を御身の上に身読《しんどく》実証され、一閻浮提《いちえんぶだい》第一の法華経の行者としての御本仏の境界《きょうがい》を示されたことにある。

しかるにいま弘安期に入って、富士の一帯、さらに鎌倉に至る弟子檀那《だんな》、とくに未だ大聖人にまみえず、日興上人の教導によって入信まもない熱原の民《たみ》百姓たちが、命を捨てて法華経を信じきるという、世の名僧や武士も及ばぬ信力・行力を示したのである。求道の至誠《しせい》として仏になる道は、命を妙法に奉ることである。熱原の人々こそ身軽法重《しんきょうほうじゅう》の精神を貫いた、大聖人に続く不自惜身命《ふじしゃくしんみょう》の実践者であった。

余は二十七年なり

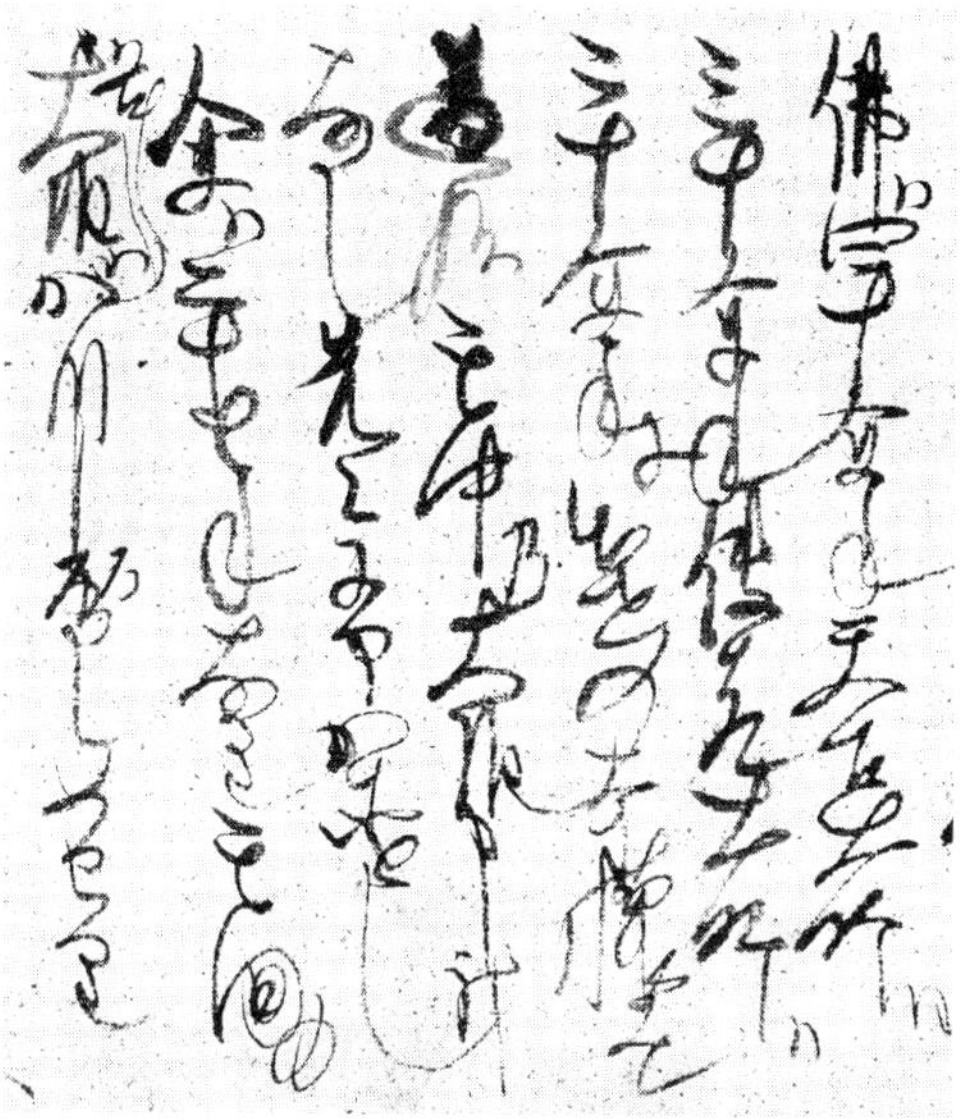

大聖人御真筆『聖人御難事』の一節

ここに熱原の法難を通じて、日興上人を中心とする法華講衆の結束と、死身弘法《ししんぐほう》の赤誠《せきせい》の信仰をご覧になった大聖人は、下種仏法の究竟《くきょう》の法体《ほったい》を建立される大因縁の時がまさに来たことを感ぜられた。そして、十一月一日の『聖人御難事』に、

「仏は四十余年、天台大師は三十余年、伝教大師は二十余年に、出世の本懐《ほんがい》を遂げ給ふ。其の中の大難申す計《ばか》りなし。先々に申すがごとし。余は二十七年なり。其の間の大難は各々かつしろしめせり」（御書一三九六㌻）

と、四条金吾を代表とする檀越《だんのつ》に、今こそ大聖人御

自身の出世の本懐を遂げる時であることを密示《みつじ》・予証されたのであった。

そして熱原法難の最中、十月十二日に図顕《ずけん》建立された大漫荼羅《だいまんだら》こそ、日蓮大聖人の出世の本懐たる唯《ただ》仏と仏とのみ能《よ》く究尽《くじん》したもうところの、寿量品《じゅりょうほん》文底の事《じ》の三大事の法体であり、独一本門戒壇《かいだん》の大御本尊なのである。

久遠元初の仏

世の人々は、仏法といえば釈尊が初めて唱え出《いだ》したものであり、大聖人は鎌倉時代に出現して、釈尊の仏教を習い行じたのであるから、根本の仏は釈尊である、と頭から信じて疑わない。

確かに仏法を歴史のうえから表面的にみた場合、仏教とは釈尊の説いた一切経以外にはなく、釈尊を根本のように考えるのも無理からぬことである。しかし、仏法の説くところは、過去・現在・未来の三世にわたる永遠の仏の生命を土台としたものであり、それより時機観、国土観等を考えなければ真実の根本の法を理解することはできない。いま、釈尊の経説、つまり法を規範として、一歩立ち入って一切経はもとより、天台大師・伝教大師の言葉を傍証《ぼうしょう》として真摯《しんし》に日蓮大聖人の御文を拝するならば、絶対の本仏とは、宇宙法界にいまだなんらの教えもない久遠元初において、我が身地水火風空《ちすいかふうくう》の五智の如来である、と即座に悟《さと》りを開かれた自受用報身《じじゅゆうほうしん》如来をいうのであり、この本仏の一念の心法に証得された法が三大秘法の妙法蓮華経なのである。

『三世諸仏総勘文教相配立《そうかんもんきょうそうはいりゅう》』に、

「釈迦如来五百塵点劫《じんでんごう》の当初《そのかみ》、凡夫にて御坐《おわ》せし時、我が身は地水火風空なりと知ろしめして即座に悟《さと》りを開きたまひき」（御書一四一九㌻）

とある釈迦如来は、歴史上のインドに応誕《おうたん》された釈尊を指すのではなく、下種仏法よりみるならば本仏たる久遠元初の自受用報身如来を意味している。

さて、法華経によって歴史上のインド応誕の釈尊の本地をたずねれば、久遠五百塵点劫の如来である。すなわち、釈尊が滅後末法の弘教をゆだねるために法華経の涌出品《ゆじゅっぽん》において、上行菩薩を筆頭とする本化の四菩薩を召《め》し出《いだ》すが、その場に居合わせた人々は、そこに涌出した高齢・高徳の菩薩衆を見て、わずか三十歳にして成道した釈迦牟尼仏《しゃかむにぶつ》が、いつこの高徳の老人を教化したのであろうか、と疑問を懐《いだ》く。そしてその疑惑に対して、釈尊は寿量品を説いて、実は久遠の大昔にすでに仏であったことを明かして、生命の永遠を説いたのである。寿量品に、

「我本《われもと》菩薩《ぼさつ》の道《どう》を行《ぎょう》じて、成《じょう》ぜし所《ところ》の寿命、今猶未《いまなおいま》だ尽《つ》きず。復上《またかみ》の数《すう》に倍《ばい》せり」

（法華経四三三㌻）

とあるように、われわれは釈尊以後の単なる歴史上の流れのみによって、仏法の真意を判断することは

できないのである。

さらに法華経文底の意《い》によって釈尊の本地を明かすならば、久遠元初《くおんがんじょ》本因の本仏内証の仏界に在《まします》のである。そして、久遠五百塵点劫という遠い昔に本果脱益《ほんがだっちゃく》の仏として世に出られて、発心下種をもって熟脱《じゅくだつ》の化導を施し、次に三千塵点劫という遠い昔に再び大通智勝仏《だいつうちしょうぶつ》の第十六番目の王子という姿をもって世に出られて、過去に妙法蓮華経に結縁《けちえん》させた人々に信心を促《うなが》して、これを育てられた。

その後、釈迦牟尼仏という姿をもってインドに出現されて、三十歳で成道し、四十二年の間、華厳《けごん》・阿含《あごん》・方等《ほうどう》・般若《はんにゃ》等の権教《ごんぎょう》を説かれて衆生の機根を調《ととの》え、最後に本懐たる法華経を説いて、元初の聞法の下種と五百塵点劫已来の熟脱の化導を受けてきた本已有善《ほんいうぜん》の人々を、ことごとく成仏の境界《きょうがい》に導いたのである。

今番《こんばん》出世の釈尊（歴史上の釈尊）が法華経を説いたのは、一つには釈尊在世の衆生の救済のためであり、二つには滅後末法の衆生のために末法の仏の出現を説き示すためであった。すなわち滅後末法に生まれる人々のために、本化の上行菩薩を召《め》し出《いだ》して、寿量品《じゅりょうほん》の文底に秘し沈められた妙法蓮華経を、神力品《じんりきほん》において、

「要《よう》を以て之を言わば、如来の一切の所有《しょう》の法、如来の一切の自在の神力《じんりき》、如来の一切の秘要《ひよう》の蔵《ぞう》、如来の一切の甚深の事《じ》、皆此の経に於て宣示顕説《せんじけんぜつ》す」（法華経五一三ジペー）

と結要《けっちょう》五字の付嘱をされた。つまり末法の弘通《ぐづう》を上行菩薩にゆだねたのである。

天台大師はこれを妙名《みょうみょう》、妙用《ゆう》、妙体《たい》、妙宗《しゅう》に配し、「其の枢柄《すうへい》を撮《と》って之を授与す」と述べている。

かくして、結要付嘱の正体を所持される上行菩薩の末法出現を、同じく神力品に、

「日月の光明《こうみょう》の　能《よ》く諸《もろもろ》の幽冥《ゆうみょう》を除くが如《ごと》く　斯《こ》の人世間に行じて　能く衆生の闇《やみ》を滅し」

（法華経五一六ジペー）

と説き明かして、ここに今番出世の釈尊の化導は滞《とどこお》りなく終わったのである。しかも釈尊は自《みずか》ら大集経において、

「五五百歳の末法の時代に入ると闘諍《とうじょう》や言訟《ごんしょう》が盛んになり、種々の悪思想によって、人々の機根は極度に悪化し、自分が説いてきた白法《びゃくほう》には、訳者や論師の私言が加わって形骸化《けいがいか》し、やがては似て非なるものとなって、衆生救済の力がなくなってしまうであろう」

と予言されている。

ゆえに、本果脱益の釈尊の説かれた法華経の領域《りょういき》は五百塵点劫に始まり今番出世および正像二千年に留《とど》まることを知るべきである。

釈尊の滅後、正法・像法を経て末法の時代に入ると、

「今は又末法に入って二百余歳、過去現在に法華経の種を殖《う》えたりし人々もやうや漸《漸》くつ尽《尽》きはてぬ

（中略）世間の大悪人、出世の謗法《ほうぼう》の者数をしらず国に充満せり」

（小乗大乗分別抄　御書七〇九ジペー）

とあるように、末法の機根は釈尊に有縁《うえん》（本已有善《ほんいうぜん》）の機ではなく、法華経の文相によれば上行菩薩の手によって結要五字の妙法蓮華経の大法を直ちに下種されるべき荒凡夫《あらぼんぶ》（本未有善《ほんみうぜん》）である。

このことを天台大師は、

「後五百歳遠く妙道に沾《うるお》はん」（文会上三八ジペー）

といい、伝教大師も末法の大法流布を憧憬《しょうけい》して、

「正像稍《やや》過ぎ已《お》はって末法太《はなは》だ近きに有り」（伝全二―三四九ジペー）

といって、末法の初めに出現し、元初本因の妙法を流布される末法の大導師に絶大の敬意を表している。

末法の本仏

かくて上行菩薩は末法救済の大責任を一身に担《にな》い、日蓮大聖人となって出現されたのである。建長《けんちょう》五（一二五三）年の春、末法の一切衆生を救うべき南無妙法蓮華経を唱え出《いだ》された立教開宗以来の大聖人のお振る舞いは、一往《いちおう》は上行菩薩としての化導《けどう》であるが、再往《さいおう》はことごとく末法の仏としての御境界《ごきょうがい》を表されている。

大聖人の所持される妙法蓮華経は、釈尊の説かれた法華経二十八品のそれぞれの品題《ほんだい》の妙法五字、ま

たそれらを括《くく》った経題《きょうだい》の妙法五字のように思われているが、その深意は釈尊一代の教法を久遠の本地内証において括る妙法であり、上行菩薩へ付嘱されたところの結要《けっちょう》の大法である。

この妙法五字は宇宙法界の真理・真如の法そのものであるとともに、体と宗と用、すなわち実体と因果所作の究竟《くきょう》とその現実のはたらきを具《そな》え、人格的実在として如実に活動する久遠の本仏であり、本法である。

末法とは釈尊の熟脱の仏法の化導が終わって、久末一同《くまついちどう》（久遠即末法）一体一味の久遠元初の妙法を下種される本仏出現の時なのである。

事実、末法に出現された日蓮大聖人の法華身読《しんどく》の体験は、古今未曾有《ここんみぞう》にして空前絶後のものであった。

大聖人自《みずか》ら、

日蓮は「日本第一の法華経の行者」（御書三二六ページ）であると文永《ぶんえい》元（一二六四）年の『南条兵衛七郎殿御書』や、建治《けんじ》二（一二七六）年の『種々《しゅじゅ》御《お》振舞《ふるまい》御書』等に示され、

「日蓮なくば誰をか法華経の行者として仏語をたすけん」（御書五四一ページ）

と『開目抄』に仰せられている。さらに『妙密《みょうみつ》上人御消息』に説かれる、

「不軽品《ふきょうほん》の如く身を責め、勧持品《かんじほん》の如く身に当たって貴し貴し」（御書九六九ページ）

等の御文や、

『義浄房御書』の、

「『一心に仏を見たてまつらんと欲して自ら身命を惜《お》しまず』云云。日蓮が己心《こしん》の仏果を此の文に依《よ》って顕はすなり。其《そ》の故は寿量品《じゅりょうほん》の事の一念三千の三大秘法を成就《じょうじゅ》せる事此の経文なり」（御書六六九ジペー）

という御文は、まさに法華の真文を御身の上に読まれて、大聖人自《みずか》ら末法に三大秘法の仏法の出現を宣言されたものにほかならない。ここに世界第一の法華経の行者としての日蓮大聖人が、まず上行菩薩としての資格と弘通《ぐづう》の法体《ほったい》を示されて、そしてさらにその立場より釈尊一代仏教との種脱《しゅだつ》の異《こと》なりを説き明かされる。これが、釈尊の文上の法華経に対する、末法出現の日蓮大聖人の仏法、すなわち文底の法華経なのである。

ゆえに大聖人は、

「日蓮は日本国の諸人に主師父母なり」（開目抄　御書五七七ジペー）

「日蓮は一閻浮提《いちえんぶだい》第一の聖人なり」（聖人知三世事　御書七四八ジペー）

と仰せられて、大聖人がまず上行菩薩であることを示されたのは一往《いちおう》法華経の文上の結要付嘱《けっちょうふぞく》によるものであるが、再往《さいおう》、深く立ち入ってこれを見れば所持される本法と一体なる御人格、すなわち久遠元初本因妙《ほんにんみょう》の仏であり、主師親の三徳を具《そな》えた末法下種の本仏たることを開顕されたのである。

『三大秘法稟承事《さんだいひほうぼんじょうのこと》』の、

「実相証得《じっそうしょうとく》の当初《そのかみ》修行し給ふ処の寿量品の本尊と戒壇と題目の五字なり」（御書一五九三㌻）

「法華経を諸仏出世の一大事と説かせ給ひて候は、此の三大秘法を含めたる経にて渡らせ給へばなり」（御書一五九五㌻）

の文は明らかに、大聖人弘通の三大秘法こそが文底本地の法華経であり、釈尊の法華経はその文上垂迹《すいじゃく》であることを示している。そのところより立ちかえって、法華経や天台大師の釈を依義判文《えぎはんもん》する時、末法の法華経たる三大秘法が経釈の各文に顕然《けんねん》である所以《ゆえん》が明らかに鑑知《かんち》されるのである。

このように、釈尊と日蓮大聖人を比較してみると、今日の本門の教主釈尊は久遠五百塵点劫以来の本《ほん》已有善《いうぜん》の衆生を成仏させるために出現した、いわゆる本果脱益《ほんがだっちゃく》の仏であり、大聖人は形は上行再誕を踏《ふ》まえつつも、いまだ妙法蓮華経を聞いたこともない末法の一切衆生に、この久遠元初の妙法を下種して成仏の境界《きょうがい》に導くところの本因下種の仏である。ゆえに、いまなお釈尊に固執する者は、あたかも去年の暦《こよみ》をありがたがっているようなもので、なんらの利益もないのである。

このゆえに大聖人の御本仏としての顕本《けんぽん》は、五百塵点劫の当初《そのかみ》である久遠元初の本地を顕すことであり、末法の現実の世に本因妙を行じ、平左衛門尉頼綱《へいのさえもんのじょうよりつな》ら第六天の魔王と対決して、これらを打ち破られるところに示されるのである。この大聖人の血肉骨髄《こつずい》の凡夫身《ぼんぶしん》の内証に久遠元初の一法、無作三身《むささんじん》の無《む》始無終《しむしゅう》の力用《りきゆう》と下種本因の化導《けどう》が拝されるのである。

「日本国の一切衆生の受くる苦は悉《ことごと》く日蓮一人が属于《ぞくう》一人《いちにん》なり」（御講聞書　御書一八三四ジペー）

の一言こそ、末法の御本仏たる日蓮大聖人の大慈悲なのである。

大御本尊建立

弘安《こうあん》二（一二七九）年十月十二日、日蓮大聖人は熱原の農民衆が鎌倉において投獄され、門下に国家権力の弾圧の嵐が吹きあれる中、出世の本懐《ほんがい》たる本門戒壇の大御本尊を図顕建立された。

これこそ、

「日蓮がたましひ《魂》をすみ《墨》にそめながしてかきて候ぞ、信じさせ給へ」

（経王殿御返事　御書六八五ジペー）

とも、

「一念三千の法門をふりすゝぎ《振濯》たてたるは大曼荼羅《だいまんだら》なり。当世の習ひそこないの学者ゆめにもしらざる法門なり」（草木成仏口決　御書五二三ジペー）

とも仰せられる大聖人の法門の究極の本尊である。つまり大聖人の御身にそなわる久遠元初の自受用身《じじゅゆうしん》即事《じ》の一念三千《いちねんさんぜん》、人の本尊・法の本尊一体の境智《きょうち》を、凡夫の計《はか》り知れない甚深の仏智《ぶっち》と大慈悲《だいじひ》を大漫荼羅として顕されたのである。

御本尊の願主は熱原の人々を代表とする法華講衆を、大聖人の境界中《きょうがいちゅう》の己心《こしん》の弥四郎国重《やしろうくにしげ》として表された。すなわち、高位・高貴の人々ではなく、死身弘法《ししんぐほう》の信仰を貫いた熱原の農民を願主として、一閻浮提総与《いちえんぶだいそうよ》の大御本尊が図顕されたところにも、大聖人の仏法の本質をうかがい知ることができよう。

本懐成就

前に挙《あ》げた『聖人御難事』の、

「仏は四十余年、天台大師は三十余年、伝教大師は二十余年に、出世の本懐《ほんがい》を遂げ給ふ。其の中の大難申す計《ばか》りなし。先々に申すがごとし。余は二十七年なり。其の間の大難は各々かつしろしめせり」（御書一三九六㌻）

の御文は、釈尊・天台・伝教の出世の本懐までの年数をあげ、次に大聖人自《みずか》らの年数をあげられていることから、「日蓮は二十七年にして出世の本懐を遂《と》げる」との意であることが明らかである。

虚心坦懐《きょしんたんかい》にこの御文を拝するとき、弘安二年十月一日に、鎌倉在住の信徒や、「人々御中」あてに、出世の本懐を密示・予証せられた深意がありがたく拝せられるのである。

この御本尊こそ『観心本尊抄《かんじんのほんぞんしょう》』に、

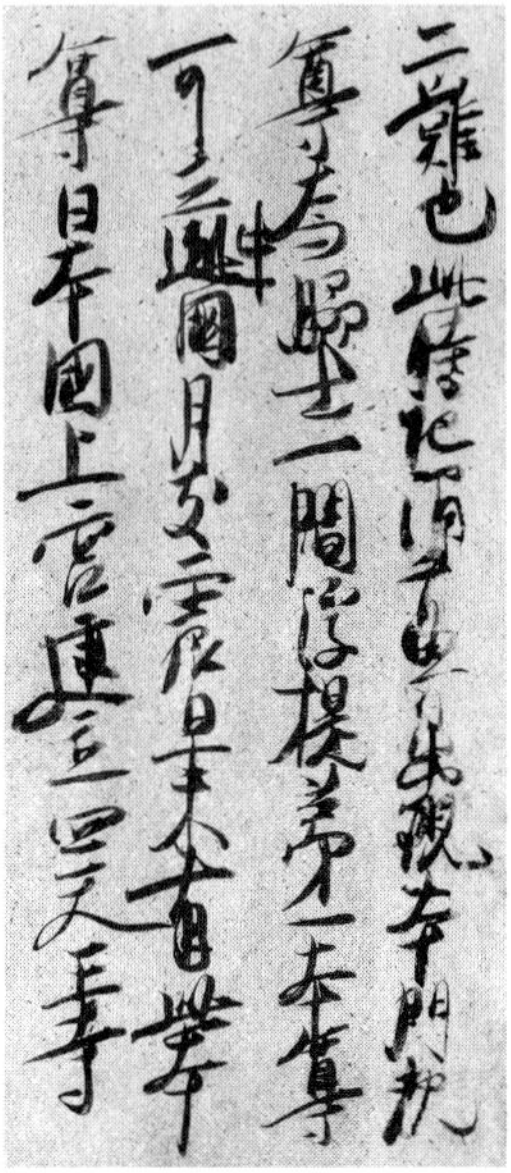

大聖人御真筆
『観心本尊抄』の一節

「地涌《じゆ》千界《せんがい》出現して、本門の釈尊を脇士《きょうじ》と為《な》す一閻浮提第一の本尊、此の国に立つべし」（御書六六一ページ）

と仰せられた一閻浮提総与《そうよ》・閻浮第一の大御本尊である。

日寛《にちかん》上人は『観心本尊抄文段《もんだん》』に、

「弘安二年の本門戒壇の御本尊は、究竟《くきょう》の中の究竟、本懐の中の本懐なり。既《すで》に是《こ》れ三大秘法の随《ずい》一《いち》なり、況《いわ》んや一閻浮提総体《そうたい》の本尊なる故なり」（御書文段一九七ページ）

と教示されている。

本門戒壇の大御本尊は、日蓮正宗総本山大石寺に厳然と安置されて、その御威光は燦然《さんぜん》と世界に光り輝いている。いま、我々が大御本尊に向かい、信の一念をもって南無妙法蓮華経と唱え奉るとき、本仏の智慧・慈悲等の一切の功徳が、我らの胸中に涌現《ゆげん》するのである。

『当体義抄』に説かれる、

「正直に方便を捨て但法華経を信じ、南無妙法蓮華経と唱ふる人は、煩悩《ぼんのう》・業《ごう》・苦の三道、法身《ほっしん》・般若《はんにゃ》・解脱《げだつ》の三徳と転じて、三観《さんがん》・三諦《さんたい》即一心に顕はれ、其《そ》の人の所住の処は常寂光土《じょうじゃっこうど》なり」

という功徳の根源こそ、弘安二年十月十二日御図顕の大御本尊なのである。

この大御本尊の功徳について日寛上人は『観心本尊抄文段』に、

「此の本尊の功徳、無量無辺にして広大深遠《こうだいじんのん》の妙用《みょうゆう》有り。故に暫《しばら》くも此の本尊を信じて南無妙法蓮華経と唱うれば、則《すなわ》ち祈りとして叶《かな》わざる無く、罪として滅せざる無く、福として来たらざる無く、理として顕われざる無きなり」（御書文段一八九ジペー）

と説かれている。

熱原法難は、大きな痛恨事《つうこんじ》であったが、末法の主師親三徳兼備《けんび》の御本仏の心肝《しんかん》を動かし進《まい》らせて、末法万年の一切衆生が、罪業を消滅し、成仏得道を遂げる根源としての本門戒壇の大御本尊が建立される契機《けいき》となったのであった。熱原法華講衆の面目《めんもく》これに過ぐるものはないと拝察するものである。

（御書六九四ジペー）

㈢　諫暁八幡抄

熱原法難を機縁として日蓮大聖人が本門戒壇の大御本尊を御図顕された翌弘安三（一二八〇）年十一月十四日、鎌倉の鶴岡八幡宮《つるがおかはちまんぐう》が炎上《えんじょう》した。

このことを大聖人は鎌倉の四条金吾女房に与えた御消息《ごしょうそく》に、

「八幡大菩薩の御誓ひは月氏にては法華経を説いて正直捨方便《しょうじきしゃほうべん》となのらせ給ひ、日本国にしては正直の頂《いただき》にやどらんと誓ひ給ふ。而《しか》るに去ぬる十一月十四日の子《ね》の時に、御宝殿をやいて天にのぼらせ給ひぬ」（四条金吾許御文　御書一五二四ページ）

と述べられている。

一方、外には蒙古《もうこ》軍が再び日本へ侵攻《しんこう》する準備を整《ととの》え、幕府も防備に総力をあげた。社会は緊迫《きんぱく》した情勢であった。

そのような社会情勢を背景として、弘安三年十二月、身延において大聖人は『諫暁《かんぎょう》八幡抄』を認《したた》められた。

本抄は、こうした切迫《せっぱく》した状況のもとで、八幡大菩薩に対して、八幡大菩薩は霊山《りょうぜん》において正法の行者を守護することを誓っているにもかかわらず、日本国を妙法によって救おうとしている日蓮一門を守護しないならば、定めて梵天《ぼんてん》・帝釈《たいしゃく》・日月等の罰をこうむるであろう。国のためにも、仏法興隆《こうりゅう》のためにも、速《すみ》やかに為政者《いせいしゃ》の謗法を罰して、末法の法華経の行者を守護せよ、と厳しく諫暁された書である。

中でも、

「今日蓮は去《い》ぬる建長五年癸丑四月廿八日より、今弘安三年太歳庚辰十二月にいたるまで二十八年が間又他事なし。只妙法蓮華経の七字五字を日本国の一切衆生の口に入れんとはげむ計《ばか》りなり」

「日蓮が云はく、一切衆生の同一の苦は悉《ことごと》く是《これ》日蓮一人の苦なりと申すべし」（御書一五三九ジペー）

との言葉は、大聖人が末法の本仏としての確信のもとに披瀝《ひれき》された大慈悲そのものである。

また鶴岡八幡宮が炎上した理由について、元来、神は仏法の法味《ほうみ》によって威光を増し、神力を増すものであるが、世間が仏を毀謗《きぼう》するがゆえに、神は正法の法味を味わうことができないために、宝殿を焼いて天上したのであると述べられている。しかし法華経の行者日蓮が日本国にいるのであるから、

「若《も》し爾《しか》らば此の大菩薩は宝殿をやきて《焼》天にのぼり給ふとも、法華経の行者日本国に有るならば其《そ》の所に栖《す》み給ふべし」（御書一五四三ジペー）

と述べられ、「諸天昼夜《ちゅうや》に、常に法の為の故に、而《しか》も之《これ》を衛護《えいご》」（安楽行品　法華経三九六ジペー）せられよと諫暁されている。

世界広布への大確信

さらに同抄には、インド出現の釈尊の利益は正像二千年をもって消滅し、末法の時代にはこの日本国に新たな仏が出現されることを、

「扶桑国《ふそうこく》をば日本国と申す、あに聖人出で給はざらむ」（御書一五四三ジペー）

と仰せられ、

「月は西より東に向かへり、月氏の仏法、東へ流るべき相なり。日は東より出づ、日本の仏法、月氏へかへるべき瑞相《ずいそう》なり」（御書一五四三ページ）

と述べ、在世と正像の二千年を利益した釈尊の仏法は、インドより中国、そして日本へと渡ってきたが、末法万年を救う大白法は、逆に日本国より発して、中国・インドはもとより全世界へ流布するのであると明かされている。

　この日本の仏法の威光《いこう》は、

「月は光あきらかならず。在世は但《ただ》八年なり。日は光明《こうみょう》月に勝《まさ》れり、五五百歳の長き闇《やみ》を照すべき瑞相なり」（同右）

と、月の光にも似た釈尊の仏法を、はるかに越えるものであることを明かされている。

　それでは、末法万年の闇を救う日の光の仏法とは、いかなる仏法か、それは、とりもなおさず御本仏日蓮大聖人の教えであり、なかんずく、大聖人が弘安《こうあん》二（一二七九）年十月十二日に建立された、三大

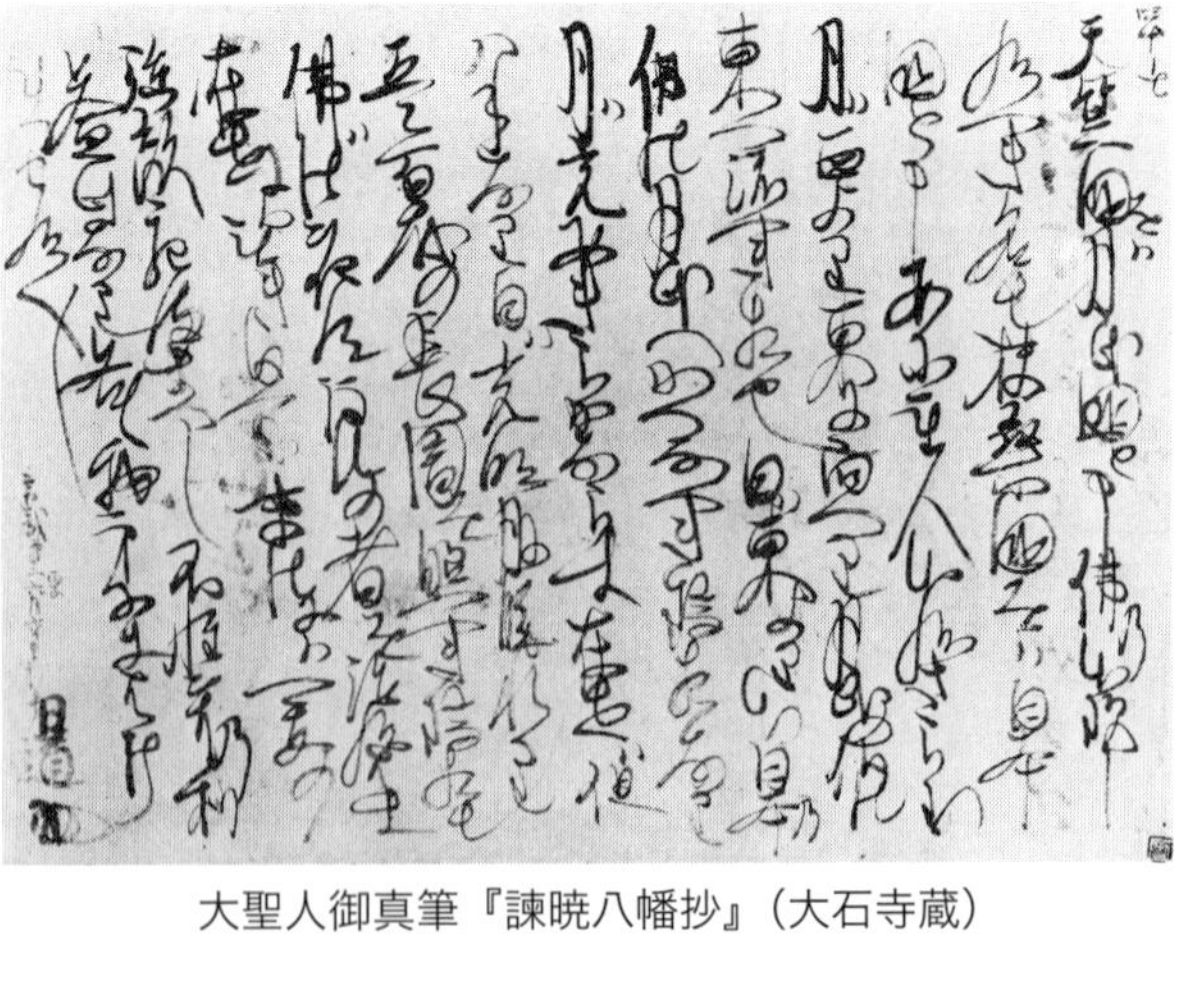

大聖人御真筆『諫暁八幡抄』（大石寺蔵）

秘法総在の本門戒壇の大御本尊である。

この大御本尊こそ三世諸仏の根源であり、末法五五百歳の三災七難を鎮《しず》め、一切衆生を成仏せしめる唯一無二の大白法《だいびゃくほう》であることを宣言されている。

㈣　蒙古の再襲（弘安の役）

このころ、執権に北条時宗《ときむね》を擁する幕府の内部では、さきの北条時輔《ときすけ》の乱以来、くすぶりつづけていた御家人の代弁者安達泰盛《あだちやすもり》と、御内人《みうちびと》の代表者平頼綱《へいのよりつな》との烈《はげ》しい対立が依然《いぜん》として続いていた。

北条時宗

それに複雑な縁戚《えんせき》関係が絡《から》まり、守護人事、恩賞の分配などをめぐって対立し、二十代の執権時宗は苦悶《くもん》の日々であった。

とくに幕府内部の対立をにわかに表面化させた直接的な契機は、対蒙古政策であった。

去る文永《ぶんえい》年中に来襲した蒙古の脅威に震撼《しんかん》した幕府であったが、内部では対蒙古の政策として二つの意見に分かれて対立していた。一つは少弐経資《しょうにつねすけ》を大将とする異国（蒙古）征伐《せいばつ》の計画であり、もう一つは北九州沿岸を整備するための石築地《いしついじ》（防塁《ぼうるい》）の築造計画であった。この二案のうち執権時宗が選んだのは後者であった。この防塁築造を始めた建治二(一二七六)年から三年後の弘安二(一二七九)年に蒙古フビライは使者周福《しゅうふく》・欒忠《らんちゅう》を日本に遣わした。しかし幕府はこの両名を七月二十九日に博多で斬首《ざんしゅ》してしまった。

そして弘安四年五月、ついに再び蒙古は来襲してきた。

当時、蒙古は国号を「元《げん》」と称していた。元という国は、蒙古国五代の世祖・フビライが宋を滅ぼして建てた国であり、高麗《こうらい》、吐蕃《とばん》（チベット族）を降して、さらにビルマ、タイなどを服属させて、東洋史上無比の大国を建設していた。

その元（以後蒙古という）の大軍は、范文虎《はんぶんこ》の率《ひき》いる南宋軍からなる江南軍と、忻都《きんと》、洪茶丘《こうちゃきゅう》の元軍と金方慶《きんほうけい》の高麗軍という宿敵同士からなる東路《とうろ》軍とが、六月十五日に壱岐《いき》島に落ち合い、一挙に博多を攻める計画になっていた。両軍合わせて十四万二千人、船艦四千四百艘《そう》という空前の大軍であった。

忻都、洪茶丘等の率いる東路軍は、兵数四万、船九百艘をもって、弘安四年五月三日に高麗の合浦《がっぽ》を出発し、途中巨済島《きょさいとう》に寄り、五月二十一日、高麗軍の一部を対馬《つしま》に上陸させ、二十六日、ついに壱岐に押し寄せたのである。肥前《ひぜん》の松浦党《まつらとう》の将兵はこれに応戦し奮戦したが、大軍の前にたちまちにして敗れ去った。蒙古軍は勝ちに乗じて民家を荒らし、老若男女を殺すなど残虐《ざんぎゃく》の限りを尽くしたのであった。

㈣　蒙古の再襲（弘安の役）

『八幡愚童訓《ぐどうくん》』に、

「人民堪兼《たえか》ねて妻子を引具して深山に逃げ籠《こも》る処、赤子の鳴声を聞き付けて、押し寄せ殺しける程、片時の命も惜しければ、さしも愛する嬰児《えいじ》をさし殺してぞ隠れける、子を失い親ばかりいつ迄あらん命ぞと、身ながらうたてしくし泣き歎く心中をいかにせん、世の中に糸惜《いとお》しき物は子なりけり、それにまさるは我身なりけり」

とあるように、島民は筆舌《ひつぜつ》に尽くせない悲惨《ひさん》な状態に遭遇《そうぐう》したのであった。壱岐周辺の海上で十日近くを過ごした東路軍は、ここで江南軍と落ち合う予定であったが、江南軍の到着が遅れたため、六月六日筑前《ちくぜん》国志賀島《しかのしま》（博多沖）に攻め寄せた。しかし異国警固《けいご》につとめていた九州御家人《ごけにん》の抗戦と防塁《ぼうるい》により、東路軍の上陸ははばまれ、やむなく壱岐にひき返した。

「蒙古の大軍、博多に至る」の報を受けた大聖人は、『立正安国論』の予言の、悲しむべき的中と、事態の容易ならぬことを察し、六月十六日に書状を一門の人々にあてて認《したた》められた。

「小蒙古の人大日本国に寄せ来たるの事

我が門弟並びに檀那《だんな》等の中に、若しは他人に向かひ、将又《はたまた》自ら言語に及ぶべからず。若し此の旨に違背《いはい》せば門弟を離すべき等の由《よし》存知する所なり。此の旨を以て人々に示すべく候なり」

（小蒙古御書　御書一五五九ジペー）

と、今は国家の一大事である。わが門弟および信徒は、他人に対してはもちろんのこと、私語のなかにも、けっして予言の的中を誇《ほこ》るようなことがあってはならない。今は予言の的中をうんぬんすべき時ではなく、一国をあげて国難に対処すべき時である。もし、これに違背する者があれば、即刻破門にするむねを厳しく誡告《かいこく》されている。

さらに『光日上人御返事』には、

「弘安四年五月以前には、日本の上下万人一人も蒙古の責めにあふべしともおぼさゞりしを、日本国に只《ただ》日蓮一人計《ばか》り、かゝる事此の国に出来《しゅったい》すべしとしる」（御書一五六五ジペー）

と説かれ、

「日蓮が申せし事はあたりたり。ばけ物のもの申す様にこそ候めれ」（同右）

と、大聖人に対する当時の人々のありさまを記されている。

一方、蒙古来襲の報を受けた朝廷は大いに震駭《しんがい》し、二十二社に異国降伏《ごうぶく》の祈禱を行うことを命じ、亀山上皇も石清水《いわしみず》八幡宮に行幸《ぎょうこう》して戦勝を祈ったが、また幕府もこれに呼応し、ありとあらゆる神社仏閣《ぶっかく》に対して戦勝の祈願を命じた。

さて、蒙古軍を大いに苦しめたのは、西は志摩《しま》郡今津《いまづ》の草場山から東は宗像《むなかた》郡勝浦《かつうら》まで、二十五里十四丁五九間半（約百キロメートルあまり）もあった防塁《ぼうるい》であった。この石塁は高さ約二メートルあまり、底部の厚さ三メートルあまりで、石材をもって積み重ね、海に面した方をきりたたせ、上部から内部にかけてはゆるやかな傾斜をつけたものである。

九州では、東路軍が博多湾に侵入すると見るや、日本軍は長年にわたって築いた防塁の上へ、楯《たて》や逆木《さかぎ》を立て並べ、上から矢をいっせいに浴びせかけ、夜は船に奇襲《きしゅう》をかけるなど、海陸両方面から強烈に攻撃した。このため、蒙古軍も近づきがたく一進一退を繰り返し、この戦闘は弘安四年六月六日夜半から、えんえん十三日まで続いたのである。

そうするうちに蒙古軍の船中には暑熱のなかで疫病が発生した。また、戦死者も多く、東路軍はやむなく鷹島《たかじま》に退いた。船体も腐《くさ》り出し、食糧も徐々《じょじょ》に底をついてきた。

防　塁　跡

一方、このころ、元に滅ぼされた南宋の降伏兵十万からなる江南軍は、阿刺罕《あらかん》と宋の降将范文虎《はんぶんこ》の指揮のもとに、艦船三千五百艘に分乗して、ようやく本国の寧波《にんぽう》（慶元）を出発して、わが国の平戸島《ひらど》へ向かうことになった。しかし、出発の前に総司令官の阿刺罕が急病になり、阿塔海《あたかい》に替わるという変事のために、出発の予定が全く遅れてしまった。

一方、東路軍も江南軍の予定変更を聞き、平戸へ向かって移動を開始した。

遅れること約一カ月、東路軍と江南軍の合体がようやくなって、十四万、四千艘《そう》をこえる大艦隊は本土攻撃をめざして七月下旬、徐々に東進を開始した。

七月二十七日、まず先発隊が平戸島から鷹島へと東進し、続いて本隊が鷹島の本舞台へ移動しつつあった。その矢先、七月三十日の夜半から吹き始めた風雨は猛烈な大暴風雨となって、あくる閏《うるう》七月一日の暁にかけて海は荒れ狂い、風濤《ふうとう》は蒙古の軍船を打ち砕き、元軍は敗兵数千、命からがら逃げ帰ったのである。

蒙古軍の敗走を聞くや、諸社・諸寺の神官・僧侶は初めて安堵《あんど》の胸をなでおろし、しかも大暴風が吹いたことを神威によるものとして、祈禱《きとう》の効果を強調し、それぞれ我がもの顔に誇示《こじ》し始めた。

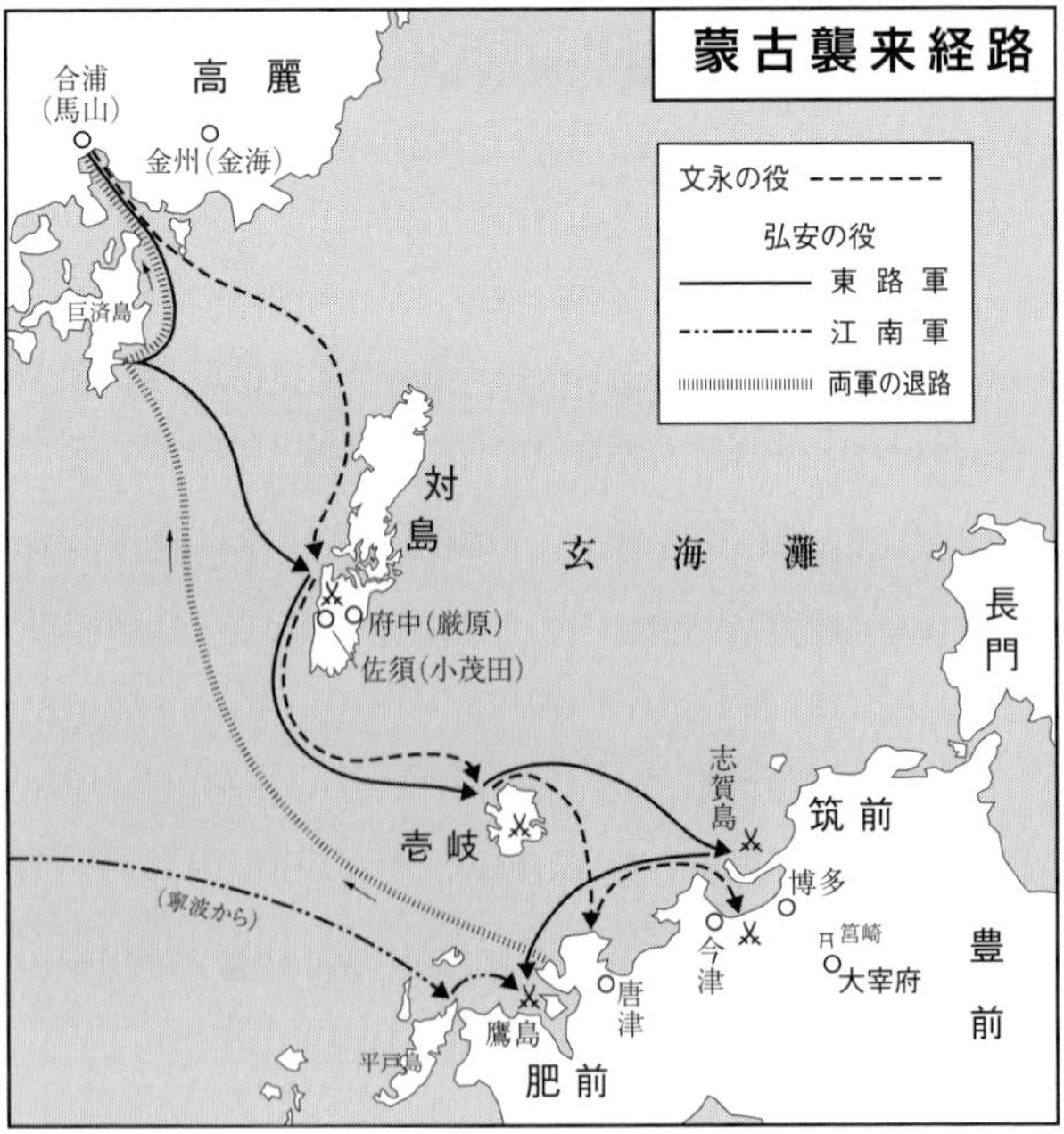

叡　尊

伊勢の神官たちは、二宮《にのみや》の末社風宮《かぜみや》の宝殿が七月二十七日から三日間鳴動《めいどう》し、二十九日の暁、神殿から赤雲を発して西方にたなびいたと朝廷に言上《ごんじょう》した。高野山金剛峰寺《こんごうぶ》の鎮守丹生社《にうしゃ》の神官は四月五日と十二日の二回にわたって丹生四所《ししょ》明神が神々をして蒙古への征討《せいとう》・出達《しゅったつ》発向を託宣《たくせん》した旨の申状を奏上した。また、叡《えい》尊《ぞん》が奈良京都の僧五百六十余人とともに石清水《いわしみず》八幡宮で閏七月一日に祈禱したとき、「東風をもって兵船を本国に吹き送り給へ」と祈る叡尊の祈禱にこたえて、叡尊の所持する愛染明王《あいぜんみょうおう》像の鏑矢《かぶらや》が西国を目ざして飛んでいった、などという話まで生まれた。

それに対し大聖人は『富城《とき》入道殿御返事』に、

「今亦《また》彼の僧侶の御弟子達御祈禱《きとう》承られて候げに候あひだ、いつもの事なれば、秋風に纔《わず》かの水に敵船賊船なんどの破損仕《つかまつ》りて候を、大将軍生《い》け取《ど》りたりなんど申し、祈り成就《じょうじゅ》の由を申し候げに候なり。又蒙古の大王の頸《くび》の参りて候かと問ひ給ふべし。其《そ》の外はいかに申し候とも御返事あるべからず」（御書一五七二㌻）

と説かれているように、毎年やってくる台風のために敵船が破損しただけのことであって、諸山諸神の祈禱《きとう》の結果などではないと仰せられている。

大聖人の御心はむしろ、邪法乱国のおもむくところ他国侵逼《しんぴつ》の難によって、防塁《ぼうるい》のため経済苦に泣く人々、妻子と別れて異国警固《けいご》役に征《い》く人々、元に攻められた壱岐《いき》・対馬《つしま》のありさま、また敵国蒙古の兵も実は元《げん》に滅ぼされた南宋・高麗《こうらい》の混成《こんせい》軍という悲しい現実、それら一切の民衆の悲しみ、苦しみの上に注がれていたのであった。

(五) 園城寺申状

一国を苦悩と悲哀のどん底に陥《おとしい》れた蒙古の再襲にも、幕府は大聖人の諫言《かんげん》を聞き入れることはなかった。この上は朝廷に奏上するほかに道はないと考えられた大聖人は申状を認《したた》めて日興上人に付し、日目上人に代奏《だいそう》を命ぜられた。これが『園城寺申状《おんじょうじもうしじょう》』である。

『富士門家中見聞《ふじもんけちゅうけんもん》』（家中抄《けちゅうしょう》）に、

「大聖人の御代官として奏聞《そうもん》の最初なり（奏状は大聖人の御自筆　薗成寺の申状是れなり）」（聖典六五三ジペー）

とある。

そして、翌弘安五（一二八二）年にも、再び日目上人に命じて天奏をされたという。

この時、奏聞を受けた後宇多天皇は、伝奏を通じて園城寺の碩学《せきがく》に対し、大聖人の諫状の判定を命じた。園城寺の碩徳《せきとく》の答旨は、正像末《しょうぞうまつ》三時弘教の次第を説き明かし、謗法を対治して正法を立つべしとの大聖人の道理に叶《かな》った憂国《ゆうこく》の諫言に対して、絶讃の言葉を惜《お》しまなかったと伝えられている。

後宇多天皇は大いに喜び、「朕《ちん》、他日法華を持《たも》たば必ず富士山麓に求めん」との言葉を添えて、「下《くだ》し文《ぶみ》」を下賜《かし》された。

これが「弘安五年の御下し文」である。

この『申状』と『下し文』の二書は、重宝として日興上人の滅後は大石寺の六老によって巡に守護されていたが、日目上人の滅後、日代系の西山に伝わって紛失したと伝えられている。

㈥　大坊の落成

大聖人が住む身延の庵室は、去る建治三（一二七七）年に一度修理を加えたものの、常時四十人から百人近い門弟が修行研鑽《けんさん》する道場としては、あまりにも手狭《てぜま》であり、建物の傷《いた》みも激しくなっていた。

そのため大聖人は、かねてより富木常忍《ときじょうにん》をはじめ弟子檀那からの御供養を、大坊建築の資金として準備されていたのであった。

念願が叶って大坊の建設の工事に着手したのは、弘安四（一二八一）年の晩秋、十月の半ばであった。工事にたずさわった者は波木井《はきり》氏一族の人々や藤《とう》の兵衛《ひょうえ》・右馬《うま》の入道をはじめ、多くの弟子信徒たちであった。深山《しんざん》の、不自由な状況の中で自ら地面に縄を張り、材木を切り、柱を立てるなど、全員が力を合わせて建築工事にとり組んだ。

その努力のかいあって、十月十二、三日に着工して十一月一日にはまず小坊《しょうぼう》と馬屋《うまや》が完成し、十一月八日に大坊の「柱だて」を、同月九日・十日には大坊の屋根を葺《ふ》き終えた。

そして十一月二十三、四日の両日、好天のなか、めでたく落成式が挙行されたのであった。

完成した大坊は、

「坊は十間四面に、またひさし《庇差》さしてつくりあげ」（地引御書　御書一五七七ジペー）

とあるように十間四面の広さ、二重ひさし（またひさし）の造りであり、従来の庵室よりはるかに広く立派なものであった。

十一月八日の棟《むね》上げから十五、六日間で完成したというのであるから、それほど手の込んだ豪華な建物ではなかったであろうが、当時の有名寺院が幕府や国家権力の庇護《ひご》を受けて、華美を尽くした贅沢《ぜいたく》な堂塔《どうとう》伽藍《がらん》を建立するのとは異なり、深山の質素な大坊が、名もない人々の清らかな信心と正法興隆《しょうぼうこうりゅう》を願う真心によって建立されたところに、大聖人の説き明かされる末法の仏法の特質がうかがわれる。

このころすでに、大聖人は積年の疲労から病気がちであったが、この大坊の落成をたいそう喜ばれた。『地引御書』には「鎌倉においては一千貫の大金をかけてもこのような立派な大坊はできないであろう」と称えられ、落成式のにぎわいぶりを、

「二十三日・四日は又そら《空》はれ《晴》てさむからず。人のまいる事、洛中かまくらのまちの申酉《さるとり》の時のごとし」（同右）

と記し、まるで京や鎌倉の繁華街のようであったと喜ばれている。

またこの時、大坊建立資金として四貫文《かんもん》を供養した富木常忍に対して、

「銭《ぜに》四貫をもちて、一閻浮提《いちえんぶだい》第一の法華堂造りたりと、霊山浄土に御参り候はん時は申しあげさせ給ふべし」（富城入道殿御返事　御書一五七三ページ）

と述べられ、この大坊は仏恩報謝《ぶっとんほうしゃ》のために建立された閻浮第一の法華の道場であり、この大坊建立に御供養申し上げた富木殿の信心を称《たた》え、その功徳の甚大なることを説かれている。

第十八章　法嗣の選定と御入滅

㈠　少病少悩

建治《けんじ》三（一二七七）年ごろより、大聖人の身の上に、

「如来は安楽《あんらく》にして、少病少悩《しょうびょうしょうのう》なり」（涌出品　法華経四一二ジペー）

の経文のごとく、健康を損《そこ》なわれる日々が続いた。

医道に長じていた檀越《だんのつ》四条金吾の投薬のかいもあって、しばらくは小康《しょうこう》状態を保たれていたが、弘安四（一二八一）年ごろから、ふたたび発病され、以来、一進一退を繰《く》り返される日々となった。

「此の法門申し候《そうろう》事すでに廿九《にじゅうく》年なり。日々の論義、月々の難、両度の流罪に身つかれ、心いたみ候ひし故にや、此の七八年が間年々に衰病《すいびょう》をこり候」（八幡宮造営事　御書一五五六ジペー）

と、この当時、大聖人自《みずか》ら不調を記されている。

六十一歳に至る大聖人の生涯はすべて法華経の行者としての艱難辛苦《かんなんしんく》の連続であり、御本仏として衆生救済のため全力を尽くされた日々月々であった。

長年にわたり蓄積《ちくせき》された苦難や苦労は、大聖人の心と身体を著《いちじる》しく疲労衰弱《すいじゃく》させていた。

「仏は衆生を教化《きょうけ》するために病に託《つ》いて教を興《おこ》し、入滅によせて三世の常住を説く」といわれるが、

大聖人は今、この少病の姿をもって仏の病相を示された。そして本門戒壇の大御本尊建立を成就され、また日興上人をはじめとする後継者を得て、いよいよ機熟《じゅく》し、時至って御自身の入滅の近きを悟られたのである。

大聖人は弘安《こうあん》四年五月、池上兄弟に対して、

「今年は正月より其《そ》の気分出来《けぶんしゅったい》して、既に一期《いちご》をわりになりぬべし。其の上齢《よわい》既《すで》に六十にみちぬ。たとひ十に一つ今年はすぎ候とも、一二をばいかでかすぎ候べき」

（八幡宮造営事　御書一五五六㌻）

と、すでに一期《いちご》の御化導《ごけどう》の終わりが近づいていることを示され、自分の寿命もあと一、二年であると仰せられている。

また、同年十二月八日の『上野殿母尼御前《あまごぜん》御返事』に、

「さては去ぬる文永十一年六月十七日この山に入り候ひて今年十二月八日にいたるまで、此の山出《い》づる事一歩も候はず。たゞし八年が間やせやまいと申し、とし《齢》と申し、としどし《歳歳》に身ゆわく、心をぼれ《耄》候（中略）この十余日はすでに食もほと《殆》をどとゞ《止》まりて候上、ゆき《雪》はかさなり、かん《寒》はせめ候。身のひ《冷》ゆる事石のごとし、胸のつめたき事氷のごとし」（御書一五七九㌻）

と、身延に入って八年間は身の変調に責められ、またその間一歩も身延を出ることもなかったと述懐《じゅっかい》さ

れ、いま厳寒の冬を迎え、心身の疲れによって弱まりゆく老いの身には、ひとしお寒さが身にこたえると記されている。民衆の苦をひとり我が苦なりと感じ、その救済のための慈愛に満ちた尊い労苦によって、いま大聖人の身体は疲れ、「石のごとく、氷のごとき」状態であった。この御文を、誰人も涙なしに拝することはできないであろう。

さらに、同抄の末文に、

「これもよもひさしくもこのよに候はじ。一定《いちじょう》五郎殿にゆき《行》あい《逢》ぬとをぼへ候。母よりさきにげ《見》ざん《参》し候わば、母のなげき申しつたへ候はん」（御書一五八〇ページ）

と記され、「私も久しくはこの世にはいないでしょう。あなたより先に霊山《りょうぜん》にて故南条七郎五郎殿に見《げん》参《ざん》いたしましたならば、母の嘆《なげ》きのほどを申し伝えましょう」と仰せられている。

㈡　三大秘法稟承事

明けて弘安五（一二八二）年四月八日、大聖人は身延入山以来、『法華取要抄』『報恩抄』等を通じて、三大秘法の名目とその法義を次第に明示されてきたが、いまここに「門家の遺弟」に対する遺言の書ともいうべき『三大秘法稟承事《さんだいひほうぼんじょうのこと》』を書き留《とど》めて、太田金吾に送られた。

とくに『報恩抄』においても、いまだ開示されることのなかった「本門の戒壇」について、明確に、

「戒壇とは、王法仏法に冥《みょう》じ、仏法王法に合して、王臣一同に本門の三秘密の法を持《たも》ちて、有徳《うとく》王《おう》・覚徳比丘《かくとくびく》の其の乃往《むかし》を末法濁悪《じょくあく》の未来に移さん時、勅宣《ちょくせん》並びに御教書《みぎょうしょ》を申し下して、霊山浄土《りょうぜんじょうど》に似たらん最勝の地を尋《たず》ねて戒壇を建立すべき者か。時を待つべきのみ。事《じ》の戒法《かいほう》と申すは是なり。三国並びに一閻浮提の人懺悔滅罪《さんげめつざい》の戒法のみならず、大梵天王《だいぼんてんのう》・帝釈《たいしゃく》等も来下《らいげ》して踏《ふ》み給ふべき戒壇なり」（御書一五九五ページ）

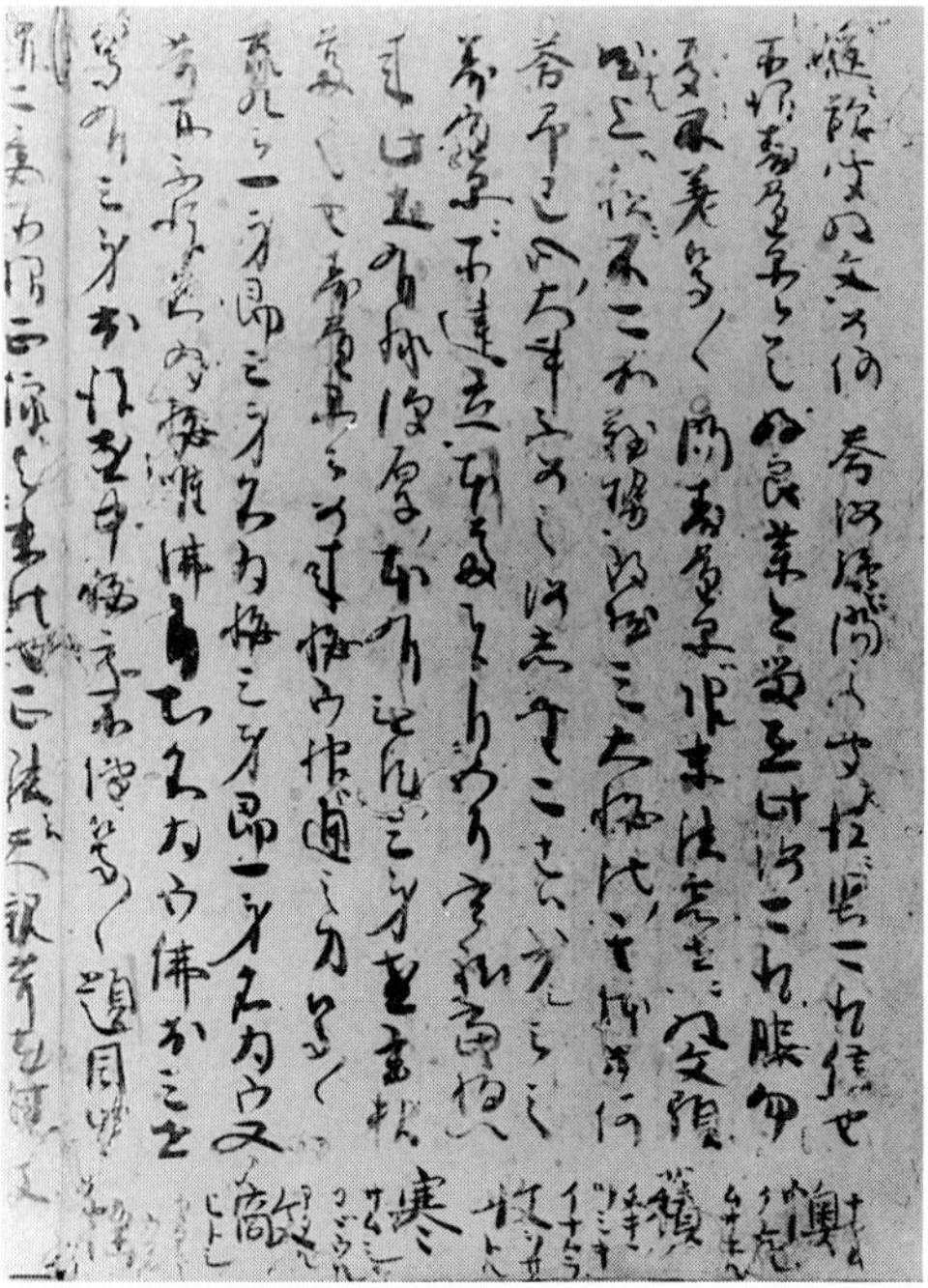

日時上人写本『三大秘法稟承事』（大石寺蔵）

と、三秘開顕の至要《しよう》、終極の法義を示されたのである。

いま戒壇の法門についての教示を要約するならば、

「王法仏法に冥じ、仏法王法に合して（中略）有徳王・覚徳比丘の其の乃往《むかし》を末法濁悪の未来に移さん時」とは、御遺命の本門寺戒壇建立の「時」についての教示である。

すなわち、法のうえからは世間法と出世間

法が冥合《みょうごう》する時であり、人のうえからは僧俗一致して正法を弘め、広宣流布の相の現ずる時を指す。

「勅宣並びに御教書」とは、戒壇建立の手続きとして示された言葉であるが、大聖人が当時の制度的な在り方に当てはめて示されたものであるから、文の底意にある基本的意義を尊重し、広布の事相のうえから御仏意《ごぶっち》に任せて拝すべきである。

また「霊山浄土に似たらん最勝の地を尋ねて」とは、本門戒壇建立の地にふさわしい、日本第一の最勝の地を選ぶべきことを説示されたものにほかならない。「最勝の地を尋ねて」とある以上、身延でないことは明らかである。

そして「時を待つべきのみ。事の戒法と申すは是なり」とは、妙法の広宣流布と本門寺の戒壇建立の時が必ず来るとの大確信を明かし、門下一般への流通《るつう》を勧奨《かんしょう》されるとともに、これが天台迹門の理戒《りかい》に対する本門の事の戒法であることを教えられている。

次いで、この戒壇建立を根本として一閻浮提《いちえんぶだい》の人々が三大秘法総在の本尊所住の道場に参詣し、本門戒壇の本尊を受持信行する戒徳と懺悔滅罪により、末法万年にわたる成仏を期せられたのである。

この「本門の本尊」「本門の戒壇」「本門の題目」という大聖人の宗旨の根本は、久成の釈尊も、

「実相証得の当初《そのかみ》修行し給ふ処の寿量品《じゅりょうほん》の本尊と戒壇と題目の五字」（御書一五九三㌻）

であり、さらに大聖人が内証の、

㈡　三大秘法稟承事

「寿量品に建立する所の本尊は、五百塵点の当初《そのかみ》より以来《このかた》、此土有縁深厚《しどうえんじんこう》・本有無作《ほんぬむさ》三身の教主釈尊」（御書一五九四㌻）

と仰せられるように、久遠元初《くおんがんじょ》の本因《ほんにん》・凡夫即極《ぼんぶそくごく》・名字《みょうじ》の釈尊を本地とする久遠元初の法体《ほったい》にもとづくものであるとの御指南《ごしなん》である。

これは『三世諸仏総勘文教相廃立《そうかんもんきょうそうはいりゅう》』『当体義抄』における本地の開顕と相呼応《あいこおう》するものであり、また、

「此の三大秘法は二千余年の当初《そのかみ》、地涌《じゆ》千界の上首として、日蓮慥《たし》かに教主大覚世尊より口決《くけつ》せし相承《そうじょう》なり」（御書一五九五㌻）

と、地涌千界の上首上行菩薩として、教主釈尊より慥かに口決相承を受け、末法の流通《るつう》をゆだねられた久遠本因の三大秘法であると教示されている。

そして、その三大秘法において、

「今日蓮が所行は霊鷲山《りょうじゅせん》の稟承《ぼんじょう》に介爾《けに》計《ばか》りの相違なき、色も替はらぬ寿量品の事《じ》の三大事なり」（同右）

と説かれるように、久遠元初の本仏として末法に出現された日蓮大聖人の御身の上に具備《ぐび》する法体・法《ほっ》相《そう》であることを宣言されたのである。

『三大秘法稟承事《さんだいひほうぼんじょうのこと》』の御指南は、大聖人のお振る舞いと御化導《ごけどう》の究極が三秘総在の大御本尊の建立

と、その流通にあることを宣示《せんじ》された明証にほかならない。

弘安二（一二七九）年十月十二日の大聖人の一期《いちご》の究竟、その法体たる三大秘法総在の大御本尊を厳護し、この『三大秘法稟承事』に記し留《とど》められた御遺命《ごゆいめい》を信心の明鏡として、今日に至るまで七百数十年、営々《えいえい》として正信の道を貫き通し、世界の広布に邁進《まいしん》している宗旨は、我が日蓮正宗以外に絶対にないのである。

『三大秘法稟承事』における「霊山浄土に似たらん最勝の地」が、いよいよ『日蓮一期弘法付嘱書《いちごぐほうふぞくしょ》』における「国主此の法を立てらるれば、富士山に本門寺の戒壇を建立せらるべきなり」（御書一六七五ジペー）という、大聖人より日興上人への唯授一人《ゆいじゅいちにん》の別付嘱において、明らかに示されるのである。

当抄末文の、

「予年来《としごろ》己心に秘すと雖《いえど》も此の法門を書き付けて留《とど》め置かずんば、門家《もんけ》の遺弟等定めて無慈悲の讒《ざん》言《げん》を加ふべし。其《そ》の後は何と悔《く》ゆとも叶《かな》ふまじきと存する間貴辺《あいだ》に対し書き遺《のこ》し候」

（御書一五九五ジペー）

との御文意にも、大聖人は御自身の臨終《りんじゅう》が近きに来つつあることを、深く鑑知《かんち》されていたと拝するのである。

(三)　日蓮一期弘法付嘱書

大聖人は御自身の亡《な》きあと全門下を統率《とうそつ》し、下種仏法を末法万年にわたって流布し、正法正義を後世に弘伝《ぐでん》するため、法嗣《ほうし》を正式に選定する時機の至ったことを感ぜられた。

弘安《こうあん》五（一二八二）年九月、大聖人は白蓮阿闍梨《びゃくれんあじゃり》日興上人を、お側《そば》近くに呼ばれ、大聖人出世の本懐《ほんがい》たる三大秘法総在の「本門戒壇の大御本尊」を付嘱《ふぞく》されるとともに、またその証《あかし》として『日蓮一期弘法《いちごぐほう》付嘱書《ふぞくしょ》』を授与された。

「日蓮一期《いちご》の弘法、白蓮阿闍梨日興に之を付嘱す、本門弘通の大導師たるべきなり。国主此《こ》の法を立てらるれば、富士山に本門寺の戒壇を建立せらるべきなり。時を待つべきのみ。事《じ》の戒法と謂《い》ふは是なり。就中《なかんずく》我が門弟等此の状を守るべきなり。

弘安五年壬午九月　日　　　　日　蓮　花　押

血脈《けちみゃく》の次第　日蓮日興」（御書一六七五ジ）

この付嘱書に示されるように、大聖人御内証《ごないしょう》の法体《ほったい》の相承を「血脈の次第　日蓮日興」と記しとどめられたのである。

日　興　上　人

本門戒壇の大御本尊の御相承については『百六箇抄』に、

「日興が嫡々相承《ちゃくちゃくそうじょう》の曼荼羅《まんだら》」（御書一七〇二㌻）

とあり、また『日興跡条々《あとじょうじょう》事』には、

「日興が身に宛《あ》て給はる所の弘安二年の大御本尊」

（御書一八八三㌻）

と記されている。

また、本門戒壇の建立地について、『三大秘法稟承《ぼんじょう》事』ではいまだ「霊山浄土《りょうぜんじょうど》に似たらん最勝の地を尋ねて戒壇を建立すべき者か」（御書一五九五㌻）としか、門下一般に明かされていなかったものが、本門弘通の大導師日興上人に対して初めて、具体的に広宣流布の時《とき》を待って、

「富士山に本門寺の戒壇を建立せらるべき」

と遺嘱《いしょく》されたのである。

ここに本門の本尊、本門の題目、本門の戒壇という日蓮一期の弘法の法体、三大事の全てがことごとく日興上人の御身の上に別付嘱《べっふぞく》相承されたのである。

常随給仕

日興上人は十三歳の正嘉《しょうか》二（一二五八）年、大聖人が『立正安国論』を勘案《かんあん》された折、駿州《すんしゅう》岩本の実相寺において大聖人の門弟となった。

以来二十有余年にわたって、ひたすら師の大聖人に常随給仕《じょうずいきゅうじ》し、師弟相対の至誠《しせい》を尽くされたのであった。弘長《こうちょう》元（一二六一）年、大聖人伊豆伊東の流罪をはじめとして、最大の艱苦《かんく》であった二年半にわたる佐渡配流の供奉《ぐぶ》、そのほか数々の法難に際しても、大聖人の身に影の添うがごとく、行住坐臥《ぎょうじゅうざが》にわたり常に給仕し、その随身を通して大聖人の精神のすべてを、我が身に受けとめられたのである。

日興上人の振る舞いは、ただただ大聖人に対する絶対の帰依、師弟不二以外の何物でもなかった。熱原法難などに見られた日興上人の卓越《たくえつ》した指導力と死身弘法《ししんぐほう》の振る舞いは、師の念願する妙法流布を、身命を賭《と》して実践するという一念の発露《はつろ》であった。と同時に、日興上人は学解《がくげ》の深さ、人格の高潔《こうけつ》さ、そして正法伝持の情熱などあらゆる点で門弟の中でも群を抜いていた。

大聖人も弟子日興を慈《いつく》しみ、日興上人に対して絶大な信頼を置かれていたのである。その純熟した師弟の境地は「能所不二《のうしょふに》」であり、「唯我与我《ゆいがよが》」「唯仏与仏《ゆいぶつよぶつ》」の境界《きょうがい》であった。そこに信心を根底とする師弟の相伝があったのである。

唯授一人の相伝

仏法において衆生救済の大法を久住《くじゅう》せしめるに当たり、唯《ただ》一人の大導師を定め、師弟相対して師より弟子へ相承することは、古《いにしえ》より仏法の方軌《ほうき》である。故に、天台は章安《しょうあん》に、伝教は義真《ぎしん》に付嘱している。また相承の相とは相対ということであり、承とは伝承のことである。ゆえに師弟相対して師より弟子へ法を相伝することを相承というのである。

大聖人は、『一代聖教《しょうぎょう》大意』に、

「此《こ》の経は相伝に有らざれば知り難《がた》し」（御書九二㌻）

とも、

「此の法華経は知らずして習ひ談ずる物は但爾前経《ただにぜんぎょう》の利益《りやく》なり」（御書九八㌻）

とも仰せられ、難信難解《なんしんなんげ》な法華経、なかんずく文底独一本門の下種仏法においては、その相伝を通して拝することが重要であることを述べられている。

これはまた、正しく教法を受持し、本仏の内証に通入するためには、師弟相対の信心に立脚すべきことを示している。涅槃経《ねはんぎょう》にも「心の師とはなるとも心を師とせざれ」と説かれるように、もし師弟相対の道を外《はず》れるならばそれはもはや私情を師とする増上慢《ぞうじょうまん》に堕《だ》してしまうのである。このことを後年、日

興上人は『佐渡国法華講衆御返事』の中で、

「なをなをこのほうもん《法門》は、しでし《師弟子》をたゞしてほとけ《仏》になり候。しでしだにもちがい候へば、おな《同》じほくゑ《法華》をたもちまいらせて候へども、むけんぢごく《無間地獄》におち候也」（歴全一―一八三ジペー）

と師弟相対の信仰が重要なことを記し留《とど》められている。

このように大聖人より日興上人へ相承された、本門戒壇の大御本尊を法体とする一切の法義、講学、化儀、修行、そして広宣流布の大誓願、本門寺の戒壇建立の御遺命は日興上人より日目上人、日目上人より日道上人へ、そして我が日蓮正宗の代々の法主上人《ほっすしょうにん》に受け継がれて七百数十年、微塵《みじん》も絶《た》えることなく今日に伝えられているのである。

㈣　身延出山

「去ぬる文永十一年五月十二日相州《そうしゅう》鎌倉を出《い》で、六月十七日より此の深山に居住して門《かど》一町を出でず」（妙法比丘尼御返事　御書一二六四ジペー）

と述べられるように、身延入山以来九カ年にわたって大聖人は一歩もこの深山を出られなかった。

しかし、病《やまい》は日に日に深まり、弟子方の熱心な勧《すす》めもあって、常陸《ひたち》の湯へ湯治《とうじ》に行くため、身延の山を出られることになった。滅後の弘通を本門の大導師たる日興上人に託《たく》された大聖人にとって、もはや後顧《こうこ》の憂《うれ》いは全くなかった。

常陸の湯

「常陸《ひたち》の湯」の語は、『波木井《はきり》殿御報』の中に、

「ひたち《常陸》のゆ《湯》へひか《引》せ候はんと思ひ候」（御書一五九六㌻）

とある。この常陸の湯の場所については、加倉井《かくらい》、那須《なす》、塩原《しおばら》などの説が挙げられている。しかし総本山第五十九世日亨《にちこう》上人は、その著『富士日興上人詳伝』に、古来《こらい》名の通った磐城《いわき》の「三筥《さばく》の湯」、すなわち「さばく」または「さばこ」の湯こそ「常陸の湯」であり、「正しくは磐城《いわき》国の湯本の温泉である」（該書一四二㌻）と考証されている。

また後年、そこに四郎兵衛《ひょうえ》等の信徒が存在し、それを頼りに宰相《さいしょう》阿闍梨日郷《にちごう》が、三筥の湯へ湯治に行ったことが、日目上人の手紙によって知られている。

すなわち『与四郎兵衛殿書』に、

「さいしやう《宰相》のあさり《阿闍梨》、いたわり《労》かをこり候て大事に候ほとに、さハくのゆ《三筥湯》へまかり、二七日はかりハ候ハんすらん」（歴全一―二三二㌻）

とある。これらのことから、常陸《ひたち》（磐城）の三箇《さばく》の湯、現在の湯本の地こそ「常陸の湯」であると考えられる。

㈤　武州池上

大聖人は、身延の山々に冷気しみ渡り、紅葉が色彩《いろど》る弘安五（一二八二）年の晩秋、九月八日午《うま》の刻、波木井実長《はきりさねなが》から贈られた栗鹿毛《くりかげ》の馬に揺《ゆ》られ、日興上人をはじめとする門人や公達《きんだち》に護られて、九カ年住み馴《な》れた身延の沢を出られた。

その時のようすを大聖人は、

「畏《かしこ》み申し候。みちのほどべち《道程別》事候はで、いけがみ《池上》までつきて候。みちの間、山と申し、かわ《河》と申し、そこばく大事にて候ひけるを、きうだち《公達》にす《守》護せられまいらせ候ひて、難もなくこれまでつきて候」（波木井殿御報　御書一五九六㌻）

と述べられている。道中、随従の弟子たちは病身の大聖人を案じ、ゆっくりと歩みを進めた。そして出山後十一日目の九月十八日、大聖人一行は武州池上《ぶしゅういけがみ》の地頭右衛門大夫宗仲《えもんのたいふむねなか》の館《やかた》に到着されたのであった。

池上兄弟夫婦をはじめ、一族の人々は大聖人一行を喜んでお迎えし、丁重《ていちょう》にもてなした。

到着した翌日の九月十九日、大聖人は日興上人に代筆を命じ、自《みずか》ら口述《こうじゅつ》をもって波木井実長に書状を送られた。

「日本国にそこばくもてあつかう《扱》て候み《身》を、九年まで御きえ《帰依》候ひぬる御心ざし申すばかりなく候へば、いづくにて死に候とも、はか《墓》をばみのぶさわ《身延沢》にせさせ候べく候。又くりかげ《栗鹿毛》の御馬はあまりをもしろく《面白》をぼへ候程に、いつまでもうしな《失》ふまじく候」（同右）

と、在山九カ年にわたって何かと外護の任を全《まっと》うした波木井実長に、感謝の意を述べ、大聖人の墓所を身延の沢に建立するよう言い置かれた。また、このお手紙の末文には「所らう《労》のあひだ、はんぎやう《判形》をくは《加》へず候事、恐れ入って候」（同右）と記されている。

なお、池上邸への道中に、山門《さんもん》の衆徒二階堂伊勢《にかいどういせ》入道の子息伊勢法印《ほういん》が同宿の十余人、若党三十余人を引き連れ、「日蓮と問答《もんどう》すべし」と乗り込んできた。大聖人ははやる弟子一同を制止し、

池上付近

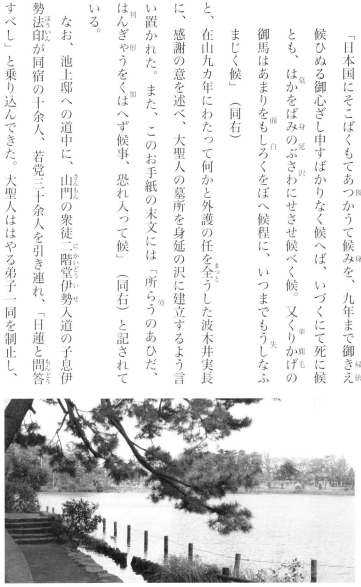

日目上人

「卿公《きょうこう》、問答せよ」

と、日目上人に命ぜられた。当年二十三歳の日目上人は、「問答十重」を一々《いちいち》に詰《つ》めて彼らの邪義を破折し、伊勢法印らを早々に退散させたのであった。大聖人はこの問答の勝利を報告した富木《とき》常忍《じょうにん》に対して、

「さればこそ日蓮が見知りてこそ卿公をば出だしたれ」（御伝土代　聖典六〇四ジペー）

と仰せられ、年若い日目上人の問答ぶりに満足されたという。

㈥　立正安国論講義

大聖人が池上邸に滞在されていることを伝え聞いた近隣・近在の檀越《だんのつ》は、大聖人の謦咳《けいがい》に接し、教導に浴することを願い、こぞって参集した。

大聖人は参集の弟子檀越に向かって病体をいとわず、九月二十五日より『立正安国論』の講義をされた。

「旅客来《き》たりて嘆《なげ》いて曰《いわ》く、近年より近日に至るまで、天変・地夭《ちよう》・飢饉《ききん》・疫癘《えきれい》遍《あまね》く天下に満ち、広く地上に迸《はびこ》る。牛馬巷《ちまた》に斃《たお》れ、骸骨路《がいこつみち》に充《み》てり。死を招くの輩《ともがら》既に大半に超《こ》え、之《これ》を悲しまざるの族《やから》敢《あ》へて一人《いちにん》も無し」（御書二三四ジペー）

と、冒頭より憂国《ゆうこく》の至情を切々と訴えられたこの論文《ろんもん》は、去る二十二年前、大聖人が三十九歳の折、時の最高権力者幕府《ばくふ》五代執権北条時頼《ときより》にあてて書かれた大諫暁書であった。

そもそも大聖人の生涯は『立正安国論』の実践に終始されたのであり、その実践、行動は『安国論』に始まって『安国論』に終わると言われるように、『安国論』こそ大聖人御化導《ごけどう》の根本であった。

すなわち、

「天下の災難、国土の衰乱《すいらん》は邪法・邪義が蔓延《はびこ》るがゆえに競い起こるのであり、今こそ仏教の肝《かん》要《よう》、法華経の正義を万民一同が信仰し、一国の安寧《あんねい》と仏国土建設を成《な》し遂《と》げなければならない。そして、この妙法の広布によってのみ四海《しかい》の静謐《せいひつ》、つまり世界の平和が樹立されるのである」

と、日蓮大聖人が心血をそそいで著された『立正安国論』を、日興上人をはじめとする弟子檀那一同に、あらためて、熱烈な気迫と万代への遺誡《ゆいかい》の意を込めて諄々《じゅんじゅん》と講義されたのであった。

この御本仏日蓮大聖人の邪宗破折の情熱と、正法によって末法の衆生を救わん、との大慈悲の一念は、聴衆の人々の生命の中に深くしみ通っていった。

その中でも、日興上人はひとりこの御指南《ごしなん》の一語一句を深く心に刻みつけ、広宣流布への責任の重さを感じつつ、師恩報謝《しおんほうしゃ》と死身弘法《ししんぐほう》の実践を心から誓っていたのである。

(七)　本弟子六人の選定

十月八日、大聖人はおもだった弟子を枕辺《まくらべ》に集め、入滅《にゅうめつ》後の教団の維持《いじ》と発展の要《かなめ》として、またそれぞれの縁故《えんこ》の弘教《ぐきょう》地域における掌握《しょうあく》指導のため、六人の本弟子を定められた。

「　定

一弟子《いちでし》六人の事　不次第《ふしだい》

一、蓮華阿闍梨《れんげあじゃり》　日持

一、伊予公《いよこう》　日頂

一、佐土公《さどこう》　日向《にこう》

一、白蓮阿闍梨《びゃくれんあじゃり》　日興

一、大国阿闍梨《だいこくあじゃり》　日朗

一、弁《べん》阿闍梨　日昭

右六人は本弟子なり、仍《よ》って向後《こうご》の為に定むる所、件《くだん》の如し。

弘安五年十月八日　」（宗祖御遷化記録　御書一八六三㌻）

と、日興上人が筆をとり、法臈《ほうろう》の若い、下位の蓮華阿闍梨日持より順次六名の名を書き留《とど》めた。

この記載の順位は、裏を返せば入門の次第に従って、日持が最下位、日昭が最上位者であることを示している。

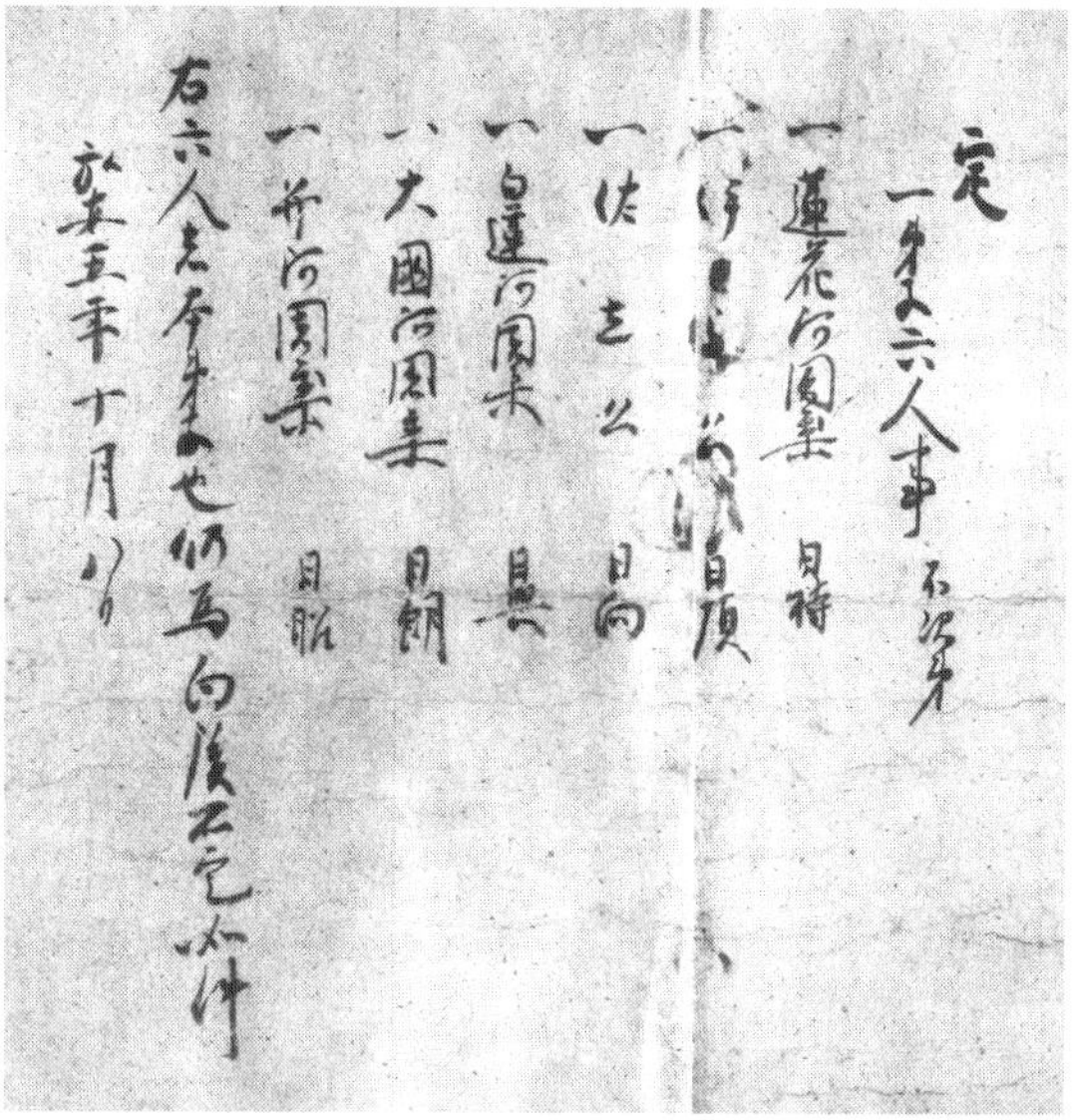

定
一　弟子六人事　不次第
一　蓮花阿闍梨　日持
一　伊予阿闍梨　日頂
一　佐土公　日向
一　白蓮阿闍梨　日興
一　大国阿闍梨　日朗
一　弁阿闍梨　日昭
右六人者本弟子也仍為向後所定如件
弘安五年十月八日

日興上人正筆『宗祖御遷化記録』

大聖人が法臈の若い、下位の日持より順に指名されたのであろう。

しかし大聖人があえて「不次第」と仰せになったことは、いかなる意味を持つのであろうか。

もし仮に日興上人を除く五老僧の門下が言うように、大聖人の仏法が六人の弟子に平等に相伝付嘱されたものならば、「不次第」と記されながら、その名前を法臈の順に挙げられるはずがない。

実はこの「不次第」の三字こそ、大聖人の仏法が六老の法臈の順位に依らず、唯授一人《ゆいじゅいちにん》の別付嘱《べつふぞく》によって継承されることを示すものである。

つまり六老の次第は世間の例にならって授戒《じゅかい》の前後に依るが、相伝の有無、法嗣《ほうし》の選定は六老の順位、すなわち授戒の順位には拘束《こうそく》されないことを強調するために、「不次第」の三字をあえて念記されたのである。

ここに本弟子六人の選定と、血脈相承《けちみゃくそうじょう》すなわち法体の付嘱とは、まったく別の問題であり、かつまた唯授一人の相承は法臘《ほうろう》の順位に依らないことを知るべきである。さらに厳密に言えば、とくに日興上人より法臘が上位の日昭・日朗が血脈付法《ふほう》の日興上人に対して、大聖人滅後に怨嫉《おんしつ》離反《りはん》することを戒《いまし》める意味で、わざわざ六人の順位の不次第を告げられたものと思われる。

そして大聖人は、本弟子六人を定め置かれたこの状を、六人がそれぞれ所持するよう念告されたのであった。

(八)　身延山付嘱書

大聖人は十月八日、本弟子六人を定め、十月十日には日興上人をお側へ呼び、『御本尊七箇之相承』を、また十一日には『法華本門宗血脈相承事』（本因妙抄）を允可《いんか》・付与し、甚深の血脈を相承されたのである。

そして十月十三日の早晨《そうしん》、御入滅を間近《まぢか》にして大聖人は日興上人に、身延山久遠寺《くおんじ》の別当職《べっとうしょく》を付嘱された。いわゆる『身延山付嘱書』である。

「釈尊五十年の説法、白蓮阿闍梨日興に相承す。身延山久遠寺の別当たるべきなり。背《そむ》く在家出家共《ども》の輩《やから》は非法の衆たるべきなり。

弘安五年壬午十月十三日　　　　日　蓮　花　押

武州　池上」（御書一六七五㌻）

と認《したた》められ、日興上人を身延の貫主《かんず》と定められた。大聖人は、本門弘通《ぐづう》の大導師として、また身延山久遠寺の別当としての日興上人に従わない門弟檀越《だんのつ》は、大聖人の仏法に背く非法の衆・謗法《ほうぼう》の徒であると厳しく誡《いまし》められたのである。

ここに『身延山付嘱書』と先の『日蓮一期《いちご》弘法《ぐほう》付嘱書《ふぞくしょ》』の二つの相承書をもって、滅後の法嗣を明瞭に日興上人と定められたことを知らなくてはならない。

『日蓮一期弘法付嘱書』は、その題名の示すとおり、大聖人の一期における仏法と本門戒壇の大御本尊の相伝、すなわち法門と法体の相承である。一方、『身延山付嘱書』は身延山久遠寺の別当、貫首《かんず》としての付嘱である。

この二つはともに一貫して日興上人を唯授一人血脈付法《ゆいじゅいちにんけちみゃくふほう》の本門弘通の大導師として、明確に決定されているのである。

これはひとえに大聖人が付嘱の大義を重んじられたことに依るものであり、三世常恒《さんぜじょうごう》に本仏の施化《せけ》は始終《しじゅう》円満にして、少しも欠けるところがないのである。

それでもなお、大聖人より日興上人へ付嘱された法体の大御本尊が信じられない者や、唯授一人の相承を否定して疑義を唱える謗法不信の徒は、永遠に無明《むみょう》の闇《やみ》に覆《おお》われて無間大城《むけんだいじょう》に沈淪《ちんりん》することを知るべきである。

いま総本山大石寺に厳然と本門戒壇の大御本尊が在《まし》まし、二箇《にか》相承書も、大聖人滅後三百年の天正《てんしょう》九（一五八一）年三月まで重須《おもす》本門寺の重宝として伝えられていたことは事実であり、弘治《こうじ》二（一五五六）年七月には要法寺《ようぼうじ》日辰《にっしん》が日耀《にちよう》に二箇相承書を臨写《りんしゃ》させている。このほか重須本門寺日健《にちごん》のものなど上古の写本も数多く残っている。

また大聖人より日興上人へ一期《いちご》の付嘱があったことは、聖滅後九十九年の妙蓮寺日眼《にちげん》の『五人所破抄見聞《けんもん》』や左京日教（聖滅二百年ごろ）の『百五十箇条』『類聚翰集私《るいじゅかんしゅうし》』などに、はっきりと記録されている。

㈨　御入滅

「今者已満足《こんじゃいまんぞく》」の境界《きょうがい》にして、すべての化導《けどう》と相承を終えられた大聖人は、弘安五（一二八二）年十月十三日、枕辺《まくらべ》に安置してあった釈尊の立像《りゅうぞう》を退けて、御本仏の法魂《ほうこん》たる大漫荼羅《だいまんだら》本尊を掛けさせられ、弟子や檀越等が唱題されるなか、辰《たつ》の刻（午前八時ごろ）安祥《あんじょう》として御入滅《ごにゅうめつ》された。

一切衆生の救済と妙法広布の尊き生涯は、六十一年を一期とされたのである。そのとき、突如《とつじょ》大地が震動し、池上邸の庭には初冬にもかかわらず桜の花がいっせいに咲き誇《ほこ》ったという。この妙瑞は、御本仏大聖人の入滅を宇宙法界の生命が惜《お》しみ奉ると同時に、本仏の入滅は滅に非ざる滅であり、滅に即して常住の妙相を示すという甚深の意義を持っていた。

大聖人が身延ではなく、池上の地において入滅されたことについて、日寛《にちかん》上人は、『蓮祖義立の八相』の中で、

「夫《そ》れ釈尊は、霊鷲山《りょうじゅせん》に於て、妙法を演説し、霊山の艮《うしとら》に当る跋提河《ばつだいが》の辺《ほと》り沙羅林《しゃらりん》にして、入滅したまへり。聖人は身延山に於て、妙法を講誦《こうじゅ》し、延山の

御入滅跡付近

艮《うしとら》に当る田波河《たまがわ》の辺り池上邑《むら》にして、寂に帰す。古今道同じく、応《まさ》に所以《ゆえ》有るべし」

（富要三―二四八㌻）

と、解釈されている。

㈩　非滅現滅の意義

大聖人の入滅は、久遠元初《くおんがんじょ》即末法の仏の「非滅現滅《ひめつげんめつ》」という常住不可思議《ふかしぎ》の大生命の妙相を示されたものであると言われる。

「非滅現滅」とは、「滅に非ずして滅を現ず」と読み、大聖人の入滅は非滅の滅を現されたもので、単なる入滅ではないということである。

御本仏である大聖人は、その当体そのままが法界の南無妙法蓮華経であるが、この世に出現され、示《じ》同凡夫《どうぼんぶ》の御身を受けられたことは、末法の衆生に下種の妙益《みょうやく》を施《ほどこ》されるための和光同塵《わこうどうじん》のお振る舞いであった。

しかし、いま示同凡夫の姿をもって、大聖人が入滅されるということは、法界常住の身に帰されることを示している。

『御義口伝』に、

「南無妙法蓮華経と唱へ奉る時、本有《ほんぬ》の生死本有の退出《たいしゅつ》と開覚するなり。又云はく、無も有も生も死も若退《にゃくたい》も若出も在世も滅後も、悉《ことごと》く皆《みな》本有常住の振る舞ひなり」（御書一七六七㌻）

と御教示されるように、仏の生命は無始無終に常住し、ある時は生の姿を現じ、ある時は滅の姿をもっ

宗祖御大会（三三九度の儀）

て倶《とも》に衆生を教化されるのである。すなわち、大聖人の入滅は一往《いちおう》は無常のように拝されるが、そこにまた起滅《きめつ》を越えた本有常住の仏身の当体を如実に示されたのである。

ちなみに総本山大石寺においては、弘安五（一二八二）年十月十三日を太陽暦に改めた十一月二十一日に宗祖御大会《ごたいえ》と称して、大聖人の現有滅不滅《げんうめつふめつ》・常住此説法《じょうじゅうしせっぽう》の御化導《ごけどう》を慶祝し、御宝前に臨終《りんじゅう》の妙瑞である桜の花を供えて、御本仏大聖人の三世常住を称《たた》える儀式を奉修している。そして法要は『立正安国論』および歴代上人の申状を捧読し、妙法による平和国土の確立、すなわち広宣流布の大願を決意して終わるのである。

これに対して他の日蓮門下においては、御会式を大聖人の御

命日忌法要ぐらいにしか考えていない。

仏の入滅について法華経の寿量品《じゅりょうほん》には、

「必ず当《まさ》に難遭《なんぞう》の想《おもい》を生じ、心に恋慕《れんぼ》を懐き、仏を渇仰《かつごう》して、便《すなわ》ち善根《ぜんごん》を種《う》ゆべし。是の故に如来、実に滅せずと雖も、而《しか》も滅度すと言う」（法華経四三四ジペー）

とあり、さらに、

「衆生を度《ど》せんが為の故に　方便して涅槃《ねはん》を現ず　而も実には滅度せず　常に此《ここ》に住して法を説く」（法華経四三九ジペー）

と説かれている。

仏は三世にわたって常住されるのであるが、常に住していると衆生は安心して仏道修行を疎《おろそ》かにする。そこで衆生教化のために一つの方便として入滅の相をあらわし、衆生に対して仏には値《あ》い難《がた》いとの想《おも》いを懐《いだ》かせ、仏道修行を勧奨《かんしょう》すると説かれているのである。

日蓮大聖人の生身は入滅の妙相を示されたが、

「日蓮がたましひ《魂》をすみ《墨》にそめながしてかきて候ぞ、信じさせ給へ」

（経王殿御返事　御書六八五ジペー）

あるいは、

「本尊とは法華経の行者の一身の当体なり」（御義口伝　御書一七七三㌻）との御文のごとく、本仏の生命たる法魂《ほうこん》、大聖人の一身の当体は、本門戒壇の大御本尊に留《とど》められ、その威光は厳然として法界を照らして、利生益物《りしょうやくもつ》の妙用《みょうゆう》を顕現されている。

(十一) 御葬送

大聖人御入滅の報を受けて池上宗仲《むねなか》邸へ参集した多くの弟子檀越《だんのつ》たちは、深い悲しみの中にも、「在《ざい》在諸仏土《ざいしょぶつど》　常与師倶生《じょうよしぐしょう》（在在諸《もろもろ》の仏土《ぶつど》に常に師と倶《とも》に生ぜん）」（化城喩品　法華経二八五㌻）の理《ことわり》を深く信解《しんげ》し、荘厳かつ厳粛に読経《どきょう》唱題して、報恩謝徳の誠を御霊前に捧《ささ》げた。

明けて十四日、戌《いぬ》の刻（午後八時ごろ）に、御尊体は入棺され、子《ね》の刻（午前零時ごろ）に御葬送《そうそう》、荼毘《だび》（火葬）に付された。そののち、御灰骨《ごはいこつ》を宝瓶《ほうびょう》に収め、御葬儀は滞《とどこお》りなく厳修《ごんしゅう》された。

日興上人は御遺命のとおり、嫡々《ちゃくちゃく》付法の大導師として一切の儀式の総指揮を執《と》られ、『宗祖御遷化《ごせんげ》記録』にその詳細を記された。

これは滅後三日目、すなわち十月十六日に書かれたものであり、この『御遷化記録』の中に、大聖人が御在世中に所持されていた釈迦立像《りゅうぞう》仏、注法華経《ちゅうほけきょう》などの処置についても、御遺言として記されている。

いわゆる一体仏《いったいぶつ》については、

「墓所《むしょ》の傍《かたわ》らに立て置くべし」（御書一八六六ジペー）

と御遺言され、また注法華経については、

「同じく墓所の寺に籠《こ》め置き、六人香花《こうげ》当番の時之《これ》を被見《ひけん》すべし」（同右）

と記されている。

日興上人は、大聖人の初七日忌の御法要を奉修されたのち、十月二十一日早朝、池上宗仲・宗長《むねなが》一族の厚情と外護に深く感謝の言葉を述べ、御灰骨を捧持して池上を発《た》ち、身延山久遠寺に向かわれた。

二十一日には相州《そうしゅう》飯田宿、二十二日には湯本《ゆもと》、二十三日に駿州《すんしゅう》車返《くるまがえ》し、二十四日上野南条邸を経て、十月二十五日に、地頭波木井《はきり》一族のお出迎えをうけて無事、身延へ帰山されたのであった。

第十九章　本門弘通の大導師日興上人

(一) 身延帰山

日興上人は本門弘通《ぐづう》の大導師として、また身延山久遠寺の別当として、大聖人の御霊骨《ごれいこつ》を捧持して帰山された。そして、大聖人の御遺命に従い、別当として身延に常住されることになった。

日興上人のご着任に際し、地頭波木井実長《はきりさねなが》は大いに喜んだ。このことを物語るものとして、弘安《こうあん》五（一二八二）年十二月十一日に書かれたと推定される波木井実長（日円）の書状には、

「まことに御経を聴聞仕《つかまつ》り候も、聖人《しょうにん》の御事はさる御事にて候、それにわたらせ給い候御故とこそひとえに存じ候へ、よろず見参に入り候て申すべく候」（大日蓮一八九号）

と日興上人に対する恩義と信頼を書き綴《つづ》っている。

また、その後三年を経《へ》た弘安八年正月四日の書状にも、

「久遠寺に法華経の弘まらせおはしまして候よしうけ給わり候事、めでたく喜び入って候、さて御渡り候事、故聖人の御渡り候とこそ思い候ひし」（大日蓮一八七号）

とあり、日興上人の帰山は大聖人の再来のように思われると喜悦の情を記している。

日興上人は久遠寺の別当として入山されるや、本門戒壇の大御本尊を守護し、広宣流布の勤行を怠《おこた》り

なく相勤《あいつと》め、また御霊骨安置の廟所《びょうしょ》を定めて、名実ともに一門統率《とうそつ》の総貫首《そうかんず》としての重責を勤められた。

大聖人が出山されてから、文字通り火の消えたように侘《わ》びしかった身延の山も、再び日興上人を迎えて唱題の声、研鑽《けんさん》の意気は全山にみなぎっていった。

(二)　墓所輪番の制

明けて弘安六（一二八三）年一月末、大聖人の百箇日忌法要は諸老僧をはじめ、弟子檀越《だんのつ》が身延の日興上人のもとに参集して、盛大かつ厳粛に奉修された。

法要終了後、日興上人は久遠寺の別当として、また一門の総帥《そうすい》として、参集した諸老僧に計《はか》って、大聖人の墓所（廟所）を守護するための月番の制度を設けて、「御廟守護の任」に当たることを決めた。御弟子十八人が輪番で大聖人の御墓を守ることになり、日興上人が『墓所可守番帳事』という定めを執筆し、後々《のちのち》のために記録されたのであった。

これは、さきに大聖人が「一弟子《いちでし》六人の事」（六老僧）を定められ、また御遺言として「六人香花《こうげ》当番」と仰せられ、本弟子六人が墓所の当番を命ぜられたことによるものであった。

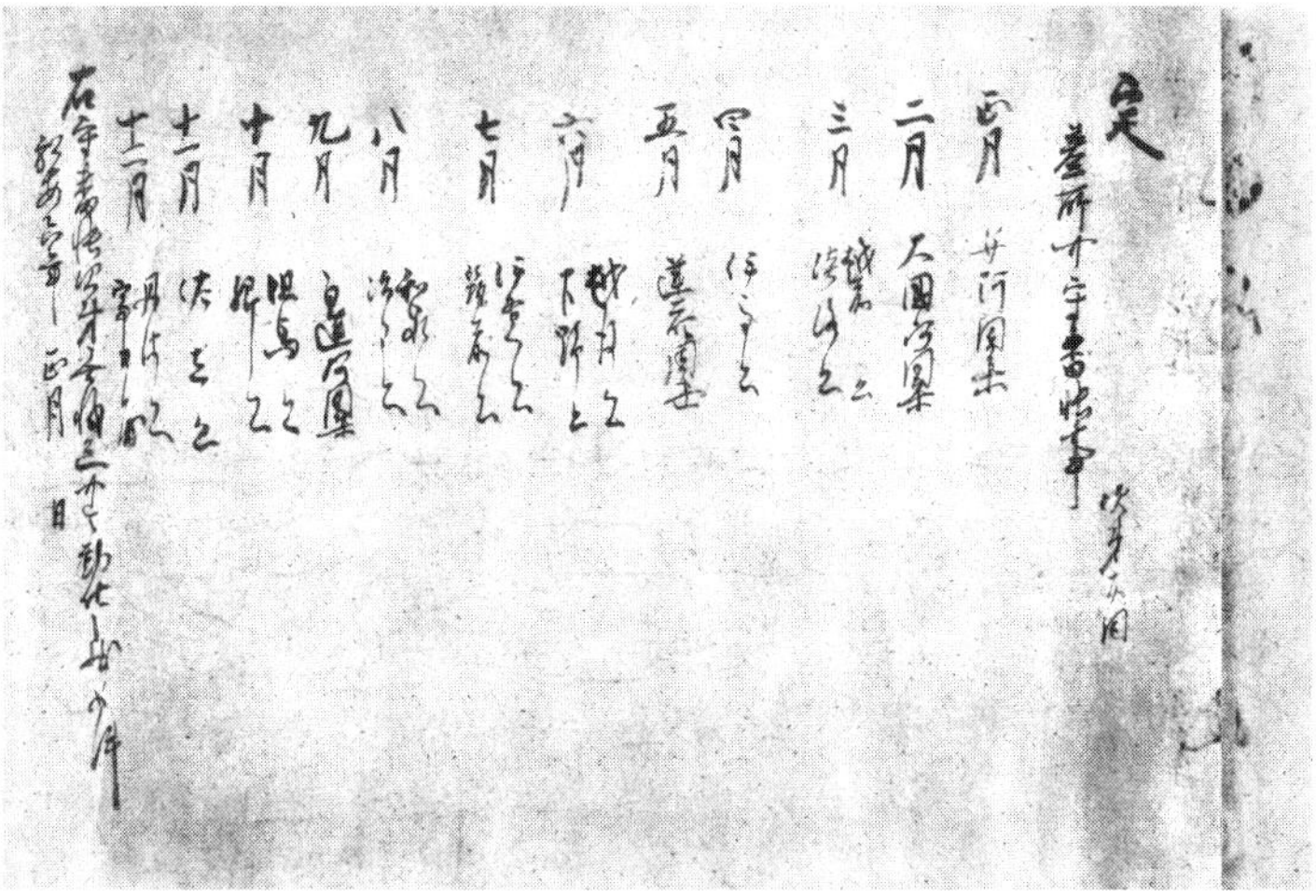

日興上人正筆『墓所可守番帳事』

また、大聖人御在世中、常の御談《ごだん》として、

「日蓮が一類は異体同心なれば、人々すくなく候へども大事を成じて、一定《いちじょう》法華経ひろまりなんと覚へ候」

（異体同心事　御書一三八九㌻）

との訓誡に依られたものであろう。

これらの大聖人の御意を深く考慮された日興上人は、墓所の当番を輪番制にされた。それは諸国の弘教に励んでいる上足《じょうそく》等を始め、弟子一同が、年に一度は身延に詣《まい》り、大聖人に対する報恩の念を強め、それによって、一門の一致団結が計られると考えられたからである。

しかし、この墓所輪番の制は、弘安六年九月ごろまでは、何とか日興上人が門下の直弟子を督励《とくれい》して遅滞《ちたい》なく勤めていたが、十月の大聖人の一周忌には、五老僧たちは御正墓のある身延に登山せず、これ以後、全く登山する者はなくなってしまった。したがって番帳の次第を懈怠《けたい》なく勤めたのは日興上人、日目上人、寂日房《じゃくにちぼう》等のみであった。

『墓所可守番帳事』裏面継ぎ目の花押

日興上人の御執筆になる『墓所可守番帳事』は『宗祖御遷化《ごせんげ》記録』の末尾第五紙に連なり、その継ぎ目の裏にそれぞれ合議、承認の意を含めた、日昭、日朗、日興、日持と法臘《ほうろう》の順に四人の老僧の署名《しょめい》（花押《かおう》）があり、日向・日頂は「他行」と記されて、欠席していることがうかがえる。

しかし、この輪番の約定《やくじょう》は五老僧たちの違約によって、あえなく破棄《はき》されたのである。この西山《にしやま》本門寺蔵の『墓所可守番帳事』に対して、池上本門寺にも『身延山久遠寺番帳事』なる文書があり、これも日興上人筆と称されている。

しかし、池上本は『墓所可守番帳事』ではなく、『久遠寺番帳事』と久遠寺の別当職《べっとうしょく》の輪番に変えられ、「蓮華阿闍梨《れんげあじゃり》」「白蓮《びゃくれん》阿闍梨」という大聖人の定められた本弟子が「蓮華房」「白蓮房」となっているなど、日興上人に偏見《へんけん》を持つ人の後世の偽作《ぎさく》であることは明らかである。

とくに池上にある番帳及び『御遺物配分事《ごゆいもつはいぶんのこと》』に認《したた》められている日興上人の花押は、日興上人の御本尊及び西山本の『番帳事』とは全く異なるものであり、このほかにも、池上本の疑問点を挙げれば枚挙《まいきょ》にいとまがない。池上本の『身延山久遠寺番帳事』『御遺物配分事』は、ともに日興上人への御付嘱、久遠寺の別当職を否定するため、後世の誰人かによって書かれた偽書《ぎしょ》である。

㈢ 御書の収集

日蓮大聖人は、重《かさ》なる大難と身命を賭《と》した妙法宣布《せんぷ》の中で、弟子檀那《だんな》のため、また後代の人々のために心血を注《そそ》いで書状・論文を認《したた》められた。いまその数を『平成校定御書』によって数えると、真偽《しんぎ》不明のものを含めて現在五三七篇にのぼる。このほかに真蹟《しんせき》の断簡《だんかん》が現存するものとして三〇五片があり、実際にはより膨大《ぼうだい》な量になると思われる。これらの一語一句は末代衆生を救おうと願う御本仏の大慈悲の結晶である。

日興上人はこれら大聖人の御書こそ本仏の金言《きんげん》であり、後世の人々が成仏するための唯一無二の聖教《しょうぎょう》であることを深く鑑知《かんち》されていた。

そのため大聖人滅後、諸方に散在する御書の収集に尽力し、御真筆《ごしんぴつ》の格護《かくご》に重々の配慮をされた。現在、大石寺の御宝蔵《ごほうぞう》には南条殿の賜書《ししょ》をはじめ、大聖人の御真筆二十数巻が厳護されている。これもひとえに大聖人の深義を汲《く》まれた日興上人の遺風《いふう》と御指南《ごしなん》によるものである。

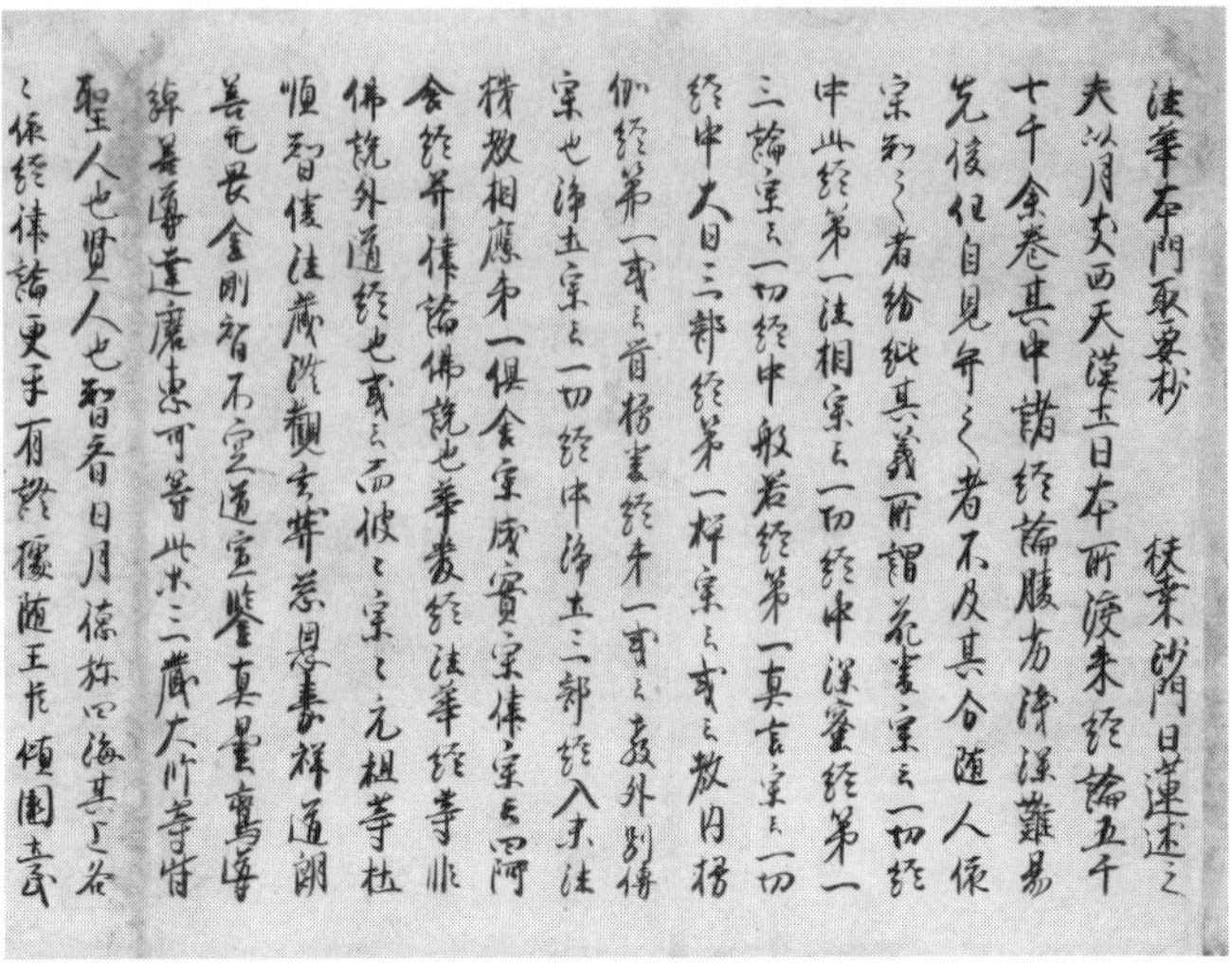

日興上人写本『法華本門取要抄』（大石寺蔵）

そのうえ日興上人は御書の散失することを慮《おもんぱか》り、教義の混乱を防ぐために、自《みずか》らの手によって御書を書写し、特に『富士一跡門徒存知事《いっせきもんとぞんちのこと》』には、重要な御書十篇（十大部）を挙げ、「法華本門」の四字を加えて大聖人の正義の深意を拝すべきことを教示されている。

日興上人の写本は現在、『立正安国論』『観心本尊《かんじんのほんぞん》抄』『法華取要抄』『四信五品《ししんごほん》抄』『始聞仏乗義《しもんぶつじょうぎ》』など重要書をはじめ五十篇にも及んでいる。

このような御書を尊仰《そんぎょう》する事跡は、日興上人以外の五老僧には全く見ることができない。

彼らはかえって「天台沙門《しゃもん》」と名乗り、大聖人の御書を単なる礼状か返状ぐらいにしか見ていなかったし、大聖人のかな文字の御書を、女・子供に対して書かれた低級なものであると卑《いや》しみ、天台流にならって漢文に書き改めようとした。

日興上人は『五人所破抄』に五老僧の言い分として、

「若《も》し聖人の製作と号し後代に伝へんと欲せば、宜《よろ》しく卑賤《ひせん》の倭言を改め漢字を用ゆべし」
（御書一八七七ジペー）

と、その大僻見《だいびゃっけん》を書き留《とど》めている。

さらに彼らは、

「諸方に散在する処の御筆をば或はすきかえし《漉返》に成し、或は火に焼き畢《おわ》んぬ。此《か》くの如く先師の跡《あと》を破滅す」（富士一跡門徒存知事　御書一八七〇ジペー）

とあるように、御書を水にひたして再生したり、焼却するという不知恩、師敵対《してきたい》の行為に及んだのであった。

日興上人は『日興遺誡置文《ゆいかいおきもん》』に、

「当門流に於ては御抄を心肝《しんかん》に染め極理《ごくり》を師伝して若し間《いとま》有らば台家《たいけ》を聞くべき事」
（御書一八八四ジペー）

と指南されるように、御自身も弟子檀那に対して、いかなる時も大聖人の御書を信行学の根本指針《ししん》として拝読し、指導教化《きょうけ》に当たられた。

ここにも、御書を軽視《けいし》し我意、邪見をもって布教した五老僧と本質的な相違を見ることができよう。

㈣身延離山

弘安七（一二八四）年十月十三日、日興上人は身延の大坊において、大聖人の第三回忌法要を奉修された。

この年、日目上人の教化《きょうけ》により、奥州《おうしゅう》玉野の日尊《にちぞん》が登山し、日興上人の弟子となって、新たにこの三回忌の法筵《ほうえん》に列なっている。

この三回忌法要には日目上人、越後房《えちごぼう》、寂日房《じゃくにちぼう》などの、日興上人の直弟《じきてい》を除いて、五人の本弟子をはじめとする諸方の弟子方の中に、参詣登山する者は一人としていなかった。

そこで日興上人は諸方の弟子たちに書状をもって、身延の正墓の現状を訴えられ、大聖人正意の信仰にたち還《かえ》るように促《うなが》された。『美作房御返事《みまさかぼう》』には、

「何事よりも身延の沢の御墓の荒れはて候いて、鹿《かせき》の蹄《ひづめ》に親《まのあた》り懸《かか》らせ給い候事目も当てられぬ事に候（中略）争《いか》でか御墓をば捨て参らせ候わんとこそ覚え候。師を捨つべからずと申す法門を立てながら忽《たちま》ちに本師を捨て奉り候わん事大方《おおかた》世間の俗難も術《すべ》なく覚え候」（聖典五五五ジペー）

と認《したた》められている。

このような日興上人の諫誡《かんかい》と使者の説得によってか、弘安八年になって民部日向《みんぶにこう》が身延に登って来た。日興上人は喜んで日向を迎え、学頭《がくとう》に任じられた。

しかし、民部日向はあくる弘安九年ごろより日興上人に敵対を始め、不法の振る舞いや、地頭波木井《はきり》実長《さねなが》の数々の謗法《ほうぼう》を認め、謗法を助長する誑惑《おうわく》の説法や教導を重ねたのである。

いま波木井実長の謗法行為を『富士一跡門徒存知事』によって挙げるならば、
㈠ 日朗が奪い取った一体仏の代《か》わりに、立像《りゅうぞう》の釈迦仏を造立したこと。

㈡ 大聖人がきびしく停止せられた謗法の社寺への参詣供養を始めた。伊豆山権現《ごんげん》、箱根権現、三島神社への参詣である。

㈢ 波木井一門の勧進《かんじん》として、南部の郷内の福士《ふくし》の塔の供養に奉加《ほうが》したこと。

㈣ 九品《くほん》念仏の道場を造立したこと。

の四箇《しか》の謗法である。

日興上人は大聖人の正意の御本尊は大漫荼羅《だいまんだら》本尊であること、そして謗法の禁断こそ『立正安国論』の聖旨であることを再三再四、学頭の日向及び波木井実長に対して教訓し続けられた。

しかし、地頭の実長は、これらは「民部日向の教えなり」と言い、日向はまた、

「守護の善神此の国を去ると申す事は、安国論の一篇にて候えども、白蓮阿闍梨《びゃくれんあじゃり》外典《げてん》読みに片方を

読みて至極を知らざる者にて候。法華の持者参詣せば諸神も彼の社壇《しゃだん》に来会すべし、尤《もっと》も参詣すべし」（原殿御返事　聖典五五八ジ）

と大聖人の教えに反逆する邪説を立てたのである。

さらに、かつて日向自《みずか》らが大聖人の御在世中、大聖人の法華経の講義を書き留《とど》めた『御講聞書』に、

「今末法は南無妙法蓮華経の七字を弘めて利生得益《りしょうとくやく》有るべき時なり。されば此の題目には余事《よじ》を交へば僻事《ひがごと》なるべし。此の妙法の大曼荼羅を身に持《たも》ち心に念じ口に唱へ奉るべき時なり」（御書一八一八ジ）

と明確に記しながら、その教導に背き、画師《えし》を招いて絵漫荼羅《えまんだら》を画き、あるいは仏像を造立し、謗法の施《せ》を許し、酒食に溺《おぼ》れるなど、不法の学頭となっていった。

しかも地頭波木井実長は、初発心《しょほっしん》の師たる日興上人の教化を疎《うと》んじて「われは民部阿闍梨を師匠にしたるなり」と、日向の邪見に染まり、日向と共に日興上人の教誡を聞き入れる耳を持たなかった。

思い返せば、身延は日蓮大聖人が九カ年にわたって住まわれた深縁の地であり、また、地頭波木井実長も、日興上人が身延山久遠寺の別当として入山されたときには、「大聖人の再来せるか」とさえ、喜んだのであった。しかし、いつしか厳格な日興上人よりも民部日向の軟風《なんぷう》に心を寄せ、その悪縁によって謗法を重ねるようになっていたのである。

大聖人の教えにおいて、謗法つまり仏法の正邪の峻別《しゅんべつ》は、一個人にあっては、成仏・不成仏にかかわることであり、国家社会にあっては、安穏《あんのん》か混乱かの別れ道ともいえる由々《ゆゆ》しき重大問題なのである。

このゆえに日興上人は大聖人の遺訓を厳格に遵守《じゅんしゅ》され、たとえ大聖人を外護《げご》した地頭であっても一分の謗法をも許すことはできなかった。

日興上人はのちに、

「夫《それ》身延興隆の元由《がんゆ》は聖人御座の尊貴に依り、地頭発心の根源は日興教化の力用《りきゆう》に非ずや」

（五人所破抄　御書一八八一ジペー）

と述べられている。すなわち、身延の地が本来尊いのではない。末法の御本仏が教えを説かれ、大御本尊を建立された所であるから尊いのである。また地頭波木井実長が偉いのではない。地頭が大聖人及び日興上人に随順するがゆえに尊いのである。しかし今や地頭自《みずか》らが大聖人の教えを踏みにじり、発心の師日興上人に敵対するという大謗法の徒と化したのであった。身延の地は悪鬼魔神《あっきまじん》の栖《すみか》となってしまったのである。

日興上人は、ことここに至って、これ以上身延の山に留まることは、下種仏法の崩壊《ほうかい》を意味することである。今こそ大聖人の正法正義を厳守して旗幟《きし》を鮮明にするには離山も止むなしとされ、かねて、

「地頭の不法ならん時は我も住むまじき由《よし》」（美作房御返事　聖典五五五ジペー）

との大聖人の御遺言、さらには「富士山に本門寺の戒壇《かいだん》を建立せよ」との御遺命もあって、身延の離山を決意されたのである。

それにつけても、日興上人は、

「身延沢を罷り出で候事面目《めんぼく》なさ本意なさ申し尽くし難《がた》く候えども、打ち還《かえ》し案じ候えば、いずくにても聖人の御義を相継《あいつ》ぎ進《まい》らせて、世に立て候わん事こそ詮《せん》にて候え。さりともと思い奉るに、御弟子悉《ことごと》く師敵対せられ候いぬ。日興一人本師の正義を存じて、本懐を遂げ奉り候べき仁《じん》に相《あい》当って覚え候えば、本意忘るること無くて候」（原殿御返事　聖典五六〇ジペー）

と、断腸《だんちょう》の思いをもって、正応《しょうおう》二（一二八九）年の早春、全山雪のふり積もるなかを、本門戒壇の大御本尊をはじめ、大聖人の御霊骨、御遺文《いぶん》、御遺物《ゆいもつ》の一切を捧持し、日目・日華・日秀・日尊《にちぞん》等の弟子と共に身延の地を離れたのである。

㈤　大石寺創建

身延を離山された日興上人は、富士郡河合《かわい》にしばらく逗留《とうりゅう》されたのち、上野の地頭南条時光の招請《しょうせい》を受け、さらに南条家より、霊山浄土《りょうぜんじょうど》にも似たらん最勝の地、富士の麓《ふもと》の大石《おおいし》ヶ原《がはら》の寄進をうけられた。

㈤ 大石寺創建

日興上人説法石（高さ2.2メートル）

ここに、日興上人は一宇《いちう》を建立し、本門戒壇の大御本尊をはじめ一切の宝物を安置し、令法久住《りょうぼうくじゅう》・広宣流布の礎《いしずえ》を築く決意をされたのである。

この大石の寺の大坊建設は正応二（一二八九）年十月より始められ、一年後の正応三年十月にその完成をみた。

ときに大聖人滅後九年、日興上人四十五歳の秋《とき》であった。

爾来《じらい》七百有余の星霜、『三大秘法稟承事《さんだいひほうぼんじょうのこと》』『日蓮一期弘法付嘱書《いちごぐほうふぞくしょ》』における「時を待つべきのみ」との御遺命のままに、日蓮大聖人の法灯《ほうとう》は連綿《れんめん》として多宝富士大日蓮華山大石寺《たほうふじだいにちれんげさんたいせきじ》に伝えられ、いまに一閻《いちえん》浮提《ぶだい》の広宣流布と末法万年の衆生を救済するため、僧俗一体となっての大前進が続けられているのである。

日蓮大聖人年表

引用書略称索引

吾妻 ―― 吾妻鏡
熱原譜 ―― 熱原法難史年譜
一代 ―― 一代要記
奥 ―― 同書奥書
重須過去 ―― 重須本門寺過去帳
過 ―― 過去帳
学報 ―― 富士学報
画讃 ―― 日蓮聖人註画讃
鎌志 ―― 新編鎌倉志
鎌日 ―― 鎌倉大日記
関代 ―― 関東年代記
関評 ―― 関東評定衆伝
吉続 ―― 吉続記
近文 ―― 近衛家文書
元記 ―― 陸前森上行寺日元記
攷異 ―― 高祖年譜攷異
皇記 ―― 皇代略記
寇記 ―― 元寇記略
綱義 ―― 選択集文前綱義
高書 ―― 高野山文書
高統 ―― 真宗高田派正統記
公補 ―― 公卿補任
御書 ―― 平成新編御書
座記 ―― 天台座主記

寺記 ―― 同寺記録
師守 ―― 師守記
寺誌 ―― 同寺寺誌
釈書 ―― 元亨釈書
宗全 ―― 日蓮宗宗学全書
春文 ―― 春日神社文書
聖 ―― 日蓮正宗聖典
聖戒六 ―― 聖戒六経縁起
性譜 ―― 性公大徳譜
世縁 ―― 佐渡世尊寺縁起
世過 ―― 佐渡世尊寺過去帳
泉記 ―― 陸前妙教寺日泉記
増 ―― 増鏡
像銘 ―― その像の銘
続史 ―― 続史愚抄
大過去帳 ―― 大石寺大過去帳
大石寺文 ―― 大石寺文書
帝編 ―― 帝王編年記
東通 ―― 東国通鑑
道元録 ―― 道元禅師和尚行録
西山文書 ―― 西山本門寺文書
日興詳伝 ―― 富士日興上人詳伝
年 ―― 日蓮宗年表
年譜 ―― 本化高祖年譜

八愚 ―― 八幡愚童訓
比企文 ―― 比企谷妙本寺文書
百錬 ―― 百錬抄
武風 ―― 武蔵風土記
富要 ―― 富士宗学要集
別統 ―― 本化別頭仏祖統紀
遍絵 ―― 一遍上人絵詞
北九 ―― 北条九代記
墓銘 ―― その像の銘墓銘
本集 ―― 日蓮大聖人御真蹟御本尊集
妙蓮寺過 ―― 富士妙蓮寺過去帳
明月 ―― 明月記
蒙牒奥 ―― 蒙古国牒状奥書
鸞伝 ―― 本願寺聖人親鸞伝絵
竜文 ―― 竜造寺文書
霊場記 ―― 法華霊場記
歴辞 ―― 日本歴史大辞典
歴全 ―― 日蓮正宗歴代法主全書
蓮誌 ―― 富士妙蓮寺誌

◎印は「この時期」を意味する
○印は「この年」を意味する
▽印は「この頃」を意味する
○付き数字は閏月を表す

西暦	1221	1222
年号	承久3 辛巳	貞応 壬午 (4.13)
天皇	後堀河	
武家	北条義時	
聖寿		1
日蓮大聖人（門下）事跡		2・16 安房東条郷片海に誕生、幼名善日麿（御書四三八・一七〇八・聖五八七）
関連事項	5・14 後鳥羽上皇　討幕の兵を集む 5・15 後鳥羽上皇　京都守護伊賀光季を殺し義時追討の院宣を諸国に下す〔承久の乱〕 6・15 後鳥羽上皇　上洛した幕府軍に追討宣旨撤回を示す（吾妻） 7・13 幕府　後鳥羽法皇を隠岐国へ配流す 7・21 幕府　順徳上皇を佐渡国へ配流す 8・7 幕府　京方公卿と武士の所領を没収し勲功の将士に付与す ⑩・10 幕府　土御門上皇を土佐国へ配流す	○法然没後10年　専修念仏始唱後48年　高弁〔明恵〕51歳　道元23歳　弁円22歳　叡尊21歳　良忠24歳　忍性〔良観〕6歳 4・26 幕府　承久の乱以後の守護地頭の所務を定む 5・28 幕府　六波羅に命じて代官を派遣し諸国守護地頭の濫妨を糾明せしむ 7・23 鎌倉大地震（吾妻） ○蒙古　アジア全域に勢力を広む

西暦	1223	1224
年号	貞応2 癸未	元仁 甲申 (11.20)
天皇	後堀河	
武家	北条義時	北条泰時
聖寿	2	3
日蓮大聖人（門下）事跡		
関連事項	1・23 北条政子 承久の乱以後に新補された守護地頭らの所務非違の注申を命ず 2月 僧明全・道元 入宋、加藤景正これに随行す（道元録） 5・14 後高倉法皇崩ず(45) 5・22 倭寇現れ朝鮮金州を侵略す 5月 幕府 土御門上皇を阿波国に遷す（吾妻） 6・15 官宣旨を下し新補地頭の得分の率法を制定す 6・28 幕府 金峯山衆徒の高野山乱入を禁ず	3・25 大和国奈良坂の非人等 京都清水坂の非人と闘争す ○ 親鸞 教行信証を著す（高統） 6・13 北条義時卒(62)（吾妻） 6・28 北条政子 泰時・時房を将軍の後見とす 8・5 幕府 専修念仏を禁圧す（皇記）

1227	1226	1225
安貞 丁亥 (12.10)	嘉禄2 丙戌	嘉禄 乙酉 (4.20)
後堀河		
北条泰時		
6	5	4
3・7 鎌倉大地震（吾妻） 4・22 内裏焼失（百錬） 5・14 北条時頼生まる（吾妻） 6・22 延暦寺僧徒 法然の墓を破却（百錬・御書四五・一六五・二四三）	1・27 藤原頼経 征夷大将軍に任ぜらる（公補） 7月 鎌倉に霜降る 8月 金峯山衆徒 高野山と戦う 8・26 太政官文殿焼失（百錬）	5・22 幕府 鶴岡八幡宮に千二百僧供養を行い疾疫災旱を祈る 5月 金峯山衆徒 高野山の焼却を計り制止せらる 6・10 大江広元卒(78)（吾妻） 7・11 北条政子卒(69)（吾妻） 9・25 慈円寂(71)（座記） 10・29 朝廷 新制36条を下す（百錬） 12・2 北条時村〔行念〕卒 12・21 幕府 評定衆を置く（関評）

西暦	1227	1228	1229
年号	安貞 丁亥 (12.10)	安貞2 戊子	寛喜 己丑 (3.5)
天皇	後堀河		
武家	北条泰時		
聖寿	6	7	8
日蓮大聖人（門下）事跡			
関連事項	7・6 法然弟子隆寛・幸西・空阿等を遠流し専修念仏を停止す（百錬・御書一六六） 8・8 興福寺衆徒等 蜂起し多武峯の数百戸を焼く（春文） 10・11 延暦寺僧徒 選択集の印板を焼く（綱義・御書四五・一六五・二四三） 冬 道元帰朝（道元録）	4・23 興福寺衆徒等 再度多武峯堂舎僧房等を焼く（百錬） 5・7 延暦寺僧徒 蜂起し近江国興福寺領を没収す（百錬） 7月 洛中洪水・鴨川氾濫 11・28 六波羅 高野山僧徒の帯仗を禁ず（高書）	9月 奈良僧徒の帯仗を禁ず（明月）

1233	1232	1231	1230
天福 癸巳 (4.15)	貞永 壬辰 (4.2)	寛喜3 辛卯	寛喜2 庚寅
四条		後堀河	
北条泰時			
12	11	10	9
春 安房清澄寺に登る(聖五八七)			○ 四条金吾生まる(墓銘)
春 道元 山城宇治に興聖寺を創す(道元録)	1・19 栂尾高弁〔明恵〕寂(60)(釈書) 8・10 北条泰時 御成敗式目51箇条を定む(吾妻) ○ 親鸞 関東を発し京に向かう(高統) ⑨・4 彗星出現(吾妻)	春 大飢饉・餓死者続出(吾妻) ○ 蒙古 高麗へ侵入 10・11 土御門上皇 阿波に崩ず(37)(一大) 11・3 朝廷 新制42条を下す(近文)	4月 六波羅 兵仗をもつ僧徒を捕らえ鎌倉へ送る 6・18 北条時氏卒(28)(吾妻) 7・16 諸国に霜降る(吾妻) 8・12 園城寺南院 同寺の中院・北院と争い房舎を焼く

西暦	1234	1235	1236	1237
年号	文暦 甲午 (11.5)	嘉禎 乙未 (9.19)	嘉禎 2 丙申	嘉禎 3 丁酉
天皇	四条			
武家	北条泰時			
聖寿	13	14	15	16
日蓮大聖人(門下)事跡				○道善房について出家得度し是聖房蓮長と名乗る（御書一二五八・一七〇八）
関連事項	6・30 藤原教雅等 専修念仏により遠流・洛外追放に処せらる（御書一七〇） 8・3 京都大火 8・6 後堀河上皇崩ず(23)（明月）	7・24 幕府 念仏を禁ずる更なる宣旨を請う（吾妻） 10月 京都に疱瘡流行す（明月） 12・25 興福寺衆徒 蜂起し宇治に到る（百錬）	1・1 興福寺衆徒 神木を宇治に棄て退散す（百錬） 2・14 幕府 使いを宇治に遣わし興福寺衆徒を諭す（吾妻） 4・8 京都大風雷雨あり大雹降る（百錬）	3・9 鎌倉大雨・洪水（吾妻） 6・25 幕府 諸社寺及び国司・領家の訴訟は式目に不拠とす（吾妻）

1237	1238	1239	1240
嘉禎3 丁酉	暦仁 戊戌 (11.23)	延応 己亥 (2.7)	仁治 庚子 (7.16)
四条			
北条泰時			
16	17	18	19
	11・14 安房清澄寺において授決円多羅義集唐決上を写す (奥)	春 鎌倉遊学	
6・30 幕府及び諸国司に勅して延暦寺の凶徒を逮捕せしむ (百錬) 8・5 四天王寺乱闘 (吾妻・百錬)	3・23 僧浄光 鎌倉に大仏造営を始む (吾妻) 7・11 北条泰時 大蔵経を園城寺へ奉納 (吾妻)	2・22 後鳥羽法皇 隠岐に崩ず(60) (吾妻・百錬) 5・1 幕府 人身売買を禁ず (吾妻)	1・24 北条時房卒(66) (吾妻) 2・6 幕府政所焼ける (吾妻) 2・22 鎌倉地震 (吾妻) 5・1 幕府 再び人身売買を禁ず (吾妻) 5・14 祇園犬神人 延暦寺僧徒の命により念仏を停止す (御書一七〇)

西暦	1241	1242	1243
年号	仁治2 辛丑	仁治3 壬寅	寛元 癸卯 (2.26)
天皇	四条	後嵯峨	
武家	北条泰時	北条経時	
聖寿	20	21	22
日蓮大聖人(門下)事跡	○鶴岡八幡において大蔵経を閲覧す(別統)	○戒体即身成仏義を著す ○叡山遊学の途につく(別統)	○戒法門を著す
関連事項	2・7 鎌倉大地震(吾妻) 4・3 再び鎌倉大地震(吾妻) 10・22 幕府 武蔵野の開墾を議す(吾妻)	3・3 幕府 鎌倉僧徒の帯剣を禁ず 5・2 京都大風雨(百錬) 6・3 京都洪水 6・15 北条泰時卒(60)(関代) 7・13 高野山僧徒等 根来伝法院の僧徒と闘争し伝法院に放火す(百錬) 9・12 順徳上皇 佐渡に崩ず(46)(増)	5月 京都に疱瘡流行す(百錬) 6・16 鎌倉大仏供養 9月 高野山の僧26人配流

1244	1245	1246
寛元2 甲辰	寛元3 乙巳	寛元4 丙午
後嵯峨		後深草
北条経時		北条時頼
23	24	25
9・17 色心二法抄を著す	4・8 日朗 下総平賀に生まる（別統） ○叡山横川定光院に住す（別統）	3・8 日興 甲斐大井庄鰍沢に生まる（聖五九五・六〇五） ○三井園城寺・京都泉涌寺及び南都に遊学（別統）
3・18 御書所を置く（百錬） 6・4 幕府 後鳥羽院追福のため法華経百部摺写（吾妻） 7・18 波多野義重 越前国大仏寺〔永平寺〕を建立し道元入院開堂す	3・2 幕府 殺生を禁ず（帝編） 7・27 京都大地震（百錬） 12・17 幕府 諸国の悪党を隠匿する者の所領を没収す（吾妻）	5・24 北条光時 将軍頼経と謀り執権時頼を除かんとす（吾妻） 6・6 京都六角堂・因幡堂など延焼（百錬） 6・7 建仁寺焼失（百錬） 6・13 北条光時 伊豆に配流（吾妻） 6・15 越前国大仏寺 永平寺と改称す 12・5 京都大地震（百錬） ○宋僧道隆来朝（釈書）

西暦	1247	1248	1249
年号	宝治 丁未（2.28）	宝治2 戊申	建長 己酉（3.18）
天皇	後深草	後深草	後深草
武家	北条時頼	北条時頼	北条時頼
聖寿	26	27	28
日蓮大聖人（門下）事跡	○南都薬師寺に大蔵経を閲覧す（別統）	○藤原為家に儒学・国学・和歌・書道を学ぶ（別統） ○高野・三井等に遊学、また法印真広を介して東寺・仁和寺に遊学（別統）	○叡山に帰り定光院に住す（別統）
関連事項	6・5 北条時頼 三浦泰村を討つ（関評） 8・3 僧道元 鎌倉に赴く 10月 法隆寺で聖徳太子の法華義疏を開版す ○蒙古軍 高麗を討つ	6・18 鎌倉に微雪あり（吾妻） 9・8 畿内大風雨・洪水 ⑫・23 幕府 百姓と地頭との訴訟の法を定む（吾妻） ○幕府 配下の寺社の兼務を禁じ、また地頭の社寺領の変更を禁ず（吾妻） 12月 高野と伝法院と合戦す	2・1 京都大火、閑院内裏焼失（百錬） 3・23 京都大火、六角堂・蓮華王院・双林寺等類焼 12・9 幕府 引付衆を設置し評議に参決せしむ

1250	1251	1252
建長2 庚戌	建長3 辛亥	建長4 壬子
後深草		
北条時頼		
29	30	31
○摂津四天王寺に入り仏典を閲覧す（別統） ○日持 駿河松野に生まる（別統）	11・24 京都五条坊門富小路に五輪九字明秘密釈を写す（奥）	8月 叡山を下り三井に遊学 11・15 寂日坊日華 甲斐二十日村に生まる〔秋山氏〕（蓮誌） ○日頂 駿河重須に生まる（別統）
4月 幕府 庶人の帯刀と政所への直訴を禁ず（吾妻） 8・26 幕府 庶人の控訴を禁ず（吾妻） 11・28 幕府 陸奥・常陸・下総に賭博禁止を命ず（吾妻）	2・10 鎌倉大火（吾妻） 4・23 鎌倉大雨・洪水（吾妻） 8・13 京都大雷雨 12・3 幕府 鎌倉市街商売の区域を定む（吾妻） 12・26 僧了行等 謀叛を企て捕らわる（吾妻） ○北条長時 鎌倉に浄光明寺を創す（鎌志）	2・8 鎌倉大火（吾妻） 8・17 宗尊親王の病気平癒を祈念し大仏を深沢に造る（吾妻） 9・30 幕府 諸国に沽酒の禁制を下す（吾妻）

西暦	1253	1254
年号	建長5 癸丑	建長6 甲寅
天皇	後深草	
武家	北条時頼	
聖寿	32	33
日蓮大聖人（門下）事跡	2・16 日向 上総に生まる（別統） 3・28 安房清澄寺に宗旨建立の内証を宣示（御書九四六・聖五八七） 4・28 **安房清澄寺に立教開宗**（御書一三九六・一五三九） ▽ 日蓮と更名し父母を授戒す ◎ 清澄山を追われ西条花房蓮華寺に着く ◎ 草庵を鎌倉松葉ヶ谷に構う（画讃） 11月 日昭入門（別統） ◎ 富木常忍入信（御書二一五） 12・9 富木殿御返事を著す ○ 六因四縁事を著す	6・25 不動愛染感見記を著す ○ 戒之事を著す ○ 日朗得度（別統）
関連事項	2・3 鎌倉大風雨（吾妻） 6・10 鎌倉大地震（吾妻） 8・28 道元寂(54)（道元録） 11・25 北条時頼 鎌倉に建長寺を創し道隆を請ず（吾妻） 12・8 鎌倉大火（吾妻）	1・10 鎌倉大火（吾妻） 5・9 鎌倉に大風起こり政所文書類散失す 5・11 京都大地震 6・15 鎌倉土民騒擾し諸士幕府を警衛す 7・1 鎌倉大風雨（吾妻） 11・21 足利義氏卒(66)（吾妻）

1255	1256	1257
建長7 乙卯	康元 丙辰 (10.5)	正嘉 丁巳 (3.14)
後深草		
北条時頼	北条長時	
34	35	36
○蓮盛抄・諸宗問答抄・念仏無間地獄抄・一生成仏抄・主師親御書を著す	○十二因縁御書を著す ○四条頼基・進士善春・工藤吉隆・池上宗仲・荏原義宗等入信（別統）	○三種教相事・衣座室御書・六凡四聖御書・四教略明目を著す
2・12 興福寺僧徒等 東大寺の坊舎を焼く 6月 弁円 東福寺を創す	7・17 北条時頼 鎌倉に最明寺を建立（吾妻） 8・6 鎌倉大風・洪水・疫病流行（関評） 11・23 北条時頼 最明寺に出家（吾妻）	2・10 太政官庁焼失（帝編・百錬） 2・28 五条大宮殿炎上（百錬） 3・27 園城寺衆徒等 戒壇建設の勅許なきことを怒り強訴す ③・7 延暦寺衆徒等 蜂起す 5・6 京都大雨・洪水 5・18 鎌倉大地震（吾妻） 7・1 加賀法印祈雨（吾妻） 8・1 鎌倉大地震（吾妻） 8・23 鎌倉社寺 大地震により一字も残さず倒壊（御書三六七・吾妻） 11・8 鎌倉大地震（吾妻）

西暦	1258	1259	1260
年号	正嘉2 戊午	正元 己未 (3.26)	文応 庚申 (4.13)
天皇	後深草	亀山	
武家	北条長時		
聖寿	37	38	39
日蓮大聖人（門下）事跡	◎駿河岩本実相寺に大蔵経を閲覧す（聖六〇六） ◎駿河岩本実相寺学徒甲斐公〔日興〕入室し名を伯耆房と賜る（聖六〇六） 2・14 大聖人父妙日卒（大過去帳） 2・14 一代聖教大意を著す ○一念三千理事・十如是事・一念三千法門・総在一念抄を著す ○和泉公日法 下野小山に生まる（聖七三〇）	○守護国家論・念仏者追放宣旨御教書事・十法界事・爾前二乗菩薩不作仏事・爾前得道有無御書を著す ○南条時光生まる（妙蓮寺過）	2月 災難興起由来・災難対治抄を著す ◎二乗作仏事を著す 4・21 十法界明因果抄を著す 5・28 唱法華題目抄を著す 7・16 **立正安国論を幕府に献ず〔第一国諫〕**（御書三七〇）
関連事項	1・17 鎌倉寿福寺及び若宮宝蔵・同別当坊焼失（吾妻） 4・17 延暦寺僧徒 園城寺戒壇勅許につき反対強訴（吾妻） 8・1 大風雨により諸国の田園損亡（御書三六七・吾妻） 10・16 鎌倉大雨・洪水（吾妻） ○蒙古 高麗征服	○北条重時 極楽寺を創す 春 大飢饉・大疫病（御書三六七・皇記） 4月 日吉神社・清水の塔焼ける 5・22 閑院内裏焼ける（百錬） ○蒙古 宋に侵入	1・4 園城寺 三摩耶戒をもって法臈を定めることを認可さる（歴辞） 1・6 延暦寺僧徒 園城寺勅許の事を怒って蜂起し入京す 1・19 園城寺に三摩耶戒の官符の返上を命ず

1260	1261
文応 庚申（4.13）	弘長 辛酉（2.20）
亀山	
北条長時	
39	40
8・27 松葉ヶ谷法難（御書一一五〇） ○下総富木邸に百座説法（霊場記） ○比企大学三郎・太田乗明・曾谷教信・秋元太郎等入信（別統） ○今此三界合文・後五百歳合文・日本真言宗事を著す ○日目 伊豆仁田郡畠郷に生まる（聖六〇三）	5・12 **伊豆配流**、日興供奉（御書一三九六・聖六〇六）・船守弥三郎夫妻外護す ◎日興 伊豆宇佐美・吉田の地に弘教（聖六〇六） ◎伊豆の地頭八郎左衛門より海中出現の仏像を受く（御書二六一） 6・27 船守弥三郎殿許御書を著す ○同一鹹味御書を著す
1・23 幕府 六斎日・二季彼岸の殺生禁止を命ず（吾妻） 4・29 鎌倉大火（吾妻） 6・1 鎌倉大風・洪水 6・12 幕府 諸国寺社に疾疫退治の祈禱を命ず（吾妻） 8・5 諸国大風（吾妻） 11・6 醍醐寺諸堂焼失（続史） ○諸国飢疫止まず（御書三六七） ○フビライ 即位し世祖となる	2・29 幕府 関東諸国の僧徒を戒む（吾妻） 3・13 幕府 政所・公文所・問注所焼失（吾妻） **6月** 大夫律師良賢 乱を謀り幕府に捕らわる（吾妻） ○北条時頼 良観を請じて光泉寺を建立 10・19 園城寺僧綱等 鎌倉に戒壇の事を訴う 11・3 北条重時卒(64)（吾妻）

西暦	1262	1263	1264
年号	弘長2 壬戌	弘長3 癸亥	文永 甲子（2.28）
天皇	亀山		
武家	北条長時	北条長時	北条政村
聖寿	41	42	43
日蓮大聖人（門下）事跡	1・16 四恩抄を著す 2・10 教機時国抄を著す ○ 寂仙房日澄生まる（聖六八七） ○ 顕謗法抄を著す ▽ 熱海真言僧金剛院行満　日興により改衣して日行と名乗り自坊を大乗寺と号す（日興詳伝）	2・22 流罪赦免、鎌倉に帰る（御書一〇二九） 6・8 新田妙法尼　日目父五郎重綱に譲状を与う（富要八―一九） 7・13 熱海小沢大乗寺二代金剛阿行満日行寂（墓銘） ○ 持妙法華問答抄を著す	4・17 月水御書を著す 7・29 法華真言勝劣事を著す 7月 日目父新田五郎重綱卒（富要五―三〇三） 9・4 沙弥道意　新田五郎頼綱に配分状を与う（富要八―二〇） 9・22 当世念仏者無間地獄事を著す
関連事項	2・27 西大寺叡尊　北条実時の請により鎌倉に下向す 春 北条業時　多宝寺を創し良観を請ず 11・25 伊勢神宮寺焼失 11・28 親鸞寂(90)（鸞伝）	8・14 諸国大風（吾妻） 9・26 北条実泰卒(56) 11・22 北条時頼卒(37) 11・24 熊野本宮焼ける 12・10 幕府　北条時頼逝去による御家人の出家を禁ず（吾妻） 12・10 若宮大路焼ける（吾妻）	1・2 四天王寺僧徒等　別当職が園城寺に属した事を訴う 1・15 延暦寺僧徒等　蜂起す 3・23 延暦寺僧徒等　蜂起して自ら同寺講堂・戒壇院などを焼く

１２６４	１２６５	１２６６
文永 甲子（2.28）	文永２乙丑	文永３丙寅
亀山		
北条政村		
43	44	45
秋 安房に帰り母の病気平癒を祈る（御書七六〇） 11・11 **安房東条小松原にて地頭景信に要撃さる（小松原法難）**、鏡忍房・工藤吉隆 殉難（御書三二六） 11・14 安房花房蓮華寺にて師道善房と会う（御書四四四） ○題目弥陀名号勝劣事を著す ○日向得度（別統）	3・8 南条兵衛七郎法号行増〔時光父〕卒（大過去帳） ○南条兵衛七郎の墓参のため駿河上野に下向（御書七四一） ○上総興津佐久間重貞長男長寿麻呂〔日保〕得度（別統） ○女人往生抄・女人成仏抄・薬王品得意抄を著す ○大夫阿日尊 陸前玉野に生まる（聖七〇七）	1・6 法華題目抄を著す 2月 伊東八郎左衛門尉祐光卒（年） 8・11 千日尼父卒（御書一二五三） ○念仏者臨終現悪相御書を著す
5・2 延暦寺僧徒等 園城寺を焼き梵鐘を奪う（吾妻） 7・5 大彗星（御書三六九） 8月 北条時宗 連署となる 8・21 北条長時卒(35)（関評）	1・6 幕府 六波羅に延暦・園城両寺の事を議定せしむ（吾妻） 2・11 筑前国筥崎八幡宮炎上 4・7 朝廷 延暦寺僧徒の帯仗・博奕及び俗体の従僕を禁ず 6月 鎌倉大雨	3・6 幕府 引付衆を廃止す（関評） 7・4 北条時宗 将軍宗尊親王を廃す（吾妻） 8・18 京都及び西国大風雨により延暦寺文殊楼・戒壇院等倒壊

西暦	1267	1268
年号	文永4 丁卯	文永5 戊辰
天皇	亀山	亀山
武家	北条政村	北条時宗
聖寿	46	47
日蓮大聖人(門下)事跡	8・15 大聖人母妙蓮尼卒（大過去帳） ○ 安房より上総藻原を経て下総富木邸に越年（別統） ○ 日頂得度（別統）	4・5 安国論御勘由来を法鑑房に与う 8・21 宿屋入道許御状を著す 8月 駿河岩本実相寺大衆　愁状を幕府に呈す（富要一〇―三〇六） 10・11 諫状を北条時宗・宿屋入道・平頼綱・北条弥源太・建長寺道隆・極楽寺良観・大仏殿別当・寿福寺・浄光明寺・多宝寺・長楽寺へ送る〔十一通御書〕、書を弟子檀那に与う〔弟子檀那中への御状〕 ○ 聖愚問答抄を著す
関連事項	5・29 京都長雨・洪水 6・25 延暦寺僧徒　蜂起し天台座主澄覚を訴う 6月 大仏宣時　武蔵守となる 8月 良観　鎌倉極楽寺に入る（性譜） 12・15 幕府　御家人所領の入質売買を禁止す（歴辞）	1・18 蒙古国の牒状が鎌倉に到着す（御書四二〇） 2・7 幕府　蒙古・高麗の国書を奏す（八愚） 2月 北条時宗　蒙古の使を退く（蒙牒奥） 3・23 北条時宗　駿河岩本実相寺山内粛正につき下文を与う（富要一〇―三〇六） 4月 幕府　諸社寺に蒙古調伏を祈らしむ（寇記） 7・17 朝廷　異国降伏を祈願す ○ 道隆　鎌倉禅興寺開山となる

1269	1270
文永6 己巳	文永7 庚午
亀山	
北条時宗	
48	49
5・9 問注得意抄を著す 11・28 金吾殿御返事を著す 11月 再び処々へ諫状を送る（御書四一八） 12・8 駿河実相寺大衆　幕府に訴状を呈す（歴全一―六九・富要三―三一七） ▽ 波木井実長　日興により入信（日興詳伝八一〇）	12月 法門申さるべき様の事を著す ○ 善無畏三蔵抄・真言天台勝劣事・真言七重勝劣を著す ○ 日持・和泉公日法・治部公日位得度（別統）
1・10 延暦寺僧徒　御輿を奉じて入京強訴し六波羅の兵に拒まれ御輿を放棄し退去す 3・7 蒙古使者黒的等　高麗使者と対馬に来て返牒を要求し島民を掠略して去る 4・26 法皇御所にて評定、蒙古の返牒を議す 9・17 高麗使者金有成・高柔等　対馬に来て島民二名を返し国書・蒙古中書省牒を送る	1・2 出雲国杵築社焼失・安芸国厳島社焼失 1・11 蒙古船対馬に至る（鎌日） 1月 朝廷　蒙古への返牒を鎌倉へ下す、幕府これを押さえて送らず 4・20 東寺塔炎上 4・30 延暦寺衆徒　蜂起す 8・22 五条皇居類焼 冬 房総諸国に疫病流行

西暦	1271
年号	文永8 辛未
天皇	亀　　　山
武家	北　条　時　宗
聖寿	50
日蓮大聖人（門下）事跡	7・13 浄土僧行敏の難状に答う〔行敏御返事〕 7月 良観等の訴状を論破す〔行敏訴状御会通〕 9・10 評定所に召出され平頼綱に対面す（御書四七六） 9・12 諫状を平頼綱に与う〔一昨日御書〕（御書四七七） 9・12 松葉ヶ谷草庵を襲われ召し捕らる、その際平頼綱を諫む **〔第二国諫〕** 9・12 深夜相州竜口刑場に連行の途中鶴岡八幡宮に向かい八幡大菩薩を諫暁す 9・12 子丑の刻竜口刑場にて光り物の奇瑞により斬首を免る **〔竜口法難〕** 9・13 相模依智本間邸に送らる ◎ 日朗等五人　投獄さる 10・5 転重軽受法門を著す 10・10 本間邸を発し佐渡に向かう（御書四八四）、日興供奉（聖五九六） 10・21 越後寺泊に着く（御書四八四） 10・28 佐渡に着く（御書一〇六二） 11・1 佐渡塚原の配所に入る（御書一〇六二）、日興配所に給仕 ▽ 三位日行　京より鎌倉へ帰る（御書一一三〇） ▽ 阿仏房・千日尼入信（別続）
関連事項	6・18〜7・4 良観　雨乞に失敗す（御書一〇五八） 7・8 浄土僧行敏　大聖人を問難す（御書四七一） 9・2 幕府　高麗の牒状を奏す（吉続） 9・13 幕府　蒙古の襲来に備え海防を強化せしむ 9・19 蒙古　三度来牒 10・23 後嵯峨法皇　公卿に蒙古の牒状を評議せしむ（吉続） 11・13 両日並び出ず 12・16 朝廷　勅使を伊勢に遣わして異国降伏を祈らしむ（吉続） ○ 蒙古　首都を大都〔北京〕におき国号を元と改む

1272
文永9 壬申
亀　　　　山
北　条　時　宗
51

1・16～17　塚原問答（御書五八一・一〇六四）
1・16　本間重連に自界叛逆を予言（御書一〇六五）
1・17　法華浄土問答抄を著す
2月初旬　最蓮房入信（御書五八五）
2・11　生死一大事血脈抄を著す
2・18　本間重連入信（御書一〇六五）
2月　幕府　日朗らを宥免す
2月　開目抄を著す
夏　一谷へ移居（御書八二九）
◎　中興入道入信
◎　乙御前母〔日妙〕　鎌倉より佐渡へ詣る（御書六〇七）
5・26　立正安国論の書写送付を富木常忍に依頼す〔安国論送状〕
7月　真言見聞を著す
9月　日目　走湯山円蔵坊に入る13歳（聖六〇三）
10・24　蒙古来襲の夢想を記す〔夢想御書〕
○　祈禱抄を著す
○　木絵二像開眼の事を著す
○　下方他方旧住菩薩事を著す
▽　本尊を顕す（富要八―二〇四・本集四・小泉久遠寺蔵）
▽　本尊を顕す（富要八―二二二）

2・11　北条時宗　評定衆名越時章・同教時伏誅（御書九六〇・関評）
2・15　北条時宗　南方六波羅探題北条時輔伏誅〔二月騒動〕（御書九六〇・関評）
5月　高麗の使　元の牒状を携えて来る
12月　覚信尼　親鸞の墓を京大谷より吉水に移し庵室を建つ（鸞伝）

西暦	1273	1274
年号	文永10 癸酉	文永11年 甲戌
天皇	亀山	後宇多
武家	北条時宗	北条時宗
聖寿	52	53
日蓮大聖人(門下)事跡	3・13 佐渡妙円尼〔世尊寺二代下江房日増室〕卒（世過） 4・25 観心本尊抄を著す 4・26 観心本尊抄を富木入道に送る（御書六六二） 5・17 諸法実相抄を著す 5・28 義浄房御書を著す 5月 如説修行抄を著す 5月 四条金吾 鎌倉より佐渡に詣る ⑤・11 顕仏未来記を著す ○ 妙法曼陀羅供養事を著す ○ 当体義抄を著す ○ 呵責謗法滅罪抄を著す ○ 曾谷教信 本尊抄を拝し迹門不読の義を唱う（御書九一四・別統） ○ 遠藤四郎盛国 改宗して下江房日増と称す（世縁）	1・14 法華行者値難事を著す 2・14 幕府 赦免状を発す（御書一〇三〇・聖二六四） 3・8 赦免状佐渡に着く（御書一〇六七） 3・13 一谷を発つ、日興供奉（御書九六〇・聖五九六） 3・14 真浦滞留（御書九六〇） 3・16 越後柏崎へ着く（御書九六〇）
関連事項	3・9 会津大地震 3月 元使趙良弼 太宰府に来たり京に入るを得ずして去る（東通） 5・27 北条政村卒(69)（関評） 7月 佐渡に石灰虫降り稲害（御書六八七・六八八） 12・7 佐渡領主武蔵前司北条宣時 良観弟子道観等の訴えにより虚御教書をもって大聖人の外護を禁ず（御書七二〇・一〇六六・一四六六） ○ 一遍 時宗を開く（聖戒六）	1・23 佐渡西方に二の日出現（御書七三七） 2・5 佐渡東方に二の明星出現（御書七三七）

1274	1275
文永11年 甲戌	建治 乙亥（4.25）
後宇多	
北条時宗	
53	54
3・26 鎌倉へ着く（御書一〇三〇） 4・8 **平頼綱に見参（第三国諫）**（御書一〇三〇） 5・12 鎌倉を発ち酒匂に着く（御書一〇三〇） 5・15 駿河大宮に宿す（御書七三〇） 5・17 波木井郷に着く（御書七三〇） 5・24 法華取要抄を著す 6・17 身延沢に庵室成る（御書一一八九） 6月 佐渡国府入道　身延参詣（御書七四〇） ▽ 日興　駿河岩本実相寺方面に往復して弘教す（熱原譜） 9・26 主君耳入此法門免与同罪事を著す 12・15 顕立正意抄を著す 12月 本尊を顕す〔万年救護本尊〕（聖六〇七・保田妙本寺蔵） ○ 日目　初めて日興に謁す15歳（聖六〇三）	**1月下旬** 日興　南条家に到り故兵衛七郎行増の墓に代参し富士下方に弘教す（御書七五八） 2・16 新尼御前御返事を著す 2月 立正観抄を著す 2・28 立正観抄を最蓮房に送る（御書七七三） 6・10 撰時抄を著す 6・22 佐渡世尊寺二代下江房日増寂(84)（過）
4・10 加賀法印祈雨（御書一〇六八） 4・12 鎌倉大風（御書一〇二四） 8・1 宗尊親王卒(33)（一代） 10・5 蒙古来襲〔文永の役〕	4・15 蒙古の使者杜世忠等　長門室津に至る、ついで幕府これを鎌倉に召す 4・27 延暦寺衆徒　竜象の坊を焼く（座記）

西暦	1275
年号	建治 乙亥（4.25）
天皇	後宇多
武家	北条時宗
聖寿	54
日蓮大聖人（門下）事跡	▽日興の教化により駿河熱原滝泉寺寺家下野房日秀・越後房日弁・少輔房日禅・三河房頼円及び在家若干帰伏して弟子となる（熱原譜） 6月 滝泉寺大衆の改宗により院主等謗徒の迫害起こる（熱原譜） ◎日興及び覚乗房 富士賀島高橋家に滞在して弘教す（御書八九一） 10月 本尊を南条時光に授与（富要八—二二一） 11・3 太田入道殿御返事を著す 11・23 観心本尊得意抄を著す 11月 本尊を顕す（富要八—一七七・大石寺蔵） 12・26 真言僧強仁の勘状に答え公場対決を促す（御書九一六） ○阿仏房 身延参詣（御書一二五四・学報一—一三五） ○減劫御書を著し大進阿を故高橋入道の墓に代参せしむ ○一代五時鶏図を著す ○上行菩薩結要付嘱口伝を著す ○日法〔日弁弟子〕 日興を介し大聖人の室に入る（聖七三〇） ○最蓮房 流罪赦免（別統）
関連事項	9・7 幕府 蒙古使者杜世忠等を竜口に斬る 朝廷 幕府の公事を減じ民力を休養して兵備を厳にす（関評） 11月 幕府 元寇によりて北条実政を鎮西に遣わす（帝編） 12・26 真言僧強仁 勘状を大聖人に呈す（御書九一六）

1276
建治2 丙子
後宇多
北条時宗
55

1・11 清澄寺大衆中を著す

2・5 本尊を顕す（富要八―二二〇・西山本門寺蔵）

2・15 船守弥三郎卒（蓮慶寺過）

2月 本尊を釈日与に授与（富要八―二二一・本集三一・尼崎本興寺蔵）

2月 本尊を顕す〔鉄砲漫荼羅〕（富要八―二二五・本集三三・北山本門寺蔵）

2月下旬 富木常忍母卒（御書九五七）

3・16 清澄の道善房寂（大過去帳）

3月 三位房・日向等 安房に滞在（御書九六四）

▽因幡房日永改衣（御書一一三七）

4・8 日目 伊豆走湯山円蔵坊において日興により得度（聖六五三）

4・8 寂日房日華〔二十家阿闍梨〕 身延に入室（蓮誌）

4月 兄弟抄を著す

4月 本尊を顕す（富要八―二二五・北山本門寺蔵）

7・11 報恩抄を著す

7・26 日向等を遣わし報恩抄を道善房の墓前で読ましむ（御書一〇三八）

7月 宗論準備のため日向等を遣わし経論を諸寺に探訪せしむ（御書一〇三八）

8・13 本尊を顕す（富要八―二〇四・日向定善寺蔵）

8・13 本尊を顕す〔病即消滅不老不死本尊〕（富要八―一七七・大石寺蔵）

1・9 延暦寺衆徒 蜂起す（座記）

西暦	1276	1277
年号	建治2 丙子	建治3 丁丑
天皇	後宇多	
武家	北条時宗	
聖寿	55	56
日蓮大聖人(門下)事跡	8・13 本尊を顕す（富要八―二一五） 11・24 日目　身延山に詣で大聖人に常随給仕す（聖六〇三） ○ 滝泉寺院主代行智　下野房日秀・越後房日弁・少輔房日禅・三河房頼円に称名念仏の誓状を求む、頼円はこれに応じ三師は擯出さる、日禅は河合に日秀・日弁は寺中にありて弘教す（御書一四〇三）	3・21 教行証御書を著す 3・23 富木常忍　不審状を呈す（宗全一―一八〇） 4月初旬 四信五品抄を著す 6・9 三位房　鎌倉桑ヶ谷にて竜象と問答す（御書一一二六） 6・23 四条金吾　江馬入道より勘気を蒙る（御書一一二六） 6・25 四条金吾に代わりて陳状を書く〔頼基陳状〕 6月 因幡房日永に代わりて書を下山兵庫五郎光基へ与う〔下山御消息〕 8・23 富木殿御書を著す 9・11 崇峻天皇御書を著す 12・30 示病（御書一二四〇） ▽ 身延の庵室を修理す（御書一一八九） ○ 諸要文により法華経を注す〔注法華経〕（年譜）
関連事項	10・23 北条実時卒(53)（関評）	1・12 東寺長者道宝　大神宮に参籠して異国降伏を祈願す 2・7 幕府公文所焼ける 5・8 興福寺僧徒　春日神木を遷座（続史） 7・14 御深草上皇御所六条殿焼ける 7・26 興福寺　雷火により諸堂焼失（続史） 8月 安達泰盛　請来目録・大日経疏の印板を彫刻して高野山に寄進す 10月 十二社に敵国降伏を祈らしむ 12・19 幕府　六波羅政務の条規を議定す ○ 疫病流行（御書一二八八）

1278	
弘安 戊寅（2.29）	
後　宇　多	
北　条　時　宗	
57	

1・1　就註法華経口伝〔御義口伝〕成る

1・16　書を実相寺豊前公に報ず〔実相寺御書〕

◎四条金吾　勘気を解かる（御書一一九七）

▽熱原神四郎・弥五郎・弥六郎入信（富要九―二五八・歴全一―九四）

2・23　書を駿河三沢小次郎に報じ熱原の謗徒の迫害に抗するため駿河僧俗の結束を励ます〔三沢抄〕（御書一二〇二）

2・28　始聞仏乗義を著す

▽立正安国論を再治す〔建治の広本〕（御書一八七〇）

3・19　門弟に法華経の講を始む〔御講聞書〕

3・21　公場対決の使者並びに書状が到来す（御書一二一一）

3・21　諸人御返事を著す

3・24　石河信兵衛道念日実室妙大〔南条時光姉〕卒（家譜）

3月　日興・日持等　四十九院申状を幕府に上呈す（歴全一―七一）

6・22　尾張次郎兵衛卒（御書一二五六）

6・25　日女御前御返事〔品々供養抄〕を著す

6・26　治病大小権実違目を著す

▽駿河岩本実相寺衆・四十九院衆　謗言怨嫉をなす（御書一一九五）

5・15　延暦寺衆徒　園城寺長吏隆弁の鹿谷坊を焼く（続史）

5・18　興福寺　観音像を造り疫病の祈願を修す

5・26　二十二社司を召して疫病の祈願を修す

7・24　建長寺蘭渓道隆寂(66)（釈書）

西暦	1278	1279
年号	弘安 戊寅（2.29）	弘安2 己卯
天皇	後宇多	
武家	北条時宗	
聖寿	57	58
日蓮大聖人(門下)事跡	7・27 佐渡阿仏房日得 身延に三度参詣（御書一二五三） 8月 本尊を日頂に授与（富要八―二二二） 9月 本尊問答抄を著す ⑩・1 常忍抄〔稟権出界抄〕を著す 10・22 四条金吾殿御返事〔所領書〕を著す ○ 法華初心成仏抄を著す ○ 秀句十勝抄を著す	1月 興津時業 日興書写の法華経一部を請く（富要旧版九―巻首） 2月 本尊を日目に授与（富要八―二二二） 3・21 阿仏房日得 佐渡に卒(91)（御書一四七六） 4・8 法華行人四郎男 駿河三日市場浅間神社に法敵のために傷害さる（御書一四〇四） ◎ 三位房日行寂（御書一三七〇） 5・17 四菩薩造立抄を著す 5月 出家功徳御書を著す ◎ 武蔵金竜山浅草寺座主寂海 改宗し日寂と賜る（長昌寺寺誌） 6・2 日寂 武蔵橋場〔鐘ヶ渕〕に長昌寺を創す（寺誌） 7・2 遠藤守綱 父阿仏房日得の遺骨を身延に葬る（御書一四七八）
関連事項	⑩・13 二条内裏焼失 12・23 北条時宗 宋に書を送り碩徳の僧を招聘す ○ 京都建仁寺焼失	2・6 延暦寺衆徒 織田荘の事を訴え神輿を奉じて入京せんとす 5・4 石清水八幡神人 神輿を奉じて入京す

1279
弘安2 己卯
後　宇　多
北　条　時　宗
58

8月　弥四郎男　法敵に首を斬らる（御書一四〇四）

8月　異体同心事を著す

8・23　日女御前御返事〔多宝塔中本門本尊事〕を著す

9・21　駿河熱原の信士神四郎等二十人　院主代行智等に讒訴され鎌倉に送らる**〔熱原法難〕**（御書一四〇〇・一四〇五）

9・21　大進房等　落馬悶死（御書一三九七・日興詳伝八四）

9・26　伯耆殿並諸人御中を著す

10・1　聖人御難事を著す

10・12　本門戒壇の大御本尊を建立

10・12　和泉公日法　一体三寸の造り初めの御影を造立す、大聖人印可（聖七三一）

10・12　日興・日秀・日弁等に滝泉寺申状草案を与う（御書一三九九・一四〇〇）

10・15　熱原神四郎・弥五郎・弥六郎　鎌倉に刑死す、他十七人放免（御書一四〇五・歴全一―九四）

10・15　日興等　鎌倉より大聖人に法難の状を急報（御書一四〇五）

10・17　聖人等御返事を著し日興等に問注を遂げるよう指示す（御書一四〇五）

◎　日興　滝泉寺申状を幕府に提出す（御書一四〇〇・一四〇五）

10月　三世諸仏総勘文教相廃立を著す

7・29　幕府　元使を博多に斬る（師守）

西暦	1279	1280
年号	弘安2 己卯	弘安3 庚辰
天皇	後宇多	
武家	北条時宗	
聖寿	58	59
日蓮大聖人(門下)事跡	11・6 書を南条時光に報じ熱原信徒の法難を賞す〔竜門御書〕（御書一四二七） 11・25 伊予房日頂に付けて下野房日秀・越後房日弁を富木入道の許へ赴かしむ（御書一四二九） ○ 日興に上行所伝三大秘法口決を相伝す（御書一七〇三・聖六一三） ○ 日興に文永十一年十二月の本尊〔万年救護本尊〕を授与（聖六一三・保田妙本寺蔵） ○ 本門戒体抄を著す ▽ 本尊を顕す（富要八―二二二）	1・11 日興に具騰本種正法実義本迹勝劣正伝〔百六箇抄・血脈抄〕を相伝す（御書一六八五・聖六一三） 2月 本尊を優婆塞日安に授与（富要八―二二三） 2月 本尊を顕す（富要八―一七八・大石寺蔵） 3月 本尊〔師資伝授本尊〕を顕す（富要八―一七八・大石寺蔵） 3月 本尊を顕す（富要八―二二五） 4月 本尊を顕す（富要八―一七八・下総富久成寺蔵） 5・8 本尊を寂日房日華に授与（富要八―二二三） 5・9 本尊を少輔公日禅に授与（富要八―一七八・大石寺蔵）
関連事項		2・21 諸寺に勅し異国降伏を祈願せしむ 3・14 大和国長谷寺焼ける 3月 叡尊 一切経を大神宮に納む

1280
弘安3 庚辰
後宇多
北条時宗
59

5・26 本尊を民部日向に授与（富要八―一七八・大石寺蔵）
5・26 諸経と法華経と難易の事を著す
5・28 門弟への法華経の講を終える〔御講聞書〕（御書一八一八）
6・15 南条七郎次郎・七郎五郎兄弟 身延に参詣（御書一四七九・一四九六）
6月 本尊を顕す（富要八―二〇八・仙台仏眼寺蔵）
7・1 佐渡阿仏房の子遠藤守綱 再度身延に参詣（御書一四七八）
7・2 大田殿女房御返事を著す
7・2 書を南条時光に報じ神主等の身辺を案ず（御書一四七九）
7・14 妙法尼御前御返事を著す
7・14 妙一女御返事〔真言法華即身成仏抄〕を著す
9・3 本尊を俗日目に授与（富要八―二一三）
10・5 妙一女御返事〔法華即身成仏抄〕を著す
11・3 十八円満抄を著す
11・15 上野尼御前御返事を著す
11月 本尊を日崇に授与（富要八―二一五）
11月 本尊を和泉公日法に授与（富要八―二一六・本集一〇〇・佐渡世尊寺蔵）
12月 諫暁八幡抄を著す
12月 日興 遠江の新池家に滞在（御書一四六一）

6・5 幕府 北条兼時を長門国守護に任命す
6・24 延暦寺僧徒 園城寺北院を焼く（一代・続史）
11・14 鎌倉鶴岡八幡宮炎上
12・8 幕府 鎮西守護・御家人らを戒め同心協力して外寇に備わしむ

西暦	1281
年号	弘安４ 辛巳
天皇	後　宇　多
武家	北　条　時　宗
聖寿	60

日蓮大聖人（門下）事跡

1・5	十字御書を著す
3・18	上野殿御返事を著す
3月	本尊を俗日大に授与（富要八—二一三・讃岐本門寺蔵）
4・25	本尊を僧日仙に授与（富要八—一七八・東京常泉寺蔵）
4・25	本尊を比丘尼持円に授与（富要八—二一三）
5・26	八幡宮造営事を著す
6・16	蒙古来襲につき門下一同の言動を誡む〔小蒙古御書〕（御書一五五九）
6・25	本尊を日教に授与（富要八—一七八・金沢妙喜寺蔵）
⑦・1	曾谷二郎入道殿御報を著す
8・8	光日上人御返事を著す
10月	本尊を平太郎に授与（富要八—二一六）
11・24	身延に十間四面の大坊成る（御書一五七七）
11・25	地引御書を著す
12月	本尊を優婆夷一妙に授与（大石寺蔵）
○	園城寺申状を日興に付し、日目代奏す〔初度天奏〕（聖六一三・六五三）

関連事項

2月	東寺真広　身延登詣聞法（年譜）
4・28	鎌倉大風（御書一五五八）
5・21	蒙古来襲〔弘安の役〕（御書一五六五）
6・6	元・高麗の軍船　志賀島等を襲う（八愚）
6・20	宸筆宣命を山陵八所に献じ異国降伏を祈らしむ（八愚）
7・2	竜造寺季時等　敵軍と壱岐に戦う（竜文）
⑦・1	蒙古船　大風に遭い難破大敗す（関評・御書一五七一）
10・4	春日神木入洛す
10・18	興福寺僧徒　入洛嗷訴す（続史・一代）

1282
弘安5 壬午
後宇多
北条時宗
61（聖滅1）

◎日興　本尊問答抄を写す（下総富久成寺蔵）

2・25 南条時光の病につき書を日興に与う〔伯耆公御房消息・日朗代筆〕（御書一五八九）

2・28 南条時光の病につき法華証明抄を著し日興に与う〔死活抄〕（御書一五九〇）

2・29 園城寺御下文を賜る（大石寺蔵写）

4・8 三大秘法稟承事を著す

夏 首題について奥義口伝等日興に相伝す（聖六一四）

9月 日興を唯授一人本門弘通の大導師と定め日蓮一期弘法付嘱書を与う（御書一六七五）

9・8 身延出山（聖六一四）

9・18 池上着（御書一五九六・聖五八一）

9・19 波木井殿御報を著す

◎日目　大聖人の命により池上にて伊勢法印を論破す（聖六〇三）

9・25 池上にて立正安国論を講義す（聖六一四）

10・8 日興に産湯相承を相伝す（御書一七〇八）

10・8 六老僧を定む（御書一八六三）

10・10 日興に御本尊七箇相承・教化弘経七箇口決大事を相伝す（御書一七〇六・聖三七七・六一四）

10・11 日興に法華本門宗血脈相承事〔本因妙抄・血脈抄〕を与う（御書一六七六・聖六一四）

10・13 **日興を身延山久遠寺の別当と定め身延山付嘱書を与う**（御書一六七五）

3・28 石清水神人　蜂起す

8・8 石清水神人等　関白鷹司兼平の門前に群集し強訴す

西暦	1282	1283
年号	弘安5 壬午	弘安6 癸未
天皇	後宇多	
武家	北条時宗	
聖寿	**61（聖滅1）**	**聖滅2**
日蓮大聖人（門下）事跡	10・13 **辰の刻池上宗仲の館にて御入滅**（御書一八六四） 10・14 戌の刻入棺、子の刻葬送〔御火葬〕（御書一八六四） 10・16 日興　宗祖御遷化記録を記す（御書一八六三） 10・21 日興　遺骨を捧持して池上を発ち飯田に宿す（富要五―一四五） 10・24 日興　上野南条時光の館に宿す（富要五―一四五） 10・25 日興　身延に帰山（富要五―一四五） 12・11 波木井実長　日興に書を奉る（西山文書）	**大聖人一周忌** 1月 諸直弟　身延御廟輪番の制を定め百箇日忌を修す（聖五八六） ◎日昭は相模浜土・日朗は鎌倉比企谷・日頂は下総真間へ下る（聖六一五） 4・5 富木常忍　観心本尊抄私見聞を著す（宗全一―一五一） 4・26 太田乗明卒(62)（別統） 8・13 大夫阿日尊　奥州三ノ迫六町目において日目により改衣得度（聖七〇七）
関連事項	10・26 延暦寺衆徒　神輿を担ぎ強訴す 10・29 東大寺衆徒等　伊賀国黒田・簗瀬両荘内の悪党狼藉の停止を幕府に要請す 12・8 北条時宗　円覚寺を建立	1・6 延暦寺衆徒　輿を担ぎ嗷訴す（続史） 5・3 幕府　北条兼時を播磨国に派遣し防備を固む（歴辞） 7・16 幕府　円覚寺を将軍の祈願所とし尾張国富田荘等を寄進す（歴辞）

1283	1284
弘安6 癸未	弘安7 甲申
後宇多	後宇多
北条時宗	北条貞時
聖滅2	**聖滅3**
9・13 池上宗長卒（別統） 10・13 日興　身延に大聖人一周忌を修す（聖六一五） ○ 日道　伊豆波多郷畑毛に生まる（聖六八九） ○ 日目　伊豆に遊化、また奥州に到り三ノ迫新田に上新田坊〔本源寺〕・三ノ迫柏木に法華堂〔上行寺〕を創す（聖六五四・七〇七・元記）	**大聖人第三回忌** 5・10 松野次郎左衛門息女妙法〔南条時光母〕卒（妙蓮寺過） 5・12 日目　大夫阿日尊を伴い身延に帰る（富要五—四〇） 10・12 富木常忍　日頂を勘当す（宗全一八—一二） 10・13 日興　身延に大聖人三回忌を修す（聖五五四・七〇八） 10・13 大夫阿日尊　日興の室に入る（聖七〇八） 10・13 比企大学三郎妻卒（比企文） 10・18 日興　書を美作房に報じ身延参詣等を促す〔美作房御返事〕（聖五六一） **12月** 日昭　妙法華寺を鎌倉浜土に創す（寺記）
	4・4 北条時宗卒(34)（師守） ④・17 京都洪水 7・18 一条実経卒(62)（公補） **7月** 元使　対馬に来る（寇記） **8月** 幕府　北条時光を佐渡に流す（北九） 10・2 北条忠時卒(36)（歴辞） 10・3 幕府　北条時国を常陸に誅す（北九）

西暦	1285	1286	1287
年号	弘安8 乙酉	弘安9 丙戌	弘安10 丁亥
天皇	後宇多	後宇多	伏見
武家	北条貞時	北条貞時	北条貞時
聖寿	聖滅4	聖滅5	聖滅6
日蓮大聖人（門下）事跡	1・4 波木井日円 日興に供養の状を奉る（西山文書） 2・19 波木井日円 書を日興に奉る（西山文書） 4月 日昭 天台沙門と名乗り武家に申状を奉る（宗全一—七） 10・13 奥州三ノ迫柏木法華堂〔大養坊—上行寺〕を森に移す（元記） ○ 日興 公武に申状を奉る（富要八—三三五） ○ 日朗 天台沙門と名乗り武家に申状を奉る（宗全一—二一） ○ 式部公日妙 甲斐に生まる（聖六九五） ○ 天目 武蔵に妙国寺を創す（武風） ▽ 日向 身延に登り学頭に補さる（聖五五八）	▽ 日向に不法の色現る（聖五五八） 2月 比企大学三郎能本卒(89)（比企文） 11・1 江戸橋場長昌寺日寂寂（過）	2・1 石川義忠父新兵衛法号道念日実卒（北山過） 10・13 日目 奥州一ノ迫柳目に法華堂〔妙教寺〕を創す（泉記） 10・13 日興 本尊を書写（富要八—一七九・宮城上行寺蔵）
関連事項	8月 興福寺大衆 多武峰を焼く（続史） 11・17 北条貞時 安達泰盛及びその子宗景を誅す〔霜月騒動〕（北九）	10・6 北条為時卒(22) 10・19 幕府 弘安の役の恩賞を行う	1・24 伊勢大風 6・26 北条業時卒(47)（北九） 12・24 円覚寺焼失（歴辞）

1288	1289
正応 戊子 (4.28)	正応2 己丑
伏見	
北条貞時	
聖滅7	**聖滅8**
大聖人第七回忌 4・8 日向 諸岡入道のもとに絵漫荼羅を画かしむ（聖五六一） 6・8 日持・日浄 大聖人第七回忌報恩のため池上に御影を造立す（像銘） 9・28 日昭 大聖人第七回忌報恩のため経釈秘抄要文を録す（宗全一―一） 10・8 日興外祖父蓮光卒（大過去帳） 12・5 波木井清長 日興に誓状を捧ぐ（富要八―一〇） 12・16 日興 書を原弥六郎に報じ波木井日円の四箇の謗法を指摘す〔原殿御返事〕（聖五五七）	1・21 波木井日円 鎌倉より書を越前公に送る（富要八―一二・西山文書） 1月 日興 武家への申状を書す（富要八―三三二） **春 日興 身延を離山し河合を経て富士上野南条の館に入る〔身延離山〕** 6・1 日興 鎌倉の波木井日円へ誡状を与う（富要八―一四） 6・5 波木井日円 日興に不遜の返事を呈す、日興 日円を義絶す（富要八―一四） ◎ 日興 下之坊〔南条家下屋敷〕を創す（寺誌） 10・13 日興 本尊を書写し周防房に授与（富要八―二一六） 10月 日興 大石ヶ原に大石寺建立の工を始む（大石寺文）
1・26 御深草上皇 石清水に参詣し国土安穏を祈る 6・24 京都大地震 8月 幕府 僧徒が恣に官位に叙任せらるるを禁ず	2・4 鎌倉大風雨 8・23 一遍寂(51)（遍絵）

西暦	1290
年号	正応3 庚寅
天皇	伏見
武家	北条貞時
聖寿	**聖滅9**
日蓮大聖人(門下)事跡	3・1 中興入道卒(攷異) 10・8 日興 本尊を書写し日仙に授与(富要八—二一三・讃岐本門寺蔵) 10・12 **大石寺建立**(大石寺文) 10・13 日興 日目に法を内付し本尊を授与〔譲座本尊〕(富要八—一七九・大石寺蔵) ○日興 武家への申状を書す(富要八—三三五) ○日目 大石寺塔中蓮蔵坊を創す(大石寺文) ○日華 大石寺塔中寂日坊を創す(大石寺文) ○日秀 大石寺塔中理境坊を創す(大石寺文) ○日禅 大石寺塔中南之坊を創す(大石寺文) ○日仙 大石寺塔中上蓮坊〔百貫坊〕を創す(大石寺文) ○日尊 大石寺塔中久成坊を創す(大石寺文)
関連事項	4・25 院旨を以て諸寺に異国降伏の祈禱を命ず 8・25 西大寺叡尊寂(90) 10・3 諸国洪水

日蓮大聖人正伝 改訂版

昭和五十六年十月十三日　初　版　発行
平成二十四年九月十二日　改訂版　発行
平成三十年七月十六日　改訂版第二刷　発行

監修　日蓮正宗総本山第六十七世　阿部日顕

編集　宗祖日蓮大聖人第七百御遠忌出版事業実行委員会
代表　藤本日潤

改訂　日蓮正宗宗務院
〒418-0116 静岡県富士宮市上条二〇五七番地

制作発行　株式会社　大日蓮出版
〒418-0116 静岡県富士宮市上条五四六番地の一
Tel 〇五四四（五九）〇五三〇

ISBN978-4-905522-73-7

日蓮大聖人正伝

索　　引

凡　　例

○配列は五十音順による。

○省略されている名称・姓および
　　　　　　　　　別称等には〔　　〕を付した。

【あ】

【い】

【う】

【え】

【お】

【か】

【き】

【こ】

【さ】

【し】

【す】

【せ】

【ち】

【つ】

【な】

【に】

【ぬ】

【ね】

【の】

【は】

【ひ】

【ほ】

【ま】

【ゆ】

【よ】

【ら】

【り】

【る】

【れ】

【ろ】

【わ】